PENGUIN
History *of* Britain Vol.6

企鹅英国史卷六

君主制变革

1603—1714年的不列颠

A Monarchy Transformed

Britain 1603-1714

Mark Kishlansky

[美] 马克·凯什岚斯基 ♦ 著　　张帆 ♦ 译　　孙伟 ♦ 校译

上海社会科学院出版社
SHANGHAI ACADEMY OF SOCIAL SCIENCES PRESS

图书在版编目(CIP)数据

企鹅英国史. 卷六，君主制变革 ：1603—1714年的不列颠 / （美）马克·凯什岚斯基（Mark Kishlansky）著；张帆译 .— 上海 ：上海社会科学院出版社，2024
书名原文 ：A Monarchy Transformed ：Britain 1603-1714
ISBN 978-7-5520-4179-8

Ⅰ. ①企… Ⅱ. ①马… ②张… Ⅲ. ①英国—历史—1603-1714 Ⅳ. ①K561.0

中国国家版本馆CIP数据核字（2023）第125786号

上海市版权局著作权合同登记号：09-2023-0327

First published as *A MONARCHY TRANSFORMED* in 1996 by Allen Lane, an imprint of Penguin Press.
Penguin Press is part of the Penguin Random House group of companies.

君主制变革 ：1603—1714年的不列颠

A Monarchy Transformed: Britain 1603-1714

著　　者：［美］马克·凯什岚斯基（Mark Kishlansky）
译　　者：张　帆
校　　译：孙　伟
策 划 人：唐云松　熊文霞
责任编辑：董汉玲
特约编辑：薛　瑶
封面设计：别境Lab
出版发行：上海社会科学院出版社
上海顺昌路622号　邮编200025
电话总机021-63315947　销售热线021-53063735
https://cbs.sass.org.cn　E-mail: sassp@sassp.cn
印　　刷：上海盛通时代印刷有限公司
开　　本：890毫米×1240毫米　1/32
印　　张：13.25
字　　数：318千
版　　次：2024年5月第1版　2024年5月第1次印刷

ISBN 978-7-5520-4179-8/K·693　定价：78.00元

献给埃迪和他的教父，感谢他们带给我的灵感

前 言

30 年前，在一门本科生概论课程上，我接触到 17 世纪不列颠的政治史。从那以后，我再也不愿学习其他任何课程。我认为这个历史时期有我从未遇见的种种人物、事件和问题。时至今日，我依旧这么觉得。在我上大学的那段时间，历史是以叙事的方式来讲授的，对像我这样对 17 世纪的故事一无所知的人来说，这段历史太神奇了。我听了一系列讲座，而这些讲座描绘了整个政府体制的全面崩溃；一个基于宗教狂热和乌托邦愿景的革命性新政府的成立；这个新政府的失败；早先那个体制的复辟；但是复辟的旧体制又一次土崩瓦解，接着是一场外部入侵；又来了一次革命；最终不列颠采用了欧洲大陆的国家制度。这百余年就好似转动不止的车轮，不断推动历史的进程，谱写出一个又一个青出于蓝而胜于蓝的绚丽篇章。

在过去的 30 年里，那个车轮的转动轨迹变得模糊不清。自 20 世纪 60 年代中期起，在之后的 25 年中，对 17 世纪英国历史的研究层出不穷，成果丰硕，很可能达到了前所未有的高度，而且，绝大多数是训练有素的专职历史学家的劳动结晶。学识渊博的专著、充满激情的历史编纂争论、有意识地进行反驳的论文，填满了关于斯图亚特时代不列颠历史著述的丰饶角。[①] 如今，学界对这段历史的理解取得了长足的进步，历史学家对 17 世纪的政治所知更多，而且他们比以前更确信自己现在知道些什么。在以前，他们能够自信地概括整个社会阶层的运动或英国革命的原因。哪怕各地的档案馆、大英博物馆、英国历史档案馆（Public Records Office）不完全是伊甸园，可是结果证明，在这些机构中找到的档案是令人无法抵御的。然而，正如伊甸园中的情形，我们在知识上的收获与丧失天真是相伴而行的。这些收获还与失去连贯性相伴，这会让学生和普通读者无法一瞥 17 世纪的种种奇迹。

我在本书中的意图是为下一代重新创造那种有趣之感。当然，我无法复述自己听到过的那段历史，因为就我作为史学家的职业生涯而论，我的主要任务是让“矮胖子”变得破镜难圆［说句题外话，《矮胖子》是一首 17 世纪出现的童谣，描述了格洛斯特（Gloucester）围城战[②]］。最伟大的历史讽刺著作之一《1066 年及所有的一切》（*1066 and All That*）中的笑料，是不列颠注定是“翘楚民族”，以及关于不列颠历史难忘的一切都是在奔向这个命中注定的目标。关于后来叫作“清教徒革命”和“光荣革命”的大量著述以同一假设为基础，而就连在 20 世纪 40 年代初开始登上历史舞台的马克思主义式历史编纂，也没有挑战这一观念，即历史是一个过程，而不是一个故事。在过去的 20 年间，挑战来临了，而自

① 丰饶角，源自古罗马神话，是装满水果、鲜花的羊角或羊角状物，象征着丰收和富饶。（若无特别说明本书脚注均为译者注。）

② 童谣《矮胖子》的全文为“矮胖子，坐墙头，栽了一个大跟斗。国王呀，齐兵马，破镜难圆没办法”。英国国家学术院院士大卫·多布认为，“矮胖子”是保皇党用来攻击格洛斯特城城防的装甲攻城器。

相矛盾的是，该挑战让我们很难在不强调所有例外情形，即死胡同（culs-de-sac）的情况下构建一种叙事。现代的历史学家可以再次认为历史是一个故事，但是他们不再会认为历史有一个开头、中间部分或结尾。这让书写叙事的任务比以往更有挑战性，尤其是对那些惯于分析、只会提一些以“为什么”开头的问题的现代史家来说。在这本书中，我对解决“谁？”“什么？”“在哪里？”及“什么时候？”之类的问题同样感兴趣。

我很感谢一些同事所做的工作，但我要对他们表示歉意，因为我认为，对现代史学成果的任何综合，都无法带来一种连贯的、与时俱进的叙事，而我并不打算提供这样一种叙事。学界已经涌现出大量对这一时期的历史细节进行深入研究的优秀著作，这些著作在历史编纂层面进行了阐释；认为这段历史的确充满承认了矛盾、复杂性和一团乱麻；并邀请读者要么自己解决问题，要么永远摸不着头脑。本书只是一部介绍性的著作，意在激发读者的好奇心，而不是满足之。本书的假设是读者并未先知先觉，尽管拥有一些背景知识的读者可能会发现潜藏在表面下的正在进行的很多事。我试着用戏剧的手段描绘本就极具戏剧性的历史事件，用凸显人物性格的行文方式刻画本就个性分明的历史人物。如果各位读者能理解为何17 世纪的历史令好几代不列颠人如痴如醉，那么，本书就实现了所有既定目标。

从某种程度上讲，每一个历史叙事都是任意的，本书也不例外。对篇幅、对目标读者、对我本人学术兴趣的考量，必然形塑了后面的章节。第一章结束之后，本书再也没有涉及社会史、经济史、女性史的内容；除了第二章中的分析讨论之外，本书几乎没有关于地方史及行政管理的内容。就前者而论，我所能给出的理由是，已经有另一个系列的专著专门讨论社会史；就后者而论，我的解释是，我决定从中央开始解释历史事件，并维系一种放眼全国的均衡叙事。对斯图亚特家族统治初期英格兰各郡的历史研究令人钦佩，但是对该家族后面几位统治者的统治的研究，少有能与之相提并论者，对爱尔兰、苏格兰的研究完全无法望其项背。本书也没有讨论智识生活——文学的、哲学的、科学的或美术的，蜻蜓点水般一笔带过，似乎可能比排除在外更显得冒犯，而我本人更是才疏学浅，无法像熟练的织工那样穿针引线，把这些进展织入政治史的核心。尽管权力同时在文化和政治层面上运转，但是在任何给定的时刻给出这一点的例子都是困难的。

本书所有叙事性的章节均以一段对戏剧性事件的描述开篇——这样的手法肯定不会对每个读者的口味，尤其是那些已经知道事件细节的读者。通过让读者看到一个特定的历史时刻如何展开，结果如何是预先未定的，以及事件和历史人物的个性如何煽动了这个政治民族，我的目的是让读者参与其中。我还希望这些描述性的文字能够带来好故事给人的愉悦之感。紧跟这些描述性文字的是一段简短的分析，分析突出了随后章节的主题。

本书的标题，《君主制变革》，旨在让读者对书中相互关联的三大主题有个印象。首先，对西方世界随后的政治史最重要的，是英格兰君主在宪政制度中的地位世纪末时迥异于世纪伊始。尽管君主制的政体组织形式经受住了时间的考验，但其实践发生了革命性的变化。其次，斯图亚特王朝的历史是一段极其特别的历史，因为一代人面对的挑战会超过下一代人的能力。再次，斯图亚特王朝继承的衣钵迥异于他们留给后人的：美洲的一个帝国；南亚的一个立足点；战略意义非常重要的地中海港口；当然，还有跟苏格兰联合，以及对爱尔兰大部分地区的政治控制。这些变化的重要性在该王朝末期最为明显，尽管北美的种植园和东印度的贸易开启得更早。英格兰、苏格兰和爱尔兰盘根错节的历史无所不在，而英格兰与苏格兰的王室一统，以及对爱尔兰的军事占领，则让历史更加错综复杂。比起传统的同类历史著作，我一直更关心的是揭开爱尔兰、苏格兰和英格兰相交叉的历史时刻的背景，不过，我明确站在英格兰人的角度来看待问题。无论会让詹姆士一世多么失望，必须认识到的是，在本书讲述的百余年历史中，大不列颠姗姗来迟，在最后 7 年才登场，而且，如果想要充分地研究此外 104 年中的苏格兰历史，我们必须完整对待苏格兰的制度和人物，另写一部平行的叙事史。当然，爱尔兰提出了一个更复杂的问题，因为将其囊括在一部不列颠史中无异于承认爱尔兰被英格兰征服的观点，这既富有争议，又是不充分的。因此，我对爱尔兰和苏格兰的处理最多算是走马观花，折射出我的想法，即在有限的篇幅内讲述一个连贯的故事。

在一本进行总体介绍的书中，遵循学术专著的传统似乎并不明智。我既希望书中的陈述不会引起太大的争议，以至于需要附上脚注，又希望那些关心我引用的研究成果的读者能知道引用的出处。本书结尾处的延伸阅读建议，是向我在书中引用的许多二手文献表示感谢，并为最高度发达的所有历史编纂传统之一提供指引。对财政问题的讨论必须理解成是粗略的。对王室债务及收入的详细描述相对来说有价值，而且是在其暗示的趋势上，但不能认为它们是准确的，即便它们代表的是能力最佳的历史学家付出了艰苦卓绝的努力才得出的结论。在大多数情况下并未点明出处的引用，已经根据现代语文的习惯进行了修改，并进行了相应的整合，甚至还存在断章取义，删除了上下文，因为我引用的目的只是给书中叙事加些风味，而不是当作任何陈述的佐证。同样，我决定只用一个头衔来称呼大多数贵族和官员，只有遇到像白金汉公爵、莫尔伯勒伯爵这样的历史人物，才会使用多个头衔。一般来说，我都会使用历史人物生前最后获得的那个头衔，比如詹姆士一世时期的萨默塞特伯爵（Earl of Somerset）或查理一世、二世时期的克拉伦登伯爵（Earl of Claredon）。然而，就像汉密尔顿侯爵（Marquis of Hamilton）的情形，偶尔当他们是重要的行动者时，使用他们当时的头衔更合情合理。这样做可以让读者免受这一麻烦之扰，即记住托马斯·奥斯本爵士（Sir Thomas Osborne）在不同的历史时期分别是拉蒂默子爵（Viscount of Latimer）、丹比伯爵（Earl of Danby）、卡马森侯爵（Marquis of Carmarthen）和利兹公爵（Duke of Leeds）。我则一直称其为丹比伯爵。然而，这意味着有时是根据一些人拥有的头衔称呼之，但严格按照年代的顺序来说他们尚未得到这些头衔。同样，在一些极个别的情况下，我会在叙事的过程中打破时间的先后顺序，比如说，我会先总结某一届议会在立法领域取得的所有成就，之后再着重分析某一项成就。在这些问题上，我宁可牺牲准确性成全简洁明了。同样，我总是认为每年始于 1 月 1 日，而非 3 月 25 日[①]。

虽然书都会署上作者的姓名，但在问世之前，是很多幕后英雄在滋养并关爱着这些书。许多学者、学生、友人阅读并评论了本书手稿的各个部分，人数如此之多，以至于如果名字一一列出，长度怕是能与书后的索引匹敌。我想在此一并向他们表示感谢。有不少历史学家纠正了书中的疏漏、错误和无法容忍的解释，而

① 1582年2月，教皇格列高利十三世颁布教皇诏书，规定每年的第一天应当是1月1日，而不是3月25日的圣母领报节。

他们在与我的往来书信中指出，他们之所以愿意为此耗费时间和精力，是为了他们的学生着想。他们坚持要求澄清许多事，这些事，他们理解得甚是到位，但经验证明新手需要引导。在这种情况下，我认为自己不应独自为书中存在的任何错误承担责任，尽管我当然应该承担起随后纠正错误的责任。与企鹅出版集团的彼得·卡森（Peter Carson）先生，以及包括安德鲁·基德（Andrew Kidd)、卡罗琳·奈特（Caroline Knight）在内的人合作可谓乐事一件。珍妮·蒂尔（Jeanne Thiel）见证了本书的撰写，容忍本书频频干扰其夏日骑车出行的平静时光，还一直面带微笑，认可我对 17 世纪历史的执念。我的儿子马修虽然完全搞不清我为何要撰写这样一部著作，但也默默忍受之。在最初听说我同意撰写一部企鹅版 17 世纪历史的时候，他曾经一脸疑惑地问道："17 世纪在企鹅的历史上是决定性的吗？"我希望他会发现本书回答了他提的那个问题。马修，17 世纪对一切来说都是决定性的！

写于马萨诸塞州剑桥市

1996 年

目 录

序　曲

回想一下17世纪不列颠取得的成就，谁都会惊叹不已。这个与斯图亚特王朝的统治相一致的时期（1603—1714），带来了许多定义数十年后将出现的那个国家的事物，以及今天依旧充满活力的种种。现代商界得以诞生；科学长大成人；文学成熟至前无古人后无来者的程度；封建制度枯萎凋零；酷刑、巫术、异端思想淡出了历史的舞台。苏格兰人、尼德兰人[①]、德意志人纷至沓来，先后入主英格兰，登上了这个以排外著称的国家的王位。1707年，英格兰与苏格兰实现统一，组成大不列颠。大英帝国的帷幕拉开了，这个帝国是18世纪的无尽财富之源，在19世纪让不列颠人傲视世界，但从那以后又令其麻烦缠身。不列颠尼亚第一次在历史上成为大海的统治者，其陆军也第一次在历史上像其海军般令人闻风丧胆。不列颠人遍布大西洋的新大陆，并在印度洋确定了一个新的贸易伙伴。1603年，不列颠是孤悬于海外的群岛；1714年，它已经加入世界的知识、商业、军事中心队伍。

① 此处原文为Dutch，正常情况下应当译为荷兰人，但由于在本书讲述的历史时期，荷兰只是尼德兰的一部分，所以为了避免混淆，书中所有的Dutch均译为尼德兰人，而所有的Netherlands则都译为尼德兰。

在 17 世纪的不列颠，商人们成立了东印度公司，以便在香料群岛（Spice Islands）开展贸易活动，还创办了皇家非洲公司（Royal African Company），参与遭人唾弃的奴隶贸易。这两家公司为参与者和投资者创造了难以想象的财富。斯图亚特王朝引进了现代商业和金融的几乎每一要素。1694 年，英格兰银行（Bank of England）成立，1695 年，苏格兰银行（Bank of Scotland）成立。支票、纸币、机制币（milled coins）[①] 为以货币为基础的经济创造了条件。证券交易所的建立、国债的出现让以信用为基础的经济成为可能。货物税和地产税的征收则令政府的财政状况发生了革命性的变化。保险公司得以诞生——以太阳保险和劳埃德保险社（Sun and Lyold’s）为首——起初是为了减轻火灾带来的破坏，随后是为了分散商业风险。不列颠商人在西方建立了弗吉尼亚、马萨诸塞湾、巴巴多斯（Barbados）、新斯科舍（Nova Scotia）等殖民地，在东方建立了加尔各答城，编织出覆盖全球的贸易网络。报纸开始问世，异常受民众欢迎，以至于周报被日报接替，而日报又被早报和晚报接替。这些报纸给五花八门的新产品做广告，比如烟草、糖、朗姆酒、杜松子酒、波特酒、香槟、薄荷和切达（Cheddar）干酪，其丰富程度令人倍感奇异。茶叶、咖啡和巧克力掀起了消费习惯和饮食习惯的革命，因为这些含有咖啡因的饮品渐渐地取代了令人昏昏欲睡的啤酒。咖啡消费在有钱人中风行一时，以至于第一家咖啡馆得以开业，并很快与同时开业的但更高级的绅士俱乐部处于竞争状态。城市居民尤其体验到自己的日常生活发生了变革。

---

① 机制币，指用某种机械设备制造的硬币，与手工制作的硬币（将硬币胚板置于模具中，用铁锤敲打制成）不同。

在 17 世纪的不列颠，人们创造出了蒸汽机的原型机，制成了焦炭并用于制铁——那个时代奇迹一般的产品。人们发明了炉盘（cooking hob）和高压锅——让那些一连好几个小时守在炉火边，用烤肉叉烤肉、用汤锅煮牛肉的人惊讶不已。在上流社会的住宅中，抽水马桶开始出现，座厕椅成了不可或缺的家具，可见经历了一场个人卫生领域的革命。在斯图亚特王朝统治末期，时尚领域也不乏新变，男女出门都会带伞，男士是为了避免配有马甲的套装（waistcoated suits）被雨水淋湿，女士是为了保护体积庞大的圈环裙（hoop skirts），无论马甲套装还是圈环裙，过去都闻所未闻。17 世纪，不列颠变小了，因为马车客运公司为沿早期收费公路旅行提供了配有弹簧悬架技术的车厢（springed carriages），而这些收费公路以约翰·奥格尔比（John Ogilby）[①] 最先计算出的法定英里长度当作计费标准。邮政业务的诞生、便士邮政服务（penny post）[②] 在伦敦的建立在通信领域引发了变革。

在斯图亚特时代，不列颠的居民迸发出了前所未有的创造精神，取得了前无古人的丰硕成果，就连百花齐放的文艺复兴时期都难以与之比肩。弗朗西斯·培根为科学实验和归纳法奠定了基础。生物学、化学、物理学这三大现代学科，它们的起源全都追溯至不列颠人在 17 世纪取得的突破性发现——威廉·哈维发现了血液循环；罗伯特·波义耳假设了化学元素的存在；艾萨克·牛顿提出了万有引力理论。这些不过是浩瀚苍穹中的三颗流星，以至于皇家学会得以创立来审视这一苍穹。植物学家约翰·雷（John

① 约翰·奥格尔（1600—1676），苏格兰翻译家、剧团经理、地图绘制者，因绘制了首幅不列颠陆路交通图而闻名于世。

② 便士邮政服务，只需支付1便士的邮费便可寄送平邮的邮政服务。

Ray）创立了植物分类的基本原则；数学家威廉·内皮尔（William Napier）提出了对数的概念；天文学家埃德蒙·哈雷预测出了一颗彗星的回归，而这颗彗星从此以他命名。威廉·奥特雷德（William Oughtred）设计出数学中的乘号；约翰·牛顿（John Newton）提出了代数中的二项式定理（binomial theorem）；艾萨克·牛顿创立了微分学。在该时代的技术奇迹中，罗伯特·胡克（Robert Hooke）发明了显微镜、四分仪、船用气压表、用于钟表的游丝[①]；波义耳完善了气泵的设计，创造了人类历史上首个真空空间；牛顿建造了反射式望远镜。在医学方面——仍然是一个将行会作为组织形式的行业——内科医师学会（College of Physicians）发表了第一部《药典》（*Pharmacopoeia*），以描述不同药品的属性；彼得·钱伯伦（Peter Chamberlen）发明了医用镊子；糖尿病首次得到了诊断；用手术来治疗肾结石；脉搏得以测出；成功地进行了输血。让人拍案称奇的是，瘟疫从英伦三岛销声匿迹了。

新的娱乐方式出现了，时至今日，也仍然能够令我们乐在其中。板球的狂热爱好者组织板球比赛，而板球比赛是如此受人欢迎，以至于随后成立了第一家板球俱乐部。詹姆士一世将高尔夫球运动引入英格兰，而且在1608年建立了皇家布莱克希思高尔夫俱乐部（Royal Blackheath Golf Culb）。艾萨克·沃尔顿（Izaak Walton）[②]编写了《垂钓全书》（*The Compleat Angler*），书中收录了

① 游丝，一种很细的弹簧，通常以钢为材质，盘绕在摆轮周围，其有效长度的变化决定了摆轮的惯性力矩与振幅周期，对计时的准确性有着很大的影响。

② 艾萨克·沃尔顿（1593—1683），英格兰作家，他除了编写《垂钓全书》，还编纂了一些短篇人物传记。

各种关于捕鱼的知识。克里比奇纸牌游戏（Cribbage）得以发明出来。结束流亡生活之后，查理二世将帆船运动引入了英格兰，安妮女王不仅将赌金全赢制的赌博方式引入了赛马比赛，还创立了不列颠境内最负盛名的赛马比赛——雅士谷赛马日（Ascot Races）。

在 17 世纪的不列颠，像伊尼戈·琼斯（Inigo Jones）、克里斯托弗·雷恩爵士（Sir Christopher Wren）、尼古拉斯·霍克斯莫尔（Nicholas Hawksmoor）、约翰·范布勒爵士（Sir John Vanbrugh）这样的建筑师建成了令人赞叹不已的宏伟庄园。庄园一座比一座让人震惊：哈特菲尔德庄园（Hatfield）、奥德莉庄园（Audley End）、威尔顿庄园（Wilton）、霍华德城堡（Castle Howard）、查茨沃斯庄园（Chatsworth）、布伦海姆宫（Blenheim Palace）。在牛津大学，访客无不为博德利图书馆（Bodleian Library）、谢尔登剧院（Sheldonian Theatre）、阿什莫尔博物馆（Ashmolean Museum）这三座建筑所折服；在剑桥大学，克里斯托弗·雷恩爵士主持修建了壮观的三一学院图书馆（Trinity College Library）。在大西洋彼岸的荒野中，约翰·哈佛（John Harvard）在一个也叫剑桥的地方建立了一所学院。在伦敦，伊尼戈·琼斯设计出的考文特花园（Covent Garden）很快就派上用场，能够容纳一个蔬菜市场，而查理二世欢迎公众进入圣詹姆斯公园（St. James Park）。1666 年，一场大火焚毁了伦敦 80%的老城区；建筑师和规划师接着便创造出现代伦敦，他们一共修建了 51 座崭新的教堂，而雷恩那有穹顶的圣保罗大教堂堪称最璀璨的明珠。在郊区，荷兰庄园（Holland House）、肯辛顿宫（Kensington Palace）、切尔西医院和格林威治医院（Chelsa and Greenwich Hospitals）全都宏伟壮丽，为英格兰不断扩张的首都锦上添花。

某些娱乐形式的诞生就是为了惊世骇俗。伊尼戈·琼斯与本·琼森（Ben Jonson）一起，将歌唱、舞蹈、焰火等娱乐形式结合起来，为17世纪初的王室量身创造出化装舞会。更为成熟的娱乐方式随即到来。歌剧最早从意大利传入英格兰，而亨利·珀塞尔（Henry Purcell）、亨德尔（Handel）这两位音乐大师则分别创作了《狄朵与埃涅阿斯》(*Dido and Aeneas*)、《里纳尔多》(*Rinaldo*)，歌剧得以开始发展。沙德勒之井剧院（Sadler's Wells Theatre）开门纳客，举办音乐表演，一位小提琴家举行了首场公众音乐会。托马斯·雷文斯克罗夫特（Thomas Ravenscroft）引入了轮唱曲（round）技法，用来向儿童传授演唱技巧，使其能够以合唱的方式演唱“三只盲鼠”（Three Blind Mice）之类的押韵小调。约翰·布尔（John Bull）创作了原始版本的《天佑国王》(God Save the King)。

17世纪的不列颠文坛果实累累，与之相比，其他所有领域的成就都显得有些黯然失色。尽管全世界仅有500万人说英语，但是，诗人、剧作家、小册子作者使这门语言得以不朽。莎士比亚、琼森、约翰·多恩（John Donne）[①]、乔治·赫伯特（George Herbert）[②]主宰了世纪之初的文坛；笛福、约瑟夫·艾迪生（Joseph Addison）[③]、斯威夫特、蒲柏主宰了世纪末的文坛。17世纪中期也人才辈出，弥尔顿创作了《失乐园》，而班扬创作了《天路历程》。英语中最为广泛阅读的著作当属《钦定版圣经》(*King James Bible*)，

① 约翰·多恩（1572—1631），玄学派诗人，代表作有《日出》《丧钟为谁而鸣》等。

② 乔治·赫伯特（1593—1633），玄学派诗人，受多恩影响，代表作有《衣领》等。

③ 约瑟夫·艾迪生（1672—1719），英国诗人、散文家、辉格党政治家，代表作有诗篇《远征》和戏剧《卡托》等。

紧随其后的是莎士比亚的戏剧；这两套著作一前一后，出版年份相差不到 10 年。1603 年之后的 5 年里，戏迷们可以饕餮包括《一报还一报》、《塞扬努斯》(*Sejanus*)、《奥赛罗》、《李尔王》、《麦克白》、《伏尔蓬涅》(*Volpone*)、《安东尼与克莉奥佩特拉》、《科利奥兰纳斯》(*Coriolanus*)、《伯利克里》(*Pericles*) 在内的一系列戏剧的首夜演出。[①]60 年后，文学巨著的洪流也仍然滔滔不绝。1667 年之后的 5 年中，弥尔顿的作品《复乐园》《力士参孙》先后出版；德莱顿创作了《征服格拉纳达》(*The Conquest of Granada*)；艾佛拉·班恩（Aphra Behn）的小说《奥鲁诺克》(*Oroonoko*) 登上了舞台；塞缪尔·皮普斯（Samuel Pepys）完成了他的日记。如果说詹姆士一世治下悲剧创作达到了巅峰，那么，斯图亚特王朝复辟之后的那段时间是喜剧的天下，其间，客厅闹剧（drawing-room farces），以及像《时髦婚礼》(*Marriage à la Mode*)、《乡下女人》(*The Country Wife*)、《如此世道》(*The Way of the World*) 这样的风俗喜剧大行其道，而女演员首次让舞台大放异彩。

在 17 世纪的不列颠，政治理论的书写达到了自雅典的黄金时代以来前所未有的高度。菲尔默的《父权制》(*Patriarcha*)、霍布斯的《利维坦》、哈林顿的《大洋国》(*Oceana*)、洛克的《政府论二篇》(*Two Treatises of Government*) 全都是杰作。詹姆士国王重新出版了《自由君主制的真正法律》(*The True Law of Free Monarchies*)；亨利·帕克（Henry Parker）[②] 首开先例，提出了议会

---

① 其中，《塞扬努斯》《伏尔蓬涅》《伯利克里》是本·琼森的作品。

② 亨利·帕克（1604—1652），英格兰大律师，为支持议会派的事业而成为政治作家。

主权（parliamentary sovereign）的理论；平等派发表了名为《人民公约》（*Agreement of the People*）的政治宣言；亨利·艾尔顿（Henry Ireton）编写了《建议要点》（*Heads of the Proposals*）。《政府约法》（*Instrument of Government*）成为英格兰历史上第一部，也是唯一的成文宪法。约翰·利尔伯恩（John Lilburne）、亨利·内维尔（Henry Neville）、马奇蒙特·尼德汉姆（Marchmont Nedham）、约翰·弥尔顿（John Milton）、阿尔杰农·西德尼（Algernon Sidney）都为共和理论的发展立下了汗马功劳。

新的理念、新的娱乐方式、新的政府理论层出不穷。17 世纪不列颠人的宗教信仰彻底遭到了动摇。直到该世纪下半叶才被叫作英国国教（Anglican）的圣公会（episcopal church），在 17 世纪 30 年代受到高教会派[①]的阿民念主义[②]的冲击，后来在 17 世纪 90 年代遭到低教会派的宗教自由主义（latitudinarian）的挑战。在早期数十年里，英国国教避开了清教主义的礁石，又在后来的几十年里避开了天主教的浅滩。在英国国教之外，宗教领域同样也局势动荡，风云万变。浸信会渐渐地发展壮大；乔治·福克斯（George Fox）建立了贵格会；当局允许犹太人重返英格兰。长老会一度得以成立。1650 年，英格兰共和国当局将通奸定为死罪；1672 年，议会禁止天主教徒和异见者担任官职。早在 1624 年，切尔布里的赫伯特勋爵（Lord Herbert of Cherbury）就撰写了第一

① 高教会派为英格兰国教的分支，主张维护教会的权威，推行繁琐而奢华的宗教仪式，与主张简化宗教仪式的低教会派对立。

② 阿民念主义（Arminian），新教神学的一派，由尼德兰神学家雅各布斯·阿民念（Jacobus Arminius）提出，其五大主张反对加尔文主义的核心教义预选说。

部关于自然神论的著作《论真理》(*De Veritate*)，尽管几十年后才有有限的宗教自由。

没有任何一部历史能够容纳此类耀眼夺目的成就。17 世纪的不列颠历史好似繁星密布的夜空，所以也许不应当不自量力，分析每一颗星辰的组成成分，而是应当仰望星空，感叹星月交辉。在 17 世纪的不列颠历史这片群星闪耀的夜空中，政府中的多场革命可以算作最为耀眼的星座，可谓家喻户晓，这些革命导致一位斯图亚特王朝的君主受审并遭到处决，以及该王朝另一位君主遭到废黜和流放。在 17 世纪中叶，君主制、上议院和英国国教全都被连根拔起，取而代之的则是以人民的名义建立起的政府。此外，英格兰还将征服、占领作为手段，把自己的意愿强加于苏格兰和爱尔兰。1688 年，英格兰政治民族的领导阶层抛弃了土生土长的天主教君主，将异国的新教君主扶上王位，又一次令斯图亚特王朝的王国分裂，并导致爱尔兰的天主教长期遭到镇压。上述历史事件不仅将当事人裹挟其中，令他们的生活在转瞬间沧海桑田，还对不列颠群岛和欧洲大陆产生了深远的影响，不列颠政治历史的关键时刻在一代又一代不列颠人的脑海中留下鲜活的记忆。

第一章

社会世界

在 17 世纪伊始，大多数英国人都是农民。超过 80% 的英格兰人生活在农村，苏格兰和爱尔兰的比例更高。他们的生活被四季不可阻挡的节奏所主宰，而他们的运气好坏取决于土地的肥沃程度和天气的变幻莫测。

土壤和气候在很大程度上决定了农业的形式，不过即便是在同一区域内，这种差异也很大，以致例外倒成了规律。在英格兰低地地区，大致从北部的蒂斯河（Tees）到西南部的韦茅斯（Weymouth）画一条对角线，在这条线的东边，农业通常包括种粮食、种用于制作面包和啤酒的谷物、可在冬季储藏的豌豆和豆类，以及动物饲料。这里土地肥沃，黏土厚实，草甸茂盛。在该区域内，降水集中在晚秋早春，滋养着收获后的土地和播种后的种子。在西北部，包括整个威尔士、苏格兰和爱尔兰大部分地区，畜牧业占据主导地位。这些地方是高地，土壤稀薄，气候恶劣，更适合饲养羊群，而非谷物的茎秆。在说盖尔语的爱尔兰地区，牛仍然被看作衡量财富的标准。在英格兰的米德兰平原（midlands），一个向南延伸至苏塞克斯丘陵地带、向西穿过牛津郡的地区，土地既适合养牛，又适合种植谷物，农民可以根据自己的市场意识选择耕耘自己的土地以种植庄稼，也可以将其用作牧场。虽然谷物和绵羊主宰了17世纪的农业经济，但也有其他一些农业活动。马和牛是在威尔士和中西部地区饲养的，主要用于运输和劳动。肯特和苏塞克斯则以果园和酿造“好啤酒”的特色啤酒花而闻名。在沼泽和科茨沃尔德（Cotswolds）地区，乳品业生产出了大量可以在市场上买到的黄油和奶酪。

正如生态决定了经济生活，生态也决定了社会组织。虽然西北地区占据了英格兰土地的绝大部分，但人口不到英格兰总人口的1/3。他们散布在广泛分散的定居点，因为需要许多英亩的土地来维持羊群，并依靠贫瘠的土壤中收获的小燕麦和大麦作物维持生计。亲属比社群更重要，尤其是在很少有移民移入的偏远地区。苏格兰和爱尔兰大部分地区围绕着宗族组织起来，但在苏格兰，高地和低地地区在土地占有、社会结构和经济活动方面有显著差异。在整个西北地区，教区的规模很大，当地绅士和贵族的庄园也很大，用英里而不是英亩来衡量。这种相对的孤立强化了传统的价值观，因为亲属和邻居的帮助往往是攸关生死的问题。在南方都不兴慷慨待客之后，西北地区的富人却十分慷慨，而优异的领主身份（lordship）仍然是一项贵族准则。作为回报，佃户以近乎封建时代的忠诚服从领主的命令，使得领主军队的兴起和天主教的生存成为可能。东南部点缀着村庄，而不是农庄。从教堂尖塔上可以清楚地看到密集建造的住宅，这些住宅要么环绕着教堂墓地，要么环绕着绿地。田野、草地和公地环绕着村庄，还是公共农业活动的场所，尽管每个家庭都拥有自己的土地，收获自己的农作物。亲属关系相对薄弱，村庄的社会结构更多地由财富和地位决定，而不是由血缘决定。随着英格兰人在爱尔兰和北美部分地区定居，他们尽一切努力复制这些地理、社会和文化模式。

在这两个生态带，教区都是社群组织的主要单位。作为教会的一个行政单位，教区深入组成教区的各个家庭的生活中。教区界定了基督教社群的社会边界，而且通常每年都会举行一次仪式，在仪式中巡视其物理边界。陌生人被定义为教区之外的人，特别是当教区与村庄的边界重合时。标志着生命各阶段的仪式——洗礼、圣餐、婚姻和葬礼——都是在教区内部举行的。牧师是把宗教带给民众的教会的可见存在。宗教充斥着教区文化，尽管民间宗教可能以各种方式得到表达，而这些方式揭示了异教信仰和万物有灵论信仰与罗马天主教，以及后来的新教之间的重叠之处。主日仪式和宗教历法上的神圣日子是劳动节奏以及社交和庆祝场合的重要标志。在整个 17 世纪，随着交通和通信的改善以及城镇之间的联系加强，教区成为更为广泛的交流网络的一部分。

城镇的发展是 16 世纪一项持久的遗产。在人口高度集中的地区，商品交换和雇佣劳动的主导地位体现了经济生活形式各不相同。城市的发展是由两个因素推动的：16 世纪开始的人口增长和 17 世纪开始的农业效率提升。在英格兰，1550—1600 年，居民总人数从 300 多万增加到 400 多万；在 17 世纪，总人数从 400 万增加到 500 万。虽然这些估计都是推测性的，爱尔兰和苏格兰在 1600 年可能都有近 100 万人口，但是，尽管此后苏格兰人口停滞不前，爱尔兰人口到 1700 年却翻了一番。北美殖民地的人口则从几千人增加到 25 万人。

然而，这一时期的人口并非匀速增长。在英格兰，有两个不同的人口时代：一个是从 1550 年之前开始的持续了整整一个世纪的人口螺旋式上升时代，另一个则是从 1650 年到 1700 年的人口下降和停滞时代。虽然在 16 世纪 60 年代和 90 年代，以及 17 世纪 10 年代和 40 年代粮食歉收，而 1563 年、1625 年和 1665 年又大范围暴发鼠疫，但这一数字仍然在上升；虽然农业生产力有所提高，瘟疫在 1665 年后消失不见，但人口依旧在下降。爱尔兰人口也遭受了严重鼠疫的侵害，最严重的发生在 1649—1653 年。但它的人口史和北美一样，是一段持续增长的历史。17 世纪中叶的经济复苏用了近 30 年时间，但从 17 世纪 70 年代开始，这种向上的压力一直势头不减。虽然苏格兰的人口状况与爱尔兰的相似，出生率和死亡率都很高，但它的人口史更像英格兰，增长一直持续到 17 世纪初，此后便停滞不前。

人口增长对经济与社会生活产生了深远的影响。在最基本的层面上，有更多人靠占人口比例较小的劳动力来养活，这就需要进行根本性变革。16 世纪的农业经济主要是自给经济。农民生产各种谷物和豆类，饲养少量牲畜，采集野生作物，旨在为他们的家庭提供生存所需的一切。他们既不依赖市场，也不以市场为导向。他们用来确保生存的技术是经过时间考验的，也是保守的。

在肥沃的英格兰低地地区，虽然农业是一项公共事业，但村民们集体决定哪些田地耕种，哪些休耕，在公地上可以放牧多少牲畜，从池塘和森林中可以获取多少鱼和木材。这些通常由庄园的风俗和每一代人的实际经验引导着。土地被分成小块，分散在整个村庄的田野里，平均约 30 英亩的土地可能被分成 20 多块。这种划分让每个家庭都在土地的使用范围上分一杯羹，有的是大麦田，有的是豌豆田，有的则是草地。这些条带有助于消除当地土地肥沃程度的差异，也有助于防止风暴和昆虫的反常出现。虽然各地的家庭拥有的总土地面积差别很大——分得的贫瘠高地面积较大，分得的肥沃沼泽地面积较小——但是，每个村庄的土地都以维持生计所需的土地为单位。在英格兰有一个活跃的土地市场，少量土地得以出售、交换或遗赠，目的是积累自给自足的小块土地，使拥有两个孩子的家庭能够留在村里。因此，一代人会领先他人，这样下一代人就可以公平地开始。

自给农业的优点是，它让村里绝大多数的家庭能够度过自然条件的波峰和波谷，并在最严重的生态灾难中幸存下来。共同耕作意味着村庄可以用更少昂贵的牛和犁头生存，公共饲料则让施肥最大化，尽管二者都必然降低产量。税收大部分以实物缴纳，因此会对短缺和盈余进行自我调节。自给农业不能以其效率来衡量，因为极易腐烂的商品增量受其自然属性的限制。即使相互依赖没有消除竞争，它至少孕育了合作，尽管将农业社群视为田园诗般的存在是不准确的。酗酒猖獗，家庭暴力司空见惯，世仇和怨恨盛行。季审法院（quarter sessions）和星室中央法庭（central court of Star Chamber）[①] 审判的大大小小的案件包括盗窃、非法侵入、通奸和诽谤等，而庄园法庭和教会法庭讲述了同样的故事。

虽然对1650年以前不列颠群岛的人口激增依旧难以做出充分的解释，但是，随后的停滞主要是由于妇女头婚的时间比前几代人晚，从而缩短了她们生育的时间，而更高比例的女性根本从未结过婚。在英格兰和苏格兰，整个时期男女两性的头婚都比较晚。17世纪，男性平均头婚年龄为28岁，贯穿整个世纪保持不变；到17世纪中叶，妇女的平均头婚年龄从25.6岁升至26.2岁。这让一个典型的妇女有大约19年的生育期，在此期间，如果她和她的丈夫

① 季审法院，英格兰旧时每季开庭一次的法院，因而得名。星室中央法庭，因在威斯敏斯特宫的星室（Star Chamber）开庭而得名。

都活着的话，她通常会怀孕 9 次，其中 6—7 次可能分娩。她的后代中至少有 1/3 会在婴儿期或儿童期死亡，剩下三四个能活到 10 岁。因此，完整的英国家庭是父母和孩子生活的核心家庭，这些家庭一般由五六个人组成，而所有家庭的平均人数只有略多于 4 人。家庭规模不会太大，因为仆人和学徒取代了搬到其他家庭的孩子。爱尔兰女性则在 22 岁或 23 岁这个更年轻的年纪就会结婚，新英格兰的女性也一样，而那里的家庭规模更大。

这种核心家庭和紧凑型家庭的模式在苏格兰低地地区和北美殖民地也很明显。但在这些地方，人口状况是不同的。苏格兰社会在整个 17 世纪都易受饥荒的影响；人口增长则受到相对较高的死亡率的制约，预期寿命大大低于英格兰。1696 年、1698 年和 1699 年的歉收导致成千上万的苏格兰人忍饥挨饿，移民他乡。在北美，人口模式由地理位置决定。在新英格兰殖民地，由于土地富余且少有疾病，人口如雨后春笋般增长，形成了一种健康的环境。婴儿死亡率比现代医学出现前的任何时候都低，预期寿命更高。第一代新英格兰人中有 20% 的男性能活到 80 岁。在切萨皮克（Chesapeake），人口状况是凶险的，因为腐烂的沼泽、炎热的气候和传染病摧毁了一拨又一拨移民。1619—1622 年间抵达弗吉尼亚的人中，有 2/3 到 1623 年时已经离世。在弗吉尼亚、马里兰和卡罗来纳，必须使用别处的劳动力到种植园工作——要么是黑人奴隶，要么是白人契约佣工。在到达切萨皮克的白人男性中，超过 3/4 的人欠着劳务费，而他们是移民中最大的一类，这造成了性别不平衡，在整个 17 世纪，男女比例从 6:1 逐渐下降到 2.5:1。

虽然存在这些差异，但家庭是英国社会的基本单位，并承担着许多职能，从赋予社会和经济生活以秩序到提供身体和心理安慰，不一而足。作为社会组织的一个单位，家庭经常被比作“一个小联邦”，而在这个小联邦中，管理的结构和义务复制了整个国家的结构和义务。在这种既包括同住一个屋檐下的人，又包括家人的“家庭经济”模式中，丈夫负责妻子的行为，父母负责子女的道德教育，主人负责仆人的培训。这些结构化的关系反映了社会的等级性质，并将个人关系定义为一系列相互关联的角色。成年男子处于顶端，他们的统治义务得到了上帝对亚当的命令的认可[①]，但女性作为父母和雇主的高位角色，特别是在家庭中，已经明确确立。这只不过反映了世上的现实，在这个世界上，大多数妇女将成为寡妇，成为其家庭单位的负责人。但是，在家庭中服从的指示——在圣经读物、教堂礼拜和民间智慧的格言中得到呼应——并不暗示所有家庭都是有序的，或者所有成员都接受分配给他们的角色。个性、经验和必要性的要求结合在一起，使每个家庭都独一无二。事实上，过于频繁地调用理想类型表明，实际经验与理想类型相去甚远。

作为一种经济组织形式，家庭是基本生产单位。大多数婚姻都是在经济计算的基础上进行的，结婚的时间取决于继承、学徒或家政服务的完成。婚姻合同，特别是在富人中间，是复杂的婚前协议，规定了妇女作为妻子将带来的嫁妆和她作为寡妇将得到的部分。到了 17 世纪后期，婚姻市场的说法绝非隐喻：嫁妆在报纸上登了广告。为爱成婚并非不存在，而且越来越普遍，但人们普遍认为，爱情是在婚姻中获得的情感，而非在婚姻之前获得的。因此，如果女

① 典出《旧约·创世记》，上帝赋予亚当命名万物的权利，还从亚当体中取出肋骨造出他的配偶。这个配偶被亚当命名为“夏娃”，是他“骨中的骨、肉中的肉”。

孩的父亲没有足够的影响力提出强奸指控，那么，私奔行为将以绑架的罪名受到起诉。离婚为法律所禁止，在实践中少之又少。

在经济方面，家庭也是一种责任和职能的父权等级制，它将妇女和儿童包括在内。家庭的所有成员都以特定的角色工作，而这些角色是生理限制和文化假设的产物。男人们耕种，用大镰刀收割，放牧牲畜，织布，用工具劳动，制造。女人们种植，用小镰刀收割，照料牲畜，纺线，加工并销售商品。孩子们负责在收获之后捡拾并清扫谷物，照看牲畜，学习手工艺、烹饪或贸易，借此改善他们的生活。家庭经济的父权本质最明显地见诸继承模式，即男性优先于女性，长子优先于所有人。大多数英格兰家庭实行长子继承制，将土地和积累的大部分财富传给长子，同时将一个实物或另一个实物的部分留给他的弟弟和姐妹。年轻的男性通常借助学徒期获得技能；人们会向女性提供嫁妆以改善她们的婚姻前景。这些做法为定居在爱尔兰的英格兰人所仿效，并与在幸存的男性中间划分土地这种盖尔人可分遗产传统形成对比。

像长子继承制这样的习俗——曾被描述为“如果它仅仅淹死了一只小猫，那么，它除了留下一只小猫，其他都扔进了水里”的制度——暗示着家庭内部人际关系紧张。兄弟姐妹之间的竞争，是出生顺序这种碰运气的事导致的不平等生活机会的内在特征。实际上，年幼的孩子很可能在 10 岁的时候就会被从家里送去参与圣职或培训。虽然核心家庭占主导地位，但许多是早先的婚姻的合并，包括继父母、同父异母或同母异父的兄弟姐妹，以及这些合并暗示的所有复杂情形。毫无疑问，孩子比所有其他亲属或家庭成员更受宠爱，他们受到父母的特殊照顾，但亲子关系不像其未来那样深情满满。这可能与心理上疏远关系不大（因为儿童死亡率很高），而与抚养儿童的文化假设以及让他们工作的经济必要性有关。强调原罪的污点和儿童作恶倾向的种种说法，长期以来一直和与之相反的人道主义论点相抵触。体罚在社会的各个阶层都很普遍，如果那些经常抽打农场牲畜的人会想其他办法来纠正顽固的孩子，那才让人倍感意外。“教孩子怕棍子，轻声地哭”是 17 世纪末约翰·卫斯理（John Wesley）母亲的信条。

然而，尽管如此，生育孩子仍然是家庭得以延续的手段。血统和长寿是 17 世纪的特殊价值观，而在这种背景下，家庭服务于文化传承的目标。为了确保一个特定家庭的长期生存，人们做了大量遗产规划，土地通过一种称为“严格授产”（strict settlement）的手段，或通过持续 3 代人时间的长期租约，直接转让给子孙后代。一旦与父亲同名的第一个孩子死去，第二个孩子就会以他父亲的名字命名，原因在于家族需要保持连续性，而非他的死被冷酷对待。

16 世纪和 17 世纪初人口激增造成的剩余人口，从另一方面给家庭关系施加了压力。村庄无法为其庞大的后代提供生计，这导致地理上的流动性有所增加，特别是在妇女中间。英格兰社区在地理上是否曾经稳定，仍然是一个悬而未决的问题，但在整个近代早期，寻求改善或生存的人还是在不断迁移着。驱动他们的模式随着时间的推移而改变。在人口扩张时期，大多数人是“困难”移民，通常没有技能或金钱。1650 年之后，更大一部分人的迁移是为了改善自己的生活，并为他们从事的职业做好了准备。一个村庄有一半以上的家庭在两代人的时间里消失，这并不少见。在苏格兰和爱尔兰社会，移民都是个一直存在的因素。在最初的殖民地之后，新世界的移民大多来自苏格兰和爱尔兰。

在 16 世纪的前几十年和 17 世纪的最后几十年，移居城镇的移民普遍找到了更大的经济机遇。但是，在这个时期的大部分时间里，城镇无法维系农村人口的流失。实际上，那些迁移到城镇寻求生计的人更有可能命丧黄泉，因为传染病、不适当的卫生设施、紧缺的住所和暴力都是致命的。城镇的死亡率要高得多，如果没有源源不断的移民，城镇将无法维持其人口，更不用说扩大规模了。

这一时期的城镇数量没有增长，不过更多城镇已经从农业经济跨入了交换经济的门槛。在英格兰，超过 600 个社群可以宣称自己是城镇——大部分是约有 1 000 位居民的小市场。很少有人口超过 5 000 人的区域中心，而人口从 1 万到 3 万不等的省会城市，如诺里奇、布里斯托尔、约克和埃克塞特，更是少之又少。但是，这些部分的增长使得 1600 年 5 000 人以上的城镇数量达到 1500 年时的 3 倍，尽管在又一个半世纪的增长之后，人口下降，然后在 1700 年趋于平稳，但这一趋势仍在继续。此外，在英格兰，1600 年时居住在 1 万人以上城市的人口是一个世纪前的 2 倍；在苏格兰，人口则多了 50% 以上。在这两个地方，这一数字将在 17 世纪再次翻一番——在英格兰，这主要是由于伦敦人口出现爆炸式增长。

伦敦自成一个世界。它是英格兰的首都，政治、法律、社会和经济中心。伦敦城及其周边地区是王室政府、法院、贵族的宫殿、绅士住宅的所在地，也是欧洲最大的港口之一。皇家铸币厂（Royal Mint）位于其金融中心；皇家交易所（Royal Exchange）位于其商业中心。伦敦是块吸引一切的磁铁，“把所有的精力、元气都吸得一干二净”①。按照教会的规定，分散在全国各地的教会统治阶

① 引自英格兰文人彼得·海林（1599—1662）对伦敦的描述：“大城镇的扩张就好似人体内的恶疾，把所有的精力、元气都吸得一干二净。”

层经常被吸引至伦敦，以至于各教区的主教们也都在泰晤士河边大兴土木，建造宫殿。尽管剑桥、牛津两地是得到了当局认可的学术中心，但它们主要充当富家子弟的精修学院、教士阶层的神学院，伦敦才是文化生活的中心。出版同业公会（Stationer's Company）从伦敦管理着图书贸易，并控制着全国各地的印刷机。在17世纪初，伦敦格瑞萨姆学院（Gresham's College）教授新的科学和数学，这些课程被教会课程占主导地位的大学课程排除在外。泰晤士南岸的剧院生意兴隆，每周最多能够吸引多达2万名观众，直至在17世纪中叶被关停，在斯图亚特王朝复辟之后才重新开张，那时的地址在更体面的城区，而观众人数翻了一番。

伦敦的人口增长是现象级的。1500年主要住在城郭城市（walled city）的居民人数为4万，一个世纪之后则增至20万以上，城区范围突然扩张至威斯敏斯特和30多个新的堂区，而且，20万以上的人口将在未来100年间增长2倍，在17世纪90年代兴许多达60万人，尽管痛苦的是死亡率居高不下，还有人移民北美洲。到了那时，每9个英格兰人中就有一人住在伦敦，而伦敦是西方世界最大的城市，爱尔兰和苏格兰没有城市能与其一较高下。17世纪中叶之前，都柏林的居民数量不到1万，爱丁堡虽然在1700年是不列颠第二大城市，但人口只有4万。

人口增长给农业体系施加了巨大压力。尽管自给农业利大于弊，但其短板在于，它既不适合技术创新，又不适合实现扩大生产，而英格兰的人口增长带来的持续压力让技术创新和扩大生产变得必要起来。起初，过剩的儿女轻轻松松就被安排好了。更多土地得以开垦，集镇的规模也随着劳动力的流入而扩大。人口增长的自然上限很快就到来了，但人口增长仍然保持着强劲的势头，而尽管 17 世纪一二十年代饥荒频发、流行病肆虐，人口却在继续增长。通货膨胀是人口危机的最初表现。随着规模的扩大，城镇的粮食需求量也水涨船高，很快就导致粮食供不应求，引发粮价上涨。与 1500 年相比，到了 1600 年，常见的农产品价格上涨了 3 倍，而到了 1650 年，价格更是上涨到了 1500 年的 6 倍。谷物是涨幅最大的粮食，但是，牲畜及其副产品紧随其后。只有纺织品和工业产品缓慢涨价，直到 1600 年才翻了一番。

尽管按照现代的标准，这样的价格上涨似乎是适中的，但是，此类上涨并非出现在现代而灵活的经济中。尽管英格兰河运发达，更是不乏天然良港，但交通的原始状态限制了货物的流通，所以与全国的趋势相比，地方上甚至会出现更为严重的通胀问题。某一地区的生产过剩几乎无法缓解其他地区供不应求的问题，而政府对“中间商”的监管，无论出于何种好意，都让问题更加恶化。城镇为确保粮食供应而使出了浑身解数，要么直接买断用于农业生产的土地，要么与农民签订合约，确保未来的粮食供应，要么监管粮食的生产和分配。

通货膨胀不仅造成了痛苦，还打乱了以价格和价值相对稳定为前提的经济行为观念。在许多庄园，租金无法提高，土地为人长期持有。99 年的租约假定土地的价值一代又一代保持稳定，或者，至少土地价值下降的可能性和上升的可能性一样大。征收的“实物”税对商品也做了类似的假设。17 世纪初歉收时所得什一税（付给教会的 10% 的税）的价值，比一个世纪前丰收时所得的价值还要高，这真是一个残酷的笑话。

150 年来，除了劳动力，所有东西的价格都在上涨，因为虽然需要喂更多张嘴，但是，也有了更多的劳动力。因为商品价格急速上升，所以实际工资直线下降，跌入了前所未有的低谷。最为可靠的数据是如此骇人听闻，以至于其准确性一直受到质疑。以英格兰建筑行业的工人为例，在16世纪他们的实际工资打了对折，而接下来的50年里实际工资继续缩水。除了高技能的收割者，从事农业生产者的工资可能下降得更厉害，而那些让大多数移民在城市里维持生计的临时工的工资下降得最厉害。直到17世纪40年代的多次内战之后，实际工资才显著恢复，到那时，农业和城市经济的结构都发生了根本性变化。

实际工资和生活水平的急剧下降因为一个事实而得到缓解，即农业和工业雇工的工资都得到了“饮食”的补充，这是一种特定的食物清单，由雇主根据性别、技能和责任划分的等级予以分配。随着食品价格飙升，提供“饮食”变得越来越重要。同样重要的是，我们得意识到只有一小部分人口完全依靠工资维持生计。在农村社群中，工资通常是农业活动的补充，就连在大多数城市地区，各个家庭也保留了园地并蓄养牲畜——许多17世纪的城镇通过拴绳条例和任命流浪猪管理员（hog-reeve）证实了这一事实。然而，缓解（mitigation）并不是缓和（alleviation）。在苏格兰低地，16世纪一种富含肉类、奶酪和黄油的饮食被一种以燕麦为主的饮食取而代之。近一个世纪以来，普通人的命运每况愈下，这片土地上到处都是苦难。

不过，这是一阵不给任何人带来益处的恶风。上涨的物价和下降的工资对过剩生产者来说是一笔巨大的财富。许多土地是由大富豪、企业机构、教会和王室持有的。这些所有者现在有动机开发未充分利用的地产。庄园领地——庄园中保留给领主使用的部分——以具有竞争力的租金租了出去。农业技术的革新提高了产量。固氮作物有助于缩短土地休耕期；冬天灌溉草地，在春天将其排干，这样早春的草就可以生长了，这意味着更多动物可以越冬，为春天的种植提供肥料。科学的动物育种和像芜菁这种新的饲料作物，以较低的成本生产出能越冬的牲畜。这样的改良来得很慢，像给草地灌溉和排水等昂贵的适应措施，只适用于大型庄园。但是，这些措施显示了一种针对农业生产的新态度，这种态度可以在小得多的庄园看到，这些庄园现在开始面向市场生产，特别是在泰晤士河河谷和伦敦周边县城。在爱尔兰，地政局（land registry）的设置、更好的保有权保障和向现金租金的转变，在刺激市场经济增长方面也产生了类似的效果。虽然 17 世纪爱尔兰的经济发展受到缺乏资本和几乎持续不断的战争所造成的政治动荡的阻碍，但其特点是增长和多样化。

不断增长的由农业剩余物构成的集市，其活力意味着当地社群不再被迫使其产出多样化。他们可以专攻最适合其庄园的农产品，然后购买其余农产品。特色作物，特别是像小麦这样的奢侈品，产量低，对农家来说很是昂贵，这是市场导向型新农业的一个结果。另一个结果是土地的合并集中。因为分散风险而受人珍视的条带状土地，现在因为抑制收益而遭人厌恶。篱笆和栅栏开始出现在曾经的敞田（open fields）[①]里，而在这些地头，农民用自己的牲畜给自己的庄稼施肥。圈地的形式多种多样，从合理交换条带以形成一体的地块，到强行驱逐租户以形成一体的庄园。在 16 世纪和 17 世纪，前一种情形更多，因为那些领先其邻居的家庭抢购了市场上的

① 敞田，亦作敞地，英国旧时土地制下，领主自留地、教堂保有地和农民份地实行分圃轮种，每年收获和割草之后的田地、休耕地都作为公共牧场共同使用，故称敞田或敞地。

所有土地。传统上，村庄由少数中等规模的农民和大量的小农组成，17 世纪的村庄两极分化则进一步加剧。少数拥有相对大量土地（是维持生计所需土地数量的 3 倍及以上）的人，支配着一批小农户和更多拥有一两英亩花园的无地雇农。这种持有量缩减的现象在高地地区尤其明显，那里吸收移民的城镇更少。在那里，17 世纪的头几十年发生了饥荒，因为土地无法支撑增长的人口。

这些多产的农民进入了自耕农的行列，这进一步加速了从自给农业向商业农业的转变。他们从集体耕作或集体操作中得不到任何好处，贪婪地注视着他们在村子公地里的份额。当小农和农业雇工继续为生存与大自然斗争时，自耕农有闲暇时间主导村庄治理，并开始在他们的郡里崭露头角。在斯塔福德郡（Staffordshire）的一个村子里，有 3/4 的警员都是从这群人中抽调出来的。令人费解的一个事实是，近代早期苏格兰没有出现同等的发展，这是解释英格兰和苏格兰农业差异化发展的关键因素之一。

符合英格兰自耕农的情形，更有理由符合领主的情形。土地价值稳步上升，租金虽然因土地租赁的性质而变得复杂起来，但可能与农业通货膨胀保持同步，到 1640 年已经上涨 500%。那些以低价购得被解散的修道院土地的人受益最多。无论如何管理他们的庄园，他们的回报都会增加：他们可以以更高的价格出售，以更高的价值抵押，或为了更丰厚的利润而耕种。16 世纪末 17 世纪初在人们的记忆中是一个挥霍无度的消费时代。贵族建造了拥有数百间房间的神童之家（prodigy houses），周围是些雕塑花园和数英亩的鹿园供人们娱乐。普通绅士用按照最新建筑风格建造的石屋取代了他们的木质宅第。镇上专门的地方出现了豪宅来安置郡里的精英们，他们坐着马车巡回工作。在伦敦，考文特花园和伦敦西区（West

End）的多个部分被布置成绅士的城市住宅，他们中的许多人一年中越来越多的时间都在首都度过，打发社交季节，参加法院会议或议会会议。庄园主们一直很富有，但他们的财富从未如此具有流动性。虽然农业的一部分利润被重新投进了土地，但正如人们描述的悠闲阶层的生活方式，大部分被用于支持“绅士的做派和举止”。

认真关注地产管理可以创造巨大的财富，但在宫廷、法庭或商业投机活动中可取得更多的财富。来自土地的利润直接支撑着以上三者。这一时期的特点是绅士阶层崛起，绅士人数的增速超过了其他人口的增速，而他们的财富、权力和威望都大大提高。贵族是由等级来定义的，其流动性取决于君主，只有君主才能创造头衔，而与此不同，绅士更无定式。他们的等级，从骑士到小乡绅（minor squires），不一而足，在整个时期内都是不断变化的。一代人中家境中等的家庭，在下一代人中就可能会成为郡里的显要人物，并最终成为贵族，就像奥尔索普的斯宾塞家族（Spencers of Althorp）。其他类似的家庭，由于不幸或误判，可能会逐渐被人遗忘，就像他们的天主教徒邻居特雷瑟姆家族（Tresham）。从法律职业和法院办公室的扩张中获益最大的是绅士阶层，因为二者都成为遗产继承人和寻求财富的小儿子们的领地。伦敦充斥着土地精英的后代，而在许多家庭中，出人头地的是被派去法院办公室或经商的子孙们。掌玺大臣尼古拉斯·培根（Nicholas Bacon）的长子安顿在萨福克郡（Suffolk）的红坟镇（Red-grave），而小儿子弗朗西斯·培根（Francis Bacon）通过法律教育摇身一变成了子爵。拉尔夫·弗尼爵士（Sir Ralph Verney）只能扶持其在白金汉郡地产上所生的 3 个儿子中的两个。最小的儿子约翰被派去经商并且发了大财，使定居克莱顿（Claydon）的这个家族又延续了 300 年。

尽管海外贸易在 17 世纪伊始还不是一个重要的经济部门，但它的增长和转变使英国在 100 年后成为欧洲的商业强国之一。从 16 世纪中叶开始，英格兰的主要商品是布料，一个世纪后，布料仍占出口商品的 80% 以上。对爱尔兰来说，牛及其副产品的出口支撑了当时体量很小的国际贸易。英格兰的布料贸易受细平布垄断企业商人冒险家公司（Merchant Adventurers’ Company）控制，并主要集中在伦敦和低地国家，未加工的织物会运往那里。垄断确保了那些被允许参与贸易者的利润，也确保了王室在海关和贷款方面能有稳定的收入。布料出口受到近代早期商业正常波动的影响，但一系列的灾难永久性地降低了它们的价值。从 16 世纪中叶开始，几乎持续不断的欧洲战争使价格出现上涨，需求随之减少。安特卫普港的淤塞打乱了冒险家公司的传统贸易安排，而荷兰反抗西班牙的起义让替代选择变得危险重重。巧合的是，随着被称作“新织物”的更轻、更便宜的面料的开发，厚重的英格兰细平布逐渐过时。在整个 16 世纪后期，产量和收入停滞不前，此后短暂回升，但随着 1618 年三十年战争的爆发又急剧下降。

英格兰传统布匹贸易的衰落促进了新产品和新市场的开发。较轻的织物被出口到地中海各个港口，新织物很快就与伦敦的主要出口产品细平布竞争起来。在欧洲，西班牙和葡萄牙正在成为与荷兰一样重要的纺织品出口国；在欧洲以外的地方，新的企业得以创建用于开拓大西洋和印度洋市场。从 17 世纪 60 年代开始，英格兰出口贸易的平衡发生了决定性变化。现在，运往欧洲的纺织品在荷兰和德意志的传统市场与西班牙和地中海的新兴市场中间平分。此外，英格兰商品市场的地理扩张恰逢英格兰迅速发展的长途贸易取得了成功。到 17 世纪末，英格兰已经取代荷兰成为转运的集散地（entrepôt）。来自大西洋的咸鱼、烟草和蔗糖，来自东印度群岛的印花棉布、胡椒和香料，在运往欧洲的途中都得经过伦敦。到了1700年，在17世纪伊始几乎可以忽略不计的再出口，现在已经增至从英格兰运来的货物的1/3，而布料降至不到一半。17世纪初，随着爱尔兰经济适应了商业形式，以海关收据衡量的从爱尔兰到英格兰的出口增长了10倍之多。

英格兰商业地位的提升更多与进口有关，而不是出口。有3个方面的发展是至关重要的：按照新的经济原则组建新公司、航运业的兴起，以及政府法规对英格兰船只的保护。

在整个17世纪，布料占出口货物的大多数，而进口贸易朝着一切可以想象的方向发展。进口主要是为了满足富人的需要，而对奢侈品的需求是无法满足的。在16世纪后期，为了与波罗的海、莫斯科大公国和非洲进行开放贸易，垄断公司得以成立。他们的资金来源于股票的集中，而这最初与特定的探险有关，并最终成为公司自身价值的一部分。这些合股公司中最重要的是东印度公司，该公司成立于1601年，用以在远东开展贸易。起家时并不起眼的东印度公司，后来生意兴隆，其购买香料、丝绸和棉布印花，在伦敦以高价出售。东印度公司的董事们最初是一群无法参与出口贸易的志在必得的年轻人，他们很快就变成伦敦商业当权派。公司的股票在皇家交易所进行交易，使大大小小的投资者都能参与进口热潮。这并不局限于亚洲贸易。在大西洋彼岸，一种新的经济作物席卷了英格兰市场。烟草起初是一种昂贵的奢侈作物，但很快人人都能买得起。1640年，只有500吨烟草从美洲东海岸运往英格兰消费；20年后，进口量增加到4 500吨，到1700年时已经达到1.1万吨。爱尔兰也有同样的嗜好，到1700年，爱尔兰人均烟草消费量达到

19 世纪中叶以前从未有过的水平，进口量超过了 1 500 吨。

随着高效的长途运输贸易的兴起，英格兰的航运业也发展起来。在 17 世纪伊始，英格兰的商业船队规模小、陈旧，而且价格昂贵。它无法在大宗运输贸易上与荷兰人竞争，无法在长途贸易上与葡萄牙人竞争，也无法在地中海贸易上与法国竞争。大多数船都是用来装织物的，这样可以方便地运到荷兰，尽管如西班牙在 1588 年时发现的那样，这些船是可操纵的、适宜航海的，但它们很难成为现代商船的基础。随着三十年战争的爆发，这种情况发生了决定性变化。海上强国中，只有英格兰保持中立，而英格兰现在付钱给商业辛迪加投资新的船只。截至 1640 年，英格兰船只的总吨位增加了近 3 倍，大型船只的数量也增加了 10 倍。虽然最大的船只是为东印度公司而建的——在其处女航中就失事沉没的“贸易增长号”（*Trade's Increase*）——但是，一些新的商船位于伦敦以外的港口，而在斯图亚特王朝复辟之后，大西洋贸易使布里斯托尔变得重要起来。

建造和投资大型贸易船只的动力来自贸易保护。从 17 世纪 50 年代开始，英格兰议会通过了一系列航海法案，限制在进出英格兰的贸易中使用外国船只。这个问题在煤炭贸易中表现得最为突出，在那里，从纽卡斯尔驶来的外国船只数量几乎是英格兰船只的 4 倍。1661 年的《航海法案》列举了一系列只能用英格兰货船装运的商品，并将北美和欧洲的再出口贸易完全限制在殖民地或英格兰建造的船只上。尽管与荷兰人进行了一系列贸易战才使他们坚持下来，但《航海法案》为英格兰造船业的进一步繁荣创造了条件，总吨位在 1640—1700 年翻了一番。

这种规模的商业活动自然意味着商人数量的增加及其财富的

激增。大贸易公司的董事们和这个领域的任何同行一样富有，尽管他们的财富在于资本而非土地。“庄园是池塘，不过贸易是泉水。”丹尼尔・笛福（Daniel Defoe）说道。少数人在可以用 1 万英镑买到伯爵爵位的时候就购得了贵族身份；还有一些人把自己的女儿送到乡下，就像为赚钱而贩卖胡椒一样，他们也怀着同样的追求声望的热情。但是，越来越多的成功商人蔑视重视土地、血统和休闲胜过金钱的传统道德思想。如果说 16 世纪末绅士阶层可以买到贵族身份是真的，那么，17 世纪末的医生、律师、商人和金融家等职业阶层能买到绅士身份也是真的。他们的爵位来自服务而不是家谱，因为权力中心从贵族的武器转移到职业人士的钱包，而职业人士这个群体尚未完全融入英格兰的社会结构。

从分析的角度来看，英格兰是按照等级划分组织起来的，也是由父权制主导的。在其顶端是一小部分精英——不到人口的 3%——他们被五花八门地描述为贵族、绅士或要人。虽然数量很少，但他们被精细地划分为各个级别，而这些级别被划分为各个等级并再次划分成适当的地位。尽管在 1600 年只有 61 名贵族，但他们被分为公爵、侯爵、伯爵、子爵和男爵 5 个不同的级别。伯爵们会为谁在队列中排在第一位而争论不休，而购买头衔者会额外支付费用，使其专利权在更早的日期生效。绅士们的追求别无二致，众所周知，如果乡绅们的名字在太平委员会（commission of the peace）的地位不够高的话，他们会拒绝坐在法官席上。1611 年，王室创造出世袭的男爵爵位，拥有足够的财富和 3 代人声望的骑士可以从暴发户中脱颖而出。嘉德骑士团和巴斯骑士团（knightly orders of the Garter and the Bath）有所扩张，以满足同样的冲动。1603 年，需求如此之大，以至于詹姆士一世在 4 个月内册封的骑士比伊丽莎白一世在 44 年内册封的还要多。这项荣誉变得如此败坏，以至于查理一世能够通过向那些拒绝接受这项荣誉的下一代人征税来增加可观的收入。世界上最古老笑话的 17 世纪变体说道：“那不是绅士，那是骑士。”

这些荣誉的精确性是非常重要的，因为它给人留下了一种稳定的印象，这种印象在其他方面一直以假象示人。都铎王朝把贵族变成一个效劳的贵族阶层，对第十四代阿伦德尔伯爵（Earl Arundel）或第十一代诺森伯兰伯爵（Earl of Northumberland）这种少数人来说，还有更多人是其家族的第一代。斯图亚特家族以复仇的姿态延续了这一模式，在 17 世纪第二个 25 年通过出售头衔和在随后的几十年中通过奖励官员，几乎将名义贵族的规模扩大了 2 倍。到了 1714 年，超过 3/4 的英格兰贵族是由斯图亚特王朝造就的。募人成为贵族是一件必要的事，因为即使有兄弟和侄子的旁系血统，男性血统平均也不会延续超过 3 代人。不过绅士阶层的构成同样是流动的。例如，在 17 世纪的兰开夏郡（Lancashire），1640 年的绅士家庭数量与 1600 年大致相同：774 家。但其中只有不到 500 个是同一个家族，近 300 家失去了绅士身份，另外 200 多家在不到两代的时间里获得了绅士身份。在一个较长的时期内，1640 年时多塞特郡和林肯郡 80% 以上的绅士家庭在 1500 年时还不是这两个郡的贵族；在沃里克郡，人员调整率超过了 90%。只有拥有许多本地绅士、实行可分割遗产制的肯特郡，看起来是一个例外。

面对变数，分析人士强调了稳定性。理论家进一步阐述了中世纪存在巨链（great chain of being）的宇宙秩序，它既为万物赋予了地位，又让万物各得其所，从上帝到无生命的物体，不一而足。教堂的长椅是严格按照村庄的社会秩序进行分配的，管理村庄的家庭坐在前面，劳动的家庭站在后面。对个别家庭的刻苦研究，主要是伪造的研究，还补充了王室传令官（royal heralds）的正式家谱记录，而这些家庭的特点是将他们的祖先追溯到诺曼征服之前。绅士阶层开始以孩子外祖父的名字给他们命名，在长期议会（Long Parliament）[①]议员中有西蒙兹·德夫斯（Symonds D'Ewes）、哈博特尔·格里姆斯顿（Harbottle Grimston）、弗瑞林厄姆·高迪（Framlingham Gaudy）和布尔斯特罗德·怀特洛克（Bulstrode Whitelocke）。这些家庭对土地的认同特别强烈，一种对自己所在郡的情感依恋开始形成。新造就的贵族从他们的庄园中选择自己的头衔，新崛起的绅士以自己的名字命名他们的宅第，就像埃利奥特港（Port Eliot）的埃利奥特家族、埃奇库姆山（Mount Edgcumbe）的埃奇库姆家族和戈多尔芬（Godolphin）的戈多尔芬家族的情形——他们都住在康沃尔郡，彼此相邻。

很难确定地位的区别是否令人反感。这些区别不但体现在权力和责任的规定上，而且体现在规定不同阶层的人可以穿什么或消费什么的禁奢立法上。因此，社会区隔不断地体现在衣着、行为和风度上，而从说话方式、称呼方式，到摘帽和让出通行权等方面的恭敬也不断强化这种区隔。这不仅是跨越巨大鸿沟的实践，还是上层社会的一种生活方式。宫廷里最恭敬不过了，在宫中，敬礼的形式是鞠躬和屈膝，在君主面前的行为准则要求最高级别的廷臣离开房

---

① 17世纪30年代，苏格兰爆发起义，为筹措军费平叛，查理一世在1640年4月13日召集议会，但其无法与资产阶级和新贵族达成一致，最终在5月5日解散议会，史称“短期议会”（Short Parliament）。迫于苏格兰大军压境的形势，1640年11月3日，查理一世再次召集议会，此次议会一直持续到1653年4月20日，史称“长期议会”。

间时不与国王对视。恭敬不是保留给公共领域中的关系的。在17世纪后期，当萨默塞特公爵夫人（Duchess of Somerset）用扇子轻拍她的丈夫以引起他的注意时，他斥责她道："夫人，我的第一位公爵夫人是珀西（Percy）家的女儿，她可从来没有这样的自由。"

在精英阶层之下，地位差别很快就模糊了。在某种程度上，这是因为大多数评论家要么是精英阶层的成员，要么是志在成为精英。他们的分类方式通常是两极的：绅士和普通人；更高尚的人和更卑鄙的人；那些用手工作的人和那些不用手工作的人；用格雷戈里·金（Gregory King）在1688年的老练说法，甚至还有"增加"或"减少"王国财富的人。等级制在精英阶层中造成了实际和功能上的区隔，而在大众中没有产生同样的力量。然而，我们不应得出这样的结论：那些生活在生存边缘的人没有自己的区分体系。从婚姻模式、庆祝形式和教会法庭上的证词来看，他们也相信自己的世界是按照等级秩序排列的。自耕农和农夫（husbandman）——他们可能被称为户主（goodman），这里用的是男性的形式——是乡村社会的精华，他们的财富和他们被赋予的责任明显区别于雇农和劳工。在城镇地区，在人们生活在社会结构一个更广泛的横截面中的地方，会形成"中等阶层"（middling sort）——商人、店主、成功的工匠。他们的头衔就像农夫和女主人（goodwife）一样，常常以"忠实的"（honest）一词为前缀。然而，他们的地位是模糊的，而且主要与财富有关。对自耕农所做的旧式"40先令自由持有人"的定义，随着通货膨胀和土地所有制的转变已经消失了，取而代之的是其他人的认可。

评论家把绝大多数人简单地归为雇工或穷人。连续的立法行为根据性质区分，把大众划分成劳动的穷人（labouring poor）、无能为力的穷人（impotent poor）和闲散的穷人。农业雇工总是成为土地所有者做事的重要帮手，特别是在收获季节，在破坏性的风暴到来之前收割庄稼总是让人无时无刻不在忧虑。但是，人口的增加和大面积地产的合并，以及随之而来的小地产的细分，意味着每个乡村的很大一部分由雇工组成。很多人是畜牧业的雇员，他们在农业中扮演的角色与学徒在交易中的角色一样——签订了年度合同。他们是等待继承家产或结婚的年轻男女，为微薄的工资和简单的食宿而工作。其他人则是些季节性雇用的临时工，但他们获准使用废弃的棚屋作为住所。在城镇里，雇工也分为熟练工和临时工，区别在于临时工，特别是负责抬运和搬运的，不分季节，也不受合同约束。

不断增长的人口和城市移民扩大了劳动力储备，到了16世纪末，人们认为英格兰存在严重的贫困问题。当然，贫穷并不是什么新鲜事。一个自给自足的农业经济体预计将有1/4以上的人口长期处于贫困中，另外1/4的人口则会在其生命周期的某个阶段出现周期性贫困。人口和农业的变化可能将这部分人的数量推到了上限。数字很难得到：17世纪初，在埃塞克斯郡的一个乡村教区，2/3的人口要么处于贫困水平之下，要么处于贫困水平；1570年，2 300多名诺里奇居民有资格享受贫困救济，这是该市真正贫困者的最低人数。诺里奇通过一项济贫税（poor rate）实施集体慈善的计划，旨在防止公众乞讨。在伦敦，旅行者报告说有成群结队的乞丐，并称在街上行走时不可能不被他们绊倒。一位观察家估计，仅在伦敦城就有1.2万多乞丐。就连在人口压力开始缓解的17世纪60年代，也有1/3的家庭因贫困而免征壁炉税（Hearth Tax）。乞丐是城镇中最明显的贫穷标志，流浪汉在城镇之间的道路上最醒目。17世纪90年代的苏格兰生存危机很可能迫使多达20万人主动乞讨。

在英格兰，寻找工作的流浪者人数也在增加，按照17世纪的标准，他们要走上很长的距离——通常是40英里[①]及以上。到了17世纪，流浪者已经变得如此之多，以至于构成了一个新的穷人阶层。

对这两类穷人，最常见的描述性词语是无能者和懒惰者——正如一位分析者的简洁说法，即“上帝的穷人和魔鬼的穷人”。无能为力的穷人是那些按照当时的眼光应该得到救济的人——他们贫穷，不是因为他们自己的过错——比如精神上或身体上有残疾的人、孤儿和有小孩的寡妇。在乡村和大多数城市地区很容易认出无能为力的穷人。寡妇通常是这一类别中最大的一部分，因为她们在早期近代社会中并不少见，而且她们的不幸是无法预测的。济贫最初就是为这个群体设计的——一种取代天主教各式机构的公民责任。闲散的穷人是那些被认为自己选择贫穷的人——用当时的说法是“强壮的乞丐”或“无主之人”。他们有能力挣钱，但据说他们更愿意乞讨，或者更糟。

所谓的“闲散的穷人”是由两个截然不同的群体组成的，在对这一时期困扰英格兰社会的无序的歇斯底里中，这两个群体的存在常常被混为一谈。闲散的穷人中最小的一部分是“流浪者”，他们住在充斥着犯罪和恶行的黑社会，包括恶棍和老鸨、扒手和猫贼、抢劫犯和杀人犯。苏格兰人把他们的行为称作“强求膳宿”，带着威胁乞讨。从字面意义上，他们是无主的。在这些流浪者中，还有一些人虽然不是罪犯，但被同时代人用“流浪”的笔触涂上了油彩。弃妇和未婚妈妈在流浪的穷人中最常见——寻找丈夫的妻子；为逃避耻辱而未婚的人。虽然这些妇女中有一些转向了犯罪——

① 1英里=1.6093公里。

通常是卖淫——但大多数人只是一贫如洗。不过，所谓“强壮的乞丐”的最大组成部分是寻求经济改善的移民，直到 17 世纪中叶，这些穷人才被原原本本地接受——他们是寻求踏实就业而非逃避就业的雇工。

穷人被怎样看待，也就被怎样对待。伊丽莎白时代的立法规定，无能为力的穷人和闲散的穷人都是他们出生的教区的责任：无能为力的穷人需要照顾，闲散的穷人需要纠正。如果在这两类人所在教区外发现了他们，他们会被押送回去，此前通常还会有某种形式的体罚，从枷刑的羞辱到鞭笞的痛苦，不一而足。这样的规定在很大程度上是无效的，因为虽然没有一个教区欢迎其他教区的穷人到来，但也没有教区希望本教区的穷人打道回府。此外，在更匿名的城市教区，执法给官员带来了太大负担。因此，国家立法变得严酷起来。1563 年的《工匠法》（Statute of Artificers）引入了鞭刑；1572 年的一项法令规定了烙印和残害。那个烙印——一个“V”字，代表“流浪者”（vagrant）——让当局能够识别惯犯，惯犯会受到更严厉的处理。第三次被定罪的人会被处以死刑，尽管这种解决流浪问题的办法很少被使用。随着当时的人们意识到结构性失业的问题，他们开始以伦敦为穷人设立的医院为模板，创建名为布里德韦尔（Bridewells）的强制性济贫院（workhouses）。布里德韦尔是解决大出血的一剂膏药，它为雇主提供了廉价劳动力，并为少数可以入住的穷人提供永久性的依靠。那些不能入住布里德韦尔的人将得到院外救济（out-relief），而这是一种补充收入。总的来说，这项立法对减轻贫困问题或穷人的困境几乎毫无助益，不过它的确确立了公共福利的原则，而且非常成功，以至于到了 17 世纪末，富人们抱怨自己在一个教区的税负和税率在两代人的时间里增加了 60

倍。苏格兰社会对待穷人的方式更不正式，实行自愿募捐，而不是强制性定级。在苏格兰，济贫仍然被视为教会而非国家的职能。

17 世纪伊始，人们广泛意识到公共秩序的恶化，而其征兆被认为是贫穷和流浪。认为英格兰人口过剩这种看法，带来了扩大爱尔兰种植园和增加移民到达北美的计划。认为公共纪律正在瓦解的看法导致对犯罪的起诉在不断增加，地方太平绅士（justices of the peace）[①] 镇压骚乱的权力也在不断扩大。我们很难确定人们的感知是否与现实相符。在内战前的数十年里，对从谋杀到违反执照等各类犯罪的起诉有所增加。17 世纪 20 年代，柴郡（Cheshire）的重罪起诉数量是 40 年前的 2 倍，是 40 年后的 3 倍。几个世纪以来，陪审团一直通过不判有罪或尽量降低罪行的严重性来抵消法律的严苛，现在，陪审团采取了充分的措施。在 17 世纪头 10 年，德文郡（Devon）平均每年处决近 25 人，伦敦在该世纪的前 25 年里平均每年处决 150 人。轻罪和重罪一样被起诉，一些郡的太平委员会为了跟上工作量而扩大了一倍。无直接受害人的罪案，如骂人、扰乱秩序、通奸和淫乱，让教会法院和郡法院不堪重负。有一段时间，对客栈和酒馆的监管使当地社区无比痴迷，他们都喜欢把酗酒者和路过的陌生人等同起来。实际上，监管起诉占法律业务的大部分。在 4 年的时间里，埃塞克斯法院开庭处理了 3 500 起案件，其中有 700 起是未能去教堂做礼拜的个人的陈述。

犯罪是对社会秩序的明显威胁，而当局时刻警惕着可能导致暴乱或叛乱的阴谋。虽然有一些令人担忧的时刻，比如 1596 年牛津

---

① 太平绅士是源于英格兰的一种制度，指政府委派民间人士担任特定职务，维持社区安宁、防止非法刑罚并处理简单的法律程序。

郡暴乱，当时饥荒威胁着社会，以及1607年由圈地引发的米德兰起义（Midland Revolt），但在这一世纪中叶的大火之前，对更大政治秩序的威胁是无关紧要的。不过，对小城镇政治秩序的威胁——丈夫在家庭中对妻子的权威，老一辈对镇上或乡村年轻一代的控制权——始终存在。其中一些问题最终在法庭上结束，但也有传统的社会控制手段，旨在维持男性主导的性别体制，并将性活动限制在一夫一妻制的婚姻中。公民领袖们认为滥交在许多层面威胁着社区的有效运作：它带来未婚母亲和私生子，在村里制造嫉妒与不和，并赋予妇女独立性。他们把性约束看作所有其他形式的社会纪律的盖子，如果掀开它，就会打开罪恶和堕落的潘多拉魔盒。由于没有有效的节育手段，加上结婚时间推迟到了二十四五岁，性挫折感居高不下。值得注意的是，英格兰社会在强化女性贞操观念上是何等成功。尽管非婚生育在17世纪的头10年达到了顶峰，但仍然只占总数的3%。此外，其中一部分非婚生育是婚前性关系而非滥交的结果，因为订婚后的性交并不少见，也有虚假承诺或厄运阻碍婚礼的举行。

当然，这种成功的一个因素是监督。在集结的村庄里，人们比邻而居，几乎一生都没有隐私可言。鉴于生存所需的相互依赖，他们从小就关心彼此的事。住宅通常只有一个大房间，床是共用的，就连那些有单独房间的人通常也没有走廊和门来隔开或关上房间。在森林或牧场社区中，距离带来的结果与毗邻带来的结果相同。分散的宅地把青少年之间的接触限制在主日礼拜和陪护活动。同样重要的是重视诚实和名誉的道德和文化约束——女仆贞洁和妻子忠诚的暗号。社区会举行各种羞辱仪式来执行这些规范。所谓的妓女可能被放在手推车里，在教区游行；还会在通奸者屋外放上山羊角[①]。骑马仪式通常是为了羞辱妻子不忠的男人，其原因是他有责任控制妻子。其中有些仪式利用稻草人物或邻居来说明这一点；其他仪式可能会强迫相关的实际个人背过身骑在动物身上，嘲笑的人群在他们巡游时播放粗犷的音乐。这些在英格兰西部被称作“村中游行示众”（skimmingtons）的情形之所以会出现，通常是因为人们相信妻子殴打了丈夫——这是社会秩序的颠倒，危险程度甚于通奸。另一方面，那些诬陷的人也受到伤害，这进一步强化了声誉的重要性。这些被称为“骂徒”（scolds）的女性，会被放在机械鸭凳上，并因其诽谤言论而被当众浸在水池或池塘里。

羞辱仪式是社群在司法系统之外行使社会控制权的传统手段，但在17世纪初尤其成功，因为它们将节日文化的诸元素与后来出现的被称作清教主义的道德和宗教苦行结合了起来。清教主义不仅仅是一场社会运动。它源于各种冲动，满足了各种需要，必须首先被视为宗教基要主义的表达。它的教义是先进的新教信条的逻辑产物，它的礼拜仪式则是对加尔文主义的连贯解释。因此，将清教主义的起源等同于人口急剧上升，以及对它催生出的混乱的痴迷，这是一种还原论。但如果把这个时机看成巧合，也是鼠目寸光。作为一场平信徒运动，清教主义在内战前的两代人时间里达到了顶峰，当时人们对社会混乱和道德崩溃的担忧也达到了顶峰。此外，作为一场平信徒运动，清教徒最强烈的冲动是改革礼仪，对一些人来说，这种改革采取了严厉的自我克制的形式；而对另一些人来说，采取的是压制性的威权主义的形式。尽管清教主义对各行各业的男

① 在基督教文化中，恶魔撒旦长着山羊角，故山羊角是邪恶、堕落的象征。

女都有吸引力，但它在城镇里，尤其是在“勤劳的那一类人”中蓬勃发展——他们把成功归功于恩典。

清教徒把自己划分成敬虔的社群，这些社群实行严格的道德纪律。他们的信仰把人类分为少数注定要成为上帝选民的人和许多注定要永远被诅咒的人。他们还租用教区的社区，并为控制当地宗教而斗争。虽然无人知道上帝的心意，但那些圣徒——清教徒所描述的选民——很可能以其无可指摘的行为、严格的道德规范和要求严格的自律而得以区别开来。虽然大多数清教徒共享一套基本的教会观，但清教主义与其说是神学，不如说是一种生活方式；事实上，这是一个包罗万象的范畴，涵盖了广泛的教义立场，其中许多立场还互不相容。比起知道清教徒信仰什么，通过知道清教徒是什么更能鉴别他们，而批评家们会无情地模仿他们的言论、衣着和举止。本·琼森在戏剧《巴托罗缪市集》(*Bartholomew Fair*) 中塑造的“好事的宗教狂热者”(Zeal-of-the-Land Busy)，就是这种理想的刻板印象，他的自命不凡和自以为是，以及他对世界末日的预言和他自封的好管闲事，都让人能立刻认出他来。难怪清教徒遭到谩骂，难怪他们的大部分行为遭到禁止。这些是对腐败崇拜和公共不道德行为的明确批评，也是对教会和国家的含蓄批评。

然而，无论在哪里担任要职，清教徒都会把纪律和秩序灌输给他们的社区，并强迫他们的邻居遵守秩序。在执行《圣经》的禁令方面，敬虔的治安法官肩负着比执行纯粹的公民条例更大的责任，清教徒传教士怒斥渎神、通奸和违反安息日的行为，清教徒法官则起诉对人身和财产犯下的罪行，并严格执行《旧约》中规定的去教堂做礼拜的义务。地方开庭期的日益活跃，这既是这些态度的结果，也是英格兰议会通过的“一堆法规”的结果。在那些清教徒占主导地位的城镇，他们通过让穷人工作、执行社团规章制度、修缮教堂和慈善机构，迅速表现出新的态度。比如在多切斯特（Dorchester），治安法官建立了一所新医院，为穷人的孩子提供住所，让他们工作，并教导他们真正的宗教信仰。把教区费率提高一倍，并利用在一个教区筹集的资金减轻另一个教区的负担，这些做法资助着济贫计划。多切斯特的清教徒牧师约翰·怀特（John White）是一股活动的旋风，他从事教堂活动、讲课，并监督医院、布里德韦尔和免费学校。他的成功可以通过提高教堂的出席率和减少婚前性行为进行衡量。他的失败则可以用他的活动引起的分歧予以判定。改革者用一家成功的啤酒厂的利润为他们雄心勃勃的计划买单，这让该镇的不法之徒人数有所增加，热忱的警员和教区执事对他们发动了一场持久的战争。

清教徒的态度并不局限于改革派神职人员和敬虔的治安法官：他们以极其出乎意料的方式为精英们的准则所吸引。清教主义的部分因素可能会被看作平等主义，特别是那些强调所有信徒平等，以及模糊了神职人员和平信徒之间界限的因素。一种因素是对等级制社会秩序的攻击，另一种因素是对主教制的袭击。不过，清教主义也是精英主义，它对拣选的强调强化了人文主义作家在一代又一代受教育阶层中灌输的诸多价值观。让家中井然有序的理想——当它变得和许多绅士的庄园一样大时是必不可少的——现在也镀上了一层虔诚的外表。行为指南（conduct books）大量出版，以启迪土地精英，这些书强调有财产并且参与公共事务的人士在日常生活中应保持敬虔。图书馆中存世的证据表明，有人购买和阅读这些指南，经常在遗嘱中将其列为宝贵财产，特别是遗赠至人们认为这些书能够发挥最大作用的地方。实际上，正是绅士阶层允许清教主义发展壮大，他们任命许多人担任宗教改革以来落入平信徒之手的牧师一职，赞助讲演和巡回布道，并保护那些触犯教会当局的人。同样，在最大的城镇里，清教主义在富人中兴盛起来。伦敦商人群体，特别是在白手起家的人中，有很大一部分长老会派（Presbyterian），他们有一种在会计室和教堂长椅上测算上帝的祝福的倾向。对绅士和商人来说，去掉了一些狂热和顽固的清教徒的社会控制方案，补充了他们作为总督、治安法官、商人和地主的需要。这个方案适合一个正在经历深刻的社会与经济变革的社会——对这种变革，社会政治制度只能缓慢地、断断续续地吸收。

第二章

政治世界

17 世纪的不列颠是一个王国，即君主的圣域（dominion）。“圣域”是一个强有力的词，因为它的词根“dominus”表示天堂和地球上的领主身份。理论上，英格兰、苏格兰与爱尔兰国王对其臣民的人身与财产拥有绝对的权力，在英格兰和苏格兰是因为世袭，在爱尔兰如此则是因为征服；“（国王们）既能成就其臣民，又能毁灭之；他们既有权让臣民飞黄腾达，又有权使其坠入谷底；既能让臣民生，又能让他们死”。国王或女王可以征税、赦免罪犯、宣战或和解。他或她许可所有的制造，约束所有的市场，管理所有的贸易。国王可以向移民开放港口，也可以对移民关闭港口。他可以让外国人归化，也可以让私生子合法化。他能独自创建或解散公司。所有特许状，包括《大宪章》（*Magna Carta*），都是王室授予的特权，也就是说，根据国王的绝对权利制定的私法。君主的话就是法律，根据其议会的意见作为成文法颁布，或根据其枢密院的意见作为公告发布。他可以随意选择他的顾问，命令他们为他效劳，无视他们的建议而不受惩罚。他召集和解散议会的权力毋庸置疑，他接受或拒绝下议院通过的法案的自由亦复如是。他造就了所有主教、所有法官、所有贵族，因为君主是教会、法律和贵族的顶峰。

君主被称作“陛下”（Majesty）或“殿下”（Highness），以表示他在政治等级制度中的最高地位。所有人都要对国王鞠躬，但国王只对上帝鞠躬——最明显的是在加冕仪式上，那时他伸手接过王冠。他被最高级别的臣民称作“君主”（liege lord）或“畏惧的君主”，以表达他们的臣属地位和他令人敬畏的权威。君王们被比作上帝——詹姆士一世说，“就连上帝都称之为神”——而且被等同于太阳，被标示为智慧与正义的源泉。君主的每一副形象都代表着无可争辩的普遍的善，而竞争对手被等同于魔鬼、黑暗和干旱。君主政体最常见的隐喻联想是家中的父亲和身体的头部。作为父亲，国王是其臣民的守护者、天生的统治者和本能的保护者。作为全体国民（body politic）的首脑（head），国王指示其他部位以提供营养和安全。这些同源观念强化了等级制和相互依存关系，同时彰显了君主制是如何模仿自然秩序的。“君主的命令就像一道霹雳；他要求我们效忠的命令就像狮子的咆哮。”① 这可不是空话。

不列颠的王权形式理论强调的是国王的神圣权力。这个理论最大的权威是斯图亚特王朝的第一位国王——詹姆士，当他还是苏格兰国王詹姆士六世（James VI）的时候，他在《自由君主制的真正法律》（1598 年）中写下了对王权的传统辩护。在这部著述中，詹姆士证明了君主制直接从上帝那里获得权威——“它是神性的真正模式”——并证明了它的践行得到强化，因为它与自然法和王国的风俗相一致。詹姆士援引了《撒母耳记》老生常谈的诗句，而这些诗句说的是，上帝告诉以色列人，君主有权将他们的财产和子女归为己用。他教导他的臣民，因为他是作为上帝的代理人实行统

① 出自1604年4月5日的议会辩论记录。

治，只有上帝才能评判他。当然，这是一种有力的约束，因为詹姆士意识到了“最高的地方往往是最滑的地方”。《圣经》关于创世的记载，也支持国王的神圣权力。经典的阐述来自罗伯特·菲尔默爵士（Sir Robert Filmer），他在17世纪20年代撰写了《父权制》一书，该书直到菲尔默去世后的1680年才付梓。和詹姆士类似，菲尔默只是把人们普遍持有的关于王权起源的观点予以编撰，在这种情况下，他将这些观点类比为亚当被赋予的统治其家族的权力。神立亚当为绝对的统治者，赐他权柄管辖地上的果实，吩咐他的妻子，又赐他生死的权柄管辖他生育的无助的婴孩。因此，所有的管理（government）都是父权制的——父亲对其家庭、其部落或其民族的主宰。

这些父权制解释，特别是针对王权的起源和性质，在17世纪初的不列颠很少受到质疑。王权经常得以展现，牢牢地嵌入治理的日常活动中，以致不需要对起源和首要原则做太多推测。王室的武器随处可见，每一枚新铸造的硬币上都会印有国王的头像。“上帝保佑国王”用于问候和离别，每个礼拜日每个教堂都会在祈祷时说出这句话。法律以国王的令状运行，正义以国王的名义运行。每一笔财产的转让、每一笔遗赠都是在王室法庭上完成的。每一项专利都是“承蒙上帝的恩典”，以国王的名义开始的。

但是，理论上无边无际的东西在实践中会受到限制。在加冕礼上，君主宣誓“向英格兰人民确认授予他们的法律和习俗”，重申他的前任君主让出的所有特权。这些极大地限制了国王中止法律实施、未经同意征税或无故监禁臣民的权力。好几个世纪以来，通过普通法的运作和法令的加增，英格兰的君主制形成了一种“固定路线”，有时被称为“混合君主制”，以区别于欧洲大陆上被称为暴政的专制政体形式。就连王室政策的批评者也会通过拔高英国君主制的性质来捍卫自己的立场。

除了这些关于君主制的神圣起源的传统观点之外，还有其他一些观点，尽管它们既不相互矛盾，又非互不相容，但源自不同的解释。它们认为君主制是统治者和被统治者之间的契约。契约理论与创世神话有关，而创世神话始于政府出现之前的自然状态。不同的理论家以不同的方式对此做了假设。一种观点——托马斯·霍布斯的观点——将自然状态描述为“一切人对一切人的战争”，那种生活“不但极其短暂，而且充斥着吝啬、不快、暴力”。为了摆脱这种混乱，人们把所有的权力交给了一个君主，以换取对自己人身的保护和对自己财产的捍卫。君主拥有绝对的权力，也就是他的臣民放弃的所有权力的总和。在另一个与约翰·洛克有关的契约理论中，自然状态被描绘成一个小伊甸园。成群结队的人自愿走到一起，组成了互利的社会。他们把有限的权力交给一个代表他们统治的君主，这个君主为他们更大的需要服务，并代表他们的个人利益行事。因此在霍布斯看来，政府是出于必要而成立的；在洛克那里，政府是出于方便而成立的。

在这些伟大的思想家对围绕着他们的政府建立起系统的理论之前，这两种观点都是流行的，而且他们得出了各式各样的结论，因为重要的不是契约，而是契约订立的条件。霍布斯等契约论思想家的结论是，君主的权力是绝对的；而洛克等契约论思想家的结论是，君主的权力是有条件的。不过就连这一点也不是乍看之下的反差。因为人们普遍认为，契约即在上帝面前立下的誓约（covenants），是一项宗教义务，所有契约都必然以神圣的权力为基础。因为人们普遍相信统治者受到上帝诫条的限制，为了其人民的利益而统治，所有神圣的权力都取决于条件。因此，后来在理论上可以围绕专制主义和宪政等概念分离开来的种种思想，在实践中交织在了一起，而且，在共同的假设和信仰上有着广泛的中间立场。如果说《自由君主制的真正法律》是对神圣权力的专制主义的经典表述，那么，它同样是契约主义的经典表述，正如其副标题所示："或自由的国王与其自然臣民之间的互惠和相互责任"。

关于英格兰政府性质的宪政思想建立在普通法之上。这是对风俗和先例不可言喻的混合——罗马人可能称之为"mors maiorum"：祖宗之道。到了 17 世纪，普通法已经高度发达，并围绕着两个重要的、尽管不同的原则展开。首先，人们认为普通法是自然法的反映，因而在本质上是公平的。根据最伟大的普通法律师爱德华·科克爵士（Sir Edward Coke）的观点，这让普通法成为英格兰法律的高级形式，法院成为最高司法机构。其次，科克辩称，对普通法的理解，是通过训练和学习获得的人为推理过程，因此是普通法律师的专利。普通法不仅仅是任何理性的人都能理解的衡评法的实践，也不仅仅是任何经验丰富的人都记得的那种判例汇编。这些原则似乎不止一次可以简化为一种立场，即普通法就是爱德华·科克爵士所说的那样，但这些原则背后是一种信念，即普通法是一种经过几个世纪演变的活的法律。英格兰宪法不仅仅是不成文的：它不能简化为书面形式。

因此，宪政主义者的立场是，君主权力受到其实践演变的限制。无论其起源多么神圣，其权威何等近似上帝，历代君主都会授予特权，并屈服于在君主特权和臣民自由之间建立平衡的种种原则。这些特权在特许状中得到确认，在法令中得到阐明，并由习俗确立。就像普通法本身，它们是什么，它们是何含义，并不总是容易确定。但是，它们的存在不容置疑，也无可争议。当一群普通法律师占多数的资深议员在英格兰君主制的传统上指导詹姆士一世时，他们指出了欧洲的情况，那里可以说“君主的特权每天都在加增，臣民的自由却停滞不前”。在英格兰，即便在几个世纪最稳定和最强大的王朝统治之后，伊丽莎白·都铎（Elizabeth Tudor）也很容易提出相反的观点。

詹姆士一世颇有先见之明，他说，“将国王的权力置于定义之下是危险的”①。在解释君主的特权和臣民的自由时遇到的困难，总是走到极端：在要么全赢要么全输的争论中，很少适用于实际问题。被推到极限的专制主义者只能辩称，国王不会做任何错事，最后他的权力只受上帝限制。被逼到墙角的立宪主义者只能辩称，臣民对其人身和财产拥有绝对权，而这是受普通法保护的。到了紧要关头，这些极端的立场会出现在关于服从和抵抗的辩论中。当然，主张臣民绝对服从国王符合国王的利益，而且，这样的约束常见于布道、《圣经》诠释和日常的政治话语。每座教区教堂都能读到一篇关于服从的官方布道，这些布道几乎没有给人留下想象的余地。“让我们好好记着，国王的崇高权力和权威是神而非人的指示。我们不得抵抗，也不得以任何方式伤害受膏的国王。”叛国罪是一项死罪，并被广泛地解释为包括了意图、言语和行为。16世纪中叶以来，每一份相继的《叛国罪法案》（Treason Act）都会加上新的罪名，而处决是杀一儆百②的公共事件。认为国王只能由上帝来审判的论点，意在驳斥任何认为国王在某些情况下可以

① 出自1910年2月的议会辩论记录。

② 杀一儆百，原文为法语“pour encourager les autres”。

由臣民来审判的论点。

作为新教改革的结果，这种争论贯穿整个16世纪。改革者认为，捍卫真正的宗教符合比国王颁布的法律更高的法律。如果说《圣经》的指令“该撒的物当归给该撒”支配着民事上的服从，那么它的必然结果，“神的物当归给神”[①]便在精神事务上处于支配地位。因此，改革者发展出了这样一种理论：下级治安法官——他们也是从上帝那里获得权威的——有责任抵抗真正的教会的毁灭。这种逻辑支持着尼德兰对西班牙的反抗和抵制法国国王的胡格诺派起义。最终，天主教理论家支持同样的论点，鼓吹反抗新教君主。在耶稣会的正式的抵抗理论中，个人有权反对被人强加异端邪说。随着抵抗理论的修订不断增加——其中最有力的一些，是詹姆士六世反对的苏格兰长老会的修订——对个人行动的限制有所减少。截至17世纪初，部分抵抗理论家认为，可以反对的暴政并不局限于良心的问题，可以反对的人也不局限于下级治安法官。这些想法最终在17世纪40年代发展成一个成熟的议会主权理论。诸如*singulas major, universalis minor*（“比任何人都要大，但小于全体人”）这样的原则称，尽管国王是最有权势的个人，但他的权力小于整个社会的权力；其被嫁接到一种协调主义上，协调主义主张国王必须与议会一起统治，而且国王、上议院和下议院三大要素中的任意两个都要高于剩余那个。这些学说允许议会对国王进行内战，同时声称自己并非反对君主制。但是，这些学说是不稳定的，最终导致废除君主制和建立共和国。1660年之后君主制复辟时，公布这些原则

① 这两句话出自《圣经·新约·马太福音》22：21，其中，该撒即尤利乌斯·恺撒。

就成了叛国。

然而，就连对王权的最低限度的解释，也假定 17 世纪的政府是国王的政府。统治者的不同性格和环境决定了每一次当政期的情形。詹姆士一世和查理二世对商业无甚兴趣，查理一世和詹姆士二世则都受其吸引。詹姆士一世避免了外来的纠葛，威廉三世和安妮女王（Queen Anne）则拥抱这些纠葛。这些个人倾向界定了他们统治时的政府任期。他们在管理国家事务的过程中利用个人喜好的方式也是如此。政府领导人既不是通过政治程序产生的，也不是通过拥有特定的职位而掌权的。詹姆士一世最喜欢的是内廷大臣（Lord Chamberlain），查理一世最青睐的是海军事务大臣（Lord Admiral），查理二世最欣赏的是大法官，安妮女王最垂青的则是财政大臣。詹姆士一世擢升了苏格兰人，威廉三世提拔的是荷兰人。查理一世将他的坎特伯雷大主教提升为最高权力机构；詹姆士二世把他的坎特伯雷大主教扔进了监狱。1689 年之后，总有人觊觎英格兰王位，这迫使威廉、玛丽和安妮女王偶尔提防着他们。“此乃朕的旨意”（*Le Roy le veult*），这种法令据以成为法律的说法，适用于所有政府。当然，有些机构提供了从一位君主到另一位君主过渡的稳定以及开展日常业务的管理者。最重要的机构莫过于英格兰圣公会，国王是其最高统治者。这个英格兰教会在结构上奉行主教制，有约克和坎特伯雷两个教区的大主教，以及英格兰和威尔士的 26 位主教。詹姆士一世恢复了苏格兰教会的主教职位，并扩大了他们在爱尔兰圣公会中的人数，而爱尔兰圣公会是新教教会中的少数。主教的任命权和教会领导人员的控制权完全掌握在君主手中。尽管随着这个世纪的推进，主教更多是因为其行政能力而非虔诚才会被选中——在该世纪后期，兰斯洛特·安德鲁斯（Lancelot Andrewes）的雄辩无可匹敌——但是，英格兰圣公会中总是存在许多杰出的牧师。

主教们负责监督他们的教区，大多数主教定期视察他们教区的物质状况，纠正教区居民的精神状况。主教们监督着教区的神职人员，17 世纪时大约有 8 600 名神职人员。和主教类似，他们中有许多人是王室任命的，因为英格兰王室是最大的教会赞助方，拥有英格兰和威尔士 1/3 的圣职推荐权（advowsons），即任命牧师的权利。17 世纪伊始，因为大学培养的毕业生人数多于空出的职位，一种强烈的敬虔主义席卷了整个大地，牧师的素质随之大幅提升。牧师们站在“清教徒”改革运动的最前线，就像主教们站在“阿民念[①]派”改革运动的最前线一样。17 世纪中叶，1/4 以上的牧师被剥夺了生计，而在后来的君主制复辟时期，又有 10% 的牧师被解雇，这些动荡不应夸大，因为尽管出现了这些混乱情形，但官方教会在当地社区中仍然发挥着作用。教区神职人员收入的不断减少对神职人员的职业产生了持久的影响，到斯图亚特时代末，神职人员的受欢迎程度和地位都有所下降。

作为当地的重要机构，教会一直存在于国家的生活中。教区是自我认同的主要单位——远远强于城镇或郡，不足为奇的是，宗教争议在社区内催生出并再次制造分裂。国王的任务是确立教义和礼拜仪式，并强制臣民接受。17 世纪初，人们认为教会与国家是共生的，宗教纠纷的主要动力是宗教改革。天主教徒被官方禁止（虽然没有被根除），对既定做法持异议的新教徒则受到迫害。1660 年之后，宗教纷争的主要动因是宽容，因为许多不成功的努力初衷都

① 指雅各布斯·阿民念（Jacobus Arminius，1560—1609），荷兰新教神学家，基本与加尔文主义大唱反调的阿民念主义的创始人。

是为了放宽对天主教徒和新教异见者的惩罚。这些努力大多遵循着君主个人的私欲，查理二世和詹姆士二世都竭力对天主教徒宽大处理，威廉三世则试图减轻让新教徒出现伤残的惩罚。

但在 17 世纪，政府尚未在国王的私人生活和君主制的公共生活之间进行划分。这两种元素的结合在宫廷上最为明显。虽然宫廷是斯图亚特王朝君主制的权力中心，但它没有正式的政治职能。17 世纪伊始，它将国王的家庭生活和政治生活结合起来，直到这个世纪末，宫廷才单单代表王室。宫廷由所有照料君主的人组成，这些人要么是出于职责，要么是有所图谋。大多数人都是官员——成千上万服务于君主制的官员和仆人，从王室监护法庭[①]庭长（Master of Wards）到服装侍从女官长（Mistress of Wardrobe），不一而足。其他人则是来寻求帮助的——这叫作“出人头地”——希望自己能从许多人中脱颖而出，成为少数幸运儿之一。宫廷是王权仪式的中心，是展示国王的地方，因此宫廷发展出极为繁复的仪式，出版商甚至可以从印刷宫廷礼仪指南中获利。在早先的时代，贵族和大绅士被要求向君主献殷勤，但到了 17 世纪，国王能做的就是赶走他们。要求绅士们离开伦敦的命令接二连三，但毫无效果，在斯图亚特王朝统治期间，宫廷规模呈指数级增长——与服务王室带来的财富同步增长。

作为回应，君主们认为有必要命令宫廷将其个人生活与其公民责任分开。詹姆士一世为他的卧室建立了一个独立的管理机构，而他的工作人员几乎是清一色的苏格兰人。查理一世更进一步，他

① 王室监护法庭，亨利八世设立的机构，职责包括管理监督封臣履行封建义务的体系，代替君主行使对贵族继承人的监护权。

在威斯敏斯特宫里把枢密院（Privy Chamber）和公共用房间（public rooms）严格分开。能进入枢密院的只有一小部分官员，他们甚至充当国务重臣与国王之间的渠道。在宫廷里，觐见君主的渠道至关重要，这一点在不同国王统治中存在差异。詹姆士一世重用他的苏格兰人，查理二世仰仗他的情妇，安妮女王则依靠她的伴娘。尽管如此，在查理一世统治时期，宫廷中组成王室的那部分人超过了 1 000 人，在君主复辟后增长了 30%，后来被安妮女王缩减。

在公共方面，宫廷包括国务重臣和枢密院。它通常被称作王室政府（royal government），人们一般从制度发展和官僚体制发展的角度对其进行分析。然而，就像宫廷的私人方面是宫廷的逻辑延伸，公共的、政府的一面在很大程度上同样是君主性格的产物。在提及国王的政府之机构分工时，谈论国家各个行政部门还为时过早，而且不可能给出一个组织权力（organizational power）的流程图。因为国王的公共活动涉及财政收入的收集和分配、执行法律和管理社会及经济活动，所以，国王的官员们履行这些职能。但是，他们没有按照职能路线发展，如果依照职能路线的话，第一套机构是财政部（Exchequer），第二套是法院，第三套是警察队伍。相反，它们演变成独立的司法管辖区，每个司法管辖区都有自己的金库、法院和执法人员。尽管人们普遍认为，到了 17 世纪，3 个最重要的职位是财政大臣（Lord Treasurer）、大法官（Lord Chancellor）和国务大臣（Secretary），但这些职位的财富时起时落。

考虑到斯图亚特王朝的财政问题，掌管财政部的财政大臣正成为关键的王室官员。财政部逐渐掌握对审计收入的控制权，尽管王室监护法庭这种独立的法庭和内廷金库（Privy Purse）这种独立的财产管理机构依旧是独立的。财政大臣是国王在财政事务上的首席顾问，在 17 世纪的大部分时间里，这是一个非常令人沮丧的职位，不过是一个有权力的职位。即便如此，财政大臣并不是不可或缺的，1612 年索尔兹伯里伯爵[①]去世之后，财政大臣一职出现空缺，在查理二世统治时期，财政部一度由一个委员会运转。

通过控制大印、担任上议院议长（Speaker of the House of Lords）和他在大法官法庭（Chancery）中的职位，上议院大法官逐渐成为英国最重要的法律官员。上议院大法官一职曾经是圣职人员的专利，现在变成了普通法律师的财产。正是在担任这个职务时，克拉伦登伯爵指挥了查理二世的复辟，而诺丁汉伯爵（Earl of Nottingham）在 1690 年后建立了托利党。

在 17 世纪，随着国务大臣经手的业务量增加，这个职务的权力也越来越大。国务大臣经常侍奉国王左右，控制着国王印章，因此负责所有王室通信和枢密院的管理。在 17 世纪，国务大臣正式分为南、北两个部门，前者负责处理欧洲北部的事务，后者负责处理地中海国家的事务；文书和下级官员的人数也在相应增加。

财政大臣、上议院大法官和国务大臣绝非仅有的国家高级官员，但他们是最重要的公职人员，他们出入枢密院，并给国王提供建议。枢密院从伊丽莎白女王治下一个由十几名军官组成的小团体，在斯图亚特王朝时期稳步发展为詹姆士一世治下的 30 多人、查理一世治下的 40 人、查理二世治下的 60 多人。在那之后，它变得笨拙臃肿，于是出现一个较小的内阁会议来处理最重要的国家事务和管理议会。

① 指第一代索尔兹伯里伯爵罗伯特·塞西尔（Robert Cecil，1563—1612），都铎王朝末期和斯图亚特王朝初期的一名政客，曾经在伊丽莎白一世时期担任国务大臣和掌玺大臣等要职，在后文将提到的“火药阴谋”等事件中扮演着充满争议的角色。

和宫廷类似，枢密院几乎没有正式职能。它会作为星室中央法庭审理特殊案件，会行使巨大的、尽管没有具体说明的行政权力，还会讨论外交政策。枢密院的活动似乎没有什么结构。查理一世创立了枢密院专门委员会；在空位期（Interregnum）① 有一些贸易委员会，而查理二世扩大了这些委员会，它们最终让位于 17 世纪后期的各个委员会。这些对枢密院的工作几乎没有什么约束力，因为枢密院仍然充斥着一大堆关乎社稷的和无关紧要的工作。

国王的左膀右臂和他的特别顾问组成了枢密院。那些定期出席枢密院并可能被视为依照职权担任官职的成员，一半来自与国王有关的政府私人层面，一半来自公共层面。坎特伯雷大主教代表的是教会，爱尔兰总督（Lord Lieutenant of Ireland）则代表设立在都柏林的爱尔兰政府。贵族主导着枢密院，这反映了枢密院对法院的控制，以及政治领域与社会等级制相吻合的方式。关于枢密院作为一个机构的独立性，或作为个人的枢密使的独立性，很难一概而论。在宫廷任职会让一个人树立威望，被授予荣誉，让此人致富或变得更富有。这种考虑必定是抑制自由精神，鼓励顺从。然而，主导宫廷和上议院的派系内讧同样出现在枢密院中，而替代性政策在内阁会议辩论中得以充分发表。

即便是在复辟之前，当海关和货物税等税务部门扩大时，国王的仆人仍有数千人之多。由于没有正式的任职要求，职位能凭借遗产、提携或购买来填补。遗产继承是一种强有力的意识形态，而在任职时可以看到这种意识形态的作用。伊丽莎白女王的首席大臣

① 空位期始于查理一世被处决的1649年1月30日，止于查理二世重返伦敦的1660年5月29日。

伯利勋爵（Lord Burghley）的儿子，成为詹姆士一世的首席大臣索尔兹伯里伯爵。历任白金汉公爵都是御马官（Masters of the Horse）；历任奥蒙德公爵（Dukes of Ormond）都是爱尔兰总督。然而，这些是例外，因为英国的官僚体系比欧洲大陆的更加开放。家族纽带通常也会束缚提携，因为现在远亲会向其成功的亲属请托。第一代白金汉公爵极尽任人唯亲之能事，为自己的兄弟姐妹、姻亲、侄女、侄子和堂兄弟姐妹都找到了工作。不过，即便是在贵族的身份低一些的情况下，提携也是一种重要的荐举流动（sponsored mobility）手段，许多能干的官员都是通过这种方式被吸纳的。在安妮女王统治时期，将近一半的宫廷官员有一个亲戚在宫廷任职。最后，越来越多的职位可以直接购买，而且作为财产很难废除或进行改革。就连国务重臣的职位也可以待价而沽：第一代曼彻斯特伯爵（Earl of Manchester）先是用 1.5 万镑购得首席法官（Lord Chief Justice）一职，后又出价 2 万镑成为财政大臣。这两笔买卖都被认为相当划算，因为这样的职位附带的报酬和津贴在 17 世纪创造了许多财富。

卖官鬻爵及其带来的利润是否让斯图亚特政府腐败不堪，这是一个开放的问题。官方的薪金是名义上的，所以职务的担任者会通过酬金和礼物来承担职位的实际成本。当时的人们不停地抱怨诉讼费用高昂，并怀疑这些案件是为了增加书记员和法官的收入，但关于贿赂的指控屈指可数。王室一般会从王国最富有的家族中物色公职人员，这总体上使他们不易受到蝇头小利的诱惑。那些掌管金融者名声不好，詹姆士一世的财政大臣多塞特伯爵（Earl of Dorset），他的姓氏萨克维尔（Sackville）被一些行家读作“Sack fill”[①]；而萨

① 意为“装了一袋子”。

福克伯爵（Earl of Suffolk）不知羞耻。不正当交易比贪污更常见，因为那些处于权力中心的人可以利用自己的影响力获得有利可图的合同，或者以欺凌的方式直达财团。但是，国王这只手给出的东西经常由他的另一只手拿回。宫廷官员不得不用通常拖欠的、经常不予支付的津贴维持他们的机构。大使们支付大使馆的费用；自己的家在王室行进之路上的人，会接待国王及其随从。国王会利用国务重臣获得期限不定的大额贷款。尽管第一代白金汉公爵深受王室的恩惠，但他因为资助他被选中率领的军事远征，死时几近破产。

并不是所有王室政府都设在威斯敏斯特。苏格兰和爱尔兰有着截然不同的行政部门。斯图亚特王朝为新近获得的英格兰，抛弃了家族毕生所在的苏格兰，这种全心全意的做法让苏格兰的治理变得复杂起来。称詹姆士六世逃往南方的说法可谓轻描淡写：他只是向后看了一眼——1617 年长达 4 个月的访问——而他的儿子查理一世在英格兰王位上近 8 年才抽出时间参加加冕为苏格兰国王的典礼。无论是早期还是后期，斯图亚特家族都愿意让苏格兰自己统治，甚至懒得把英格兰的亲信安排在枢密院、主教席或法庭上。有权有势的苏格兰贵族，无论是梅特兰家族（Maitlands）这种通过服侍国王受封的贵族，还是阿盖尔家族（Argylls）这种土地贵族，都是 17 世纪真正的统治者。苏格兰大议事会（Scottish Estates）[①]——一个相当于议会的机构——一个以罗马法和苏格兰枢密院为基础的独特的法律体系，被允许在没有威斯敏斯特公开干涉的情况下运作。只有

① 苏格兰大议事会是与苏格兰议会类似的议事机构，成立于16世纪早期。最开始的时候，大议事会所有成员都是贵族和高级教士，但此后苏格兰各地的城镇也获得向大议事会派遣议员的权利。大议事会由苏格兰国王召集，有权通过国王提出的征税提案，但没有立法权。

教会是一个存在冲突的问题，而那是短暂的问题——尽管是悲剧性的问题。

詹姆士六世兼詹姆士一世一旦未能如愿让英格兰和苏格兰联合，他就会鼓励一个融合的过程，为苏格兰贵族提供英格兰土地、妻子和职位，更好地让那些留在苏格兰的不那么幸运的或思想更狭隘的人目眩，使苏格兰贵族英格兰化。然而，他无法反过来确立类似的过程：没有一个英格兰贵族娶了苏格兰女继承人或拥有了苏格兰庄园。此外，就连英格兰最受欢迎的苏格兰人也保持着他们的苏格兰身份。很多英格兰新娘是第二任妻子，很多英格兰财富向北流动，以维持古老的苏格兰庄园。英格兰化的苏格兰人被称作“两栖动物”，之所以会如此，是因为他们能在这两种环境中生存，如果不是因为他们的“厚皮”能抵御来自两边的恶语的话。对国王或他们的大臣来说，理解或操纵苏格兰事务变得更加困难。只有克伦威尔和詹姆士二世能够短暂地将自己的意志强加给苏格兰，以其特有的残忍实现了自己的目标。在这个世纪末，大臣罗伯特·哈利（Robert Harley）称，他“对苏格兰事务的了解不比对日本的了解多”。自相矛盾的是，正是这种疏离最终带来1707年有合并倾向的联合。

英格兰国王对爱尔兰王位的主张，则是基于征服和1541年英格兰议会的一项法案[①]。关于布鲁图斯（Brutus）[②]统治统一群岛（a united archipelago）时期的神话解释，早已让位于语言、文化和最近宗教的独特发展。如果说在17世纪之前谈论爱尔兰国家还为时过

① 指《爱尔兰王权法案》，该法案创立了爱尔兰国王的头衔。

② 布鲁图斯，传说中特洛伊英雄埃涅阿斯的后代，中世纪英格兰传说中不列颠王国的创造者与第一任国王。

早，那么言及爱尔兰人民是完全合适的，就像说到希望统治他们的苏格兰人和英格兰人。都铎王朝和斯图亚特王朝的君主都没有向爱尔兰人或他们的代表寻求确认自己的权利和责任。实际上，直到詹姆士二世试图利用爱尔兰作为入侵英格兰的跳板，这才有了一位君主真正踏上了一个他们声称自己在统治的王国。因此，爱尔兰由一个军事机构、一个总督或副王，以及名为城堡法庭（Castle Chamber）的特权法庭统治。虽然存在一个爱尔兰议会，但它只不过偶尔召开会议——17 世纪初召开了 3 次会议，在 1666—1689 年根本没有召开会议——接着通过由威斯敏斯特定下的议案。按照《波伊宁斯法》(Poynings' Law)[①]的规定，爱尔兰议会不能自己立法。不管宪法形式如何，爱尔兰实际上是受军事管制的。英格兰议会主张自己拥有确立爱尔兰法律的权力——在 17 世纪 50 年代废除爱尔兰君主制——而英格兰法院主张自己拥有对爱尔兰司法的最终管辖权。

英格兰历届行政官员的既定政策是将爱尔兰英格兰化，这意味着引入英格兰的法律和商业形式，以及新教。这项政策的良性形式试图将盖尔人的酋长转变为英格兰贵族；而其恶性形式则试图以捏造的罪名和站不住脚的借口侵占他们的庄园。作为回报，盖尔人和信仰天主教的“旧英格兰人”领导者发动了一系列从不间断的反抗，反抗强加的英格兰权威。尽管血腥且代价高昂，但大多数反

---

① 《波伊宁斯法》，爱尔兰议会在1494年通过的法案，以当时的爱尔兰总督爱德华·波伊宁斯爵士（Sir Edward Poynings）之名命名。按照该法案的规定，只有得到英格兰国王的同意之后，爱尔兰才能召集议会；此外，所有提交爱尔兰议会审议的议案，都必须事先得到英格兰国王及御前议事会的首肯。

抗都以对英格兰有利的方式化解。整个 16 世纪，都铎王朝对爱尔兰的统治不断加强，直到仅有阿尔斯特完全掌握在爱尔兰手中。与苏格兰和英格兰殖民者一起殖民阿尔斯特是早期斯图亚特家族和克伦威尔在爱尔兰政策的主要目标。这是一项只有借助军事力量才能执行的政策，只有经过将近 20 年的战争才能实现。不过这项政策成功实现了，截至 1660 年，爱尔兰大部分土地为半个世纪前到达的“新英格兰人”定居者所拥有，尽管大部分土地是由生活在近乎封建制条件下的天主教农民耕种的。查理二世允许奥蒙德伯爵——一个不同种类的两栖动物：出生在爱尔兰时是天主教徒，在英格兰长成新教徒，在“旧”和“新”英格兰人中都是保王党事业的捍卫者——按照自己的想法统治爱尔兰，而他比查理一世任其自行其是的斯特拉福德伯爵（Earl of Strafford）要成功得多。詹姆士二世试图恢复被剥夺的天主教多数派的权力和财产——这项政策最终在战场上一败涂地。1689 年之后，天主教爱尔兰由拥有支配地位的，也即完全垄断政治权力的新教盎格鲁 - 爱尔兰家族主宰。

统治 3 个王国以及美洲的殖民地——的复杂性可谓实实在在，但并非无法控制。纵观整个 16 世纪，英格兰已经表明，它可以将其意志强加于邻国，占领爱尔兰并使苏格兰保持中立。它也表明，通过合并威尔士，它足够灵活以在其政体中容纳多种文化。由一个国王统治 3 个王国并无任何内在不稳定因素。此外，不像哈布斯堡王朝在欧洲的领地，斯图亚特诸王国的周围只有不适宜居住的水域。外国军队无法不断探测防御薄弱的边界，也不能轻易占领战略要塞。法国入侵苏格兰，甚至是西班牙登陆爱尔兰，都是外交意义上的，而非军事控制意义上的。一支足以征服英格兰的侵略军可能会像威廉三世所示，轻轻松松登陆英格兰。斯图亚特王朝诸君主的行为表明，他们把自己的多个王国看作威望问题，而不是权力问题。即便是在财政严重困难时期，也很少有君主试图从边缘地区为中央获取收入。爱尔兰和苏格兰以及后来的美洲殖民地，应该为自己的管理付出代价的原则，只能说是极简主义的，爱尔兰和苏格兰政府遵循的是一种善意忽视（benign neglect）的模式，恶性的觊觎时不时就会打断该模式。

只在一个方面，斯图亚特王朝三国的不同性质造成了难以解决的难题，那就是宗教。每个社会都有相同的信仰多样性，但每个社会的信仰比例不同。不管是否被人剥夺，大多数爱尔兰人是罗马天主教徒，1611 年后大批苏格兰殖民者是长老会教徒，而采取主教制的英格兰圣公会信徒则明显数量较少。在苏格兰，官方教会是严格的长老会——反对主教制的等级制度，在教会治理中给予平信徒更多权力，并肃穆地崇拜。天主教信仰在高地和某些贵族家庭中延续下来，但是，对主教制的支持虽然在上升，却十分微弱。在英格兰，圣公会占据主导地位，不过也有一小部分罗马天主教徒和一小部分激进的新教徒，尽管他们的声音很大，但他们希望自己的教会更接近苏格兰而非英格兰的做法。不同群体的成员试图改变这些平衡，这不可避免地造成了危机。在爱尔兰，不谙世事的“新英格兰人”没收土地来滋养一个既无根基亦无分支的主教制教会。他们对天主教“旧英格兰人”称王称霸，仅凭其宗教信仰就剥夺他们的政治权利、社会声望和诉诸司法的权利。在苏格兰，反对苏格兰教会和反对天主教的新教徒之间的斗争，在 17 世纪后期的社会中留下了深深的伤痕。在英格兰，17 世纪初清教徒改革圣公会的努力和 1660 年后天主教徒与圣公会共存的努力，都是政治动荡的原因。王室以宽容或不宽容来实现哪怕是一点点顺从的努力，可情况并没有好转。任何宗教政策都不可能满足这些相互冲突的利益，而当王室选择多样性时，抱怨的声音就像王室坚持统一性时一样响亮。在一个宗教偏执的时代，信仰的多样性，而非王国的多样性，才是危险的。

除了独立的王国之外，斯图亚特王朝的君主还必须处理英格兰内部的独立管辖权、零散的王室财产和行政管理问题。兰开斯特公爵领（Duchy of Lancaster）统治着王室最初拥有的分散的庄园；康沃尔公爵领（Duchy of Cornwall，拥有广泛的矿业权益）管理着威尔士亲王的财产。五港同盟（Cinque Ports）——肯特郡和苏塞克斯郡最有可能受到法国入侵冲击的港口城镇——有自己的五港总督（Lord Warden），而继续声称拥有独立于王室法院的管辖权、可行使王权这一特殊地位的柴郡，拥有自己的内侍和最高民事法院。约克郡坐落着一个独立的议事会——北方议事会（Council of the North）——它对亨伯河（the Humber）以北所有英格兰地区享有司法及行政管辖权。另一处议事会坐落于拉德洛（Ludlow），即威尔士边境议事会（Council in the Marches of Wales），它控制着英格兰的西部边境诸郡和威尔士全境。这些法院是审理民事和刑事案件的特权法院，不受威斯敏斯特的普通法法院管辖。这让它们成为众矢之的，特别是在科克担任首席法官时，这两个议事会都被长期议会和国王的其他特权法院废除。

任命郡守（sheriff）、郡督和太平绅士是王室政府在地方上行使权力的主要手段。他们分别在行政、军事和司法事务中充当国王的代理人。英格兰和威尔士的 51 个郡，每个郡都有自己的官员，他们选自本地精英，而且不谈其他，就从这个意义上说，那里存在一个郡的共同体。王国的主要官员都是当地显要人物，这对英格兰政府产生了重要影响。它以相辅相成的方式把中央和地方联系在一起。王权使其选择的官员获得了威望；这些官员利用他们在当地的地位扩大王室的权力。无论是如约克郡的温特沃思家族（Wentworths）和萨维尔家族，还是如萨默塞特郡的菲利普家族（Phelips）和波利特家族（Pouletts），敌对的家族在宫廷和乡下都会争辩不休。在后来的17世纪，这些争辩让政府得以奖惩政治对手并建立政党。然而，由于他们负责执行王室的政策，故地方权力掮客可以缓和不合适的规则和条例的严格程度——王权并不总是承认这一权限。英格兰地方政府体制的最后一个也是无足轻重的优势在于，它对王权来说是免费的。精英们激烈地竞争任命，这些任命不但没有报酬，而且涉及的费用甚巨。这让地方政府在不考虑对王权财政限制的情况下扩大了规模。

郡守是王权在郡里的执法人员。他会接收所有司法令状——从议员去议会的传票到扣押奶牛——并执行所有判决。他会逮捕遭到指控的罪犯并将他们交给法庭审判，尽管关押他们的监狱是私营企业。他会任命执行这项工作的副郡守（under-sheriffs）和警员，在一个大郡，可能有多达100名官员处于他的监督之下。以前，郡守会每月一次在郡首府开设法庭，但随着其职能内事务增多和季审法庭的发展，法庭的开设变得没有规律。郡法院现在主要与巡回法庭会议联系在一起，巡回法庭每年开庭两次，由王室法官主持，审理郡里的重罪案件。郡守主持巡回法庭——他负责从住宿和娱乐到向法官介绍预定案件的一切——还从该郡不情愿的自由持有者（freeholders）中任命大陪审团和小陪审团。另一个需要郡法院召开正式会议的事件则是议会议员的选举。由于议会是通过令状召集的，所以，郡守有责任在令状上注明郡自由持有者大会选出的人选的姓名，并将其交还给大法官。

君主是在大法官的推荐下选择郡守的，大法官会提供 3 个名字，国王用指示笔“刺”中其中 ·个。大法官会从当地贵族或了解郡政府人员的中央官员那里收集提名人选。这个过程是无计划的，这次未被任命的人一般都会在下一次被选中，因为任期只有一年。查理一世只有一次使用政治标准挑选郡守，“刺”中直言不讳的议会议员，让他们在 1626 年的议会会议期间留在家里。在 17 世纪初，绅士们仍然在寻求郡守一职——1601 年，巴辛伯恩 · 高迪（Bassingbourne Gaudy）第二次担任诺福克（Norfolk）郡守时，他高高兴兴地重新缝制了自己的斗篷，将高迪家族的纹章和郡里的纹章缝在一起——但这是一个难以承担的职位。由于负责收取罚款和执行判决，他不得不自掏腰包补足任何差额。巡回审判的娱乐费用很高，为伦敦之行结账——有时是几年后——也所费不赀。郡守从 17 世纪 30 年代开始收造船税（ship money），从此以后，这个职位的声望就在该重负下消失殆尽。在空位期，所有地方官员都来自较低的社会阶层，不过在君主制复辟之后，郡守一职依然难拾往日的荣光。除了危机时期，郡守一职变成教区贵族的领地；在 1680 年以前的汉普郡（Hampshire），大多数郡守实际上是从绅士的队伍中抽调出来的。

郡守一职声望渐失，郡督一职却声誉日隆。郡督及其左膀右臂负责组建和训练郡民兵，使其随时待命去镇压叛乱或平定入侵。传统上，地方军事力量一直是贵族阶层的领地，这些贵族住在设防的城堡里，并保留着武装的家臣。但截至 17 世纪，军事力量已经成为君主的领地，君主控制着所有军舰、大炮和围攻设备。旧的城堡敌不过新式连续炮击，而贵族阶层用豪华的宫殿取代了他们的防御工事。作为回报，国王会授予他们郡督职位，到了17世纪，这一职位就只限于贵族阶层。鉴于贵族都是郡督，各郡最有实力的绅士都在争抢着当副郡督，次等绅士则争抢着当民兵队长（militia captains）。

基于社会地位的任命必然影响民兵的就绪情况。在这个世纪的第一个十年里，大多数郡甚至都不能如期举行一年一度的民兵检阅活动，很难说是设备还是受训使用设备的人更锈迹斑斑。查理一世想方设法改革郡督的工作方式，但自相矛盾的是，他让这个职位既是终身制的，又是传家之宝。尽管如此，人力和训练仍在零星得到改善，大多数郡民兵团在17世纪30年代发展壮大——尽管一旦内战爆发他们还不足以拯救国王。

如果总督一职既无益于遏制叛乱，又无益于遏制入侵——在苏格兰人于1640年推翻他们之前，北方训练有素的民兵团几乎没有集结起来——那么，它在君主制复辟之后将起到重要的政治作用。为了实现军事控制，后来的斯图亚特家族一直在雇用像掷弹兵（Grenadiers）和冷溪卫队（Coldstream Guards）这样的职业士兵，但为了实现社会控制，他们在继续维持郡督制。在17世纪60年代，国王授予郡督和副郡督管理诸郡的警察权力。他们领导着执行《结社法》（Corporation Act）的各委员会，可以在各种场合搜查非法持有的武器，可以监禁"扰乱治安的人"——在17世纪七八十年代的紧张时期，这通常指宗教异见者。正如一名副郡督所言，郡督的任务是"了解人们的原则"。制定军事征税额、确定下属官员的角色和强制演习的种种法规，也增强了郡督一职的权力。担任郡督的贵族和绅士现在拥有维持本郡秩序和预防另一场内战的权威和手段。同样，王权也有不少办法规训郡里的精英。当郡督一职的成员资格成为威望的标志和权力的基础时，被排除在外则释放着相反的信号。在积极运用自己的任免权上，后来的斯图亚特君主毫不犹豫，而且他们经常清洗郡督一职，以应对政治和宗教冲突。

从 16 世纪 80 年代开始，太平委员会经历了一次类似的变革。太平绅士在 16 世纪成为英格兰地方司法的中流砥柱，此后他们的重要性稳步增长。他们执行了 300 多条规定了人、地方和物的法规。他们审理了所有刑事案件，把严重的问题交由法庭审理，自己处理轻微的犯罪。他们最大的职责在于行政和监管法，他们监管的范围从矫正所（houses of correction）[①] 到主要道路的维修。他们的案件越来越多地涉及曾经是道德犯罪的事项：非法生育、通过发放酒馆执照来管制醉酒，以及没有去教堂做礼拜。全体法官每年举行四次季审法庭开庭，每次开庭持续两到三天，其间以令人羡慕的效率审理了数百起案件。在季审法庭休庭期，法官们会听取各类申诉，只要他们中的任何两名法官签署命令，就足以驳回申诉，或接受进一步审理。到了 17 世纪后期，这种季审法庭外的听取工作已经演变为即决法庭（petty sessions）。刑事审判在没有律师的情况下进行，太平绅士则扮演着检察官和辩护律师的角色。他们并非不经常了解案件的情况和当事人，这被认为有利于伸张正义。

大法官通常会根据郡督或其他了解当地情况的中央官员的建议，任命太平绅士。就像郡督制，太平委员会反映了郡的社会等级制度，贵族和他们的儿子排在第一位，准男爵和骑士排在第二位，大绅士和小绅士紧随其后。太平委员会如此明确地界定了当地的地位，以至于绅士们会派代理人到伦敦，请求获得比他们的邻人更高

① 矫正所，英格兰议会在1601年通过《济贫法》之后出现的机构，用于收容游手好闲的流民、乞丐，强制他们进行劳动。

的职位，或者游说被包括在内。更常见的做法是贿赂文书，让他们从名单中删除行贿者的敌手，而非加进一个友人，而篡改文件并非闻所未闻。父亲们特别为自己的儿子着急，成为太平绅士很快就被视为一项世袭的权利。在这些压力下，伊丽莎白时代小规模的太平委员会变成詹姆士一世时期的庞然大物。就连查理一世掌玺大臣考文垂[①]的改革也无法阻止这一趋势。1600—1703 年，为管理数量大致相同的人口，太平绅士的总人数增加了 3 倍，多达 3 700 人。在 17 世纪初，任命仍然不涉及政治，而大法官特别花费心思，确保由派系斗争而四分五裂的郡社会在太平委员会中统一起来。到了 17 世纪后期，这些委员受到了与郡督制面临的相同的压力，在短短 3 年内，詹姆士二世利用宗教和政治标准，取代了他践祚时任命的 80% 以上的太平绅士。

太平委员会代表的社会区隔和法律责任的结合，确保了一些太平绅士要比其他太平绅士更加积极。很多太平绅士把任命简单看作荣誉性的，很少参与季审法庭的审理工作或休庭时的调查工作。其他太平绅士则会出席太平绅士的晚宴，听闻最新的奇闻异事，见见朋友和亲戚，并处理私人事务。许多婚姻安排始于并终于季审法庭。太平委员会的季审法庭变成大绅士日历上重要的社交事件，其中，赛马、体育运动和上不了台面的娱乐活动是主要吸引点所在。由于季审法庭有非正式的社会一面，因此也有非正式的政治一面。如此多的社区领袖每季度举行一次会议，使季审法庭成为他们分享关切和表达对当前事件看法的理想机会。季审法庭是一个特别好的

① 指托马斯·考文垂（Thomas Coventry，1606—1661），英格兰国王查理一世的掌玺大臣。

机会，可供存在世仇的家庭和解并解决充满怨恨的争端，而郡的治安法官会在自己在场的情况下密封好协议表示认可。也正是在季审法庭上，绅士们通常决定谁应该在议会中代表本郡，或者起草将上呈国王的申诉书。当他们以这些方式一致行动时，绅士阶层最接近一个郡的共同体。

虽然季审法庭的非正式一面将法官会议变成了一个全郡范围内的重大事件，即在城镇之间出现了举行法官会议的激烈竞争，但他们集中关注的是执法。很多太平绅士认真对待自己的职责，出色地效劳。他们把季审法庭休庭期的工作记录在笔记本上，并全年听取证词。他们构成了法官法定人数的一部分，而这是确保完成枢密院要求的越来越多工作的关键。他们不断抱怨“成堆的法规”强加在自己身上，缺少积极的太平绅士，而且执法中存在困难。但是，整个绅士阶层都认可治安法官的角色。当时形成了一种风尚，即送子孙去律师学院（Inns of Court）深造一年，期待他们被任命为法官。通过出版一些名字类似《乡村法官》，用来解释法官一职的复杂性的手册，出版社赚得盆满钵满。许多法官对这一职位抱有热情，同时又有着清教徒般的敬虔，尽管并非大多数法官都如此。试图取缔酒馆的社区在向这些法官呼吁，就像那些寻求许可证的酒店老板回避他们一样。很多太平绅士一干就经年累月。在埃塞克斯，17 世纪上半叶，太平绅士平均每人任职 10 年，而其中 5 人的任期超过 30 年。

太平绅士在地方执行中央政策方面的作用，让他们成为中央政权在地方的理想代言人。这让他们非常适合担任议会代表，而议会是王国的大议事会，为君主提供政策上的建议，制定成文法，并授予王室特需拨款。在 17 世纪，没有一个王室政府机构像议会那样经历了如此深刻的变化。从一个在特定的场合间歇性召集的议事会开始，议会演变成王室政府的主要机构，是国王亲自统治的必要条件。

17 世纪 20 年代之前，议会可能会被描述成一个事件。国王召见议会成员来确认他的继承权，并在通常与战争有关的特殊场合征求意见。议会的存在是为了处理国王的事务。好几个世纪以来，议会在立法过程中的作用有所扩大，其作为国家利益代表的作用也日趋成熟。但是，议会仍然是一个皇家议事会，随时召集和解散，其议程由枢密院制定和控制，其决策须经过国王批准。在伊丽莎白女王统治的 45 年间，共召集 10 次议会，没有一次会期超过 5 个月，议会议事的时间加起来不到这 45 年的 6%。前几位斯图亚特君主召集议会更为频繁——到 1628 年达到 7 次——但在 1640 年之前的 37 年中，有 24 年没有议会开会。

议会在 17 世纪初不是一个与王室对立的机构，因为它几乎算不上是一个机构。这随着内战的爆发而发生剧烈变化。长期议会连续举行了 13 年的会议，在此期间，它不仅发展出机构的连贯性，还提出了在查理一世被处决后将成为国家根本权威的主张。规定议会 3 年召集一次的《三年法案》(Triennial Act) 的通过，保证了复辟后议会的频繁出现。后来斯图亚特王朝国王对战争资金的更大需求，也保证了这一点。在其统治的前 20 年里，查理二世只有一年没有召开议会会议，尽管很多议会持续时间短，而且没有立法。查理二世和他的继承人学会了如何管理议会，而不是在没有议会的情况下行事。1688 年革命之后，议会会期延长，更多议案得以通过——从威廉三世登基到安妮女王去世，共有 1 750 项议案。

议会由三大要素构成：国王、贵族和平民。每个要素首先是独立行动，然后联合起来把议案变成法规。国王是议会不可或缺的一部分，普通法律师发展出一种理论，认为他的权力在他以“议会中的国王”（king-in-Parliament）身份出现时最为强大，他颁布的法律得到了其臣民代表的同意。不管情况是否如此，国王要么召集议会在威斯敏斯特开会，要么亲自或由大法官发表演讲，提出议事日程，以这两种方式让议会准备就绪。君主们可以像 17 世纪 20 年代的查理一世那样参加上议院会议，辩论期间对白金汉公爵低语，也可以像 18 世纪初的安妮女王那样，端庄地躲在屏风后面。他们可能会像詹姆士一世惯常所为，把下议院议员召集到白厅，向他们讲解议事程序，或者像查理二世喜欢的那样，给他们发纸条。君主可以召集议会，也可以把议会打发走——可以采取休会、闭会（prorogation）或解散议会的形式。在解散议会之前，两院通过的所有提案都要服从国王的意愿，国王认可的私法会书有“如您所愿”几个大字，公法则会写上“此乃朕的旨意”。虽然国王有权否决提案，但国王反对两院通过的立法这种情况少之又少。

传统上，上议院是两院中更重要的一个。它由王国的贵族和英格兰圣公会的 26 名主教构成。上议院议员身份是头衔的附属品，而且，虽然他们可以为国家的福祉效劳，但是这些贵族并非代表。都铎王朝惜爵如金，斯图亚特王朝则因面临紧张局势而卖官鬻爵，导致贵族阶层人数激增。1600 年，英格兰只有 55 位有资格成为上议院议员的世俗贵族；而 1660 年，在詹姆士一世用头衔换现金、查理一世用头衔换忠诚之后，相应的人数变成 120 人。到了 1700 年，威廉三世统治期尾声，人数变为 170 人。考虑到这种显著的增长——总量掩盖了相当大的人口流失——上议院通过其成员的流进流出实现了制度的连续性。此外，还有许多贵族在枢密院任职，他们在那里提出议会的议程。

上议院拥有司法和立法的功能。作为一个司法机构，它受理私人申诉书，充当上诉法院，根据御前法庭（King’s Bench）发布的纠错令状重审案件，在1621年后则审判针对王室大臣的弹劾案件。作为一个立法机构，它起草将提交下议院的议案，或修改下议院提交的议案。就像下议院，上议院会对每份议案进行三轮审议，在委员会中加以改善或者任其不了了之。引起反对的议案很少能够通过，而在17世纪80年代之前，上议院做出的大多数决定是意见一致的。反对通过一份议案的贵族可以提出个人抗议，尽管这在大多数情况下是不必要的。在17世纪，由于出售爵位之耻辱，被下议院废除达11年之久，查理二世的私生子和威廉三世的荷兰人跻身其中，以及安妮女王造就了12位贵族以形成政治上的多数，上议院的影响力被削弱，然而，它的权力仍然与国王和下议院的权力相等，它拒绝的任何立法都不能成为法律，尽管到了17世纪末，上议院已经失去了修改货币法案的权力。

下议院在17世纪的变革是如此彻底，以至于到了安妮女王统治时期，议会和议员都是下议院的同义词。在16世纪，亨利八世利用议会来确认宗教改革，而伊丽莎白在危机时期利用议会支持君主制，这一时期，下议院的规模和威望都有所增长。1500年，下议院成员不足300人；到了1600年，下议院成员超过450人。斯图亚特家族一反常态，放慢了增速，在查理二世新增6个席位之后，下议院议员席位固定在513个，直到1707年英格兰与苏格兰的联合才新增了45名苏格兰议员。

尽管选举的方式不同，但下议院议员是代表。他们是从各个地区挑选出来的，要么是郡骑士，要么是城镇自治市议员。虽然到了 17 世纪，在那些郡骑士不是实质性财产持有者的地方，很少有人选择骑士，但没有定居的要求。选出自治市议员的自治市极为多样化，无法一概而论。这些行政区的特许经营权可以像拥有几处房产一样是狭义的，也可以像社区的所有房主一样是开放的。那些被选中担任下议院议员的人，涵盖了同样广泛的范围。大城市地区的重要市民和绅士一样富有，这些地区越来越多地从自己的居民中挑出下议院议员人选。代表权来自曾经繁荣的贫穷港口，通常会选择局外人。尽管事实是，这些行政区获得原先席位的 80%，但绅士阶层主宰着下议院。即便是在商业利益团体蓬勃发展的 17 世纪后期，议员中绅士的比例也达到 3/4。这些人都是经验丰富的郡行政人员，他们认为自己代表了那些选择他们的人、他们所属的绅士群体和他们服务的王室。在危急时刻，他们可能会带着具体的指示、有待上交的请愿书或有待执行的任务来到威斯敏斯特，但很少有人只关心地方利益。议会议员代表的是英格兰民众。

选区选择议员的方式多种多样，而这些方式反映了社会和政治环境，并随着这个世纪的进程而发生变化。根据法律，郡骑士是由郡里拥有价值 40 先令的自由保有土地的成员批准选出的。这曾经是一种限制性的特许经营权，但通货膨胀和私有财产的转换显著扩大了这种权利。每个郡选出两名郡骑士，在整个 17 世纪，在大多数情况下，只有两名候选人会在选举当天获得提名。这让郡骑士的选择变成了一场隆重的庆祝活动——一个社交场合，而非政治场合。一旦出现了两名以上候选人，郡守的任务就是确定他们中谁打道回府。他可以劝说一个人或另一个人退出，或者想方设法评估哪些候选人拥有最多人的支持。最后，郡守还可以委任文书让财产持有者投票，并统计每名候选人的支持者人数。竞选在 17 世纪早期很少见，投票选举则更罕见。到了17世纪末，随着议会选举的社会因素让位于政治因素，二者都有所增加。

自治市甚至不太可能在竞选中选出自己的代表。它们频繁依赖赞助人提名合适的候选人——这些候选人将无偿服务。其他自治市镇会把自己的一个位置分给文官或邻近贵族家庭的家长。政府官员培养了小自治市的领导人，希望他们的提名能被接受，特别是在该世纪末，那时下议院有必要进行管理。即使没有候选人可供选择，自治市的选民仍然希望得到“优待”以交换他们的支持，而议会选举无论何时举行，都是对当地经济的利好。议会选举是具有象征意义的公民活动。

议会会议的时间并不确定，有许多下议院议员迟到早退。就像太平绅士，那些视供职于议会为社会区隔标志的人，很少参与议会的事务。就连在危急时刻——尤其发生危机时——议员们都保持匿名的状态，不曾发表有记录的讲话，未被提名参加任何委员会，也缺席所有部门。实际上，会议厅的座椅数量不到议员人数的2/3，可就连这些椅子都坐不满。下议院大约一半的议员只在一届议会任职。下议院成员的不断更替抑制了机构连续性的发展。在17世纪初，许多常务委员会宣告成立，并举行了一次又一次会议。这些常务委员会中，最重要的当数特权委员会（Committee of Privileges）和申诉委员会（Committee of Grievances），前者负责解决围绕议员身份产生的争端，后者处理的是立法创议（legislative initiative）的问题。君主制复辟之后，当王室获得财政收入的名目有所不同时，下议院成立了一个供应和方法委员会（Committee of Supply and Ways and Means）。直到内战时，下议院才控制了自己的议长，并发展出内部管理机构。在17世纪后期，一群又一群活跃的下议院议员联合起来，在 17 世纪 80 年代后形成了政党。政党分化了这个机构，但是他们也通过选择党魁、制定纲领和执行纪律来塑造这个机构。

从国王的视角来看，下议院的主要任务就是批准特需拨款。随着整个世纪国王对财政的需求有所增加，下议院的权力也随之增加。伊丽莎白女王共召集了 10 届议会，其中 9 次是为了获得拨款，在 1572 年之后，每届议会都被要求提供某种财政支持。长期以来，英格兰臣民在未经自己同意的情况下是不能被课税的，议会下院提出的法案中确认了这一点。虽然议会有同意的权利，但不清楚它是否有拒绝的权利，因为特需拨款的说法是，在紧急情况下，需要特需拨款以确保王国的安全。

17 世纪伊始，议会征税的主要形式是对财富征税，名为补贴税（subsidy）。越是频繁请求议会征收补贴税，议会就会越发经常要求获得回报。当詹姆士一世寻求用补贴税来偿还债务时，下议院对他的财政做法展开了调查。1621 年，当他想要资助他女婿的军事冒险时，下议院议员便斗胆讨论起外交政策。国王需要的钱越多，下议院主张的自由就越多，而尽管斯图亚特王朝早期的议会没有拒绝过特需拨款，但是下议院越来越擅长在准备通过立法进行申诉的同时推迟补贴税议案的通过。这些申诉大多是为了弥补现有法规中的漏洞和扩大地方政府的管辖范围，但在 1621 年之后，另一种申诉形式是议会希望通过弹劾驱逐某些王室顾问。最后，一些申诉关系到公共政策问题，这些问题导致下议院与国王发生冲突，特别是宗教问题。尽管如此，国王和下议院之间的冲突是偶发的，而非持续发生。这通常是更深层次困难的表现，而当结果证明无法解决时，比如在 1640 年、1679 年和 1688 年（当时詹姆士二世无法重组议会），王室政府本身就处于危机之中。

议会的等级结构和治安法官的社会维度造就了斯图亚特时期英格兰独特的政治形式。由于恭敬是社会交往的关键，因此它渗透到政治决策中，参与者尽可能采用协商一致的方法。最好的政治决策被认为是一致通过的决策。这一点可以从各个方面看出来：陪审团和法官席做出的决定；选择公司官员或议员的方法；议会本身的性质（在议会中，立法需要获得国王、上议院和下议院同意才能通过）。协商一致的政治是一整套态度，那些级别较低、年龄较小、经验较少的人，倾向于听从上级和长辈的安排。这是一整套强调拥护而非分歧、强调团体而非个人的做法。由于投票是选择议员的最后手段，所以分歧也是通过议会议案的最后手段。两者都表达了不团结，都使失败者蒙羞，因为他们的个人荣誉还未被看作与其政治角色分开。

协商一致的政治取决于17世纪初的普遍环境，一旦环境发生变化，它就会迅速消失。首先，重要的政治参与仅限于少数精英阶层，这些人的财富、社会地位、教育、经历和愿望在根本上是相似的。虽然参与治理的人在社会层面上分布得很广——也许每三个成年男性中就有一个在当地担任公职，而所有父亲都在管理自己的家庭——但那些真正治理国家的人是一个紧密联系的群体，他们的关系是方方面面的。太平绅士、高级市政官、各个团体的自由民、议员和国家官员，这些人来自非常狭窄的圈子——由社会等级制的风气主导的圈子。他们为了荣誉、权力和奖赏而相互竞争，而且是在恶性竞争。一名贵族伏击了一个对手，咬掉了他的耳朵，把它放在口袋里；其他人则因无法容忍真实或想象中的轻视而决斗至死。一位绅士伪造了一份太平绅士委托书，这样他的名字就会显得比邻居的名字更响亮；其他人伪造议员去议会的传票。然而，所有竞争都没有侵蚀他们随后带到公共场合的共识价值观。

的的确确侵蚀了协商一致的决策的，是统治精英内部在信仰问题上出现的永久性分歧。最初这些都是围绕宗教的争论：当天主教徒不能被排除在社会等级制之外的时候，他们是否应该被排除在政治进程之外？在排斥天主教的问题上存在严重的分歧，但到了17世纪20年代，人们普遍将天主教贵族从郡督一职上除名，将天主教绅士从太平委员会除名。当查理一世在17世纪30年代扭转这一趋势时，所有旧伤都重新出现了。宗教争端的第二个维度与清教有关。清教徒宣扬的是一种包含罚入地狱和获得拯救的制造分裂的教义，尽管这些推行改革的新教徒留在官方教会以净化教会，但他们越来越无法将一种紧迫的宗教热忱纳入一个谨慎的政治进程。由于协商一致的方法依赖于一致同意，因此努力将天主教徒和清教徒排除在政治参与之外是恰当的，尽管出于各种原因这些努力失败了。在17世纪初，不可调和的信仰体系给国家造成了危险的创伤。

英格兰革命很大程度上源于协商一致的政治制度无法容纳原则性争端。个人荣誉离不开社会地位，而没有职位，社会地位就无法得到确认。如果天主教徒和新教徒、英格兰圣公会教徒和清教徒不能一起坐在大法官席或议会席上，那么，任何关于治安法官的假设都无法发挥作用，反对者必须要么被改良要么被根除。20年的战争、宪政试验和政治参与者基础的不断缩小，不但未能解决这个棘手的问题，而且带来了保王派和议会派，激化了这个问题。君主制复辟之后，又过了30年，协商一致的假设才逐渐被敌对的假设吸纳。查理二世和骑士议会（Cavalier Parliament）通过清除法团和强加忠诚誓言来重建一个统一的政治世界的努力注定会失败，而且确确实实失败了。这一次运动的清洗者会变成下一次运动的被清洗者。

通过《秘密集会法案》(Conventicle Act）消除异见，或通过“天主教阴谋”歇斯底里地消除天主教的努力，都没有取得更大的成功。相反，有必要划定界限。与异见和天主教有关的民事和政治缺陷还会一直存在，但在 1688 年革命之后，镇压不再被视为可行的替代办法。精英内部存在着永久性分歧：宫廷和国家之间的分歧，地主和商业精英之间的分歧，社会精英和政治精英之间的分歧，辉格党和托利党之间的分歧。“利益”和“多数派”成了政治的新语言。

然而，这一切都发生在 1603 年 3 月 24 日之后，当时 70 岁的伊丽莎白・都铎咽下了最后一口气。她在几周前就已经卧床不起了，由于她既不吃东西也不吃药，医生断定她已经失去了活下去的意志。在她去世前两天，国务大臣塞西尔、大法官埃杰顿（Lord Chancellor Egerton）和诺丁汉伯爵在她的榻前徘徊，恳求她说清楚谁应该接替她。“我告诉过你，我的位置是国王的位置，而我不会让无赖接替我，”据说，她以几乎听不见的声音回答道，“除了国王，谁能接替我？”这被认为是在提名她的表亲苏格兰国王詹姆士六世，塞西尔已经与他互通信件。但这是一个模棱两可的回答。次日，她的大臣们又来问她，但那天晚上伊丽莎白中风了。他们现在是得不到回答的，大主教惠特吉福特（Archbishop Whitgift）提醒他们，是时候让女王走向上帝了。两天后，他们在伦敦宣布下一任国王是詹姆士一世，次日，罗伯特・凯里爵士（Sir Robert Carey）带着这个消息抵达爱丁堡。女王已死，国王万岁。

第三章

苏格兰人的登基（1603—1618）

盖伊·福克斯（Guy Fawkes）在黑暗中坐着。残酷的是，房间里充满了煤的气味，但在这个寒冷的 11 月夜晚，他没有生火，生怕会引人注意。他用自己将会取得的成就给自己暖身。他的身旁是 36 桶火药；他的上方则是威斯敏斯特宫的地板。第二天早上，詹姆士一世、威尔士亲王，以及英格兰的上议院和下议院成员——王国最重要的 500 多号人物——将在议会中济济一堂，盖伊·福克斯会点燃一捆又一捆干燥的引火物，点燃火药，把他们炸上天。干柴是必要的，可以给他留出逃跑的时间，但结果证明那天下午干柴更有价值，当时内廷大臣来了次突击检查。伪装成仆从的福克斯解释说，这个房间是用来储存冬季燃料的，并指向一堆又一堆靠墙的干柴。如今只要等上 8 个小时。他不耐烦的唯一迹象是马刺已经系在靴子上了。

天主教徒等了近半个世纪才让英格兰回归了其祖先的宗教。自伊丽莎白一世的统治以来，罗马天主教一直被官方明令禁止。在能维系小教堂和神父的英格兰精英的支持下，罗马天主教才得以幸存。虽然这些平信徒信奉罗马天主教，但他们宣称忠于英格兰。有些人参加新教的神圣活动，以避免民事处罚；其他人则担任地方职务，为国王服务。他们区分了私人奉献和公共责任，并在英格兰西北部保持其宗教信仰方面取得了有限的成功。一个又一个十年过去了，英格兰的罗马天主教徒人数有所减少。作为回应，国际天主教会为英格兰神父建立了大陆培训中心，开始让耶稣会去英格兰传教，并建立了地下教会等级制。耶稣会会士将原本静止的天主教变得较为激进，并把英格兰天主教共同体分为两个群体。

在詹姆士一世登基时，两个群体的成员都迅速行动起来。天主教绅士于1604年向国王请愿，并主动提出驱逐神父，以换取有限的宽容。登基之前，詹姆士一世表示“不会迫害任何安安静静，而且表面上服从法律的人”，并一度免去了对不服从者的罚款。这种对天主教徒的宽容政策只是外交谈判的筹码，因为在詹姆士一世与西班牙达成和平协议之后，他就重新评估罚款，执行惩罚不服国教者的法律。

激进的天主教徒有一个比请愿更有力的想法。1604—1605年的冬春之交，一小群共谋者密谋暗杀国王。他们预计，在抓获詹姆士的女儿伊丽莎白公主（Princess Elizabeth）并获得外国军事和财政援助后，英格兰天主教徒会获得更多支持。他们的领袖罗伯特·凯茨比（Robert Catesby）招募了一个由活跃的共谋者组成的内部圈子，一个由富有的贵族和绅士组成的外部圈子，他们可以协调叛乱，还有至少3个可能获得国际援助的耶稣会神父。这些人中有托马斯·珀西（Thomas Percy），他是国王的贴身侍卫（Gentleman Pensioner to the King），诺森伯兰伯爵（Earl of Northumberland）的亲属；盖伊·福克斯，一个住在佛兰德斯（Flanders）的英格兰人，以鲁莽和勇敢著称；还有凯茨比的连襟弗朗西斯·特雷舍姆（Francis Tresham），他是北安普敦郡（Northamptonshire）的一位绅士，最近继承了一大笔财产。

珀西率领这支暗杀小队。1604 年 5 月，他租下了一栋毗邻威斯敏斯特宫的房子，并和福克斯一起开始挖掘房子下面 9 英尺厚的墙。9 月，地道尚未完工，但他们运气不错。他们在其地下挖掘的那间屋子空置了，珀西把它租了下来。他们从兰贝斯（Lambeth）的一个仓库里运来了几桶火药，而福克斯被派来看守之。与此同时，凯茨比恳求特雷舍姆组织随后的叛乱。特雷舍姆一开始就不温不火，提出了凯茨比一直隐而不发的那个问题：议会中存在的天主教贵族的命运。凯茨比竭力说服自己，他们是为了更大的善而献身，但特雷舍姆没有。10 月 26 日，他向自己的连襟蒙泰格勋爵（Lord Monteagle）发出了含蓄的警告，而蒙泰格向枢密院的成员透露了警告的内容，而枢密院成员向国王作通报。11 月 4 日下午，国王对宫殿进行搜查，搜查人员得知托马斯·珀西最近租用了一楼的房间。蒙泰格知道珀西是天主教徒，不住在威斯敏斯特。将近午夜时分，又进行了第二次搜查。在木堆中发现了穿着靴子、系上马刺的盖伊·福克斯和火药。

“火药阴谋”（Gunpowder Plot）的揭露掀起轩然大波。一名过度紧张的大臣称之为“极度邪恶之恶”（hyperdiabolical devilishness），议会议员们为天意让自己获得拯救而痛哭流涕。大法官埃尔斯米尔（Lord Chancellor Ellesmere）的话代表了大多数人的立场，他说：“我为他们是英格兰人而感到羞耻；我为他们是基督徒而感到羞耻；但好在他们是罗马天主教徒。”11

> 月 5 日变成了一个庆祝的日子[①]——直到今天，人们还在用烟花和稻草来纪念这个“盖伊”——天主教徒则转战地下。英格兰举国欢腾，以致人们甚至忘记了新国王是一个苏格兰人，嗜好花钱，而且计划创造一个他称之为“大不列颠”（Great Britain）的实体。

詹姆士一世的登基开启了英国历史上最动荡的一个王朝的统治。根据亨利八世的遗嘱，斯图亚特家族被禁止继承英格兰王位，但事实证明，“变幻莫测的天意”甚至比无比“伟大的哈里国王”的愿望还要强大。亨利的 6 个妻子生了 3 个孩子，他们是都铎王朝最后的血脉。他的儿子爱德华六世（Edward VI）在 1553 年，16 岁时英年早逝；他的长女玛丽在 1558 年去世，没有留下子嗣。虽然伊丽莎白一世的长期统治带来了许多祝福，但这些祝福中不包括继承人，从这位女王开始，统治权由一个威尔士的家族传给了一个苏格兰的家族。

詹姆士从小就是苏格兰的名义统治者，1587 年，他的母亲——苏格兰女王玛丽被处死后，他就继承了王位。因此，在他登基时，他比征服者威廉（William the Conqueror）以来任何一位英格兰国王都更有经验。由于 17 世纪初是一个社会和经济混乱以及人口危机的时代，故这种训练显得更加必要。詹姆士继承了一个他想象不出的富裕之国，但比几十年前更穷。王室财政的根基已经腐朽，而金库已经空无一物。宗教上的争端正好在表面下暗流涌动，政治上的不安只因习惯于服从一位好斗的七旬女王而有所减弱，而这位女王成功

① 即篝火节，亦称“盖伊·福克斯之夜”。

地统治了 40 多年。

詹姆士的统治恰好分为两个时期：一个是和平时期，一个是战争时期。直到 1618 年，他主要关心的是国内问题，在他登基后的几个月内，这些问题就出现了，当时他召集了一次教会领袖会议，任命了一个王室联合委员会（a commission for a union of crowns），开始陷入令人生畏的财政危机。詹姆士一世给其新的臣民留下的第一印象与宗教有关。伊丽莎白一世奉行一种时而收紧、时而放松教会控制个人良知的宗教政策。《三十九条论纲》（Thirty-Nine Articles）是对礼拜仪式和教义的权威性声明，已经有 40 年的历史了，尽管效果不错，却并非没有松散的细线或不需要补丁。1604 年，詹姆士一世在汉普顿宫（Hampton Court）召开了一场会议，准备评判他面临的伊丽莎白时代的争端。与此同时，他试图说服自己的顾问官、律师和议会，称英格兰和苏格兰如今是一个联合王国。他任命了专员，试图解决法律和习俗上的分歧，以便提出议案，在法律上确立詹姆士一世认为他已经亲自确立的东西。在这些专员争论的棘手问题中就有经济问题，而他们对国王挥霍无度开支的认知提高了他们对财政的敏感程度。钱的问题更令人担忧，因为王室欠债累累，而詹姆士一世的一些更为浮华的礼物都送给了他最喜欢的苏格兰人。在詹姆士一世统治的头十年里，宗教、联合和财政主导了新国王与他的臣民、议会和教会的关系。

所幸詹姆士一世拥有能干的大臣，而他自己随和的执政习惯给他们留下了广阔的空间。虽然有些下议院议员急于向新国王传授英格兰宪法的精髓，但是，索尔兹伯里伯爵、埃杰顿大法官、弗朗西斯·培根爵士和爱德华·科克爵士服务的这位君主可能已经得到了他所需要的尽可能多的建议。詹姆士一世让他的议会自行其是，缓和了原本可能会艰难重重的过渡。事实上，在他统治的前两年，出现了意在置其于死地的一场重大的阴谋和两场次要的阴谋。尽管如此，他对政府日常事务的松散控制还是有政治代价的。第一个代价是枢密院内的派系斗争。没有国王的明确提示，顾问官们四处奔走，尤其是当他们发现国王既容易接近又无比慷慨时。即便他们没有让统治停摆，但宫廷派系斗争确实让一切都慢半拍。其次，詹姆士对行政细节的冷漠挫败了他的立法愿望。他对程序不感兴趣，对过程也不耐烦，把延期解释为反对。这导致了一些不必要的对抗，特别是与议会的对抗，当他的挫败表达为愤怒时，人们才惊恐地接受他的愤怒。这些误解似乎是暴风雨即将来临的不祥警告，尽管在和平时期，它们不过是蔚蓝天空上的一朵朵白云。

* * *

詹姆士一世在37岁那年继承了英格兰王位。他已经是一位有所建树的苏格兰统治者，而且有点哲学王的影子。他撰写了不少关于神性的小册子，而且同他的王国中最伟大的一些神学家有过学术辩论。他的著作《国王的礼物》(*Basilikon Doron*，1599年）是给其子亨利的一本忠告书，他在书中非常敏锐地论述了国王的义务，而他那著名的《自由君主制的真正法律》(1598年）一书成为神圣权利理论的经典陈述。1601年，亨利·沃顿爵士（Sir Henry Wotton）[1]前往苏格兰觐见詹姆士一世，对国王进行了描述，称国王

① 亨利·沃顿（1568—1639），英格兰作家、外交官、政治家，在1614—1625年担任下议院议员。

“中等身材，体格健壮，肩宽，而下半身有些纤瘦”。他精力充沛，喜欢骑马、打高尔夫和网球，最爱的则是狩猎，他能一连几天狩猎而不歇息。他宠爱自己的丹麦妻子安妮，安妮已经给他带来了 3 个健康的孩子，沃顿说，“在他各项优秀品质中，最耀眼的莫过于他的生活无比纯洁”。这种对苏格兰国王的看法与对詹姆士一世作为英格兰国王的观察不相符。有些英格兰人觉得他的口音高深莫测，他的餐桌礼仪拙劣不堪，而他对英俊少年的吸引力令人厌恶。詹姆士一世比他的前任更为庸俗——伊丽莎白一生都在压抑肉体的欲望——而这种对他不利的反差无疑有所夸大。如果说他好色，那么他并不压榨他人；如果说他愚蠢而无同情心，那么他又并非冷酷无情。在他统治早期，在他被国家事务和慢性疾病困扰之前，他喜欢做一位君主，认为每天都是“圣诞节”。从来没有人那般指责伊丽莎白一世。

詹姆士一世从爱丁堡到伦敦的旅程是其生命中的重要事件。民众在路上围住他，送给他很多礼物，而他报之以实物。他记得臣民们的欢喜模样，“他们的眼睛只闪烁着爱的光芒，他们的嘴巴和舌头只发出欢乐的声音”。他带着一大群苏格兰人随行，包括他的私人侍从和保镖，尽管詹姆士一世在到达伦敦时，首要的就是确认伊丽莎白的所有军官都各就各位。与此同时，他只任命苏格兰人在其卧室伺候——这项决定引起了很多人的嫉妒。他把罗伯特·塞西尔爵士升为贵族，事先他已经和塞西尔通信很久，并接受了枢密院的建议，发表了自己的头几份公告。在接下来的几年，詹姆士一世将通过重新整合埃塞克斯伯爵——他的叛乱让伊丽莎白统治的最后几年名声有损——的前追随者，以及霍华德的天主教家庭成员来扩大他在其枢密院中的参与。到他于 7 月加冕时，他已经同意停止与西班牙的敌对行动了，而自16世纪80年代以来，英格兰一直与西班牙交战。1604年，两国的专员签署了《伦敦条约》(Treaty of London)。

除了他的苏格兰和英格兰王国，詹姆士一世还继承了对爱尔兰的统治权。在伊丽莎白的统治之前，英格兰对爱尔兰的有效控制仅限于设防的都柏林及其周边被称作“帕莱”（Pale）的地区。该国其他地区的治理战略，既包括与在都铎王朝征服爱尔兰之前就已经扎根爱尔兰的英格兰殖民者结盟，也包括想方设法让控制该国大片地区的盖尔人大家族的首领英格兰化。这种与“老英格兰人”结盟的政策和同爱尔兰盖尔贵族的合作面临着两个不可逾越的障碍：爱尔兰部落内部两败俱伤的争斗和宗教的离心力。爱尔兰部族首领和英格兰总督之间达成的协议在不断瓦解，而天主教徒的派系和新教徒的派系之间的不信任在不断增加。然而，随着16世纪的过去，英格兰的管理人员在军事上更有效地控制了爱尔兰，模仿英格兰地方政府建立了郡，模仿英格兰对其边境土地的控制建立了地区议事会。伊丽莎白时代对爱尔兰统治的特点是，爱尔兰社会各个部分军事化程度不断提高，而阿尔斯特和芒斯特的殖民化创造了更多驻军的需要。整个统治时期都充斥着零星的叛乱，爱尔兰没有一个地区真正得到平定。最严重的情形是在九年战争（Nine Years War，1594—1603）结束时，由蒂龙伯爵和特康奈尔伯爵（Earls of Tyrone and Tyrconnell）领导的爱尔兰叛军试图邀请西班牙的腓力三世（Philip III）成为他们的君主来推翻伊丽莎白一世。九年战争是血腥的、残酷的，代价高昂。1601年，在金塞尔（Kinsale）[①]登陆的西班牙军队被摧毁了；蒂龙伯爵和特康奈尔伯爵都被俘虏，最终

① 金塞尔，爱尔兰南部一城镇。

都被剥夺了庄园；为了确保对爱尔兰的政治控制，英格兰花费了200万英镑。

詹姆士一世的登基见证了英格兰对爱尔兰政策的一大转型。英格兰的行政官员选择的是一种殖民的政策，而非一个渐进的吸收过程。小种植园在16世纪就开始建立，其中最成功的是在芒斯特(Munster)，但它们很难获得保障，而且保护费用高昂。种植园主生活在怀有敌意的人群中，生发出一种受围心态（a siege mentality）。爱尔兰的土地太贫瘠，爱尔兰的经济也太不发达，以致小型种植园对英格兰殖民者来说缺乏吸引力。然而，它们对苏格兰人很有吸引力，而詹姆士一世的登基剔除了苏格兰人移民爱尔兰的障碍。苏格兰人沿着爱尔兰东北部崎岖不平的海岸定居，并向内陆推进。这些社区将成为最伟大的殖民计划阿尔斯特种植园的基础。

阿尔斯特种植园很大程度上是爱尔兰总检察长（Attorney-General）约翰·戴维斯爵士（Sir John Davies）的提议，旨在将爱尔兰居民从6个郡清除出去，并彻底用英格兰人和苏格兰人取代他们。正如在芒斯特的情形，王室声称，在1607年蒂龙伯爵和特康奈尔伯爵被剥夺了保管权之后，大部分土地被没收，并简简单单地把剩余土地充公。从英格兰人的视角来看，这个计划很值得推荐。庄园将足够大，以吸引企业家种植园主；驱逐爱尔兰居民将确保安全；支付给王室的租金将大大有助于补贴爱尔兰政府。该计划还拨出土地捐赠予教堂和教育机构，以建立一个新教的“新英格兰人”社群。这些“新英格兰”种植园主将得到一切可能的好处。明确的头衔确保了他们的财产，而爱尔兰人和“老英格兰人”的土地同样受限于敌意满满的司法机构的反复无常。在王室法庭上要求官员、地方官员和从业者发圣公会至高无上的誓言撵走了天主教徒。

最终，在 1613 年，詹姆士一世创建了 84 个新的设有议会的爱尔兰自治市，都是在新教殖民地，这就给了“新英格兰人”有效控制爱尔兰议会的前景。在对职位的垄断、对议会的控制和土地的诱惑之下，戴维斯相信新的英格兰和苏格兰殖民者将涌入阿尔斯特，完成爱尔兰的英格兰化，包括建立一个繁荣的新教教会。

宗教是詹姆士一世在英格兰首先讨论的问题之一。在从苏格兰南下的旅途中，他在北安普敦郡遇到了一群牧师，他们向他递交了一份据说得到了 1 000 名牧师支持的请愿书。对一个曾经承诺要为国家的灵魂做一个“好医生”的国王来说，这份《千人请愿书》(Millenary Petition) 是一次温和的呼吁。它呼吁改革伊丽莎白一世教会[①]的神职人员、仪式和教义。尽管有人建议詹姆士一世拒绝请愿书，但他还是决定召开一次博学神学家会议来讨论请愿书的价值。当主教们抗议称英格兰圣公会已经存在了几十年时，国王回答说：“没有理由因为一个人出了 40 年的痘，所以就认为他不应该被治愈。”1604 年 1 月 14 日，会议在汉普顿宫举行，持续了 3 天。詹姆士最喜欢的莫过于辩论，在辩论中，他可以发挥自己的聪明才智，展示自己的不俗学识，彰显自己的修辞技巧。他只想确立国王对教会的控制——这是他迄今为止在苏格兰发起的一场并未成功的战斗。

第一天的会议是一次关键的会议。在一次闭门会议上，在枢密院在场的情况下，詹姆士一世会见了教会领袖。年迈的坎特伯雷大主教约翰·惠特吉福特（John Whitgift）及其确定继承人，伦敦主教理查德·班克罗夫特（Richard Bancroft）恳求国王不要与请愿

① 即英格兰圣公会。

者——他们被戏称为“清教徒”——进行辩论，担心这会赋予他们合法性。他们不那么清楚的是，这次会议是国王向整个教会当权派施加权威的机会。詹姆士扮演着检察官、法官和陪审团的角色，而他扮演每一个角色时都很卖弄。他就教义问题尖锐地询问主教们，经常打断他们，以便查阅相关文本。他引用自己知道的《圣经》实例，并用妙趣横生的释经之语让神职人员目眩。他的学识让他们俯首帖耳，他的粗鲁让他们忙乱不迭。“这场辩论真是一派胡言，”他嘲弄着彼得伯勒（Peterborough）主教。有种习俗是允许产婆给垂死的婴儿洗礼，在包括国王在内的很多人看来，这是女巫为崇拜撒旦的仪式偷窃婴儿的幌子，国王在驳斥该习俗时总结道，他更愿意“自己的孩子被一只猿猴而非一个妇人洗礼”。詹姆士一世立即命令主教们进行一系列改革，特别是培养一批学识渊博、报酬优厚的神职人员，在爱尔兰、威尔士和苏格兰边境地区担任牧师。

第二天的会议与其说有实质内容，不如说是一场表演。经主教们批准，4 位温和的改革者就《千人请愿书》中提出的核心观点进行辩论。由于主教们已经接到了指示，要纠正国王认为的错误行为，故詹姆士一世利用这次辩论的机会，披露自己对激进改革的反对态度。他对他的对手很仁慈，并承认他们渴望一批虔诚的牧师和《圣经》新译本，而这一决定最终导致 1611 年出版了詹姆士国王钦定版《圣经》。詹姆士一世有两条信息要传达给宗教改革者们。他会接受适度提议的适度改革。但是，对那些希望用长老会统治来取代圣公会等级制的激进改革者，他可不会手软。他两次宣称，“没有主教，就没有国王”。

在最后一次会议上，国王听取了主教们对他提出的问题的回答。许多实质性修改得以接受。请愿者见证了詹姆士一世“认可任何合法建立的东西，修正和纠正被时间腐蚀的东西”的决心。国王表示愿意倾听，但不愿被说服。

事实上，汉普顿宫会议的结果几乎没有带来什么变化。在演讲比赛中获胜之后，国王对改革的细节丧失了兴趣。1604 年的《教会法》（Canons）背弃了许多已经让给改革者的东西，曾经反对这次会议的班克罗夫特借此得报一箭之仇。然而出于同样的原因，詹姆士一世让坎特伯雷大主教驯服于王室的意愿。汉普顿宫会议原本就是让国王大展拳脚，而对詹姆士一世来说，这次可谓大获全胜。达勒姆（Durham）主教在致约克大主教的私人信件中进行了毫无必要的奉承：“国王既是国王，又化身牧师，这般明智地提议、讨论和决定如此多的重要事情，简直是前不见古人，后不见来者。”

詹姆士一世在汉普顿宫的成功预示着他整个统治时期宗教政策的成功。造就了伊丽莎白一世的圣公会的种种妥协没有让任何人满意，但英格兰圣公会最重要的神学家理查德·胡克（Richard Hooker）镇定地辩护道：“当最好的事情不可能发生的时候，最好的事情可能就是现实。”伊丽莎白一世的圣公会很英格兰：它的构造是天主教式的，它的教义是加尔文主义式的，它的礼拜仪式，用伯利勋爵的话来说是“一个大杂烩”。也就是说，它由主教统治，接受预定论（predestination）为其核心信仰，并随意借用其仪式。最重要的是，它是埃拉斯图斯[①]派的（Erastian），而这是一个由国家创立的教派。亨利八世的《至尊法案》（Act of Supremacy，1534

① 即托马斯·埃拉斯图斯（Thomas Erastus，1524—1583），瑞士医生、神学家，埃拉斯图斯主义的建立者，认为在教会事务上世俗国家应该优先于教会。

年）让君主变成了教会的领袖，将英格兰从教皇的管辖范围中移除。爱德华六世（Edward VI）主持了仪式和教义的改革，使英格兰与德意志和瑞士的欧陆各归正会的做法保持一致。1552 年的《公祷书》把弥撒转变为圣餐，而教义改革强调了上帝通过预定论免费赐予的救赎恩典。

在玛丽女王试图撤销这些新教改革之后，伊丽莎白一世终于在《三十九条信纲》(1563 年）中重新确立了这些改革，并告诉后来的下议院，人们“将发现她是真正的新教徒的保护者”。然而，她的新教教义存在不少让步。这是通过法律确立信仰的唯一途径。她故意让关键的教义问题含糊不清，安抚了信奉天主教的贵族和激进的新教徒。不过，一旦她的教会站稳脚跟，她可不会继续妥协。面对骚动，女王拒绝改变自己在教义或仪式上的立场，即使它们暴露出内部的矛盾之处。她支持教堂的装饰，尤其是十字架；坚持让神职人员穿白色的法衣；并为做十字架手势、跪拜礼、鞠躬礼辩护。到她统治尾声，她的座右铭 *Semper Eadem* 意思是永不动摇，还是顽固到底，则是一个开放的问题。伊丽莎白一世依靠服从、权宜之计和崇敬来执行一个教会式政府（a church government)，这个政府允许天主教徒、遵从国教者和坚定的改革者共存。

詹姆士的政策别无二致，尽管在没有崇敬的情况下，他的政策需要显得更容易受摆布。右派天主教徒和左派新教改革家都希望新国王的教会政策能向他们的方向发展，而且每个人都有一根可以抓住的细长的芦苇。詹姆士一世的个人生活与天主教徒息息相关：天主教是他的父母、妻子和第一位宠臣伦诺克斯公爵埃斯梅·斯图亚特（Esmé Stuart, Duke of Lennox）信仰的宗教。此外，国王相信，尽管罗马天主教会犯下了各种各样的错误，但它是一个真正的教会，仍然可以获得救赎。另一方面，国王个人的加尔文主义声明、长老会牧师们对他的终身教诲，以及他对神学辩论的嗜好，都鼓舞了更热情的新教徒。对很多英格兰新教徒来说，苏格兰的教会是可供效法的典范。然而，詹姆士一世决心避开“迷信的盲目和混乱的感觉”。

更热心的新教徒首先意识到，新国王和老女王一样精明。新教改革者的范围甚广，从那些起草了《千人请愿书》的温和派，到那些认为英格兰教会如此腐败，以致真正的圣徒必须离开，好避免被玷污的人。分离主义的会众在新教改革者中只占很小的比例，尽管他们的极端观点是对更温和的多数派的攻击。这些官方教会的批评者压倒性地希望从内部开始推动改革的进程。就连那些后来脱离教会，在新英格兰建立自己的归正会的人，也希望为英格兰圣公会的内部再生提供一个模式。

对手们未能很好地区分温和的改革者和激进的改革者，称他们为“清教徒”，这是一个含贬义的称呼，带有多管闲事的严肃之耻辱和超凡脱俗的不切实际之污点。实际上，清教徒只是因为他们的批评者而团结起来。就像那些在汉普顿宫觐见詹姆士一世的人，牧师改革家的领导者是博学的神职人员，这些神学家希望结合知识和职业的变革。受欧洲大陆对罗马天主教批评浪潮的影响，他们希望英格兰圣公会能站在教义和仪式改革的前沿。他们拥有多年研究和讨论圣经禁令练就的“痛苦的良心”，并希望得以免除遵从官方教会所裁定的无关宏旨（adiaphora）的种种做法——无关紧要的事情。同样重要的是牧师职位自身的改革。太多牧师没有真正的使命感，没有接受适当培训，也没有对他们服务的社群做出承诺。太多神职人员的任命掌握在平信徒手中，他们认为这些任命是财产，而不是带有责任的职位。牧师的补偿是如此不足，以致连主教都被迫接受多重任命。在教区层面，牧师们几乎无法维持生计，而助理牧师大多是兼职雇员。随着越来越多的大学毕业生追求数量更少的体面工作，这样的情况只会恶化，从而降低工资，并增加不满情绪。

不是所有清教徒都是神职人员。一场平信徒运动以新教的敬虔和个人救赎为中心。它在城市社群和“中等阶层”中最为强烈，在这些社群和阶层中，自律和专一奉献的道德价值观与贪婪成性相契合。敬虔的人会把自己当回事，因为救赎是一件严肃的事。他们寻找能干的传道者和讲道者；他们接受了当地职位的责任；他们试图改变那些他们能改变的邻居，控制那些他们不能改变的邻居。当神职人员围绕加尔文主义双重预定论（double predestination）[①]的错综复杂进行争论时，敬虔者遵循着被拯救者和被诅咒者的简单到了冷冰冰程度的逻辑。

这些也不是清教徒中唯一或最重要的分歧。虽然教义和仪式的问题每天都会引起摩擦，但对真正的教会的结构的不同看法催生出的争议最大。英格兰圣公会的主教制结构摇摇欲坠地基于加尔文主义的教义，主张所有得救的人一律平等。伊丽莎白一世时代的主教各不相同，并非所有主教都与改革背道而驰。尽管如此，他们构成了看得见的权力结构，而随着几十年过去，他们的职位遭到了攻击。大多数神职改革者依旧没有反主教制——实际上，在这场运动的上层，大多数人希望拥有自己的法冠和斗篷式祭衣——而在17

---

① 双重预定论，包括积极拣选和消极遗弃：神若预定一个人得救，此人就一定得救，哪怕这人想拒绝救恩也不能；神若预定一个人不能得救，此人就一定不能得救，即便此人愿意悔改，神也不会拯救。

世纪伊始，新教徒改革者中的长老会教徒明显是少数派。不过，他们是最能激起国王怒火的少数派，而且，最初詹姆士一世把所有狂热的新教徒等同于长老会教徒，并把所有长老会教徒等同于叛乱分子。詹姆士一世曾经宣称，他们是“所有人和我的敌人，这只是因为我乃国王”，并逐渐意识到大多数改革者是温和派，大多数温和派是忠诚而顺从的臣民。

大多数英格兰天主教徒亦复如是。就像清教徒，他们只有在其敌人眼中才是单一而庞大的组织。正如我们所见，有许多英格兰天主教徒认为自己是国王的忠实臣民，拒绝了耶稣会在英格兰的激进立场。他们拒绝卷入类似失败的“小阴谋”（Bye Plot）这样的阴谋，而且，尽管他们向牧师提供了帮助，但他们没有参与那些由罗马策划的活动。起初，詹姆士一世引导这些天主教徒相信，只要他们保持和平，他们就会得到宽大的对待，甚至在对他们的不服从重新施加民事惩罚和严厉的罚款之后，他还允许他们安静地信奉自己的宗教。就像国家的非天主教徒，他们震惊于“火药阴谋”的揭露。

詹姆士一世的战略是统一和征服，同时反对新教改革者和天主教徒。“统一是万物的完满状态。”他声称，而且他竭力吸纳各种各样的温和派。班克罗夫特 1604 年的《教会法》限制了对有争议的教义如预定论的说教，而王室公告禁止煽动性的宗教著述。国王和他的大臣拒绝利用“火药阴谋”作为追捕天主教徒的许可证。1606 年强加给他们的“效忠誓言”（Oath of Allegiance）允许服从与良知共存。类似地，虽然詹姆士一世宣称自己意图将清教徒从本国土地上驱逐，但只有不到 90 名牧师被剥夺了生计——大多数是在汉普顿宫会议之后的一年。*Beati Pacifici*——缔造和平者有福了——是詹姆士一世的座右铭。1611 年，詹姆士一世出人意料地任命乔治·阿博特（George Abbot）为坎特伯雷大主教之后，宗教界的平静几乎令人毛骨悚然。在接下来的 14 年里，只有两位牧师遭到罢免，就连小册子战争也失去了风采。

在构建其教会的过程中，詹姆士一世寻求最能干、最忠诚的人，不管他们的信仰如何。低教会派和高教会派、“圣公会教徒”和“新教徒”都得到了回报。他非常关心他任命神职人员的权利，喜欢像兰斯洛特·安德鲁斯和约翰·多恩这种有成就的传教者。他的大多数主教首先是王室特遣牧师，而国王本人也曾考验过他们的毅力。虽然詹姆士一世相信主教职位基于源自《圣经》的权威，但他把主教看作控制一个庞大的教会机构的手段，其职能包括道德改良、精神再生和政治服从。1610 年，经过多年苦心经营之后，詹姆士一世甚至成功地将主教重新引入苏格兰圣公会。

尽管詹姆士一世让自己的大多数态度和政策适应了英格兰的主流，不过有一个新的事态发展是前所未有的，也是新国王决心要做的：他治下两个国家的联合。詹姆士六世兼詹姆士一世从字面上理解理论家们围绕文艺复兴时期统治者提出的隐喻。他是国家（body politic）的首脑（head），是一场爱意满满的婚姻中的丈夫，是一个秩序井然的家庭中的父亲。现在他已经成为一个大不列颠的君主，在他本人及其继承人身上，大不列颠永远联合在了一起。“神所结合的，就不可分开。我是丈夫，而整个岛是我的合法妻子；我是头，它是我的身体。”[①] 国王告诉英格兰议会。如果说詹姆士一世的“共主联邦”（Union of Crowns）被比作一场婚姻，那么，这不是一场在天堂缔结的婚姻。

---

① 出自1603年3月19日的议会辩论记录。

几个世纪以来，这两个国家共有的只是110多英里的边界。英格兰和苏格兰之间的战争一直阴魂不散。苏格兰是法国针对英格兰野心的后门，而英格兰是苏格兰叛军的避风港。双方都持续从事恐怖主义活动，任意抢劫，并巩固文化刻板印象和种族仇恨。詹姆士一世的6位苏格兰前任中有4位死于这些斗争：两人战死沙场，一人命丧断头台，还有一人在惨败之后心碎而死。实际上，君主之间的相互尊重是如此之少，以致苏格兰国王遭到斩首的颅骨被用作英格兰皇家暖房的花盆。

前半个世纪的相对和平也没有抹去如此深刻的记忆。就连同为新教徒做告解，以及愈发意识到苏格兰国王将继承英格兰王位，都没有产生多大影响。在苏格兰，英格兰人被称作“auld inemeis”(世仇死敌)；在英格兰，则如诺森伯兰伯爵所言，“苏格兰人的名字在庸俗之人的耳里都很刺耳”。这种敌意是由衷的。在伊丽莎白一世驾崩之后，苏格兰领导人担心他们的国家会被吞并，或者更糟，即他们的国王会被暗杀。英格兰人害怕蝗虫一样的“成群结队的茶色苏格兰人”，害怕他们会吞噬职位和财富。当一位议会议员将詹姆士一世比作一个拥有两片牧场和一片树篱的人时，他用“一片牧场光秃秃的，另一片肥沃而美好”的隐喻巧妙地概括了英格兰人的态度。

事实上，苏格兰是一个贫穷的国家，其居民依靠勉强耕种的土地维持生计。就连相对富裕的人也以燕麦为主食，住在由抹泥和石头建造的房子里，穿着厚重的、粗织的格子布——斗篷般的衣服，从头到脚遮住了身体。让英格兰的日常生活显得安逸的常见的令人安慰之物——肉类、通风排烟的烟囱和用轻便耐用的“新织物”制成的衣服——在苏格兰都是奢侈品。城市地区很少——数量是几十而非几百——商业活动少之又少。出口仅限于基本的原材料；进口的是可以买到的为数不多的奢侈品。人口在 16 世纪的繁荣时期才超过 2.5 万人的爱丁堡，规模是伦敦的 1/10，在所有意义上充其量是个省会。

这两个国家的社会和政治对比至少和物质对比一样悬殊。苏格兰的社会秩序由贵族氏族主宰，他们控制着大片自己几乎当作领地来管理的庄园。他们人数不多，分为自治的高地人和低地人，前者讲盖尔语并视血仇为法律，后者到了 16 世纪末即将并入王室政府。詹姆士六世致力于打造一个与土地权贵相对的军事贵族阶层，并创造了大量新的苏格兰贵族。虽然苏格兰地主（lairds）是贵族之下一个独立的地主阶级，但他们人数既不多，也不像英格兰绅士那样向上流动。作为一个群体，苏格兰地主太穷，太依赖成性，不会对权贵构成社会或政治威胁，而他们自己在社会秩序中的地位也因为没有任何与英格兰自耕农相当的人而得到保障。权贵、地主和农民创造了一个稳定的社会宇宙，因为各个阶层之间的差距几乎是无法克服的。

苏格兰的政治稳定性源于一种不同的均势。虽然斯图亚特王朝君主制在苏格兰的历史是无比血腥的——“这两百年来，他们没有两个以上的国王是在床上驾崩的”——但是，这个制度甚是顽强。世袭原则没有受到任何挑战，两个多世纪以来稚子统治者的连续继位对君主制的存在没有构成任何威胁。相反，各贵族派系为争夺国王的控制权而斗争，特别是在国王处于未成年时期。绑架苏格兰国王几乎是宪政惯例，詹姆士一世本人就被绑架过两次。自相矛盾的是，这种对君主控制权的争夺使得国王身份（kingship）高于宗族之间的竞争，让君主成为一个相对独立的仲裁者。如果说国王身份具有的权力微不足道，那么，它的威望可谓强大。苏格兰君主制成功的秘诀在于，君主们认识到了它的局限性，并在这些局限性的范围内采取行动。虽然詹姆士一世对待他的权贵们谨慎而尊重，但是他也巩固了御前议事会（royal council）及其羽翼未丰的各个行政部门。他还让法律和行政机构都没有明确的权威界限，因此在发生冲突时，他的个人干预就是必不可少的。他擅长面对面执政，面对面执政适合他在没有军事力量的情况下治理的小而穷、权力分散的国家。至少在他南迁之前是这样。

这些真实的和想象中的差异给詹姆士一世在两个国家之间建立“完满联合”的计划带来令人生畏的障碍。更有甚者，国王还不切实际地认为，联合可以轻轻松松地迅速实现。甚至在詹姆士一世首次召开议会之前，他就已经造了一方大印，而大印上的图案结合了英格兰和苏格兰的武器。1603 年 5 月，他宣布，他认为“两个王国目前是联合的，（而）两个王国的臣民是一个族群”。

1604 年议会开会时，联合是主要议题，尽管不是唯一议题。在会议开始之前，埃杰顿大法官以弗朗西斯·古德温爵士（Sir Francis Goodwin）因欠债务而被剥夺法律权益为由，宣布选他为白金汉郡郡骑士无效。埃杰顿下令举行一次新的选举，枢密院顾问官约翰·福蒂斯丘爵士（Sir John Fortescue, a privy counsellor）在选举中当选。议会集会时，下议院谴责大法官的行为侵犯了他们对本院成员回呈（returns）的判断权。这就把詹姆士推入了一大堆相互冲突的判例和其王国两大法院之间的管辖权纠纷之中。大法官法庭声称有权审查自己的令状（其书面命令）的回呈，而下议院则声称有权成为存卷法院（court of record）。詹姆士一世提出了几个折中方案，最终采纳了一个搁置古德温和福蒂斯丘的方案，而那个方案以牺牲郡里自由保有者的利益为代价让王室和议会满意。这也是一个含蓄地认可下议院裁决选举结果的权利的解决方案——下议院在该世纪余下的时间里将滥用这一权利而不受惩罚，完全反复无常地推翻特许经营权，无视当地选民的意愿，并把法律标准转变为政治标准。

在白金汉郡选举案的过程中，下议院对其机构独有的特权提出了主张。詹姆士一世毫无疑问采纳了其顾问官的建议，他以现有的符合宪政答案的话答道，他高度重视他们的特权，因为这些特权是国王豁免的授予。虽然严格来说这可能是正确的，但是，这种表述不可避免地暗示曾经授予的东西可能会再次被拿走。有些下议院议员回忆起为自己的特权与伊丽莎白一世进行的斗争（大部分是功亏一篑的），并认识到表明立场的时机是在新的统治开始之时。这一立场坚定了许多人的信念，但很少有人会明确表示，作为一个外国人，詹姆士一世需要在英格兰政府中接受指导，因为“没有人类的智慧能够穿透一个民族的权利和特殊性，只有通过一段经验方可”。一个大型委员会准备为议会的特权辩护。就像大多数由委员会起草的文件，正如后来人们所知，《下议院辩护书》（*Apology of the Commons*）子弹射得到处都是。它不仅为特权辩护，而且《下议院辩护书》试图驱散下议院不忠诚、由宗教狂热分子主导，或反对英格兰和苏格兰的联合等谣言。不管怎样合乎情理，《下议院辩护书》都是防御性的；它在委员会中就夭折了，从未上呈国王。

下议院认为有必要证明他们在联合一事上的系列行动的正当性，这表明了国王对联合的重视。詹姆士一世希望他的第一届议会达成两件事：成立一个联合委员会，并承认他乃大不列颠国王。委员会获得通过；头衔则没有。普通法律师辩称，没有大不列颠，而且，它只能通过其组成国的解体而产生。当大不列颠诞生时，英格兰就灭亡了。它的法律、它的习惯、它的条约和国际义务都会不复存在。这样的论点惹恼了詹姆士一世。在议会休会后，他干脆宣布自己是大不列颠国王，下令铸造硬币以反映他的头衔，并在他的帝国流通。

委员会的委员们无法光靠这一命令行事。如果说联合的想法颇为简单，那么，现实可谓无比复杂。有太多方法能让两个国家合二为一。对英格兰人来说，解决办法是像亨利八世合并威尔士那样合并苏格兰。这将允许国王实现他的目标——“对上帝的同一敬拜，一个被完全统治的王国，法律上的统一”——而在任何方面不会扰乱英格兰人的做法。苏格兰的委员们并不觉得有多好笑。此外，哪怕同化也不能解决所有问题。英格兰人确信，如果所有障碍都被清除，那么，苏格兰人就会潮水一般涌入南方寻找就业和贸易的机会。惩罚性的商业关税可能会被取消，但双方仍然是坚定的贸易保护主义者。虽然委员们很容易就会同意，将两国居民视为敌人的边境法已经不再合适，但是，他们在承认完全的公民权方面没有达成一致意见。接纳在詹姆士一世登基之后出生的苏格兰人——the post-nati[①]——成为英格兰公民的妥协更容易，因为到目前为止，这些婴儿只是潜在的地主和官员。然而，在他登基之前出生的人是一个真正的威胁，因为国王、王后和威尔士亲王都在伦敦建立了充斥着苏格兰官员的王室。

苏格兰国王拥有苏格兰仆人这个逻辑是无可挑剔的，只要偏见能被逻辑左右的话。虽然詹姆士一世认可了伊丽莎白一世时的

① post-nati，拉丁语，意为在某个事件发生之后出生的人。

所有官员各在其位，对英格兰有雄心壮志的人不吝荣誉，但是，什么都无法抹去苏格兰人分享了这阵黄金雨的意象。卡莱尔伯爵詹姆斯·海（James Hay, Earl of Carlisle）和萨默塞特伯爵罗伯特·卡尔（Robert Carr）是国王最喜欢的苏格兰人中最惹人注意的两位。由于詹姆士一世的慷慨之举，两人的社会和经济地位逐渐显赫，而且都是英格兰盛行的强烈反苏格兰人态度的靶子。海那挥霍无度的花销尤其受到人们的憎恨，而在詹姆士统治后期，人们普遍认为他一顿晚餐就要花掉 3 300 英镑。到了 1610 年，詹姆士一世赏赐苏格兰追随者的金额几乎达 25 万英镑。但早在 1614 年，宫廷就传出了流言蜚语，称约翰·张伯伦（John Chamberlain）就对赐给伦诺克斯公爵的赏金数颇有微词，而且政府认为有必要发布一道针对“招摇过市者”的命令，这些人是在伦敦街头袭击苏格兰人的暴徒。

这种偏见让主张联合的委员们的工作更加困难，尽管它们更加坚定了国王的决心。因此，在 1606—1607 年的议会会议上，几乎彻底失败的联合提案带来了长期的政治结果。国王缓和了其最初的要求，现在认识到在短期内确立法律和宗教上的联合的复杂性，但几年工作的唯一具体成果是废除了边境法。为了确立 post-nati 是英格兰公民的原则，王室被迫在法律上采取串通诉讼（collusive action），即“加尔文案”（*Calvin's Case*，1608 年），以便获取无法通过议会获得的东西。实际上，围绕苏格兰归化的讨论侵犯了国王的特权，正如关于英格兰和苏格兰贸易的辩论质疑了国王的监管权力。詹姆士并不习惯一个独立于王室意志的议会，当然也不习惯在政治上被律师和乡绅操纵。他让下议院议员在休会之前遭受了猛烈的攻击。下议院成了詹姆士一世沮丧情绪的替罪羊。实际上，重要的大臣、枢密院和上议院同样不愿支持联合。索尔兹伯里伯爵在下议院和委员会中的当事人持肯定的态度，而他熟练地隐藏起在他们背后的反对态度。然而，就连委员们提议的淡化版的联合也未能实现，这便让国王和议会之间的关系在未来 10 年有所恶化，并滋生相互不信任，使误解升级为冲突，冲突升级为敌意。

与下议院在联合问题上的冲突发生得最不合时宜，因为詹姆士一世急需只有下议院能够给他的东西：钱。詹姆士一世从执政之初就一直处于财政赤字状态，这证明财政权宜之计是行不通的。他从囊中羞涩的伊丽莎白一世那里继承了一笔债务，而他自己的慷慨又加重了债务。国王确实有伊丽莎白一世没有的真正开支，包括一个配偶和两个继承人的家庭；将王室住宅、衣柜和马厩改为供男性居住的费用；以及埋葬一位君主，并为另一位君主加冕的昂贵仪式。不过，詹姆士一世放任自己犯错，在朋友和自己身上都花钱如流水。他曾经把自己作为君主的头几年形容为“圣诞节时光”，而节日礼物确实很花哨。在苏格兰，他的年收入不到 5 万英镑；在英格兰，1604 年仅在珠宝上他就花掉了 4.7 万英镑。他很快又在朝臣和宠臣身上每年花去 3 万英镑的抚恤金，其中许多是苏格兰人。就连最迟钝的财政大臣也意识到，国王的财政头脑是糖果店中的孩子的头脑，而过度放纵的恶果只能提供暂时的约束。索尔兹伯里伯爵有一次把金币堆成几堆，这样詹姆士一世就能确切地看到他打算赠送的东西价值几何。

詹姆士一世让自己的财政问题有所恶化，但造成这些问题的不是他。这些问题根植于 17 世纪的财政理论和实践。国王在和平时期应该“自食其力”——也就是说，从王室庄园的收入和特权的授予中获得的收入——的学说可追溯到中世纪的迷雾中。这是一条违背比遵守更受尊重的原则，但从未被推翻。詹姆士一世的曾祖父亨利七世（Henry VII），靠着宣布他最富有的臣民为叛徒并夺取他们的财产而生活。亨利八世靠没收天主教会的土地为生——这是一个巨大的粮仓，滋养了他的王朝长达 60 年。尽管伊丽莎白很吝啬，但她还是出让了价值 80 万英镑的王室土地，并继续王室对贵族和主教的财富进行的攻击。到了詹姆士一世自力更生的时候，几乎无法从土地、贵族或主教那里挤出什么东西。

王室收入是国王从土地、特权和关税中获得的收入的总和。作为一个地主，国王拥有的租金、租约和罚款与任何贵族一样。王室庄园的年收入略微低于 12.5 万英镑，詹姆士一世则继续抛售庄园以应付当前的支出。王室还享有某些附属于其特权的服务形式。这些封建权利大多来历不明，财政价值有限，但是，其中的两项——王室食物征发权（purveyance）和监护权（wardship）——以金钱和由此引发的抱怨而引人注目。

王室食物征发权是一项强加给地方社群的义务，要求它们以固定的价格向王室提供食物。最初，它既保证了王室的正常供应，也保证了农场主的正常销售——是一个原始的期货市场。因为价格早在 16 世纪的通货膨胀之前就已经确定，所以，征发权很快就变成了有利于王室的单方面交易。地方官员试图确定他们负有偿付责任的食物数量，不过这些妥协一直是王室官员和地方社群之间的大麻烦，王室官员希望征收量最大化，而地方社群希望征收量最小化。在一年的时间里，为了肉类和奶制品，征收者就带走了 1.7 万头牲畜（包括 900 头公牛）、3.8 万只家禽和 5.4 万磅黄油。

监护权指王室保护其已故佃户的未成年子女的义务。它源于这样一个事实，即这些佃户未服王室兵役，因此他们的未成年后代是王室的资产。但是，在英格兰王室获得了一个新的佃户阶层——他们买下了亨利八世夺来的先前属于教会的土地——的同时，兵役也被废除了。如今，王室把监护权卖给出价最高者，大部分卖给那些花钱阻止陌生人掠夺的逝者的亲戚。就像征发权，监护权也相当于一种税收：这是一种关于地产转让的税收。

到目前为止，国王的大部分收入来自贸易。海关税收是由关税、税率和进口关税构成的一团乱麻，即便对17世纪的行政官员来说，这也可能是个谜。进口和出口的关税各不相同；本地人和外国人对应着不同的税率；对友邦和敌国的商品征收不同的进口关税。国王有权以从每磅货物中征收12便士用于国防，也就是所谓的吨税和磅税补贴，这一权利得到了议会的确认。毛纺布料贸易的关税被称为“大关税”（great customs），尽管其价值不到其他商品关税的1%，而后者被称为“小关税”（petty customs）。小关税的价值包含在一本利率簿中，最后一次更新是在1558年。此外，会对进口的法国葡萄酒和出口的英格兰啤酒等商品征收特别关税。这些特别关税始于玛丽女王统治时期，而伊丽莎白一世不顾法律的挑战和不断的抱怨对其进行了扩大。1600年，女王开始对土耳其进口的红醋栗征收一笔特别关税。6年后，最大的进口商约翰·贝特（John Bate）拒绝支付红醋栗进口税，理由是议会没有批准王室征收。在“贝特案”（Bate’s Case，1606年）中为国王这一方做裁决时，财政部的法官认为，国王对贸易征税的权利是其特权的一部分，是不可剥夺的和不可计量的。

詹姆士一世一到英格兰就面临来自四面八方的财政危机。无论国王的慷慨很快就会产生什么影响，财政大臣多塞特伯爵在1604年已经处于恐慌状态。各种各样的计划立即启动以降低赤字，并产生新国王统治的启动成本。尽管事实是，伊丽莎白时代的最后一次

“仁爱善行”或强制贷款仍未偿还，可国王还是给一笔将带来 10 万多英镑现金的新近贷款盖上了私人印章。影响最为深远的计划是扩大伊丽莎白时代的关税包税（farming the customs）做法。在统治的头几个月，国王为小额包税进行了特别交易，但重要的决定是把最有利可图的关税捆绑在一起，形成一个“大包税”(Great Farm)，进行投标。然而，在完成这一切之前，必须设定新的税率。制定新利率簿的各项计划持续了 10 年；至少从 1599 年起，就开始为海关的大包税制订这些计划了。一位新君主的登基才实现了改革。1604 年更新了利率簿，第二年完成了海关大包税的拍卖。包税年收入为 11.2 万英镑——这一数额在每次续约时都稳步增长。

关税包税确保了财政部拥有一个稳定的收入来源，并缩小了在预测收入和支出时的猜测范围。表明国王收入和负债情况的意见书（position papers）是政治政策而不是会计方面的练习：如此多的王室收入来自意外之财，如此多的王室债务源于心血来潮，除了王室的相对地位之外，不可能知道这种心血来潮的其他内涵。这让负责供应国王需要的官员感到沮丧，而这对缓和国王的需要几乎没有什么作用。因此，关税包税收入是一个监管王室收入的更大计划的一部分。

当议会在 1604 年开会时，国务大臣索尔兹伯里伯爵和财政大臣多塞特伯爵首先提出了将监护权和征发权等特权转换为固定年付款的想法。伊丽莎白一世议会议员表达了对这两项特权的不满，但由于女王甚至拒绝承认臣民对它们的抱怨，故大臣们并没有努力进行改革。从 1604 年的议会开始，压抑的愤怒爆发了，特别是因为詹姆士一世许诺要用一把新扫帚来清除伊丽莎白时代无所作为的蛛网。在上议院的领导下，下议院议员提出了请愿书和提案，以改革不确定性和滥用特权的问题。试图解除监护权义务则是起草《下议院辩护书》的直接原因。1604 年的议会或 1606 年的下一届会议几乎没有任何进展。到那时为止，就连对王室债务的猜测都令人震惊，以致詹姆士一世来到下议院要求提供特别资金来清偿债务。在对他的奢侈行为进行严厉的训诫之后——一位议员认为王室金库无法填补是因为“见底了”——下议院批准了三项补贴：超出预期，但低于需要。

到索尔兹伯里伯爵于 1608 年成为财政大臣时为止，财政状况每况愈下。估计国王的债务高于 60 万英镑；估计他每年的赤字超过 7.5 万英镑。由于索尔兹伯里伯爵在为一个看似贫穷的国王服务的过程中变得异常富有，因此，他从收入方面着手解决这个问题。作为监护法庭庭长，他在为国王创收的同时还不忘给自己敛财。在詹姆士一世统治的头十年里，他出售了价值高达 68 万英镑的土地。此外，这位财政大臣还开始了半个多世纪以来对王室土地的第一次全面调查，好把租金提升至市场的水平。索尔兹伯里伯爵也采取了多塞特伯爵不会采取的措施。1608 年，贝特案的裁决认为，国王决定可以随意对贸易征税，此后，索尔兹伯里伯爵提高了税率，并对新的商品征收大量关税，这一切共同带来了每年 7 万英镑的收入。到了 1610 年，他可能已经将债务减半，并把年度赤字减少了 1/3。除了增加税收之外，索尔兹伯里伯爵没有采取任何措施来解决结构性问题。

这只能在议会中解决，而在 1604—1610 年这届议会最后一次会议上，索尔兹伯里伯爵准备了一份关于用一次性的补贴税来偿还国王债务的提案，以及一份将某些特权代偿为价值 20 万英镑的土地年税。他的计划无异于一场王室财政的革命。他几乎找不到一个不那么革命的团体来提出这个建议。下议院的领导人立即恢复了关于监护权、职权和其他特权代偿的讨论，以反对索尔兹伯里伯爵提出的免费礼物的要求。他们还重复了其对征收新税的不满。5 个月来，议会就“大合约”（Great Contract）进行了辩论，下议院和财政大臣的意见相去甚远，因为虽然国王希望增加财政收入，但是下议院希望对其进行改革。下议院的领导人愿意赋予国王的特权以很高的价值，但他们不愿意白送。索尔兹伯里伯爵希望用价值 60 万英镑的补贴税偿还王室债务，但这个希望被人坚决粉碎：下议院准允的补贴税价值仅为这个数字的 1/6。他希望王室收入通过大合约增加 20 万英镑，这个希望的命运则略胜一筹：下议院会同意每年支付这样一笔款项，条件是换取至少相当于这笔款项一半的特权收入。他们甚至试图确保在没有议会同意的情况下不会颁布进一步的强制措施。

最终，就连这个协议都破裂了。在宫廷，大合约的可能影响激起了对索尔兹伯里的反对声音。可能影响包括：官员们会失去任职时的好处费；廷臣们也享受不到获取监护权带来的大量财富；体现在其特权上的国王的荣誉，因为一桩交易而被削弱——他为朝廷和军队将士管辖粮食的权利像许多排骨一样被出卖！在国内，反对声音同样强烈。北方居民认为无理由为征发权付钱，这主要发生在南方。地主们抗议道，只有他们才有责任付 20 万英镑的年税。每个人都同意，这些提议是前所未有的；它们违背的可不仅仅是国王应当自力更生学说的精神。一些人担心，如果国王在财政方面高枕无忧的话，议会将会终结。其他更有先见之明的人则害怕，一旦年税的原则确立下来，那么税负水平会永远上升。

大合约的失败有着深远的影响。既无拨款，债务又在稳步增加的索尔兹伯里伯爵开启了一场将利用现有收入来源的运动。监护法庭的程序改革带来了数千英镑的收入；头衔被直接出售，伯爵的头衔最终售价 1 万英镑，而 1611 年设立的准男爵等级又在 3 年内创收 9 万英镑。通过出售不经济的地块、将土地保有权转换为租约和尽可能提高租金，土地收入得以合理化。各式关税的包税人重新协商了自己的合约，接着发现当局又要大笔借款。1611 年，另一场“仁爱善行”启动了。所有这些举措都有政治成本。索尔兹伯里伯爵信念坚定并问心无愧地辩称，詹姆士一世所做的一切都在他的权利范围内——实际上，他的大多数财政政策都受到伊丽莎白一世时代先例的指引。正如法官们在贝特案中清楚表明的那样，国王拥有绝对的权力，而“国王的智慧和天佑是不容臣民争议的”。在议会、在枢密院、在伦敦和在当地社群中围绕金钱不间断的争论，让人们很难不质疑这位国王的“智慧和天佑”。最坏的是，政治开支并未转化为财政储蓄。到索尔兹伯里于 1612 年去世为止，王室的债务高达 50 万英镑，6 年后增至 90 万英镑。这是英格兰历史上最大的一笔和平时期债务，而在 1618 年，和平时期将带来一个令人震惊的结局。

第四章

梅花公爵[①]（1618—1628）

1628 年 9 月 18 日，一支高举火炬的队伍向威斯敏斯特大教堂行进。百余名哀悼者跟随一副空棺材，棺材旁边士兵们肩上扛着火枪，高举蜡烛。虽然举着火炬的葬礼队列在秋天的夜晚并不少见，但这一次与众不同。伦敦训练有素的鼓乐队列阵街道两旁，以防出现骚乱。鼓声与其说是一首挽歌，不如说是警钟，参与者匆忙的节奏则显得不那么庄严。士兵们备好武器，随时可用，而非拖着长矛来纪念尸首。当空棺材到达大教堂时，卫兵没有停下来鸣枪敬礼，而是“让他几乎在黑暗中下葬，每个人都拿着火炬逃跑了”。

这是英格兰最遭人痛恨的男人，白金汉公爵乔治·维利尔斯（George Villiers）的葬礼。两周前，一个独自行动的刺客将一把刀刺入他的身体一侧，他的生命就此结束。因为个人的失望而指责白金汉公爵的约翰·费尔顿（John Felton）提出了一

① 在扑克牌中，梅花国王代表马其顿国王亚历山大大帝，此处暗指白金汉公爵乔治·维利尔斯与亚历山大的相似之处：亚历山大20岁时继承王位，公爵则在21岁时成为詹姆士一世的宠臣；亚历山大32岁时去世，而公爵在35岁时遇刺身亡。

个严肃的政治修辞：认真地对待公爵是“所有不满中的不满之最”。他相信他能为自己和国家做出非凡的贡献。费尔顿买下了一把便宜的匕首藏在口袋里，耐心地等待公爵用完早餐，然后如此高效地给出了致命一击，以致除了受害者，其他人都没发现。如果他没做殉道的心理准备，在衣服上缝上等于自杀遗书的东西，他可能很容易就逃之夭夭。大厅一片混乱的时候，他平静地宣布，“是我干的，我在这里”。从阳台上看到这一幕的公爵夫人和她的妹妹悲痛地尖叫着，而国之重臣们做了他们能做的一切，以防大批围着公爵的追随者把刺客撕成碎片。

消息很快传了出去。国王身在4英里外，在被告知这一切时仍然在祈祷。查理一世并未结束祈祷仪式，但他面无血色。后来，他寂寞地哭了数日。在宫廷，无论作何感想，宫中人都是一副脸上挂着悲伤的表情。公爵的依赖者目瞪口呆；他的对手们则在默默地欢欣鼓舞。正如一句打油诗所言，“小小墓穴地方大／埋了公爵，还有廿官职”。现在有许多职位和恩赏虚位以待，因为权力的中心已经消失了。在伦敦街头，臣民们公开表达自己的一片欢喜之情。当费尔顿走向监狱时，围观者誉之为“小大卫”[①]，并为他祈祷望他获救赎。“费尔顿永垂不朽：你让这一切化作尘埃／叛国、野心、谋杀（murther）、傲慢和色欲。”

暴徒们对公爵恨之入骨。两个月前，他的医师（兼占星家）约翰·兰贝（John Lambe）博士被一帮年轻人殴打致死。

① 典出《旧约·撒母耳记上》，英勇智慧的大卫击杀了巨人歌利亚，歌利亚显然指白金汉公爵。

> 到处都张贴着声称白金汉公爵会有类似命运的大幅报纸。当他准备集结一支舰队去干预对欧洲新教徒的屠杀时，他声称自己很镇定。他先前有次从针对他的刺杀中死里逃生，并拒绝对另一次刺杀采取预防措施。近 10 年来，他从国内的宫廷派系和国外的外交阴谋中幸存下来。过去 3 年来，他一直是英格兰所有错处的公共象征。虽然他的敌人们都不得了，但是他的权力更了不得。后来，随着一把 10 便士的匕首给了他一击，他的权力就消失了。在漆黑的夜晚，武装送葬队伍带着空棺材送葬，是出于谨慎而非偏执。

从 1618 年三十年战争爆发到 1628 年上呈《权利请愿书》之间的 10 年，可以毫不夸张地称为白金汉公爵的统治时期。虽然他的权力从未能比肩索尔兹伯里伯爵，但是，他的影响力远远超过詹姆士一世的首席大臣。公爵英俊的外表、个性和管理才能使他看起来不可或缺。作为詹姆士一世最后的宠臣，他在一位君主的统治下迅速崛起，然后在 1625 年查理一世登基时，“出于一种能让偏爱成为世袭的奇迹”，保住了职位。白金汉公爵迷住了詹姆士一世，和查理成为朋友。在老国王绝望外交的鼎盛时期，公爵曾陪同当时的威尔士亲王前往西班牙，试图缔结一桩他们认为很可能给欧洲带来和平的婚姻。虽然这次外交失败了，但是，这两个年轻人在那次旅行中的经历把他们联系在了一起，以致在后来的几年里，查理一世把对公爵的政治批评解读为对君主的人身攻击。对公爵的责难首先是基于嫉妒，然后则是恐惧，因为白金汉公爵成为人们获得恩宠的渠道，并控制着家人、朋友和委托人的地位和特权的流动。后来，批评人士把公爵当成詹姆士一世和查理一世战争努力失败的替罪羊，他们先是谴责他太快提倡打仗，然后又谴责他执行得太慢。就像这个残忍的 10 年中的其他每个人，白金汉公爵也是一名战争受害者。

战争破坏了英格兰政府必要的团结。战争与和平的决定是君主制的绝对特权，但是，英格兰君主可以在没有臣民支持的情况下进行海外战争的时代早就过去了。当国王的佃户还有义务服兵役时，他可以通过发出征兵令集结兵力。然而到了 17 世纪，王室组建了志愿军，必须付给志愿军报酬。因此，要打仗的话，君主得依靠议会筹集资金。这在 1588 年并无问题，那时西班牙无敌舰队（Armada）的入侵威胁到这个国家，伊丽莎白一世召集议会组织防御。征服战争则更为复杂，尽管光荣和民族自豪感的景象感动了不止一代英格兰人，而德雷克、霍金斯和罗利[①]的功绩仍然在想象中延续。战争是外交的手段时是最困难的。詹姆士一世在三十年战争爆发时面临这最后一次情况，当时天主教势力剥夺了他的女婿普法尔茨选帝侯弗里德里希（Frederick, Elector Palatine）的土地。詹姆士希望把战争的威胁用作杠杆，恢复弗里德里希的地位，但是，只有一个国王有一把佩剑可供挥舞，他才能挥舞佩剑咔啦作响。可以理解，下议院不愿意为一场可能永远打不了的战争提供补贴金，尤其是给一位可能会花掉补贴金的鲁莽国王。1625 年，詹姆士一世驾崩，这些问题依旧没有解决。

查理一世和白金汉公爵面临的困难则与此不同。他们渴望与西班牙开战，并暂时与那些视三十年战争为末日大决战的狂热新

① 指伊丽莎白一世时代的3名著名海盗弗朗西斯·德雷克（Francis Drake，1540—1596）、约翰·霍金斯（John Hawkins，1532—1595）和沃尔特·罗利（Walter Ralegh，约1552—1618），其中，Ralegh也写作Raleigh。

教徒联手。接着，他们发现了一支被允许在四分之一个世纪内逐渐削减的军队令人震惊的状况。他们发现海军陈旧过时，很少制造武器，训练并不存在，而军事思想仍然停留在中世纪。生存所需的速成课程将是昂贵而耗时的。对西班牙和法国的战争并不顺利，由于他们发现不可能责怪这一体制，批评人士便指责起公爵来。国王和白金汉公爵为支持哪怕不充分的远征而不得不采取的捷径，涉及使用王室特权、中止普通法、征用船只、在平民社区实施戒严、强迫贷款和持续欺凌议会。在全国范围内，对使用紧急权力发动战争的怨恨与日俱增，直到这些权力而非战争成为紧急情况。

* * *

1618 年在欧洲爆发的战争是欧洲有史以来最具破坏性的战争。这场战争结合了 16 世纪上半叶的王朝冲突与下半叶的宗教斗争（confessional struggles），造成了 30 年的苦难。就连拥护和平的国王也无法避免被卷入旋涡中。欧洲的种种事件推翻了詹姆士一世的所有政策。贸易的中断危及他那脆弱的财政，宗教屠杀嘲弄了他的宗教节制，公开的战争破坏了他谨慎平衡宫廷中亲西班牙和亲荷兰派系的努力。最严重的是，战争触动了他的王权。在他那不谙世事的女婿，普法尔茨选帝侯弗里德里希接受了波希米亚的王冠之前，詹姆士一世在天主教徒和新教徒、哈布斯堡王朝和波旁王朝中的信用，使他成为国际和平的仲裁者。他自己别无所求，能让别人讨价还价。他曾为 1612 年早逝的长子亨利亲王（Prince Henry）计划了一场与天主教西班牙人的婚姻，并为自己的女儿伊丽莎白

(Elizabeth)[1]计划了一场与新教德意志人的婚姻，婚礼在1613年举行。他既加入了新教联盟（Protestant Union），又与天主教联盟（Catholic League）保持通信联系。现在，事情突然失控了。

弗里德里希在对阵斐迪南二世的哈布斯堡家族时横冲直撞，迷迷糊糊就受到反制。他蔑视神圣罗马帝国的皇帝，接受了波希米亚新教贵族授予他的王位。费迪南起来反对他，通过向盟友提供弗里德里希的一部分财产而拉拢了他们，并在1620年的白山战役（Battle of White Mountain）中决定性地击败了弗里德里希这位觊觎者。弗里德里希的一部分土地很快被西班牙人占领，另一部分则被巴伐利亚公爵马克西米利安（Maximilian, Duke of Bavaria）占领，弗里德里希作为选帝侯的权利也转移给了马克西米利安。此外，天主教对新教势力的决定性胜利，促使费迪南从波希米亚开始发起宗教镇压运动。詹姆士一世惊恐地看着所有这些事件。他的女儿和女婿被流放了；中欧天主教和新教的微妙平衡被打破了；西班牙和奥地利支系的哈布斯堡家族在军事上的一致行动，引起了欧洲其他地区的恐慌。

虽然詹姆士一世反对弗里德里希的行为，但他不得不代表弗里德里希出面干预。除没有解决办法之外，这个问题很简单。弗里德里希和欧洲的宗教地图必须恢复至战前状态（*status quo ante bellum*）。詹姆士一世可以预料，费迪南皇帝将不愿意宽恕一个叛乱分子，巴伐利亚的马克西米利安也不愿意吐出战利品，但弗里德里希本人不会妥协，令他感到震惊。奥地利支系哈布斯堡王朝加强了对东欧的控制，西班牙支系哈布斯堡王朝占领了莱茵河沿

① 伊丽莎白·斯图亚特嫁给了普法尔茨选帝侯弗里德里希。

岸的重要通道，据此他们可以对荷兰人发动预期的入侵。解决方案要么需要詹姆士拥有的全部外交技巧，要么需要他能为战争筹集的所有资源。

自从詹姆士一世登上英格兰王位以来，他就在一个被战争撕裂的世界里奉行和平政策。1604年，他与西班牙缔结了一份条约，条约终结了近20年的零星战斗，在整个统治期间，他试图避免让英格兰与西班牙重生敌意。这意味着对西班牙的王朝大敌法国保持中立，并对尼德兰各省保持中立，后者努力维持从西班牙的控制下赢得的独立。1610年亨利四世遇刺让前者更容易实现，因为这令法国在其继承人未成年期间不再参与国际阴谋。詹姆士一世通过平衡宗教和商业利益实现了他的第二个目标。加尔文主义尼德兰人是英格兰的天然盟友，尤其是当他们公开与西班牙交战时。否则，他们是天然的竞争对手，是在一个不断缩小的全球范围内竞争贸易的海军和商业强国。1609年，西班牙和尼德兰签署了一份为期12年的休战协议，减轻了国王支持其教友的压力。在接下来的10年里，詹姆士一世像伊丽莎白一样巧妙地平衡了宫廷中的各大派系。

虽然索尔兹伯里伯爵垄断了职位和恩庇，但他从未得到过国王的喜爱。在他于1612年去世之后，詹姆士一世分散了他的权力，自己一度担任财政大臣和国务大臣，并鼓励宫廷的竞争。他通过罗伯特·卡尔传递了个人恩惠，而这位风度翩翩的苏格兰人在一次骑士比武中摔断一条腿，引起了他的注意。詹姆士一世赠予他大量礼物——其中就包括从沃尔特·罗利爵士那里没收的土地——并以不甚相宜的速度将他快速擢升为英格兰贵族，让他在1611年摇身一变而为罗切斯特子爵（Viscount Rochester），两年后则变成萨默塞特伯爵。通过他的内廷大臣一职，萨默塞特伯爵纵容了自己对无聊娱乐的爱好，同时小心控制着直接接触国王的渠道。他被恰当地描述为“灿烂的太阳，在它的光辉或怒容的照耀下，宫廷中所有金盏花或尽情绽放，或干脆闭合”。

萨默塞特伯爵的权势取决于他作为宠臣的角色，而他几乎没有努力扩大自己的影响力。他把政治留给他的派系盟友，英格兰最著名的天主教家族霍华德家族，他们的分支谱系包括诺丁汉伯爵，海军事务大臣查尔斯·霍华德（Charles Howard），击退了西班牙无敌舰队的英雄；北汉普顿伯爵，御前掌玺大臣亨利·霍华德（Lord Privy Seal Henry Howard），在索尔兹伯里伯爵死后，他有效地控制了政府的日常管理；萨福克伯爵，托马斯·霍华德（Thomas Howard），他很快就会为财政大臣制定新的腐败标准；以及阿伦德尔伯爵托马斯·霍华德（Thomas Howard），作为诺福克公爵（Duke of Norfolk）的直系后裔，他被公认为英格兰第一贵族。霍华德家族既不是一个政党，又不是一个政治压力集团。无论是在个人方面还是在政策问题上，他们并不总是意见一致。他们被等同为一个天主教徒亲西班牙利益集团，尽管诺丁汉伯爵和萨福克伯爵以对抗无敌舰队著称，而阿伦德尔伯爵也皈依了新教。然而，一旦萨默塞特伯爵与萨福克伯爵的女儿、埃塞克斯伯爵夫人弗朗西丝·霍华德夫人（Lady Frances Howard, Countess of Essex）坠入了爱河，他们就形成了一个强大的委托关系网络，并把自己积累的公职转化为政治控制。

萨默塞特伯爵和弗朗西丝·霍华德夫人之间的风流韵事是那个时代的丑闻。在七旬老舅北安普敦伯爵的教导下，弗朗西丝夫人把她丰富的魅力倾注在这位宠臣身上。为了摆脱埃塞克斯伯爵，她不得不声称自己在5年的婚姻中从未圆房，而丈夫的阳痿源自恶魔附身。埃塞克斯伯爵的羞辱只是这些公开事件的一个后果。更引人注目的是，弗朗西斯夫人在萨默塞特伯爵昔日的同伴托马斯·奥弗伯里爵士（Sir Thomas Overbury）之死中充当同谋，爵士强烈反对霍华德家族的婚姻和崛起，以致霍华德家族设法将他囚禁在伦敦塔里。他就在那里被人下毒致死。不过，奥弗伯里事件的发现是在两年后的1613年，那时，萨默塞特伯爵和弗朗西丝·霍华德夫人在托马斯·坎皮恩（Thomas Campion）和本·琼森的假面剧上演之际，在国王面前庆祝他们的婚姻。

这场婚姻确保了霍华德家族的崛起，他们一时炙手可热。萨福克伯爵将其内廷大臣一职让给了他的女婿，并以财政大臣的职位来安慰自己。在生命的最后一年，北安普顿伯爵依旧指挥着枢密院。他是一位能干的行政官员，他与索尔兹伯里伯爵在为王室效劳上合作多年，这让他了解了王室政府的实际局限性。北安普敦伯爵曾经提议为威尔士亲王缔结一桩与西班牙人的婚姻，1612年，虔诚的新教徒亨利亲王的去世为这个政策注入了新的动力。一桩与西班牙人的婚姻将平衡最近为伊丽莎白公主缔结的那桩与德意志人的婚姻，并为詹姆士一世提供一大笔嫁妆来偿还他日益增加的债务。这些情形都是如此严重，以致国王已经发出了在1614年召集议会的令状。北安普敦伯爵反对召集议会，他既担心政府成员接受西班牙人的抚恤金被人曝光，又害怕过去4年的财政应急办法受到批评。随着枢密院的分裂，议会变成一场灾难，因为有长达6周时间的一片混乱，所以得名“混乱议会”(Addled Parliament)。在这届议会解散之后，为查理王子匹配西班牙公主的谈判郑重开启。

虽然霍华德家族通过与国王的宠臣萨默塞特伯爵的联系增强了他们的权力，但他们不是唯一控制英国政治的家族。实际上，该家族具有亲西班牙色彩的天主教信仰刺激了一个反对他们的派别的巩固，而这个派别认同国际新教的事业。彭布罗克伯爵威廉·赫伯特（William Herbert，Count of Pembroke）和南安普敦伯爵亨利·赖奥思利（Henry Wriothesley）领导着这个派别，前者是英格兰伟大的文学赞助人，莎士比亚第一对开本就是献给他的，而后者是詹姆士一世登基时出狱的埃塞克斯共谋者之一。彭布鲁克伯爵和南安普敦伯爵都投资了海外贸易公司，并支持催生出沃尔特·罗利爵士领导的突击队对西班牙的政策。坎特伯雷大主教乔治·阿博特也加入了他们的行列，他曾因弗朗西斯·霍华德夫人离婚而与詹姆士一世闹翻，还有些许勉强的安妮王后，她自己的天主教信仰被她哥哥丹麦的克里斯蒂安四世（Christian IV）的外交需要抵消了。这个团体曾支持1614 年召集议会，希望詹姆士一世能够通过议会拨款独立于西班牙。伟大的博学家弗朗西斯·培根爵士倡导这一方针，他是国王的总检察长，也是当时最深刻的政治思想家。培根认为，詹姆士一世和议会之间的关系可以是一种建设性的关系，特别是如果国王利用议会来改革法律和公开表达不满的话。但是，1614 年会议的混乱让培根的策略大打折扣。

反霍华德一派要想取得成功，就必须以其人之道还治其人之身。萨默塞特伯爵的影响力和他对接触国王的渠道的控制必须被削弱，只有找到一个替代他取得国王欢心的人才能做到这一点。最终选择的是乔治·维利尔斯，莱斯特郡（Leicestershire）一个家道中落的绅士家庭的儿子，所有人都认为他是“英格兰最英俊的男人”。维利尔斯拾掇起自己，勤快程度甚于弗朗西丝·霍华德夫人。他已经在欧洲大陆待了很长一段时间，在此期间，他让自己的举止变得文雅起来，并打造出一副光鲜的外表。维利尔斯一文不名，以致都无法崭露头角，当时最精明的商人之一阿瑟·英格拉姆爵士（Sir

Arthur Ingram）投资 100 英镑来帮他置办行头，而这表明了维利尔斯的潜力和詹姆士一世宫廷中廷臣得宠的运作。这笔钱花得很值。在王后的请求下，维利尔斯被任命为王室餐桌上的斟酒人，他立刻引起了詹姆士一世的注意和萨默塞特伯爵的愤怒。1615 年，他被封为爵士，成为寝宫的侍从官（a gentleman of the bedchamber），翌年，他成为首位担任御马官职务的平民。这种反常现象很快便在 1616 年得到纠正，那年维利尔斯被任命为子爵，5 个月后又被任命为白金汉伯爵，——“他的崛起就像是一步登天”，历史学家克拉伦登伯爵表示。

尽管白金汉伯爵和萨默塞特伯爵走上了相同的权力之路，但两人几乎没有其他共同之处。白金汉伯爵精明而勤奋。他不仅仅是其担任的各个公职的装饰：他学习了这些公职的任务，并对其行政管理进行改革。作为御马官——通常是一个仪式性的职位——白金汉伯爵进口了欧洲大陆的宝马良驹，并将购买的马进行杂交，以利于英格兰的马匹储备。作为海军事务大臣，他鼓励任命一个调查委员会调查海军的状况。首都最能干的人几乎立刻将他团团包围。弗朗西斯·培根为他提供法律和政治事务方面的咨询；莱昂内尔·克兰菲尔德（Lionel Cranfield），一位非常成功的伦敦城商人，则为他带来了财务方面的辅导。他参加了一个关于政府管理、国内政策和外交事务的速成班。即使在托马斯·奥弗伯里爵士被谋杀的消息曝光让萨默塞特伯爵不再陪伴国王左右之后，白金汉伯爵也不满足于仅仅是一位宠臣。

唯一超过白金汉伯爵对国家大事的献身精神的，只能是他对个人事务的献身精神。他那捉襟见肘的财富都无法维持哪怕最卑微的公职的尊严。为了获得与公职相称的财富，白金汉伯爵必须依靠国王的恩赏和非正式的酬金、礼金和补贴制度，这些制度与贿赂、回扣和腐败只有一步之遥。詹姆士一世一如既往地慷慨大方，故赐予白金汉伯爵越来越多与其头衔相称的土地。礼金、职务酬劳、职位的更替和出售头衔：国王在这位宠臣身上用尽了这些手段。在克兰菲尔德的建议下，白金汉伯爵以巨额利润买卖了一些关税包税。他公开兜售了自己的影响力，接受礼金作为提名有抱负者担任一官半职的回报。到了 1620 年，他的年收入可能将近 2 万英镑，尽管这笔巨款只是其可支配资金的一部分。

白金汉伯爵着手建立一个世系。他为自己和亲戚安排既带来社会效益，也带来经济效益的婚事。他迎娶拉特兰伯爵（Earl of Rutland）的女儿凯瑟琳·曼纳斯（Katherine Manners）为妻，确保与英格兰米德兰平原的第一家族建立联系，并获得 1 万英镑的嫁妆和一年价值 5 000 英镑的土地。他的哥哥娶了爱德华·科克爵士的女儿，而他的妹妹嫁给了敦巴福伯爵（Earl of Denbigh）的儿子。婚姻联盟把白金汉伯爵和许多重要的贵族家庭联系起来，包括塞西尔家族、曼纳斯家族、菲尔丁家族、赫伯特家族和蒙塔古家族。尽管要想与霍华德家族抗衡难于上青天，但到了 17 世纪 20 年代，维利尔斯家族成员中有了一位公爵和公爵夫人、两位伯爵夫人、一位伯爵和一位子爵——所有这些都是在不到 10 年的时间内造就的。白金汉伯爵的收入被用于建立一个乡村庄园和大兴土木。无论是在宫廷还是在乡间，他都尽情地款待别人，而在这些地方，人们既憎恶他又尊敬他。就像索尔兹伯里伯爵和萨福克伯爵，白金汉伯爵的收入增长得越多，他就越负债累累。他对那个时代引人注目的开支所做的贡献绝不是微不足道的。

白金汉伯爵的野心和贪婪并未掩盖他的视野。不管他起点如何，他不仅仅是另一张漂亮的面孔——那些低估他的人已经尝到了代价。他以萨默塞特伯爵为榜样，以培根爵士为导师，明白平步青云会招致强大的敌人。他试图婉拒詹姆士一世的慷慨，以缺乏经验为由拒绝了海军司令的职位，并以会激起敌意为由拒绝了公爵爵位。实际上，白金汉伯爵说服了詹姆士一世先把伦诺克斯伯爵升为公爵，这样维利尔斯家族成员就不会是王国的第一贵族。这一切都是为未来打算。他精明的政治本能也是如此。他像培养国王那样刻苦地培养威尔士亲王，最终把查理那冷漠的鄙夷转变为持久的友谊，尽管他一直是他父亲的宠臣。他从一任国王统治时期干到下任国王统治时期，这对观察家来说堪称奇迹。最重要的是，他努力在宫廷中建立联盟。安妮王后预言，那些提拔他的人后来会后悔的，结果证明这一点是正确的，尽管她在 1619 年因水肿去世，从而逃脱了白金汉伯爵的忘恩负义之举。然而，在白金汉伯爵的整个职业生涯中，他都在霍华德家族和彭布罗克伯爵领导的派系之间游移，让每个派系都能不时受宠，并在不同时期推行他们手中那些相互冲突的方案。

当白金汉伯爵忙着发财的时候，波希米亚的弗里德里希忙着散金。国王宠臣和国王女婿的命运很快相互纠缠起来。在弗里德里希的军队于白山战役中被打败之后，他的敌人开始瓜分他的财产。对新教事业存亡的恐惧席卷了英格兰；对全面战争复苏的恐惧席卷了整个大陆。12 年的休战已经结束，西班牙对下普法尔茨的占领恢复了与尼德兰人的战争。詹姆士一世发起了猛烈的外交攻势，以恢复弗里德里希的财产并为国际局势降温。要想有任何成功的希望，他需要臣民的支持。时隔 7 年后，他于 1621 年召集议会开会。

讽刺的是，议会的管理权留给了培根大法官，而他将在会议期间受到弹劾。培根敦促对那些最有可能在议会提出的不满——垄断和专利——进行先发制人的打击，但这一审慎明智的建议最终被忽视了。长期以来，对垄断者的不满一直萦绕着议会，而过去几年的经济衰退加剧了这种强烈的抗议。事实上，有一个“科凯恩计划”（Cockayne Project），在该计划中，一个伦敦商人联合会在出口未染色的布匹遭禁时有权出口彩布，故这样的计划是毫无意义的灾难。然而，专利权也确实鼓励发明和投资，奖励独创力，并为各种经济弊端提供补救办法，从制造劣质商品到逃税，不一而足。培根辩称，詹姆士一世通过限制臭名昭著的滥用专利权情形，平息了臣民的怒火，同时避免了可能具有破坏性的辩论。他私下写信给白金汉伯爵说，他的兄弟们是至少两项专利权的投资者，而这两项专利可能会受到审查。培根还敦促制定一份立法方案，以便建设性地引导特别是下议院的工作。由于 10 多年来没有通过任何法规，所以议会还有很多事情要做。

出于自己的原因，詹姆士一世决定让议会自行其是。1614 年，有议员指责他安排了一项他在其中以金钱换改革的事业，这一点激怒了他。在议会召开之前压制垄断可能会产生类似的不信任。此外，监管经济活动是王室特权的问题，而即便可以诱导他放弃收入，他也不会拿特权作交易。王国的最高法律官员会审查每一项专利权的合法性。如果存在滥用的情形，那么就是在超越权利的范围，而不是在权利允许的范围内。至于立法，这也可以留给成员。一份准备好的方案将只会分散议会对其目的的注意力：为应对欧洲的紧急情况而提供资金。

1621 年议会的首次会议甚至超出国王的乐观预期，他过早地称之为“有史以来最幸福的一届议会”。下议院立即准予了两项补贴金，好让詹姆士一世能致力于让弗里德里希复辟的决定。反西班牙情绪高涨，这让外国大使自信地报告，称英格兰正在备战。枢密院估计，一支由 2.5 万人组成的部队一年要花上 90 万英镑才能维持，但国王还没有要求议会召集一支侵略军。事实上，在开场白中，詹姆士一世把自己的意图隐藏在鼓舞人心的陈词滥调背后。他把欧洲的局势描述为一个“任何观者都要流泪的悲惨景象”，并发表了响亮的声明，表示愿意冒着“丢掉我的王冠、挥洒我的鲜血和吾儿的鲜血”之风险来恢复弗里德里希的权利。然而，在幕后，他尽一切可能避免与西班牙公开决裂，甚至拒绝承认斯宾诺拉侯爵（Marquis de Spinola）[①] 占领下普法尔茨构成入侵。

培根料事如神，下议院中的猎犬很快就对专利权和垄断发出嚎叫声。詹姆士一世批准了此次猎捕行动，结果吉尔斯·莫佩松爵士（Sir Giles Mompesson）被判滥用职权，并启动了一项全面打击垄断的提案。国王尽其所能地合作，在闭会期间发布一份公告，废除对客栈和 [②] 金银线制造业的垄断。前两个命令是对地方太平绅士执政能力的冲击；令人难以置信的是，第三个命令被认为是硬币短缺的原因。然而，如果说培根预见了关于垄断和专利权的争论，那么，他也很难预料到争论的后果。由于下议院议员不能质询国王，所以他们开始质询他的顾问。谁是批准专利权的法律官员？质询蜿蜒迂回，最终指向了培根，他因为在自己审理的案件中受贿而非在授权专利方面的作用遭到弹劾。詹姆士一世袖手旁观，允许继续弹劾培根。看着议员威吓培根，而且知道自己能让加诸培根的最严重的判

① 斯宾诺拉侯爵，西班牙军事领袖，尼德兰勃列达的征服者。

② “和”应为“and”，原文“had”有误。

决有所缓和，这些让他可能产生些许不通情理的喜悦之情。对重点从质疑自己的特权转向惩罚失职行为，他可能表示欢迎。无论出于何种原因，他都让培根自生自灭，相比之下，白金汉伯爵倒坦率地忠诚于自己的导师，在上议院投票惩罚他时投了唯一一张反对票，人品可见一斑。

对培根的弹劾也转移了人们对外交事务的注意力，这导致在秋季匆匆忙忙地重新召开了第二次会议。詹姆士一世曾希望，臣民的免费礼物将提高他与费迪南皇帝谈判的筹码，恢复弗里德里希的权利。在议会休会期间，他的大使们带着一个令人不快的消息回来了，那就是不仅他的友好姿态失败了，而且哈布斯堡家族夺取了更多普法尔茨领地，尽管受到英格兰干预的威胁。霍拉斯·韦尔爵士（Sir Horace Vere）驻守弗里德里希的最后一批城市，由他指挥的新教徒部队急需资金。然而，詹姆士一世认为，西班牙希望英格兰在即将到来的与尼德兰人的战争中成为盟友而非敌人。西班牙驻维也纳外交官敦促费迪南找到一个解决波希米亚危机，而不会让欧洲大陆陷入战争的办法。不幸的是，腓力四世对亲戚费迪南的控制力不比詹姆士一世对女婿弗里德里希的控制力强。

在种种情况下，詹姆士一世需要为战争做艰苦的准备。尽管他承诺过重新召集议会完成立法工作，但在 1621 年的议会第二次会议上，普法尔茨问题占据主导地位。最近欧洲发生的各个事件的消息已经传遍了整个国家，被人猛烈抨击，并广泛地刊登在一而再再而三复制的简讯上。这些消息悲惨地描绘了伊丽莎白公主的困境，并把主要针对西班牙的大众反教皇运动推向狂热的高潮。下议院立即投票给詹姆士一世一笔额外的补贴金，议员们纷纷起立，誓以生命和财富助力收复普法尔茨。意见一致到此为止，因为在如何收复的问题上无法达成一致。虽然詹姆士一世想发动战争，但他拒绝说明会发动怎样的战争。

这让下议院的议员们感到困惑，直到白金汉伯爵著名的下议院发言人乔治·戈林爵士（Sir George Goring）提出动议："如果西班牙国王不从普法尔茨撤出军队，不同意（詹姆士一世的）提议，让我们请愿对他发动战争。"大多数众议院议员都希望采取这条路径，尽管詹姆士一世以前也很谨慎，但现在他们认为这是王室的政策。下议院很快起草了一份请愿书，并在请求与西班牙开战的同时，提议查理王子与一位新教徒成婚。如果一份关于外交政策具体进程的请愿书危险地接近了国王的特权，那么，讨论王室婚姻就是在践踏国王的特权。纵然詹姆士一世正在考虑发动一场战争，以恢复普法尔茨，但他需要有一个西班牙适婚对象的前景作为结束战争的手段。查理也不喜欢讨论他婚姻的话题，仿佛他是一只种畜：他向父亲抱怨说，他的私事"在下议院被人糟践"。

下议院的请愿书摧毁了 1621 年的议会，更重要的是，限制了詹姆士一世的选择。甚至在请愿书提交之前，国王就对请愿书进行了措辞强硬的谴责，这不可避免地导致议会称国王的措辞是对议会特权的抗议。有些下议院议员数天前尚为政府的忠实喉舌，他们如今在一次正式抗议中宣称，议会的言论自由是"英格兰臣民古老而毋庸置疑的与生俱来的权利和遗产"。曾经允许讨论其外交事务的国王，如今躲在国家安全和王室特权的屏风后面。他仓促地解散了议会，没收了已经投票但并未登记的补贴金，扼杀了第一次会议遗留下来的几十项立法。议会解散后，他让包括爱德华·科克爵士在内的 5 名下议院领导人锒铛入狱，在一次越权的行动中，他亲手撕毁了收录在下议院会议记录中的抗议书。在詹姆士一世解散议会的那天晚上，他的御马将其头朝下甩进河里。

詹姆士一世彻头彻尾受挫了。他未能找到与奥地利哈布斯堡王朝的外交解决方案，也未能阻止西班牙人夺取下普法尔茨。他控制不住他的女婿弗里德里希，弗里德里希怂恿尼德兰人开战，也控制不了他的议会不受限制地拨款，就像他控制不了他的御马。尽管事实上白金汉伯爵在宫廷中得到反西班牙派系的提拔，但他对尼德兰人的敌意与日俱增，尼德兰人对英格兰船只和商业前哨的突袭直接触及了海军司令。他与霍华德家族走得更近了——萨默塞特伯爵和弗朗西丝夫人出狱了——也更接近支持与尼德兰的战争，而这场战争让出现一位西班牙适婚对象变得必要起来。谈判重新开始，意图是一旦缔结婚姻条约，英格兰人将加入攻击尼德兰人的行列。

与西班牙王室缔结一场婚姻的外交优势必须与其国内负担相权衡。尤其在 1621 年议会失败之后，西班牙人极可能会狠狠地讨价还价。现在继承父亲王位的腓力四世信奉一种僵化的宗教，这种宗教并不屈服于国家的需要。如果查理要娶一位西班牙公主，他就必须同意宽容自己的天主教臣民，允许妻子践行天主教，把孩子培养成天主教徒，并接受将导致自己皈依天主教的指导。尽管詹姆士一世在谈判之前就暂停了不从国教法的实施，但腓力四世的这些条款很难公开，更不用说得到认可了。一直出现在英格兰政治中的反天主教运动，因为欧洲发生的种种事件的消息和对即将发生的与西班牙的战争的预期而甚嚣尘上，处于另一个周期性高峰。在某种程度上，反天主教是一种歇斯底里，能让各个社会群体的人产生身体上的恐惧；在另一个层面上，这是一种认为天主教阴谋家操纵人类历史的意识形态。当这两种情况发生交叉时，就像其在 17 世纪 20 年代初的情形，对时事的解释变得过于夸张，每个事件都被视为一个阴谋，在这个阴谋中，就连忠诚的新教徒也可能成为不知情的受害者。因此，1621 年解散议会被归咎于西班牙代理人贡多马尔伯爵（Count Gondomar）的阴谋，火药阴谋的目标受害者詹姆士一世则扮演了一个不太可能的耶稣会工具的角色。翌年，海德堡（Heidelberg）陷落，费迪南皇帝再次让波西米亚天主教化。随着谈判无果而终地拖延下去，对与西班牙王室缔结婚姻后果的担忧有所加深。

因此，1623 年 2 月，在得知查理王子与白金汉伯爵已经南渡英吉利海峡前往马德里的消息之后，英格兰举国震惊。詹姆士一世流泪、斋戒并祈祷王子平安归来，而这件事不止于此：查理在一生中唯一一次受到人们的爱戴。关于他被绑架或被施了魔法的谣言被用来解释这次秘密行程。批评家尤其指责白金汉伯爵，将其家族的天主教信仰视为阴谋的一部分。事实上，王子想去认领他的新娘，就像他父亲先于他所做的那样[①]。查理对旷日持久的谈判感到焦躁不安，而谈判的许多细节都集中在他未来的行为上。他相信，他亲自抵达西班牙将表明他决心直击问题的要害。詹姆士一世不赞成这趟行程，但他确实同意了。他把儿子交给他的宠臣让他特别照顾，使他们之间建立了牢不可破的纽带。这是一个年轻人生命中的高潮插曲，以致如果他们中的任何一个变得老迈，他们都可以在老年时进行追忆。他们贴着浓密胡须和假发，伪装得严严实实，颠倒主人和仆人的角色，尽管晕船还是乘船抵达法国，并为去西班牙的长途陆路旅行作准备。仅仅在去巴黎的路上，白金汉伯爵的马就 7 次失蹄，最后一

① 詹姆士一世与安妮王后的婚事一波三折，最终，詹姆士一世从利斯（Leith）出发前往奥斯陆，在那里与她结婚，后来一起回到苏格兰。

天他被弄得灰头土脸、面目全非。他们自称史密斯兄弟俩（Smith brothers），隐姓埋名地参观了法国宫廷，然后加速前往南方。

从伦敦出发两周后，他们到达了英格兰驻马德里大使布里斯托尔伯爵（Earl of Bristol）的宅邸。他们的到来让布里斯托尔伯爵感到惊诧，也让腓力四世及其首席大臣奥利瓦雷斯（Olivares）更为震惊，他们真正因这个消息而困惑不已。查理的出现意味着腓力不能再简简单单地拖延了事：谈判要么达成，要么失败。腓力不相信与英格兰结盟抵得上普法尔茨的回归，也不相信他需要英格兰的帮助才能打败尼德兰人。因此，他恳求教皇暂缓给予公主嫁给新教徒所必需的特许。王子在圣周（Holy Week）① 伊始来到了西班牙，这表明查理现在准备皈依天主教，而腓力将因为把英格兰带回母亲般的天主教会（Mother Church）而受到赞誉。

当白金汉伯爵从布里斯托尔伯爵手中接手条约谈判时，查理疯狂地爱上了公主殿下，尽管西班牙的惯例让两人相隔甚远，以致在最初的几个星期，王子只见过她两次——远远地，看见的是侧颜。他在西班牙逗留的时间越长，他的情绪就越高涨，而查理真的跳过一堵墙，想给在花园中散步的公主殿下一个惊喜。她惊恐地跑开了。多亏白金汉伯爵竭尽所能，才得以防止痴情的查理为了自己的婚事接受最屈辱的条件，包括皈依天主教。与此同时，察觉到自己占据优势的腓力四世提高了赌注。他要求对宽容英格兰天主教徒做出保证，同时坚称他对恢复弗里德里希在神圣罗马帝国的权利无能为力。他一个月接着一个月地在路上设置新的障碍。他以军费开支有所增加为由减少了嫁妆。就连心急如焚的王子也清楚，这些开支

① 圣周，纪念耶稣基督受难前后事迹的节期，时间为棕枝主日到复活节。

部分就来自西班牙对普法尔茨的占领。事实上，尽管查理愿意做出让步，但是他姐姐和她丈夫[①]没有得到任何回报。在6个月结束之时，困难跟往常一样多，王子如今与白金汉伯爵意见一致，认为他们被骗得团团转。

如果说查理在马德里完美地扮演了追星般的恋人的角色，那么他在伦敦也同样出色地扮演了被抛弃的恋人一角。他刚踏上英格兰的土地，就开启了要与西班牙交战的运动。如果说这位谦逊的王子觉得难堪，那么，傲慢的白金汉伯爵可谓怒气冲冲。尽管布里斯托尔伯爵提醒道，西班牙宫廷非常注重礼节，但白金汉伯爵一心只想实现外交目标，一次又一次做出失礼之举。西班牙人震惊于他对查理的亲昵——有人撞见白金汉伯爵没穿马裤就跟王子在一起——并想方设法怠慢他。即使在5月詹姆士将他晋升为公爵之后，奥利瓦雷斯仍然待他如仆从。白金汉公爵怒不可遏，险些挑战公爵[②]与自己决斗，而在和一个耶稣会士围绕宗教进行辩论期间，他变得如此沮丧，以致他扔下了自己的帽子，狠狠踩了几脚。事实上，很难知道两人中哪一个更渴望复仇。

王子归来时并无西班牙新娘陪伴在侧，民众对此如释重负，这给了查理和白金汉公爵说服詹姆士一世召集另一届议会的筹码。如今年老体衰的国王，他最不想要的除了一场战争，就是臣民们的又一次集会。但是，他无法抵制儿子和他的宠臣联合劝说，所以他违背了自己的意愿，在1624年召集了议会。查理和白金汉公爵勤勤恳恳，好让会议取得成功。他们现在是议会的拥护者，他们在两

① 指查理的姐姐伊丽莎白·斯图亚特和她丈夫弗里德里希。

② 伯爵，原文为西班牙语“Condeduque”。

院培养潜在的领导人，提升贵族成员地位，分配公职，甚至参与有关政策的假设性讨论。白金汉公爵从亲西班牙立场变为反西班牙立场，这带来了一场真正的政治关系革命。他接待了那些在1621年之后对给国家这艘船引路感到绝望的当事人。他抛弃了像克兰菲尔德这样的旧时依赖者，而克兰菲尔德反对一项可能代价高昂到是毁灭性的政策。最后，他说服詹姆士一世缓和了他的态度。白金汉公爵将向议会介绍西班牙的情况，并邀请众议院就一个具体的政策问题进行辩论：查理婚姻谈判的中断和普法尔茨的回归。如果在这之后，议会投票支持国王，那么战争就会接踵而至。

管理国家这项任务是一个巨大的挑战。23岁的王子出席了上议院的会议，了解了政策和立法的复杂性。在这届议会开幕之前，西班牙方面表示愿意缔结这桩婚姻，并从普法尔茨撤军。这一外交开局手段棋高一着，让枢密院出现分裂，并扩大了国王和王子这对父子之间的鸿沟。查理现在坚决反对与西班牙公主缔结婚姻，而白金汉公爵向法国示好，希望找到一个同样强大的盟友和一笔同样多的嫁妆。不过对詹姆士一世来说，就连普法尔茨危机黯淡至极的和平解决前景，也是一座有待追寻的灯塔。由于有枢密院顾问官以财政为由反对战争，而其他顾问官在反对攻击西班牙航运以外的任何事情，因此，公爵和王子能做的只是继续敲鼓。

因此，1624年的议会面对的是分裂的议会和分裂的王室。王子和公爵想要的是战争，而詹姆士一世想要的是作为外交筹码的金钱。一如往常，议会领导人关心的是自己的钱包和在当地社区的声誉。1621年，他们拨了两笔补贴金，没有通过任何提案。他们原以为会和西班牙开战，结果却为结婚进行了谈判。这一次，他们将通过立法，并把支出限制在特定的用途上。议会议员愿意支持战争，尽管他们并非热情洋溢。比起派远征军奔赴德意志，他们更热衷于强化针对不从国教者的法律，热衷于对西班牙船舶派出突袭队。

因此，议会议员建议詹姆士一世中止与西班牙的条约，但是，他们并没有提供武力夺回普法尔茨所必需的资金。就连公爵也接受了先前估计的战争费用的一半，而当詹姆士一世要求 6 笔补贴金时，下议院就提供了 3 笔。贸易仍然太过萧条，国王仍然太过慷慨，而财政腐败仍然太过普遍。詹姆士一世把财政大臣克兰菲尔德扔给了狼群——下议院以腐败为由对他进行弹劾，尽管他的真正罪行是反对白金汉公爵和战争——但国王对国际经济无能为力，20 年后，他对自己的慷慨也无能为力。从表面上看，1624 年的议会是詹姆士一世统治时期最成功的议会。众议院在一年内发放了 3 笔补贴金，这是有史以来最大方的一次，近 30 项法令获得了国王的批准。然而，在其他每个层面，这次议会是一场灾难。派系纷争再次导致对一位王室大臣的弹劾——詹姆士一世警告白金汉公爵说，弹劾这个手段是搬起石头砸自己的脚。下议院对使用补贴金的限制篡夺了王室的特权，并给未来的冲突创造了条件。更重要的是，通过握紧钱袋子不让王室随意挥霍，议会让查理缔结了一桩与法国王室的灾难性婚姻，并让白金汉公爵未来 5 年在外交政策上一败涂地[①]。

议会结束后，查理先是娶了妻，紧接着丧了父。如果说没有一位西班牙的适婚对象，那么必须有一位法国的适婚对象。只有法国能制衡西班牙在欧洲的势力，并提供足够多的嫁妆来缓和王室的赤字。查理派出代表替他与路易十三的妹妹亨利埃塔·玛丽

① 一败涂地，原文为法语“débâcles”。

亚（Henrietta-Maria）成婚。没有仓促的冒险行为，只有冷酷的外交现实。法国人极力讨价还价，像西班牙人一样坚持要求得允许王后践行自己的宗教并以天主教的方式抚养自己的孩子——这是对斯图亚特王朝君主制未来有最大影响的让步。她把自己的天主教随行人员带到了伦敦，包括主持各种仪式的牧师。在另一份备忘录中，詹姆士一世（以及他之后的查理一世）承诺放宽针对不从国教者的法律。作为回报，白金汉公爵认为他已经获得法国对针对西班牙的战争的支持。然而，虽然路易十三和他的首相，枢机主教黎塞留（Cardinal Richelieu），反对西班牙的扩张，但他们赞成西班牙和荷兰之间的消耗战。当詹姆士一世于 1625 年 3 月驾崩，法国的援助未能兑现。

詹姆士一世之死让中止全面战争的做法不再继续下去。查理很快便与尼德兰人和丹麦人签订了条约，并向 1625 年为他的登基而召集起来的议会宣布，他将领导英格兰收复普法尔茨。他曾经指示作为海军事务大臣的白金汉公爵筹备一支海军远征队，就像议会自 1621 年以来建议的那样——这支远征队将攻击西班牙港口，拦截来自东印度群岛装有珍宝的船队。补贴金将资助在德意志进行的一场陆战——这可是一种比英格兰远征军成本更低的替代选择。支持者们谈到了与法国结盟的优势——批评家们担心的是为确保这一优势而做出的让步——而查理真诚地期望他的臣民会向新国王敞开心扉，向积极的战争努力敞开钱包。

如果说王室的政策有任何具体的成就，可能也就不过如此。4 年来，詹姆士一世一直为一场他从未发动过的战争敛财，而他的外交却一无所获。上一年发放的 3 笔补贴金几乎没有带来什么成效；事实上，其中一部分被用于新教徒雇佣军，显然违反了补贴法。此外，议会一直倡导的“蓝海”（blue water）政策意味着海军和海军事务大臣白金汉公爵的作用将得到加强，王朝易主，白金汉公爵却仍然屹立不倒。他没有战争经验，也没有海军指挥经验，批评家们恶意地回忆起他在去马德里的途中严重晕船的情景。然而，1625年的议会投票通过了另外两笔对海军远征的补助税，尽管议会在看到结果之前不会再给予补助。

不久便会有结果。白金汉公爵指挥的远征军一无所获。在英格兰军队出发之前，西班牙大部分载着珍宝的船队已经安全地靠岸了，而占领加的斯港——重温沃尔特·罗利爵士的荣耀——的尝试也失败了。人们认为一切的过错都出在白金汉公爵身上。这些船装备拙劣，给养不足，被强征入伍的士兵是一群乌合之众，指挥官们缺乏经验，战略构思不周。白金汉公爵真正的错误是战败，而且他屡战屡败。借给法国攻击西班牙军队的英格兰船只，反而在拉罗谢尔（La Rochelle）猛击法国新教徒。更有甚者，黎塞留秘密与西班牙谈判达成了单独的和平。白金汉公爵百口莫辩，无法解释其中任何一件事；事实上他被出卖了。

1626年召开的议会决心让国家摆脱公爵这号人。1625年反对他的那些零散的声音现在发展成合唱团，大声喊着要流血。如若国王想要钱，他首先要解决人民的不满，而所有不满中最大的不满就是公爵。虽然查理任命白金汉公爵最直言不讳的反对者为郡守，将他们排除在议会之外，但这无法压制人们的呐喊。公爵树敌太多了：那些他在平步青云的过程中跃过的人；那些对他失望的人；那些他反对的人。他们现在可以和其他不同意他的军事战略或谴责他才不胜任的人联合起来。他们大谈特谈，说他在西班牙犯了叛国罪，还说他用毒液谋杀了詹姆士一世。更精明的人担心议会的生存，因为白金汉公爵已经敦促查理吸纳“新的法律顾问”和摒弃议会。这一切带来了对公爵的猛烈攻击。查理警告下议院不要起诉“那些地位显赫、离朕很近的人”，但下议院准备了一份弹劾议案。这可激怒了国王，他把白金汉公爵中最尖锐的批评者之一约翰·埃利奥特爵士（Sir John Eliot）送进了伦敦塔。可以预见，这引发了一场言论自由的危机，而查理起初选择后退一步，希望获得已经批准但尚未表决的 3 笔补贴金。他警告下议院，他们的会议处于危险境地：“我将判定（议会）结出的果实是好是坏，并据此决定议会继续或解散。”截至目前，两院太多成员已经吃下善恶知识树上的果实。对白金汉公爵的弹劾继续进行，而查理将议会从威斯敏斯特驱逐出去。

1626 年议会的提前解散是一个预期风险。这说明了国王的性格，他可不会抛弃自己的朋友，而且他跟公爵都相信，胜利将会弥补一切。对查理来说不幸的是，当帝国军队在卢特战役（Battle of Lutter）中击败丹麦人时，这个风险变得更大。丹麦国王克里斯蒂安四世迫切需要在战败变为灾难之前获得补给。在没有议会补贴金的情况下，查理要求他的枢密院为资金来源另辟蹊径。他们想出了一个贷款计划，贷款按 5 笔补贴金的比率进行评估，并明确用于缓解新教徒雇佣军的作战情绪。

长期以来，强制贷款一直是王室收入计划的一部分，但从来没有强制贷款与未能获得议会援助有如此密切的联系。鉴于人们早在詹姆士一世统治早期就有不少怀疑，这笔强制贷款引发了人们对议会未来的担忧。当局发布公告，牧师进行布道，议会和上议院议员被派往国内各个地方强调国王的需要。对西班牙人入侵的恐慌和对国际新教命运的担忧，促成了贷款的早期成功。但是，抵制逐渐出现了——尤其是在王室法官拒绝无条件批准其合法性之后。国王监禁了 70 多名拒不借款的绅士，其中一些人要求获得保释，但是国王特别下令监禁他们，并且不得保释。法官们既拒绝保释，也拒绝审查拒贷者是否应该被这般监禁的问题。“五骑士案”（Five Knights’ Case，1627 年）提出了几个基本的法律问题：国王能在没有议会同意的情况下筹集资金吗？他能在没给出理由的情况下监禁他的臣民吗？目前两个问题都得到了肯定的答复。强制贷款带来了 24 万英镑钱款，但如果说这是财政上的成功，那么这是一场政治上的灾难。国王不得不监禁他的臣民，解雇他的首席大法官，并更换郡督和太平绅士来迫使臣民就范。为了结束关于白金汉公爵的争论，他不得不就英格兰的自由问题开启一场争论。

然而，目前这笔钱是受欢迎的。它止住了新教徒军队在德意志流的鲜血，让白金汉公爵能够组建另一支入侵舰队——这一支舰队对阵的是法国。自从黎塞留与西班牙签订秘密条约以来，英法关系一直在恶化，直至降到查理与他的妻子之间关系的水平。作为一个身在异国他乡的少女，结果证明，亨利埃塔·玛丽亚对查理来说跟议会一样麻烦不断。她时而撅嘴，时而哭泣，时而剥夺国王行房事的婚姻权利，时而成为天主教阴谋反对白金汉公爵的中心。尽管查理承诺过要对英格兰的不从国教者仁慈，并欢迎他妻子的随从，但他很快就都食言了。这给有关法国船只因携带违禁品返回西班牙而被扣押的持续性争议增添了个人的色彩。当法国以扣留整个英格兰葡萄酒船队作为报复时，这两个国家正在走向战争。

英格兰人出售了没收的法国货物，以资助海军事务大臣为救助拉罗谢尔的新教徒而亲自率领的一支舰队。白金汉公爵希望建立一个由心怀不满的法国贵族和持不同政见的新教徒组成的联盟，推翻黎塞留，而第一步就是军事远征。在加的斯之败的刺激下，公爵亲自处理了雷岛远征的细节。他确保船只可以服役、给养新鲜、士兵们意志坚定。他从自己的金库慷慨解囊，没有遗漏成功的任何必要条件。一旦他登陆并占领了一个滩头阵地，增援部队会紧随其后，英格兰就会有一个前哨基地，从那里控制法国和西班牙的航运。不过，如果说加的斯之战是一败涂地的话，那么雷岛就是一场灾难。白金汉公爵尽了自己的一份力量，但增援部队一直没有到达，而法国人在被围困的驻军投降之前设法解救了他们。英格兰人的一次突袭尝试导致数百人丧生，因为云梯对城墙来说太短了。就连撤退也出现了问题，数十名英格兰军官被俘虏。远征军灰溜溜地回家了。

雷岛远征的失败让查理比以往更急需钱。虽然他采取权宜之计，出售王室的土地和预支钱款，但他的正常收入不足以满足船只和士兵的需要。1626 年，许多枢密院顾问官和郡督大人呼吁他们的同胞，只有在紧急情况下才可以向王室贷款。这样的呼吁不能重复。那些在枢密院内敦促议会拿出使命感的人最终占据上风。他们心照不宣地承认，对公爵的任何攻击都将导致立即解散议会和另一轮用特权来筹资的事件。查理希望与他的臣民团结在一起，以议会的方式行事，尽管不是以他的宠臣为代价。事实上，所有人都有理由相信，1628 年议会会在前几届议会失败的地方获得成功。一方面，新教在欧洲的财富正处于最低谷，大多数英格兰人赞成对法国和西班牙的攻击。另一方面，人们越发认识到，英格兰的自由正处于危险之中，只有议会才能保护他们。两院领导人清楚地认识到，他们所属机构的未来悬而未决。他们会放过公爵，但作为对补贴金的回报，查理要确认对臣民财产和人身的传统保护。国王同意起草一份申诉法案，该法案在不侵犯其特权的情况下确认这些权利。

第一次会议时，下议院同意授予 5 笔补贴金，会议开局良好。得知动议获得一致通过时，国王欣喜若狂。“如今，这让朕看到了朕深得吾民的爱戴。朕爱议会。朕将以常与吾民相见为乐。”这 5 笔补贴金虽然在原则上获得通过，但尚未形成一个法案，直到申诉法案完成，它们才会通过。这聚焦的是军事紧急情况引发的种种问题。在当地，卫队指挥官（provost-marshals）强行要求住户为士兵提供食宿。由于他们付不起生活费用，士兵们干脆拿走他们需要的东西。为了维持秩序，军队指挥官对这些社区进行戒严，中止了士兵和平民的权利。更重要的是，王室强迫臣民捐出未经议会批准的款项。若是拒绝，他们会被捕并不得保释。对“五骑士案”的考察显示，普通法并未保护毋庸置疑的自由。下议院关注着两个问题：国王强迫臣民给钱的权利，以及他在没有具体指控的情况下监禁臣民的权利。二者都明显违反了英格兰普通法，但在特殊情况下也都是明确允许的。

虽然在确认保护人民免于自己的财产被人扣留和被人任意监禁的法规上，下议院最伟大的法律人士不存在任何困难，但是，这些人无法扫除规则的例外情况。在某种程度上，这只是一个信任的问题，急于趁自己的舰队还能有所作为时动用之的查理，迅速发话道，臣民们可以信任他。这让下议院陷入混乱，并让两院出现了分歧。上议院认为，国王愿意再次确认那些保护臣民权利的法令就能解决问题。下议院议员担心，全面的重新确认将让他们拿不到什么东西带给自己的选民。《大宪章》已经是英格兰的法律，他们没必要用 5 笔补贴金购得。直到爱德华・科克爵士提议他们通过请愿而非提案继续会议时，这才找到了一条解决困难的出路。他们起草了一份权利请愿书，以确认四项自由：不受任意逮捕、不缴非议会要求征收的税收、不免费接待士兵和不受戒严法管制的自由。查理坚称，在批准《权利请愿书》时，他既没有制定新的法律，也没有限制自己的特权。他具体而非笼统地答复了请愿书。这引发了进一步的争议，直到国王如对法案般对请愿书做出回应时才结束："此乃朕的旨意。"作为回报，下议院通过了补贴金提案。白金汉公爵急忙赶往朴次茅斯，好准备舰队驰援拉罗谢尔。不到两个月后他就去世了。

第五章

查理一世的统治（1629—1637）

1628 年议会的第二次会议在群情沸腾中结束。当议员们篡夺下议院议长的权威并违反国王的指示通过 3 项决议时，下议院议长被禁止解散议会。在这个动荡的时刻，查理一世和下议院领导人最担心的事情都变成现实。国王担心，如果自己再举行一次议会会议，下议院议员将侵犯他的特权，公开质疑他的权威。议会领导人担心，国王不遵守他在《权利请愿书》中所做的交易，担心一提到臣民的自由他就会解散会议。当国王的侍卫长敲打着下议院的门要求进入时，议长坐在椅子上抹泪，结果证明两人的恐惧都是正确的。

在白金汉公爵于 1628 年遇刺后的几个月里，拉罗谢尔已经陷落，而英格兰大使与法国和西班牙进行了和平谈判。从表面上看，查理一世将四分五裂的政府重新整合了，仿佛政府各个部门从未因其宠臣遇刺而遭受猛烈冲击。和平将恢复其遭受重创的财政，结束 1625 年以来其君主制每年典型的紧急措施。接着他就可以缓和政治上的紧张局势。在他 4 年的国王生涯中，查理已经经历了 4 次议会会议。他对议会的管理连续几个月扰乱了政府的运转。下议院磁铁一般地吸引着来自全国各地的不满：对大臣、地方官员和对神职人员的攻击。议会内部的各个委员会很难跟上不满的步伐，而执行一次会议制定的法规在下一次会议上引起了不满。他在枢密院中也能如此；他可以发布公告纠正同样的泛滥情形，或是在法庭上惩罚之。这个国家需要一段冷静期，但查理需要议会再召开一次会议。

当查理在1625年登上王位时，下议院并没有投票赞成给予查理征收吨税和磅税的终身权利。下议院领导人视关税的授予为限制征税的一个机会。但是，由于伦敦暴发瘟疫和随后在牛津举行的第二次会议会期过短，他们一无所获。1626年，有一个委员会开始着手提案，但突然解散消亡了。1628年，在查理的敦促下，他们承诺进行必要的立法，但《权利请愿书》先发制人。在此期间，国王像往常一样收税。下议院向他保证，他们无意剥夺他的这笔收入，而他向他们保证，没有这笔收入，他就无法统治。1628年之后，这个问题变得更加敏感，因为《权利情愿书》明确禁止征收未经议会批准的税款。实际上，国王提前几个小时举行了第一次会议，以避免收到一份官方声明，即因此被禁止的税收就包括关税。为了解决这个问题，查理不得不重新召集议会。

在召集议会的数月中，商人们拒绝交税，官员们便没收了他们的货物。双方唇枪舌战，一些急躁莽撞的人锒铛入狱。当议会重新开会时，议员们抱怨，《权利请愿书》上的墨水还没干就变成了一张废纸。此外，处境危险的可不仅仅是自由。根据主教们的建议，国王宣布讨论带有争议的教义非法，包括预定论。为了使这个决策看起来不偏不倚，他赦免了那些最近在布道或讲道中冒犯当局的人。但是，有些被赦免的人通过宣扬和写作支持阿民念主义而冒犯了议会，而阿民念主义是新教的一种形式，有些人将其等同于天主教。1625年，下议院对詹姆士一世的特遣牧师理查德·蒙塔古（Richard Montague）的著作提出强烈不满，而他最富有争议的著作最终于1628年被禁。但令控诉者惊愕的是，查理提拔蒙塔古和其他所谓的阿民念主义者担任主教。

国王很快就会意识到，下议院将以吨税和磅税提案为要挟，以表达宗教上的抗议。在伦敦，一些商人继续他们的税收抵制做法，这带来了更多围绕扣押货物的对抗。其中一次对抗甚至涉及一名议员，并提出了棘手的特权问题。查理希望通过短暂的休会来平息事态。在此期间，他相信，枢密院顾问官和议会领导人的会晤可能会打破僵局。

不过在3月2日，当议长约翰·芬奇爵士（Sir John Finch）试图让会议再休会一周时，议员们强行阻止了他。相反，约翰·埃利奥特爵士坚持要求众议院考虑他和其他一些人准备的3项决议。芬奇抗议说他不能接受这个动议，称下议院必须休会。埃利奥特和其他人反驳道，他是他们的议长，必须按照众议院的指示行事。当芬奇起身离开时，持不同政见者把他推回椅子上。几十名普通议员朝出口走去，却发现有人把门锁上了。芬奇受到来自四面八方的攻击，直到他崩溃哭泣为止。国王勒令他休会，议员们要求继续开会。他不知道该怎么办："我既是国王的仆从，又是尔等的仆从。我不会说自己拒不讨论这个问题，但我必须得说，我岂敢如此。"这时，国王的侍卫长来要那个象征着国王在议会中的权杖了，整个下议院是一片混乱。埃利奥特坚持发言，发表了一场激情澎湃的演讲，抨击宗教改革政策和那些建议国王收取议会未批准的税收的人。最终，来自多切斯特的议员登齐尔·霍利斯（Denzil Holies）宣读了反对阿民念主义、反对征收及缴纳吨税及磅税的3项决议。“同意！同意”的叫喊声响彻会议室——这是那里11年来最后听到的声音。

4年来，查理一世政府经历了一次又一次的危机，而几乎所有可能出错的事情都出错了。对干预三十年战争的支持声音像派往国外的军队一样不见踪影。英格兰人在加的斯的战役、解救拉罗谢尔的计划，以及登陆雷岛都是灾难性的。雷岛灾难作为英国军事史上的低谷而为人们长久铭记，而与西班牙和法国同时进行的战争则是外交上的低谷。失败滋生冲突。执政的精英围绕战争的代价和对税收的不懈要求出现分裂。王国的贵族和大绅士阶层的成员拒绝强制贷款。一些人真诚地发誓，如果补贴金通过投票表决，那么将会以议会的方式给予；其他人知道没有哪个议会会提供这么多。枢密院在给国王的建议、对战争的态度以及为战争提供资金的措施上出现分裂。法官们在王室支出的合法性上出现分裂。议会在其支持宫廷的义务和代表国家的意愿上出现分裂。

1626年和1628年的会议对每个人来说都是痛苦不堪的，每次开会之后，查理都以侵犯其特权为由让宫廷的批评者下狱。他公开威胁称要在没有这些不受约束的臣民大会的情况下执政，并在私下哀叹议会对待他的方式。埃利奥特、温特沃思和科克为战争的顺利进行制造了与黎塞留和奥利瓦雷斯一样多的障碍。无论那些密谋反对白金汉公爵的人表现出何等远见，这种远见都在暗杀之后消失殆尽。在查理的心中，他把费尔顿的行为归咎于公爵的批评者，当

1629 年会议结束时被下狱的约翰·埃利奥特爵士 1632 年在伦敦塔中去世时，国王不允许他的家人将其尸体带回康沃尔的家中安葬。这是一次狭隘而恶意的报复行为，象征着他所有的挫折。

查理决心让 17 世纪 30 年代变得更好。和平是让政府恢复正常表象的关键，而不参战的条件很难比战斗的结果更丢脸。他慢慢地重建了自己的政府，挑选了那些与他一样钟情秩序的官员，以及那些能干的行政官员。他发布了枢密院命令来管理穷人和振兴经济，尽管这些问题是上一代人的问题，而随着贸易的复苏和人口增长的放缓，这些问题正逐渐得到改善。他下令对金融进行研究，这既能提高效率，又能为那些被遗漏的收入找到先例。就像拒绝骑士头衔收到的罚款、对砍伐森林和寻找隐蔽土地的罚款，这些得以充分利用，因为它们是国王不容置疑的特权。查理坚持他的帝王权利和王室尊严，因为他觉得这些在战争带来的危机中受到了侵犯。他没有简单地制订任何赚钱计划来充实自己的金库——事实上，他终止了出售头衔的不体面行径——但他打算把本该属于自己的东西全部弄到手。与此同时，他计划对自己的另外两个王国——苏格兰和爱尔兰的行政管理进行改革。他的父亲随意管理二者——爱尔兰比苏格兰更随意，因为在苏格兰，詹姆士一世可以依靠他自己认识的大臣来执行他的权威。英格兰人和苏格兰人的殖民持续让更多爱尔兰土地归新教徒所有，这严重破坏了爱尔兰的稳定。爱尔兰需要一个强有力的人物来维持秩序，查理在斯特拉福德伯爵身上找到了这个人选。

查理一世是一位对模棱两可感到不安的国王，而他继承了一个充斥着模棱两可的政府。他没有听从他父亲在宪政上的沉思，而他父亲对陈词滥调的品位甚于他对生意的胃口。查理的胃口正好相反：他说话不多，执政不息。无论他对王室政策批评者——其中不止一人进入政府——的态度如何，他都从批评中吸取了教训。他的宫廷礼貌稳重，他的枢密院井然有序；他的财务状况良好。他选择的是与他意见一致的仆从，当他们遭到攻击时，他会支持他们的方案。他对劳德大主教和斯特拉福德伯爵的支持是一以贯之的，他们两人都必须牺牲，这是他平生最大的悲剧之一。在相信教会和国家有必要统一方面，查理不亚于他的父亲，他积极回应对这种统一的威胁，特别是那些来自更狂热的新教徒的威胁。他的不幸在于，他得借助经他父亲培养并由他提拔的阿民念主教团才能更好地实现他的意志。他不觉得受到了英格兰天主教徒的威胁，并反对消灭他们的疯狂要求，没有意识到天主教已经成为一个何等不稳定的问题。先出现在英格兰，接着出现在苏格兰的宗教争端，遭到了持续的镇压。最终，镇压遭到抵制。若身处另一个时代，查理一世将是一位伟大的改革派君主——比起 30 年前他的父亲或 30 年后他的儿子，这个国家会何等爱戴他呢——但他自己执政的岁月充斥着他觉得自己必须解决的种种矛盾。

* * *

当时有很多人将 17 世纪 30 年代铭记为黄金时代。1629 年与法国签署的条约和 1630 年与西班牙签署的条约，让英格兰摆脱了欧洲的战争。不久之后，新教的命运变得光明起来。瑞典君主古斯塔夫·阿道夫的荣耀、新教联盟的胜利，以及法国最终加入与哈布斯堡王朝的斗争中，共同驱散了笼罩在那些担心其大陆教友之生存的人们头上的乌云。国内出现令人安逸的繁荣。英格兰船只现在可以航行到任何港口，由于英格兰是主要非交战国，这些船只得以从事很多转运业务。一旦清楚地发现和平变得有利可图时，商人们就忘记了自己和英格兰政府在吨税和磅税问题上的争吵。就连自然也给予了合作，给国王和王后带来了丰收，并祝福他们和他们的两个儿子：1630 年出生的查理和 1633 年出生的詹姆士。国外的和平和国内的繁荣——考虑到先前和此后发生的种种，这的的确确是一个黄金时代。

其他人对 17 世纪 30 年代的记忆则完全不是充满光明和希望。在他们看来，这 10 年里国家开始滑向混乱。“是这届政府的解体带来了战争，而不是战争导致这届政府解体。”政治理论家詹姆斯·哈林顿（James Harrington）后来反思道。1626 年和 1628—1629 年的灾难性的议会会议让有些人怀疑查理一世政府的合法性；优先选择阿民念派主教和威廉·劳德于 1633 年被晋升为坎特伯雷大主教，让这些人担心起教会的神圣性。在强制贷款争议期间，国王和他的新顾问官一道威胁其臣民，当国王听从了他们的建议时，议会会议的中止强化了人们对自由处于危险之中的感觉。对当地宗教实践愈发忽略，以及强加的可疑的遵从国教的做法，增强了宗教受到威胁的感觉。到马萨诸塞湾的“大迁徙”始于 1630 年，当时有 2 000 名殖民者移民出境，打算建立一座“山巅之城”，一个神圣的共和国，充当其祖国的榜样。在 10 年多一点的时间里，1.6 万名男男女女为了这项使命抛弃了英格兰，来到荒野之地。虽然大多数人逃离的是迫害的威胁，但一些人逃离了实际的迫害，他们认为有些事错得厉害——在他们认为是专制政府的压力下，这种恐惧只增不减。

查理一世与他父亲少有共同之处，乍一看，这种比较对他有利。他是个有条有理的人：个人生活一丝不苟，执政方面有条不紊。在暴风雨般的序幕之后，他和亨利埃塔·玛丽亚的关系深化为终生的挚爱，而他对家人的钟爱为他冷漠的公众形象提供了完美的解药。詹姆士一世会在舞台上演绎，查理一世则躲在幕后，并保持着公共生活和私人生活的分离。对西班牙宫廷遵守礼节印象深刻的他，发布的命令明确界定了他的私人生活和那些可以接触他的人。他把喧闹的宫廷变成了稳重的宫廷，那里不缺乏假面剧、舞会和国宴，而这些活动特点是精致的感受力：“从前宫廷里的愚人和鸨母、滑稽模仿和娈童已经不再流行了。”他的艺术收藏品卓尔不凡，所费不赀，备受赞赏。查理一世是个唯美主义者，他周围凝聚着欧洲高雅文化的光辉。

虽然没有统治者能在自己的时代留下自己的印记，但君主制是一种国王在其中定下基调的个人统治的形式。因此不足为奇的是，查理一世试图以其重新设定宫廷秩序之法重新设定政府的秩序。在白金汉公爵死后，他不依靠单一的宠臣，而是利用各种各样跟他一样热衷效率和廉洁的官员和朝臣。枢密院成为一个政府机构，国王会定期出席，并为爱尔兰、海外殖民地和贸易设立了各个独立的委员会。正如他为宫廷颁布了新的法规，他也为国家颁布了新的法规。1631 年，首席大法官起草了《政令全书》(Book of Orders)，试图将各郡的司法体系纳入枢密院的直接监管范围，尤其是在与济贫和经济事务有关的问题上。《政令全书》是一种在危机时期以集权来控制地方政府的努力。建立“精锐民兵”(exact militia) 的基本失败的尝试也是如此。新的法规明确了郡督及其副手的职责，而这与他们管理的机构的凌乱状况形成了鲜明对比。演习、集结和装备的规则旨在将郡的民兵确立为一支切实可行的军事力量。类似地，查理一世增强了诸行政机构的权力，例如那些在北方、爱尔兰和苏格兰统治的机构。虽然国王对秩序的热爱最终没有得到回报，但这种激情是毫无疑问的。

然而，查理一世最关心的是金钱问题。战争岁月让王室陷入了严重的财政困境；事实上，到 1629 年，赤字可能已经达到 200 万英镑。因此，他的仆从中最重要的就是波特兰伯爵理查德·韦斯顿爵士（Sir Richard Weston，Earl of Portland），韦斯顿在王室财政复兴时期担任财政大臣一职。虽然查理一世不像他父亲那般挥霍无度，但他也没有涉足国内经济。除了他的艺术收藏和对建筑的嗜好之外，查理一世的 5 个孩子是几个世纪以来存活最多的王室血脉。他的家庭开支甚是可观。他花了超过 13 万英镑对王后的宫殿进行再装修，他甚至还把一个网球场改建成私人小教堂。他每年为他的姐姐和她的儿子查尔斯·刘易斯（Charles Lewis）提供巨额补贴，后者现在是被废黜的普法尔茨选帝侯。波特兰伯爵选择逆流而上。

这位财政大臣自己的天才是让小额的预算所得逐年增加。他让抚恤金减少了 1/3 以上，同时将天主教徒的罚款提高了 5 倍。克兰菲尔德那消除王室挥霍的运动得以恢复，尽管不甚热情。调查委员会和账户审计委员会即使没有带来体制的改造，也会产生令人寒心的影响。波特兰伯爵是一个管理者，而不是一个改革者，即使他主持了创造新的税收收入或增税措施。查理已经成立了一个委员会来调查如何最好地利用王室的权利，委员会的报告建议恢复一些古老的来源。第一个来源是对那些没有在查理的加冕典礼上或在他儿子出生时被封为骑士的绅士的罚款。按照惯例，拥有价值 40 英镑的永久保有的土地的人要被封为骑士，或因拒绝这项荣誉而被罚款。在人们鲜活的记忆中，没人受到任何惩罚——而且，考虑到詹姆士一世的大肆封赏，王国已经有太多的骑士了——但法律义务仍然存在，而国王决心强制执行之。到了 1635 年，对拒绝被封骑士的处罚已经筹集了高达 17 万英镑的资金。同样，王室森林的侵占者、隐匿的王室土地的拥有者和伦敦新宅邸的建造者，严格来说都违反了法律，许多人都被处以罚金。

王室以同样的精力压榨一般税收收入。为了顺利执政，查理在其统治的前 5 年里卖掉了价值 60 多万英镑的王室土地。这种做法重复操作就会出现灾难性的长期后果。因此，封建税收收入被征收到了最大限度。监护法院的收益有所增加；这位财政大臣终结了对征发权的妥协，提高了它们的实际价值。王室出售了各种特别许可证，从出售美洲烟草到排干沼泽，不一而足。王室发布的专利权看起来可疑地像垄断，而其动机和以前一样复杂。臭名昭著的“教皇皂”（popish soap）是一次名副其实的尝试，以创造一种使用国内劳动力和原材料的质量更好的产品。教皇皂的不受欢迎更多是由于肥皂未能满足其广告宣传的要求——肥皂“洗得更白，更香”——而不是由于被影射的天主教徒。最后，王室从传统肥皂制造商那里获得的专利税比对手公司获得许可证之前要高。虽然许可证和专利权的大部分利润都流入了朝臣的口袋，但是，王室会无耻地向他们借钱。

随着贸易复苏带来的海关收入的增加以及税率的不断提高，王室的财政状况更加巩固。到了 17 世纪 30 年代中期，累积的债务减少到了大约 100 万英镑，而年收入竟然超过支出。不管人们对查理的财政政策有何看法，查理一世已经履行了国王在和平时期“自食其力”的过时义务。

尽管英格兰依旧袖手旁观，但是欧陆战争仍在继续。人们只能预料，这个最活跃的海洋国家将成为寻找禁运品的交战国和寻找掠夺品的海盗的目标。整个 17 世纪 30 年代初，海上发生了一些损害王室荣誉的事件。法国人拒绝向英格兰军舰致敬；尼德兰人袭击了沿英格兰海岸线的西班牙船队。1633 年，海盗在英吉利海峡特别活跃，导致商人们要求得到保护。查理下令每年建造两艘新船以充实海军。此外，国王从未放弃自己恢复普法尔茨选帝侯土地的承诺，尽管在过去的 5 年里，他一直在外交上追求这个目标。西班牙人、法国人和尼德兰人都愿意做出承诺，尽管他们都在寻求英格兰舰队的支持作为回报。因此，查理必须保持他的海军实力，但这笔费用不能单靠他的一般税收收入来承担。

1634 年，国王恢复了传统的海军支援税，人称“造船税”。在 17 世纪 20 年代中期，就有人向查理建议用造船税这种方式为战时远征提供资金，尽管按照惯例，它的限制性太强，无法达到这些目标。这种税要求港口城镇提供一艘特定尺寸的船或者固定成本的场地，以便租用一艘船。这些城镇把钱付给了海军专员，因此这笔钱是用于紧急情况而非战役。当查理决定将海盗从英吉利海峡扫荡干净时，枢密院建议用造船税来资助这项政策。1635 年，征税范围扩大到内陆地区，原则是整个王国都受益于安全的海域。筹集造船税的决定是小心翼翼制定的，并表现出了王室避免出现违法行径的关切。这是一次传统的评估，国王为王国提供安全的紧急权力赋予其正当性，因此，它避开了《权利请愿书》中表达的对未经议会同意的税收的禁令。所有的钱都付给了海军专员，并用于指定用途。查理甚至不辞辛劳地获得了对其政策合法性的司法意见。中央会给每个郡评估造船税份额，一次性付清，摊派工作留给了地方当局，收税的郡守亲自负责整个郡的税负。因此，不像补贴金，造船税得到了公平的评估，并有更多的人对此做出了贡献。不管人们对造船税的合法性何等不安，在这笔税在法庭上经受审查之前，他们的批评声音局限于税率——这可能已经够难看的了——并迅速支付了他们那份评估的税负。在17世纪税收的背景下，造船税是一种非常有效的税种。海军专员们筹集了所需资金的90%以上，而王室在6年时间里筹集了近80万英镑。

寻找传统收入来源以开展准军事行动的必要性，在爱尔兰最为突出。伊丽莎白一世统治末期以来，英格兰对爱尔兰的治理需要一支昂贵的常备军和在叛乱时期的紧急部队。爱尔兰财政收入承担爱尔兰行政管理成本的种种计划，由于英格兰政府在那里的疲软而不断破产。这种疲软导致詹姆士一世推行了他的殖民政策，如果说该政策有利于带来更多英格兰纳税人和更多人口来建立国防军，那么该政策也有明显的缺点。这种政策用操纵法律和武力征服了一个骄傲而勇敢的民族。爱尔兰酋长的流亡、爱尔兰佃户的离散、城镇人口的无情减少，这些留下了惨痛的遗产："站在他们一边的爱尔兰绅士阶层的确认为英格兰的败类应该在这里压倒他们。"残酷的种族战争时不时就爆发，在野蛮的程度上双方互不相让。殖民政策也有一种不受欢迎的倾向，那就是把"老英格兰人"赶进他们的天主教教友的怀抱，而不是他们的英格兰同胞。"老英格兰人"是伊丽莎白一世时代的同化政策中一座重要的桥梁：他们与爱尔兰人通婚，仲裁盖尔人与都柏林政府的争端，并且通过他们在议会和地方的主导地位，让英格兰当局合法化。用"新英格兰人"来取代他们的决定不仅冷酷无情，而且目光短浅。殖民政策的成功只是行政官员眼中的一丝微光；"老英格兰人"的愤怒就摆在那里，每个人都能看到。

最重要的是，殖民政策的成功取决于它是否得到严格执行，特别是在爱尔兰人和“新英格兰人”的隔离方面。为了给最终未能殖民的英格兰和苏格兰殖民者让路，爱尔兰的农场主不得不被从自己的土地上清除出去。伦敦城被授予整个德里（Derry）郡，希望首都的部分剩余人口能够在爱尔兰定居，但这不过是徒劳。大种植园主纷至沓来——那些被授予成百上千英亩爱尔兰土地的人——但是结果证明，无法吸引那些小土地保有人。1635 年，伦敦城的伦敦德里（Londonderry）专利权被废除了，因为专利权所有人无法满足专利权准允条款。实际上，未曾积极支持 16 世纪末蒂龙伯爵和特康奈尔伯爵叛乱的爱尔兰本地人，很快再次确立了自己在阿尔斯特的存在，比英格兰人和苏格兰人控制了更多土地。就连从天主教那里剥夺的地产都基本落入天主教徒手中，因为在动荡过后很多爱尔兰农场主获允擅自占用他们自己的土地。爱尔兰人未被剥夺财产，英格兰殖民计划的负责人不必让任何人殖民，都柏林政府则增加了税收收入。但是，没有隔离的隔离政策是一个带着点燃的导火索的火药桶。

这根导火索的缓慢燃烧始于 1625 年查理一世向西班牙宣战。爱尔兰是一扇危险的后门，向西班牙侵略者敞开，他们可以得到天主教民众的帮助。英格兰政府不得不提高军事存在感，从而增加了行政开支。军队和防御工事每年将花费近 4 万英镑，而为了筹集这么多的收入，国王不得不撤销其父的大部分政策。在与一个由“老英格兰人”主导的委员会谈判时，查理同意了一系列被称作“恩典”（Graces）的让步，以换取 3 年内支付的 12 万英镑。“恩典”的核心涉及暂停让天主教徒身体残障的惩罚和“老英格兰”土地所有者的土地保有权保障。虽然“恩典”也对“新英格兰人”做出让步，但是，它们在行政部门和最近的新教徒殖民者之间挑起了不和。教会领袖谴责其为“出卖宗教”，而殖民者担心天主教在都柏林的影响会复活。因此，詹姆士一世让大量“新英格兰人”进入爱尔兰议会的做法，现在对他的儿子不利，后者未能获得对最重要的那些“恩典”的支持。钱已经付了，但“老英格兰人”没有得到任何有价值的回报。

“恩典”疏远了每一个人。“新英格兰人”基于宗教和政治原因反对该提议，查理未能执行该提议则让他失去了“老英格兰人”的支持。由于历任总督都付出了惨重的代价，所以各方都不信任政府。如果英格兰政府想取得成功，就需要一个强有力的人来指导。这大概是1632年国王派最终成为斯特拉福德伯爵的托马斯·温特沃思（Thomas Wentworth）去爱尔兰时的想法。

斯特拉福德伯爵是一个约克郡人，他透过约克郡这面棱镜来看世界。他最大的愿望是爵位升得比他的派系对手约翰·萨维尔爵士（Sir John Saville）更高；他最大的抱负是当上北方议事会的主席。17世纪20年代，萨维尔爵士是白金汉公爵的追随者，而温特沃思被迫直言不讳地批评王室的军事政策。斯特拉福德伯爵相信，对外战争将会削弱国内治理。国王在约克郡被人爱戴要胜过在马德里为人恐惧。生性粗暴的他反对17世纪20年代采取的紧急措施，而且是《权利请愿书》的组织者之一。但是，当王室的政策转向和平时，斯特拉福德伯爵很容易就转而为国王效力。他看不出自己的行为有何矛盾之处，而别人这样做时他会感到困惑。他是一个能为自己给巢穴铺上羽毛辩护的人，因为这让拥有这棵树的主人受益。斯特拉福德伯爵因迟钝而得福，这种迟钝让一心一意成为他唯一的选择。

在爱尔兰的4年里，斯特拉福德伯爵完成了两项看似不可能完成的任务：他创造了财政盈余，让威斯敏斯特的王室金库充实起来，而且他团结了因种族和宗教而分裂的对立者。他的统治是专注而高效的。他潜心研究统治一片部分被征服和部分被殖民的土地的问题。他开始领会殖民的政策，但也意识到国王和殖民者的利益并不等同。总督必须作为君主而非仲裁者进行统治。国王向斯特拉福德伯爵承诺，他不允许有人越过他向伦敦提出上诉，由于他的保证，伯爵要增强其职位的权力。他把自己的政策戏称为“彻底”（Thorough）政策，并且着手“通过殖民者来统治当地人，通过当地人来统治殖民者”。他利用拥有特权的城堡法庭让殖民者懊悔不已，利用中央法庭恐吓当地陪审团，并设立了一个高级委员会（High Commission）以消除教会中的平信徒赞助现象，这个手段令许多教会的土地落入“新英格兰”殖民者手中。他以有利的条件把爱尔兰关税税收工作外包出去，并有效地让来自监护法院的收入翻了一番，他利用监护法院使天主教未成年人不受其亲属的影响，并以此作为奖惩的依据。结果证明，斯特拉福德伯爵善于管理议会，他首先获得补贴金，然后回应种种不满。对一个致力于善治的国王来说，“彻底”政策有很多地方值得推荐，尽管我们很难说，斯特拉福德伯爵在爱尔兰的统治到底是彻底为人憎恶，还是彻底有效。

最初，他与“老英格兰人”结盟，目的是控制议会。因为不像先前的总督，斯特拉福德伯爵与“新英格兰人”社群没有任何关系，人们希望他能支持“恩典”政策，使其获得通过。但是，这种便利的联盟（marriage of convenience）是短暂的。斯特拉福德伯爵愿意暂停执行针对天主教徒的残害政策，但不愿意确认他们的土地保有权。他相信进一步的殖民，这只能通过没收“老英格兰人”的土地来实现。实际上，为了推进康诺特（Connacht）建立殖民地的计划，他设立了委员会来证明王室对几个世纪以来被“老英格兰人”占领的土地的所有权。与此同时，他反对“新英格兰”殖民者的侵犯以维护王室的利益。他的主要目标是科克伯爵理查德·波伊尔（Richard Boyle, Earl of Cork），科克伯爵通过在爱尔兰土地上的投机买卖，积累了一笔财富。斯特拉福德伯爵视科克伯爵为一只秃鹫，腹中充斥着从王室和教会偷来的腐肉。他到处烦扰他，甚至恶意地将科克伯爵妻子的坟墓移出都柏林圣帕特里克大教堂（St Patrick's Cathedral）。科克伯爵想尽一切办法使土地所有权合法化，斯特拉福德伯爵则对此提出起诉，由于法庭在斯特拉福德伯爵的支配下，判决让他大胜科克伯爵。加上17世纪30年代初威胁“新英格兰人”生计的严重经济衰退，对“新英格兰人”来说，斯特拉福德伯爵对科克伯爵的猛烈攻击是可怕的。詹姆士一世殖民计划期间的土地所有权一直存在争议，因为很少有詹姆士一世时期的持有人真正符合授予其所有权的殖民条件。天主教徒和新教徒、爱尔兰人和英格兰人，现在有同样的不安全感，有共同的敌人。

虽然斯特拉福德伯爵让英格兰在爱尔兰的统治问题有所加剧，但这些问题不是他造成的。查理一世统治着3个王国，而每个王国都由一个不同的宗教主宰着。安置爱尔兰的天主教徒——尤其是英格兰天主教徒——与其说是政策，不如说是慎重行事。对不从国教者严格执行法律的尝试只能导致战争，而且只能通过种族灭绝取得成功。向“老英格兰人”提供“恩典”，换取防止西班牙入侵的资金，只是两害相权取其轻。但是，对批评国王的清教徒来说，邪恶是没有程度之分的。就像犹大出卖了耶稣，查理出卖圣公会的意愿，不过是表明他们认为存在扼住不列颠的天主教阴谋的又一个例子。在爱尔兰，大批来自“老英格兰人”家族后裔的牧师重振了天主教。在英格兰，王后大张旗鼓地践行自己的宗教信仰，数百人涌向了外国大使在伦敦的天主教小教堂。亨利埃塔·玛丽亚的家庭变成了天主教官员们的避难所，他们的影响力随着她的影响力的增强而增强。整个 17 世纪 30 年代，宫廷中出现了一系列得到大肆宣传的皈依现象，国王无法阻止，也不愿意惩罚。超过 750 名天主教神父现在住在英格兰，大多数人住在伦敦或附近，而在经历半个世纪的衰落之后，1603—1640 年，天主教人口总体增长了 50%。对那些容易出现反天主教偏执的人来说，阴谋的证据无处不在——教皇及其代理人削弱英格兰加尔文主义力量的阴谋；这个阴谋触及圣公会的最高层。

伊丽莎白一世的圣公会建立在一系列模棱两可的基础上，詹姆士一世的圣公会对此几乎没有做什么来澄清。诚然，圣公会是新教教会，更多是加尔文宗而非路德宗，但它基本上是一个包容各方的教会。詹姆士一世曾经支持博学的、讲道的牧师阶层，并改进了培养牧师的大学，他还提拔了能干的人。作为一名认真的神学生，他并非不知道那些让报刊和讲坛兴奋不已的教义争端，但他认为这些争端不会对宗教秩序构成根本威胁。问题在于狂热，而不是灵活性。对那些以世界末日的眼光看待世界的人来说，只有世界末日才足够。对他们来说，天主教徒和新教徒之间的斗争是将以最终方案告终的终极之战。欧洲人的鲜血滋养了这些梦想。但詹姆士一世的梦想一直以来有所不同。也许还有时间来调和宗教分歧，找到一条通向一个没有原始的新教和顺从的天主教之极端的教会的道路。詹姆士一世本人的信仰让他无法走上这条教义之路，然而，随着其统治时间的推移，其他人相同的冲动带来了观念的融合，这种融合最终被打上阿民念主义的烙印。

阿民念主义拥有神学的核心，但这不是那种吸引一些人并被其他人排斥的神学。阿民念是一个尼德兰人，撰文反对加尔文的预定论学说。阿民念辩称，预定论并不是一种无法更改的神判（divine judgement），而在这种神判中，有些人得救了，大多数人却被诅咒了；相反，预定论是一种能被人类的自由意志影响的倾向。通过他们的行为，个人可以熄灭与生俱来的救赎之火。这意味着善功（good works）是真实信仰的见证——正统加尔文主义者极力否认这一原则。这种对理论看似微不足道的修改对实践产生了巨大的影响。首先，这扩大了那些可能获救者的基础。这再次证明了圣礼的重要性，而圣礼一度被布道所取代。这也提高了祈祷的效力。这一切都增强了教会在社区生活中的重要性，因为正是在教会中，圣礼才得以执行，祈祷才得以进行，道德行为才得以阐明。阿民念让尼德兰的加尔文宗四分五裂，在1618年的多特会议（Synod of Dort）上，其原则已被拒绝，得到赞成的是加尔文主义学说的绝对预定论。出席多特会议的英格兰代表都同意大多数人的决定。

但在牛津和剑桥，一小部分神学家开始支持阿民念派的观念，并攻击加尔文派的观念。绝对预定论学说有两个令人不快的暗示：它让绝大多数被诅咒的人过上了绝望的生活，并让少数被拯救的人摆脱一切社会约束。此外，它通过剥夺教会在帮助基督徒获得救赎中的核心作用，削弱官方教会的重要性，不利于保留大学神职人员。最初的学术争论很快演变成英格兰圣公会等级制内部的权力斗争。许多最能干的学者和传教士，要么坚持新的教义，要么坚持他们鼓励的种种态度，后一点更重要。反过来，他们变成主教，在他们的教区，他们恢复了教会的作用。如果说圣礼是重要的，如果祈祷得到了应许，那么，教会就是精神生活的中心，是“上帝的居所和天堂之门”。在数十年为人忽视之后，阿民念派修缮并美化了不少建筑物，作为对会众敬拜和上帝同在的见证。教堂里再次出现了宗教生活的雕像和图画，也重新安装一些彩色玻璃窗。既然每周的礼拜仪式现在拥有更大的意义，那么必须更严肃地进行。神职人员奉命穿上白色罩衣，并拿一块装饰用布盖住圣餐台。圣餐台可以从中间过道移到东区，以避免随意使用。无论如何，应该用栏杆将圣餐台围住，这样孩子们就不会坐在上面。

正是阿民念主义的这一面深深吸引查理一世，因为这反映了他自己对秩序和美的痴迷。白金汉公爵曾经恩庇过许多阿民念派主教，而当查理成为国王时，他提升了其他主教的地位。为了领导圣公会的这一翼，他于 1628 年任命威廉·劳德为伦敦主教，又于 1633 年任命他为坎特伯雷大主教。劳德到伦敦履新时已经 55 岁，而他的大部分职业生涯是在牛津搞内讧，在那里，他从没有忘记任何一位朋友或敌人。劳德身材矮小，消化不良，他用高教会的行头掩饰自己卑微的出身。他很早就把自己定性为主导牛津的加尔文主义的反对者，并开始通过精明地利用提携和权力来建立阿民念派。1611 年，他变成了一名王室特遣牧师，但阿博特大主教等人的反对让他在接下来的 10 年一直没能穿上斗篷式祭衣[①]。到那时为止，白金汉公爵逐渐注意到他了。如果说在获得国王的喜爱方面劳德无法取代公爵，那么在权力方面，他最终取公爵而代之。他几乎完全控制了教会；他让他的盟友贾克森主教（Bishop Juxon）担任财政大臣；他是爱尔兰与斯特拉福德伯爵的主要联系渠道；他自己也是苏

① 意为没能成为主教。

格兰枢密院的议员。

在别人建桥的地方，劳德建起了堤坝。他竭尽所能支持阿民念派，保护它免受清教主义的污染。劳德发起了一场针对平信徒对租金的不当行为的运动，这些租金支撑着教区牧师，并说服国王关闭一个名叫“惩罚不当行为基金会”（Feoffees for Impropriations）的伦敦基金机构，该基金机构赞助了一种清教徒传教士机构（Puritan preachers bureau）。在这个方面他有两个目标：通过加强教会对收入和任命的控制来强化教会，以及限制非有奉圣职的神职人员的布道数量。借助对许可证的控制，劳德对新闻界实行严格的审查制度，并通过对高等宗教事务法院（Court of High Commission）的控制，对牧师的行为施加严格的纪律。

劳德既不会容忍反对意见，也不惧怕遭到挑战。他增加了巡视次数，以确保牧师穿着法衣，圣坛配有围栏。他会惩罚违抗命令的牧师，并向枢密院报告有影响力的平信徒的反对意见。当劳德的权威遭到了威廉·普林（William Prynne）、约翰·巴斯特维克（John Bastwick）和亨利·伯顿（Henry Burton）非法出版的传单的质疑时，他会把他们拖到星室中央法庭，在审判后定罪，然后被施以枷刑、残害和烙印——不符合他们的社会地位——的侮辱。他的批评者更多接受自愿流亡国外的命运，而不是在国内强制监禁。第一次移民到新英格兰的浪潮就发生在劳德掌权的这一时期。劳德的计划既因为其推出的速度，又因为其实施时的彻底程度而遭到反对。他与斯特拉福德伯爵有许多共同之处，尤其是他铲除对手的那股劲头。

如果说劳德愿意践踏那些妨碍他的人，这是因为他相信自己追求的那个计划的积极方面。正是劳德推动恢复英格兰各个教堂建筑结构的政策，并带头呼吁在伦敦重建圣保罗大教堂。正是劳德向多所大学投入了大量资金来提高奖学金——在牛津大学开设阿拉伯语教授职位，资助购买书籍和手稿，并资助一场雄心勃勃的建筑运动。还是劳德坚持打造一支受教育程度更高、收入更高的牧师队伍，并向王室和统治精英提出挑战，要求他们支付自己的那一份。在几十年的管理不善之后，他试图让宗教恢复秩序。要做的事太多，时间太少。威廉·劳德大主教是个非常忙碌的老者。

1633 年，他陪同查理一世前往苏格兰进行国王加冕典礼。劳德发现，自他 1617 年作为詹姆士一世的特遣牧师前往苏格兰后，苏格兰教会几乎没有任何进步。牧师们依旧不名一文、未受良好教育；教会的土地依旧主要掌握在平信徒手中；而长老会派的苏格兰教会依旧宣称独立于詹姆士一世建立的圣公会主教等级制。此外，根据每个牧师的惯例，每个教堂的仪式各不相同。甚至没有一本标准的《公祷书》。有些地方以 1552 年爱德华七世的《公祷书》为基础做礼拜，有些地方则以《日内瓦公用仪式书》(Genevan Book of Common Order）为基础，还有许多地方以二者的独特结合为基础。苏格兰教会的物质状态并不比精神状态好多少。教堂庭院里活跃着各种动物，粪堆装饰着庭院，就连保存最好的建筑也破旧不堪。虽然国王在苏格兰只待了一个月，但已经足够震撼劳德的情感了。

然而，苏格兰教会的改革长久以来一直都在王室的日程上。詹姆士一世决心控制苏格兰长老会，并在统治期间取得了 3 项重要进展。1613 年，他完成了在苏格兰再次确立主教的过程，通过苏格兰高等宗教事务法院赋予他们对教区事务的监督作用。主教在苏格兰教会的长老会结构中没有正式的地位，在苏格兰长老会全会（Scottish General Assembly）中也没有特殊的角色，而苏格兰长老会全会继续声称对国家的宗教生活拥有自主的权威。詹姆士一世与这些主张做斗争，确立了控制长老会全会的权利，并通过主教的政治压力确立对其决定的控制权。1618 年，通过在珀斯（Perth）举行的一次大会，詹姆士一世以微弱优势强迫通过 5 项改革，让苏格兰的宗教实践与英格兰的更一致。《珀斯五条》（Five Articles of Perth）中最具争议的一条是领受圣餐者在圣礼时应该跪下。对《珀斯五条》的反对说服了詹姆士一世放弃让两个教会的做法趋于一致的进一步尝试。他给儿子留下了许多未尽事宜。

查理一世在统治苏格兰时面临的问题与他父亲面临的问题不同。詹姆士一世喜欢夸口说，虽然他的祖先只能用剑统治苏格兰，但他能用笔统治苏格兰。事实上，一个缺席的君主只能经过默许统治苏格兰。在整个 17 世纪初，贵族和绅士阶层以牺牲王室为代价扩大了自己的政治权力。例如，詹姆士一世引进地方太平绅士的努力，就以当地贵族的近乎封建自治为基础，而这些贵族生来就担任行政和司法职务。强大的贵族阶层的优势就在于，它充当着苏格兰长老会的平衡物，而对詹姆士一世来说这个优势足矣。毕竟，他仍然可以控制他最有力的臣民的个人忠诚。但查理做不到。他希望延续其父那巩固主教制教会的政策，而这只能通过取回教会的财富得以实现。

因此，1625 年，他的第一项王室举措就是废除自 16 世纪以来他的所有前任在年少不能亲政之时授予贵族的土地。在苏格兰的历史上，《撤销法案》（Acts of Revocation）并非不同寻常，但查理的做法违背了那种惯例的精神。法案本身是严厉的，尽管其效力因苏格兰专员的使用而有所减轻，而这些专员评估了被撤销土地的范围及其价值。在很多情况下，妥协获得接受，自愿投降者得到补偿。撤销法案的有益效果在于提高教会谋生方式的价值，提高牧师的薪俸，以及再次资助主教辖区。但是，也有很多危险的副作用。典型的情况是，有政治人脉者轻易逃脱，而那些失宠的人受到重创，促成了苏格兰贵族的派系化。该法案令人怀疑的合法性让查理损失了很多善意，而他后来禁止世袭法官进入枢密院的决定也是如此。兴许最具破坏性的是把财富从贵族强制转移到圣公会，这在两个日益紧密联系的群体之间造成了裂痕。查理最不需要的是贵族和苏格兰长老会领袖之间的联盟，然而这是孤立主教的政策的结果，贵族指责主教攻击他们的财富，而神职人员指责主教攻击他们的教义。

《撤销法案》是个敞露的伤口，让苏格兰贵族在接下来的 10 年里痛苦不堪。一位名叫詹姆斯·贝尔福（James Balfour）的苏格兰绅士称之为“随之而来的所有恶意的基石”。该法案带来了一系列不满，让爱丁堡的王室行政部门的工作复杂起来。枢密院有许多成员卷入了针对专员的诉讼中，而苏格兰大议事会的每一次会议都在揭开旧的伤疤。1633 年，当国王前来参加其加冕典礼时，一群贵族试图向他提交一份将经济上的和宗教上的不满结合起来的请愿书。查理拒绝受理，而当请愿书的内容公之于众时，他狠狠申斥了请愿书组织者之一巴尔梅里诺勋爵（Lord Balmerino），要以叛国罪起诉他。1635 年对巴尔梅里诺勋爵的审判是王室的一次惨败。就连一个经过精心挑选并接受指导的陪审团也只能对 3 项指控中的一项进行定罪，而且表决结果是 8 票赞成 7 票反对。审判对贵族的不满进行了宣传；当主教被牵连到起诉中时，反主教制的情绪有所增加；最后，巴尔梅里诺勋爵被小惩大诫——事实上，劳德替他说情了。

劳德在苏格兰事务中的作用稳步上升。他一直被任命为苏格兰枢密院的成员，在爱丁堡主持了一个新主教辖区的创建，并正着手寻找一种给苏格兰教会的惯例强加统一性的方法。早在 1629 年，劳德就参与了制定一部《公祷书》的讨论，该《公祷书》将在苏格兰建立一种单一的礼拜形式，并使其符合英格兰的惯例。劳德的倾向仅仅是强加英格兰的礼拜仪式，尽管就连主教制最坚定的支持者都反对这一点。苏格兰的传统习俗是不同的，而强加英格兰礼拜仪式将出于种族原因而遭到反对。这个项目一直停滞不前，直到劳德从苏格兰回来后才重新启动。他在那里看到的现象并不令人鼓舞，而他表明了自己进行改革的意图——这是国王的意图。一个由主教组成的、其中大多数人由劳德任命的委员会，被选来帮助制定一套教会法和一部全面的祈祷书。这项任务花了将近 3 年时间。

1636 年教会法的出版迎来了一片诡异的寂静。这些教会法，肯定了宗教问题上国王的至高无上和教会问题上主教制的至高无上。教会法没有提到长老会全会的作用，而且，它们剥夺了长老会执行纪律的权力。然而，它们是为苏格兰而非英格兰教会设计的，原则上没有规定任何在实践中尚未发生的事情。重申《珀斯五条》不大可能让其他人在领受圣体时跪下。可《公祷书》是一个不同的问题。教会法宣布，礼拜仪式将按照《公祷书》的规则进行，尽管离公布《公祷书》还有 6 个月的时间。在那段时间里，普通人被关于《公祷书》将包含的内容的虚假谣言搅得发狂。《公祷书》被攻击为“与罗马天主教有关的、无神论的、英格兰的”：苏格兰人的舌头说不出比这更厉害的咒骂了。复本在出版日期之前就被泄露了，而在爱丁堡，损坏的纸张偶然用于包裹商品。因此，对其在 1637 年 7 月 23 日正式出版的反对人士有了足够的时间来组织力量。牧师们准备了请愿书，苏格兰长老会领袖撰写了小册子，圣吉尔斯大教堂（St Giles’s Cathedral）也组织了一次罢工，爱丁堡主教在教堂最初使用时就曾经在那里主持教堂的仪式。但是，在会众做出自发的反应之前，对新《公祷书》精心策划的反对行动显得苍白无力。爱丁堡主教那经过教堂训练的声音，在“有祸了，有祸了”的哭号声和“悲哀啊，为这个忧郁的日子感到悲哀，他们把教皇主义带到我们中间”的喊叫声中被淹没了。下一件事大家都知道，一只三条腿的凳子在空中飞来飞去，差一点就给小教堂的座堂主任牧师加冕了。爱丁堡主教勉强逃过一劫。

第六章

叛乱与内战（1637—1644）

1642 年 1 月 4 日夜，伦敦气氛异常紧张。太阳刚刚西斜，天色稍显昏暗时，伦敦市民就点燃了熊熊篝火，不断添柴加薪，直到破晓时分，城中都灯火通明。听到“骑士党要放火烧城”的流言之后，成千上万的市民抄起手边各式各样能够当作武器的家伙，在大街上四处游荡，一会儿涌向这个城门，一会儿又跑到那个城门，生怕骑士党趁夜放火。伦敦从来没有这样一个夜晚。在之前的一周里，越来越多的民众汇聚起来，包围威斯敏斯特宫，高声抗议，要求把主教们逐出上议院，这导致本就剑拔弩张的局势不断恶化。12 月 27 日，一个粗暴无礼的年轻人冲着约克大主教叫嚷道，“不要主教，不要主教，不要跟罗马天主教有关的贵族（popish lords）”，惹得大主教出手，引发了一场打斗。大约 30 名卫士动用武力，把人群赶出宫殿大院，不仅击伤了一些闹事者，而且杀死了理查德·怀斯曼爵士（Sir Richard Wiseman）。次日，一大帮小青年冲进威斯敏斯特大教堂，毁坏了“跟罗马天主教有关的”圣人遗物。29 日夜，幸亏有头脑冷静的高级市政官约翰·维恩（Alderman John Venn）成功劝服 2 000 名市民中的大多数和平散会，这才防止了一场大屠杀。王室官员屠杀了拒不离开的百余位市民。12月27—29日的种种对抗清楚地表明，国王不会继续作壁上观，允许暴徒以恐吓的手段赢得他们无法通过劝说取得的让步。

实际上，在一年的让步和屈辱之后，查理一世最终决定从下议院手中夺过主动权。9月，他结束了苏格兰之旅返程，沿途夹道欢呼的民众抢着要见他，这与敌对的伦敦暴民形成鲜明的对比。他开始清理门户，把辜负信任的官员扫地出门，同时提拔了那些立场坚定的官员。得知爱尔兰的天主教徒发动叛乱的消息时，他依旧沉着冷静。他听闻了太多关于天主教密谋的说法，而且，他自己也经常被指责为在谋划着教皇党人(papist)的布局，因此见怪不怪。称他批准了叛乱的流言是可笑的——其对手们的又一个战术，这些人的目的是将主教们逐出上议院，以便通过他们那激进的立法。12月中旬，一份要求罢免主教们的巨型请愿书呈交议会，据说有3万个伦敦人签名。请愿书没有对上议院产生任何影响。伦敦每天都爆发抗议示威，规模与日俱增，愈发带有威胁性。把反对运动扼杀在萌芽中为时已晚。花园几乎被人踩躏殆尽；是时候连根拔起了。

除草行动现在尤其必要，因为反对派已经开始讨论起弹劾王后。查理可能牺牲他的大臣，但他绝不会背叛自己的妻子。他小心翼翼地计算了胜算。他知道，国家已经厌倦了政治危机，他拥有上议院的全力支持，而下议院四分五裂。国王选择了大胆的反击。1月3日，与少数几个亲信密谈之后，查理派总检察长带上针对5名下议院议员、1名上议院议员的弹劾书前往上议院。他要求立刻以叛国罪的罪名逮捕这6名议员，同时采取预防措施，命人查封了他们的书房，防止他们销毁罪证。上议院议员对这个要求目瞪口呆，指定一个委员会来讨论这种做法的合法性。与此同时，查理派遣一名侍卫长来到下议院，准备先下手为强，在上议院批准之前将那5名下议院议员逮捕归案。下议院同样也拒绝了该命令，要求回复国王，称逮捕其任一成员的尝试都是在滥用特权。无论是总检察长还是侍卫长，都没有想到会吃闭门羹。他们能做的不外乎是一无所获地回到了白厅。

查理怀着蔑视的心情收到这个消息。翌日，他召集了一支人数不多的警卫队，自己去了威斯敏斯特大厅（Westminster Hall）。他到来的消息让蜂拥在宫殿庭院中的人群激动不已。到国王抵达下院为止，他的随行人员已经增至近400人——其中许多人都是前一周与学徒们作战的大摇大摆的军官。从来没有一位英格兰国王打断过下议院的一次会议，起初，当查理大步流星走过中央过道时，坐着的议员们目瞪口呆。接着，他们记起了自己的责任，当国王要求议长威廉·伦塔尔指出他前来逮捕的5名议员时，他们脱帽站起身来。伦塔尔回答道："除非在座的诸位议员向我下达命令，否则我就既没有看到，也无话可说。"遭到断然拒绝的国王凝视着一排又一排的议员。"也罢，"他说，"我看所有的鸟都飞了。我来的目的是达不成了。"当"特权，特权"的喊声在查理身后响起时，他阔步走出了众议院。5名议员被藏在伦敦城里，那一整晚，伦敦市民忧心忡忡，害怕国王会用武力把5名议员除去，担心内战会接踵而至。

11 年来，查理一直都在没有召开议会的情况下卓有成效地统治着。无论是无心插柳，还是有意为之，可以肯定的是，他的政策把王室沉重的财政压力转嫁到了英国社会各个阶层身上。大贵族会因为侵犯王室林权而收到罚单；腰缠万贯的绅士会被卷入监护法院，中小绅士会因拒不愿接受骑士爵位而陷入圈套。家境殷实的自耕农需要缴纳民兵税、手续费、教堂维持费和济贫税。关税的税率大幅提升，商人们要支付更高的贸易税，而由于关税的征收体系不断完善，偷逃税款变得越来越困难。造船税覆盖了补贴税没有覆盖的人群，农村地区的承租人、佃户和城市中的商人、工匠都被迫缴纳之。只有穷困潦倒者才能躲过，而随着经济形势的好转，这些人的数量越来越少。

类似地，政治和宗教改革既影响统治者，又涉及被统治者。《政令全书》和“精锐民兵”对精英提出了更多要求。王室首次将太平委员会和郡督职位政治化，因为查理罢免了这两个职位上的王室政策批评者。宗教改革影响到了每一个人。劳德强调修缮教堂的结构，并坚持在圣餐台周围修建围栏，这增加了当地的税负。恢复约克大教堂（York Minster）和圣保罗大教堂的运动只是名义上的自愿运动。

查理对其君主制实行集权的努力在 17 世纪低效率的限制下取得了成功，尽管这些努力并非没有代价。他将王室与社会和政治精英之间的隐性伙伴关系置于极端压力下。17 世纪 30 年代末，人们普遍感到不安，认为查理或那些给他提供建议的人不可信。地方治安法官、王国的贵族，甚至中央官员，都存在这种缺乏信任的情况。这尚未演变成一系列不满，当然没有发展成一支反对派：相当令人担忧的是，王室政府的行动必须受到仔细审查；服从不再由反射（reflex）而来，而是由反思（reflection）而来。这种不信任感得到了查理及其主要顾问的回应。他们也认为忠诚是勉勉强强的，以及人们在国家大事上过于热心。这便是没有考虑召集另一届议会的一个原因，查理假定，另一届议会将会制造多于它将会解决的问题，而他是对的。相反，国王仰仗和平与繁荣来消除战争和苦难的弊病。

因此，王室政府对叛乱和内战的后果毫无准备。先是在苏格兰，接着在爱尔兰，最后在英格兰，查理一世反对武装臣民，诉诸义务和忠诚，但只取得了部分效果。他无力阻止对英格兰的入侵——君主的首要责任——因为其麾下的军队指挥官们才不胜任，也因为其议会议员出现变节。当议会不信任他来征募必要的武装力量时，他同样无力镇压爱尔兰的叛乱。从 1638 年开始，他的政府在一个又一个危机中蹒跚而行，没有能力调动必要的资源来解决这些危机。到了 1642 年，他面临着同样令人不快的选择，要么放弃他的国王特权，要么向自己的臣民开战。

* * *

在 17 世纪 30 年代，没有出现反对查理一世政府的声浪，尽管存在让各个社会群体担心的种种迹象，但这些群体有充分的理由感到满足。牧师和法学家应该是王室的天然盟友——一个捍卫“保佑国王的神性”（the divinity that doth hedge a king），另一个捍卫着古老的宪政。劳德打算通过他的改革培养受到更好教育、拥有更佳报酬的神职人员，但代价是僵化的统一。国王的弄臣阿奇（Archie）在一次王室晚宴上用双关语向众人表达祝福：“赞美上帝，也稍稍赞扬魔鬼。”[①] 从被剥夺权力的林肯主教约翰·威廉斯（John Williams）到数量与日俱增、良心上痛苦得像穿上刚毛衬衫（hair shirt）的清教徒地下活动者，神职人员遭到疏远的证据随处可见。律师遭到疏远的证据亦复如是。从强制贷款危机开始，法学家们开始思考对王室特权的限制，法官们则开始在接近王室头皮（royal scalp）的地方令人不安地将宪法毛发（constitutional hairs）拨开。事实上，查理已经免职了 3 名法官——他的父亲在 22 年里只免职了 1 名法官——而且，还在他统治时最重要的宪政案中取得了最微弱的胜利，即 1637 年，法官以 7 票赞成 5 票反对支持造船税的合法性。

造船税一事显示出不少根深蒂固的问题。白金汉郡的约翰·汉普登（John Hampden）以英格兰财产持有人的名义向王室提起诉讼。这场争端有许多理由。汉普登住在一个内陆郡，该郡传统上免征造船税。在连续两年收到令状的情况下，距上一届议会 7 年后，汉普登提起了诉讼。这允许他的律师们辩称，造船税不能以临时紧急情况为由进行辩护，海军的资金应该以议会补贴金筹集。这个法律问题甚是棘手，比税收收入更重要。然而，尽管造船税一案在宪政上具有重要意义，但其更深层的意义在政治上：它揭示了乡绅与国王日益疏远的关系。克拉伦登伯爵宣称汉普登“诚实的名声响彻寰宇，他的情感似乎是如此为公共利益所引导，以致任何腐败的或私人的目的都不能使之产生偏见”。汉普登不是政治煽动者；他在政治和宗教上都很温和。他一出生就与奇尔特恩诸郡（Chiltern

① 原文为“All praise to God and little laud to the Devil”。其中，“laud”（赞扬）与劳德大主教的姓相同，故这句话也可以理解为“所有赞美都给上帝，并把小小劳德交给魔鬼”。

counties）[①]的望族存在关联；因为交往而与普罗维登斯岛的投资者有联系，其中包括华威伯爵、塞耶和塞勒子爵及布鲁克勋爵等贵族；因为政治倾向而与那些反对特权式征税（prerogative taxation）的人有所关联。因为拒绝强制贷款，他锒铛入狱了，而且他是约翰·埃利奥特爵士的密友，后者于1632年死于伦敦塔中。若无汉普登这种人心照不宣的忠诚，查理可以执政（govern），但他不能统治（rule）。他也无法经受住一场危机。

那场危机始于苏格兰。在1637年的爱丁堡暴乱之后，苏格兰枢密院暂停执行《教会法》和《公祷书》。枢密院向国王报告说，他的宗教改革"要想在这里落地生根，必得洒下大量鲜血"。在爱丁堡，贵族、地主、自治市和长老会的代表组成了一个名为"圆桌会议"（Tables）的委员会，并制定一份《国民盟约》（National Covenant），约束盟约签署者抵制宗教创新。最初，盟约运动就其目标而言是保守的，而且在战术上出现分歧。贵族和牧师之间的分歧在这场运动中和在当地社会中一样尖锐。实际上，是查理的撤销政策把许多苏格兰贵族变成了盟约者，然后他宣布所有盟约者都是叛徒，这让该运动一开始就是团结的。

查理在苏格兰的难题是双重的：他没有影响力去推行他的计划，也没有权力去执行之。他和他的主要顾问与苏格兰事务脱节了。他很少见到他的苏格兰顾问官，自从他登基以来，他只访问过苏格兰一次，只在苏格兰召集过一届议会。他在威斯敏斯特的顾问全都是"两栖"苏格兰人——那些在伦敦寻求权力和晋升，以加强

① 奇尔特恩诸郡位于英格兰东南部，横穿过牛津郡、白金汉郡、贝德福德郡、赫特福德郡。

其在爱丁堡的声誉的人。查理最仰赖汉密尔顿侯爵詹姆斯（James, Marquis of Hamilton），后者是苏格兰第一家族的继承人。汉密尔顿侯爵在英格兰度过了他的青少年时期，就读于牛津大学，同时是詹姆士一世和查理一世的宠臣。在白金汉公爵遇刺之后，他便担任御马官；他给自己的孩子们取名为查尔斯、詹姆斯和亨利埃塔・玛丽（Henrietta Mary），这象征着他对英国王室的依恋。查理另一个重要的苏格兰顾问是特拉奎尔伯爵约翰・斯图尔特（John Stewart, Earl of Traquair）。特拉奎尔伯爵因为有能力劝说苏格兰贵族按照《撤销法案》的要求交出土地而崛起。他既高傲又野心勃勃，深谙一手给一手拿的艺术。从 1631 年起，特拉奎尔伯爵在苏格兰担任财政大臣，在维护苏格兰经济利益的同时，让税收收入加快向南方的英格兰流动。在苏格兰，他主宰了枢密院；在英格兰，他能让国王听进自己的话。但是，他在哪儿都不受信任。无论是汉密尔顿侯爵，还是特拉奎尔伯爵，都无法建立一个与苏格兰人的联合体。

比起国王缺乏影响力，更致命的是国王无权。查理认为对其宗教改革的反对意见是叛乱。盟约者无视禁令，继续一意孤行，并要求 1638 年在格拉斯哥举行的长老会全会宣告独立，这些让查理更坚定了自己的看法。长老会全会不仅要求废除主教制，而且挑战了国王召集和解散议会的权威。

虽然查理下令让特拉奎尔侯爵 9 月去爱丁堡与盟约者谈判，但他已经要求英格兰枢密院准备开战，并征集一支 3 万人的入侵部队。英格兰枢密院恢复了边境法，召集了训练有素的民兵队伍，并征用了商船。汉密尔顿侯爵被赋予深入苏格兰的海上远征军的指挥权。尽管国王成功地组建了一支军队，但是，他未能阻止盟约者占领苏格兰南部几乎所有的防御阵地。言语上的叛乱变成行动上的叛乱。汉密尔顿侯爵的亲生母亲威胁说，如果她的儿子随英格兰军队入侵苏格兰，她就开枪打死他。她不需要给枪上膛：英格兰军队登陆失败，而霍兰伯爵（Earl of Holland）指挥的先遣地面部队在没有开火的情况下就撤退了。

第一次主教战争（First Bishops' War）刚刚结束，双方就开始为第二次主教战争做准备。查理派特拉奎尔侯爵前去谈判，谈出一份协议，尽管他认为这不过是停火协议罢了。盟约者也是这么认为的。通过一系列议会操作，他们控制了苏格兰政府的主要部门，到1640年初，他们从尼德兰购买武器，并从法国征集军队。他们为装备一支常备军而开征一笔国民税（national tax）。查理试图武装安特里姆侯爵（Marquis of Antrim）领导下的爱尔兰天主教徒，从西部入侵苏格兰。这一点收效甚微，既是因为斯特拉福德伯爵反对武装他在爱尔兰的敌人，也是因为在那里集结军队存在实际困难。

更重要的是，查理判定在英格兰召集议会的时机已经成熟。面对公开的叛乱和有可能的入侵，国王相信他可以仰仗臣民的忠诚。在这个看法上他是错的。虽然他提出的供应案很有说服力，但这既不能克服10年来在议会许可之外征税（extraparliamentary taxation）产生的敌意，也不能克服一旦议会拨款，王国的不满得不到解决的怀疑。当不满和供给“像双胞胎一样……手拉手”前行时，最好还是照老办法来。但是，不像17世纪20年代的议会，当时军事要求急迫但非紧急，1640年春天的局势是名副其实的紧急情况。没有时间进行会拖延补贴金并加快改革的仪式性拖延（ritual delays）。尽管下议院在国王面前摆出10份补助金，但在会议开幕后，议员们在发表的第一次讲话中宣称，入侵英格兰的威胁不像对臣民的自由的攻击那么大，毫无疑问，国王会为这些攻击付出高昂的代价。查理做了一次妥协的尝试，同意允许就造船税案向上议院上诉，作为立即给予补贴金的回报。当这次尝试失败后，他在 3 个星期后解散了这个所谓的“短期议会”。

即便是一届顺从的议会也无法阻止随之而来的军事灾难。盟约者的军队迅速行动，向南横扫，于 1640 年 8 月在纽伯恩（Newburn）击溃了 3 000 人的英格兰军队，占领了伦敦煤炭的来源地纽卡斯尔。又过了一周，盟约者控制着诺森伯兰郡和达勒姆郡，如果他们有意的话，他们原本可以朝约克郡进军。虽然盟约者来势汹汹，但是他们的战役基本上是防御性的。他们保持严格的纪律，特别是在劫掠方面；他们发表了有说服力的宣言为自己的行为辩护；他们还与一群英格兰贵族秘密合作，后者的宗教同情更多地倾向于苏格兰人，而不是国王和劳德。

在苏格兰人胜利之后，要求召集另一届议会的呼声越来越强烈。苏格兰人建议这么做，与之通信的“十二贵族”（Twelve Peers）则是为此请愿，而伦敦的暴徒也是要求如此。没有财力和选择的查理，于 1640 年 11 月 3 日召集议会在伦敦开会。在查理的余生中，这届议会将一直存在，岿然不动。

从集合那时起，这届“长期议会”就对其命运有所感觉。随着秋季选举紧跟着春季选举而来，议员的选择有了政治上的连续性。郡社群的传统领导者——太平绅士和王室行政官员——开会编订了不满申诉单（lists of grievances），而不满申诉单始于 6 年的造船税和 2 年的民兵税导致的当地税收的流失。各郡官员无法满足对他们提出的要求，而他们关于地方负担过重的埋怨就此一次成为事实。在记录不满方面，各郡绅士亦非孤身作战。敬虔的牧师举行秘密会议，抗议阿民念派的创新和“与罗马天主教有关的”做法；商人再次反对关税；工匠抗议垄断。英格兰近半数郡及各郡骑士向威斯敏斯特发出了正式的不满申诉单，大量请愿书涌了进来。

一开始，改革的愿望让长期议会议员团结一致。到目前为止，还没有迹象表明这个国家正处于内战的边缘，也没有迹象表明议会和王室将成为相互对立的独立机构。虽然议会在代表不满方面的作用有所扩大，但它仍然是国王的诸议事会（councils）之一，这也解释了长期议会头 6 个月出现的混乱。简单来说，议会出现了权力的真空。查理呼吁议会提供特别的补给来击退苏格兰人，要么通过谈判谈出一个解决方案，要么通过重燃战火。不过，正如他在春天发现的那样，在议会提出不满之前，他不能要求获得补给。实际上，一旦会议开始，枢密院就几乎停止运转。一切都在等待议会的动议（initiative）。

但是，议会不是一个旨在发起（initiate）的机构。议会的传统领导人都是国王的仆从，他们提出王室的财政和立法愿望，并引导它们在两院获得通过。长期议会将不得不发展出自己的领导力。在这前几个月里，两院的小团体联合起来，最终成为非正式的议会领导层。那些亲近查理的人并未排除在这个过程之外——实际上，他们是通往国王的重要渠道——然而，最受信任的人是最独立的人。在上议院，这些人是埃塞克斯伯爵和华威伯爵，他们拒绝支持强制贷款；是塞耶和塞勒子爵以及布鲁克勋爵，他们都是世俗清教徒；以及贝德福德伯爵，《十二贵族请愿书》（Petition of the Twelve Peers）的组织者；在更大的下议院，领导层较为分散。汉普登及其顾问奥利弗·圣约翰（Oliver St John）被等同于造船税的反对派；由同名同姓的亨利·范恩爵士（Sir Henry Vane）父子领导的北方议会议员群体，被等同于苏格兰战争。有像本杰明·鲁德耶德爵士（Sir Benjamin Rudyerd）这样的演说家，他们精雕细琢的讲稿在议会发表后的几天内就付梓了，还有约翰·卡尔佩珀爵士（Sir John Culpepper）和乔治·迪格比（George Digby）爵士，他们对改革的热情慢慢消退了。

最不可能的议会领导者，但最终最炙手可热的，就是约翰·皮姆（John Pym）。既没有大量地产，亦无尊崇地位的他，将其自我谦避带到了政治角斗场。皮姆最大的才能是以看似追随的姿态来领导。作为贝德福德伯爵的追随者及其贵族圈子的知己，皮姆带领这些贵族与苏格兰人进行了具有叛国意味的交流。接下来的两年里，他将他们从一场战争的共谋中解救出来的种种尝试，必然导致他们参与另一场战争。如果说皮姆有政治原则的话，那就是教皇主义侵蚀了英格兰教会的结构，以及财政管理不善侵蚀了英格兰国家的结构。但是，他完全有能力顽强地坚持矛盾的立场，毫不犹豫地对这些立场妥协。作为任意征税的反对者，正是皮姆要求强迫伦敦人贷款。作为正当法律程序的捍卫者，也正是皮姆很快便同意通过一份剥夺公民权利法案（a bill of attainder）而非审判来对付斯特拉福德伯爵。实际上，在 1641 年的头几个月，皮姆似乎会追随斯特拉福德的步伐，从议会领袖摇身一变为王室顾问。如果他确实这般行事，那么，他必须确保自己少走一步。

长期议会刚刚开幕一周，斯特拉福德伯爵就开始遭到了攻击。到了 11 月 25 日，当有个委员会准备弹劾条款时，他被囚禁在伦敦塔。对劳德、对在造船税案中作为指控方的掌玺大臣芬奇、对汉普登做出不利裁决的法官的弹劾，很快相继出炉。攻击王室大臣有两个目的：使其丧失作为议会领袖的能力，以及在不质疑国王的情况下抨击国王的政策。随着不满的请愿书大量涌入，对纠正现状的要求淹没了议会大厦。12 月 11 日，一个由 1 500 名伦敦人组成的代表团——有人说这是一伙暴徒——带来了一份废除主教制的请愿书，“斩草除根”。这有力地将英格兰人的不满与苏格兰人的不满联系起来。对有些议会领袖来说，苏格兰军队在英格兰北部的持续存在是他们设想用以推动世界的杠杆。但对其他人来说，尤其是北部的议员，苏格兰军队的存在既是一种刺激，又是一种侮辱。到了圣诞节，下议院在原则上同意筹集 4 笔补贴金，以支付苏格兰和英格兰军队的逾期欠款。

随着第一股欢欣鼓舞的情绪有所消退，人们的注意力集中在对斯特拉福德伯爵的弹劾上。1641 年 1 月底，弹劾的条款已经准备就绪，但是，条款起草者意识到叛国的理由是无力的。毋庸置疑的是，斯特拉福德曾经建议采取强硬路线，尤其是对苏格兰人。他曾主张将爱尔兰军队引入英格兰，而在短期议会失败后，他宣布国王可以凭借自己的特权统治英格兰，击退苏格兰的入侵。斯特拉福德伯爵毫不费力地反驳了叛国罪的指控，也毫不犹豫地暗示，真正的叛徒是那些把苏格兰军队带进英格兰的人：“如果我因这个证据而死，那么我宁愿做受害者也不愿做法官。”

如果议会打算罢免斯特拉福德，它将不得不借助一份剥夺公民权利法案，而非司法审判。查理曾许诺力保他的这位大臣，而在整个诉讼过程中，他都试图与议会领袖谈判达成妥协，剥夺伯爵的职位，而不夺走他的性命。谈判失败之后，他诉诸威胁，与军官密谋用武力营救斯特拉福德伯爵，却让人知道了他的阴谋。这失败得更不含糊。他的士兵进入伦敦塔遭拒，在关键时刻，皮姆透露了这一“军队阴谋”（Army Plot）的细节，以推动通过剥夺公民权利法案。

实际上，到了 1641 年 4 月底，伦敦几乎歇斯底里。暴徒们嚷着要斯特拉福德伯爵见血，店主们用木板封住自家商店——他们害怕爱尔兰人、教皇党人或国王自己的军队的入侵。煽动暴徒的那种恐怖感染了贵族和君主。斯特拉福德伯爵在上议院的盟友为自己的生命感到恐惧。轮到为剥夺公民权利法案投票时，大多数议员都缺席了。王后在白厅宫殿内畏缩不已，害怕自己也会成为受害者。由于剥夺公民权利法案在等着查理签字，所以，他找不到出路。本能要求惩罚之，理性告诉他得饶恕。正如执拗的埃塞克斯伯爵宣称的那样，“死无对证”。5 月 12 日，斯特拉福德伯爵在断头台上高声问道：“人民的幸福的开端是否应该用血来书写？”

斯特拉福德伯爵之死是惊慌失措的查理同意的两项让步之一。2 月，当议会议员们担心国王可能解散议会，而非允许审判斯特拉福德伯爵时，他们通过了一项提案，剥夺了王室对议会的控制权。该提案规定，议会每 3 年召集一次；议会会期最少 50 天；上议院和下议院可以选出自己的议长。查理不情不愿地签署了这份后来被叫作《三年法案》的提案，放弃了他所说的“我的花环中最美的一朵”。如今，军队阴谋再次引起了对突然解散议会的警觉，而下议院准备了一项提案，这样的话长期议会只有在自己同意的情况下才能被解散。国王再次屈服了。

到了 5 月中旬，查理意识到，他在威斯敏斯特面对的是比在纽卡斯尔时更大的一场危机。只要苏格兰人依旧留在英格兰，议会就掌握着政府的大权。整个夏天，这场危机的进程变得清晰起来。下议院准备了多项提案，以结束星室中央法庭和高等宗教事务法庭这两大特权法庭，将主教从上议院的席位驱逐，最不祥的是，废除英格兰的主教制。是国王重新获得主动权的时候了。5 月底，他宣布将前往爱丁堡与苏格兰人缔结条约。8 月初他启程了，准备让步与和解，与长老会教徒一起祈祷，并与卖国贼酬酢，以便让苏格兰人变得无害。

查理的果断行动削弱了他的议会对手。他们也一直在跟苏格兰人谈判，而这很难算得上是令人愉快的经历。苏格兰对英格兰北部的占领在改革者中造成了严重分歧，因为苏格兰人坚持要让这两个教会都遵从长老会。但同样显而易见的是，苏格兰人想要的大部分东西，从国王处比从议会那里更容易得到批准：土地保有权的保障、贸易关税的取消，以及爱丁堡在公民和教会治理中更大的作用。现在，下议院领袖怀疑国王可能会自己与苏格兰达成协议——一份不需要议会的协议。对那些匆匆得出结论，认为斯特拉福德伯爵曾建议国王用爱尔兰军队统治英格兰的人来说，想象查理可能试图用苏格兰军队统治英格兰只是再迈出一小步。

议会议员对国王的不信任、对阴谋的偏执，以及对查理意图的妄想，是内战起源的关键因素。这不仅仅是因为可以操纵这些恐惧——在这个方面，皮姆是一位大师——而且这些恐惧也成了观察所有事件的棱镜。在这几个月里，人们持续为自己的性命担惊受怕。伦敦突然出现无法解释的恐慌。成群结队的暴徒和青年团伙展现出阶级战争的恐怖。议会演说家泪如泉涌。一丁点儿挑衅就会引来拔剑相向。议会恳求查理不要去苏格兰，甚至在安息日举行会议准备再次恳求。一旦他离开了，除了等待和担心就无事可做。议会休会 6 星期，留下一个委员会来监督其事务。

1641 年 10 月下旬，两院再一次召开会议，这是为了进一步揭露军队阴谋和针对苏格兰领导人汉密尔顿和爱丁堡的阿盖尔侯爵（Marquis of Argyll）的秘密阴谋。尽管查理否认与这起所谓的“意外事件”（The Incident）有关，但皮姆还是把谣言当成警钟，好一番发挥。国王及其支持者绝望了；他们甚至支持暗杀。当有人送装有鼠疫受害者的破布的包裹给皮姆，并附上一张威胁其生命的纸条时，这些指控得到了证实。正是在这种阴谋和密谋的背景下，11月1日，第一批歇斯底里的报告传来了爱尔兰发生叛乱的消息。人们长久想象并敏锐地恐惧的天主教阴谋，终于发生了。最初的说法是，天主教徒趁成千上万的新教徒睡眠正酣时将其屠戮。若非细节如此引人入胜，这些暴行将难以形容。孕妇的子宫被撕开；扔到长矛上的婴儿：人们想象的德意志的天主教徒或“土耳其人对基督教徒犯下的同样可怕的暴行——一个不留，没有信仰可保留，所有的房子都被烧毁，男人、妻子和孩子都被置于剑下”——现在被归咎于爱尔兰的叛乱分子。当难民纷纷涌入切斯特，他们渲染了所有这些恐怖事件，并增加了一个：爱尔兰酋长声称以国王的名义行事。

关于爱尔兰叛乱的报告只比事件本身略显混乱。虽然斯特拉福德伯爵一直被爱尔兰政治架构中的所有团体鄙视，但是，他的爱尔兰总督身份有效地遏制了每个团体最恶劣的倾向。只有当他被撤职时，人们才意识到这一点。“老英格兰人”和“新英格兰人”联合起来策划了他的垮台，爱尔兰几乎无人为他的死流泪。但是，如果没有斯特拉福德的有力支持，爱尔兰不可调和的种种分裂的微妙平衡，就会向支持苏格兰议员和清教徒议员的“新英格兰人”行政官员倾斜。装备精良的苏格兰军队在离阿尔斯特不远的地方扎营，都柏林政府明确表示要执行反对天主教礼拜的法律条文。国王曾经考虑在安特里姆侯爵的领导下在阿尔斯特建立一支天主教军队，但苏格兰和英格兰的危机愈发将其压垮。几乎未从17世纪30年代初的危机中恢复过来的阿尔斯特经济，从1640年开始又出现了恶化，恶化了债务人和债权人之间的私人关系，并产生了一种绝望感。整个 1641 年，阿尔斯特天主教徒变得不安；牢骚演变为不满，不满演变为阴谋。爱尔兰的叛乱源于恐惧，但受到了希望的刺激——希望都柏林软弱，希望英格兰和苏格兰继续分裂，希望国王愿意做出让步；希望爱尔兰天主教徒夺回祖国统治权的时刻终于到来。

叛乱始于两个不同的目标：在阿尔斯特起义和夺取都柏林城堡。第一个目标是被剥夺了土地的盖尔家族——“命运多舛的人”——的后代策划的，第二个目标（若真的策划了的话）是最近从西班牙战争中归来的军官策划的。阿尔斯特起义开始于 1641 年 10 月 22 日，始于对占领古老天主教徒家族之庄园的新教定居者进行的精心策划的袭击。尽管叛军的意图是让最近抵达的苏格兰殖民者安心，从而阻止苏格兰的入侵，可一旦叛乱开始，就很快超出了其领导者的控制范围。这是一次突如其来的、出乎意料的打击，有相当多的新教徒在叛乱的最初几天被杀害，更多新教徒在逃离时被赶出家园并受到虐待。艰难时世造就了结局不同的局面。费利姆·奥尼尔爵士（Sir Phelim O’ Neill）率领的叛军发表声明，称起义是为了捍卫自由，而非武装反对国王。与此同时，夺取都柏林城堡并因此拿下爱尔兰王室政府的核心的种种努力，一无所获。阴谋败露，一些同谋者被捕。

最初，一直利用查理与苏格兰人之间的困难作为杠杆，推动“恩典”获得接受的“老英格兰人”家族的首领，对叛乱保持冷漠，并批评盖尔酋长及其盟友的鲁莽行为。但叛乱最终蔓延开来。为了试图拯救斯特拉福德伯爵，查理曾经解散了总督指挥的军队，这让都柏林政府不可能发动有效的军事回应。1641 年 11 月底，一支被派去解救德罗赫达（Drogheda）的部队反被叛军打败——这是一次心理上的胜利，对说服“老英格兰人”放弃中立非常重要。到了翌年春天，爱尔兰叛乱演变为一场内战。

比起苏格兰和英格兰人民认为发生了什么，爱尔兰真正发生的事情没有那么重要。叛军领导人宣扬的王室委任状是彻头彻尾的伪造品。这场震惊英格兰人的大屠杀，虽然足够残酷，不过实际上是爱尔兰原住民和“老英格兰人”控制下的叛乱，以削弱“新英格兰人”殖民者的势力，而这些殖民者自斯特拉福德伯爵被处决之后就不断壮大。从苏格兰人那里得到提示的爱尔兰天主教徒相信，一场有限的叛乱可能会迫使国王做出让步，包括在立法上承认“恩典”。但在威斯敏斯特，大屠杀改变了政治局势。在秋季议会休会期间，皮姆及其盟友开始失去了对事态的控制。对其领导力的怨恨让天平转向了国王和回归常态。与苏格兰人缔结的和平消除了一个障碍，查理不情不愿地同意废除星室中央法庭和高等宗教事务法庭则消除了另一个障碍。由于 3 年后肯定会举行另一次会议，也许长期议会会同意解散自己。

爱尔兰叛乱终结了任何此类希望。议会领袖不仅必须处理一场新的危机，而且这场危机需要让国王指挥另一支军队。皮姆绝望地试图对下议院提供武器、筹集贷款和争取苏格兰人的援助以镇压爱尔兰叛军的动议施加压力。皮姆辩称，如果给查理提供资助，那么，他应该只接受议会信任的那些人的劝告。这种谨慎被抛到了反天主教歇斯底里的浪潮中。皮姆显示出自己更害怕国王而不是教皇。正当一个委员会加紧准备军事远征时，皮姆又重新提起了不满的话题。除了全年编制的不满申诉单外，皮姆还增加了英格兰、苏格兰和爱尔兰最近发生的阴谋。当查理从爱丁堡归来时，欢呼的人群涌上干道向他致意，而下议院花了漫长而黑暗的一个又一个下午就《大抗议书》（Grand Remonstrance）进行辩论。

爱尔兰局势的不确定性、对查理在苏格兰取得成功后的意图的担忧，以及过去 10 年的痛苦回忆，引发了有关《大抗议书》的辩论。从某种层面看，《大抗议书》显示了议会领袖对国王的持续不信任。毫无疑问，查理曾考虑对议会领导层使用武力。几乎没有理由相信他不会再考虑这件事。但从另一种层面看，《大抗议书》暴露出改革运动的脆弱不堪。改革者现在面临的种种问题——剥夺国王的军事权力和改革宗教——本身就存在分歧。最重要的是，《大抗议书》是一个历史教训，反映了查理的统治过度。将近一年前，当《大抗议书》首次被提出时，它一直被比作一面镜子，国王可以通过它像他的臣民看到他那样更好地看到自己。但现在它只是一堆碎片，对起草抗议书的成员和君主来说都是危险的。

《大抗议书》详细地阐述了查理一世的邪恶统治和长期议会的有益改革的历史。抗议书的语气既是愤怒的，又是防御性的，关于它通过的辩论也是如此。斯特拉福德伯爵之死以来，议会中的王室支持者更加生龙活虎。对他们来说，《大抗议书》除了掀开旧伤口外别无用处。当国王已经同意废除特权法庭，为何还要对此抱怨不迭？国王麾下的邪恶顾问官已经死去、在监狱中或逃往国外。诋毁他们的记忆有什么用？但对《大抗议书》的支持者来说，抗议书证明了议会咄咄逼人的立场的正当性，并为进一步改革提供了依据。必要的不仅是剔除邪恶的顾问官，还有安排值得信赖的人顶替他们的职位。《大抗议书》坚持任命议会信任的那些人。必要的不仅是否认宗教上的创新，还有让神职人员大会（Assembly of Divines）恢复纯粹的加尔文派做法。

随着那些希望退后一步的人和那些希望勇往直前的人之间划出了界限，围绕《大抗议书》的斗争将议会分成了保皇派（royalists）

和议会派（parliamentarians）。保皇派抗议道，《大抗议书》非但没有将民众的抱怨上呈国王，反而把“国王的抱怨带给了民众”。议会派辩称，没有进一步改革，未来就没有保障可言。11 月 23 日凌晨两点，《大抗议书》以 159 票赞成、148 票反对在下议院获得通过。长期议会第一年的联合改革运动（unified reform movement）土崩瓦解。

查理称抗议书为“一份性质非同寻常的宣言”，12 月 1 日，抗议书的上呈坚定了国王的决心。12 月 10 日，他发布了一份公告，要求遵守“这片土地的法律和法规”规定的英格兰圣公会的仪式，而在 12 月 23 日，他通过否认《大抗议书》的假设和拒绝其要求来回应。那时，他已经决定夺回他的政府。国王没有任命议会信任的顾问官，而是罢免老亨利・范恩爵士的官职，正如我们看到的那样，国王推动了弹劾 5 名下议院重要议员和 1 名上议院议员的尝试。很难看出他还能做什么。毫无疑问，议会对任命顾问官、改革宗教和监督对爱尔兰的军事远征的要求侵犯了国王的主权。“上帝啊！”查理惊呼，“你们对我提的要求，从没有人对国王提过。”

如果查理成功逮捕了这些议会领袖，那么，他可能已经平息了这场政治危机。相反，他的失败点燃了危机。在把王后和他的孩子们安全地送出威斯敏斯特后，国王放弃了他的首都。欢呼雀跃的伦敦人让皮姆及其盟友回到他们的职位上，而新当选的伦敦城领导人公开表达了他们对议会的支持。现在不存在信任拥有一支军队的国王的问题，而两院一步一步地向军事力量迈进。两院先是获得对伦敦塔的控制权。接着，两院为议会准备了一份提案，任命所有总督和受过训练的民兵的领袖。约翰・霍瑟姆爵士（Sir John Hotham）被派去赫尔，受命以议会之名保护这座堡垒，那里储存着最大的军需品弹仓。4 月底，查理兵临城下，却发现霍瑟姆准备就绪。霍瑟姆一直拉着吊桥，拒绝让国王进入，而查理宣布他为叛徒。在威斯敏斯特，国王抵达赫尔只能标志着战争。1642 年 5 月 5 日，在查理拒绝交出其军事任命权后，两院通过一项《民兵条例》（Militia Ordinance）将其没收，但未提交国王批准。很难看出两院还能怎么做。截获的王后来信透露了征募外国盟友的计划。3 周后，查理谴责《民兵条例》，并给那些接受议会任命的人贴上卖国贼的标签。

国王和议会现在有可能发生严重的冲突。查理在北方集结兵力，而议会打起了向爱尔兰派遣远征队的幌子，大肆征兵。两大因素使之变得必要起来，一是爱尔兰天主教联盟（Catholic Confederacy of Ireland）的创立，联盟把阿尔斯特的叛乱变成了一场民族运动，并出现一个议会——一个以“最高委员会”（Supreme Council）之名为人所知的执行机构；二是一支由欧文·罗伊·奥尼尔（Owen Roe O’Neill）率领的富有成效的军事力量，而奥尼尔是一名在与西班牙的战争中经验丰富的指挥官，阿尔斯特大片蒂龙庄园的继承人。

1642 年 6 月伊始，两院试图通过向查理提出《十九条主张》（Nineteen Propositions）来避免英格兰的流血事件，而这些主张实质上是要求国王无条件投降的条款。议会的愿望已经变成了要求，而这些要求触及了王室特权的各个方面。议会将任命所有未来的王室顾问官和法官。议会将监督国王子女的教育并批准王室婚姻。议会将就战争与和平的问题提供咨询，并完全控制民兵。最后，议会将分担教会改革的责任。

《十九条主张》几乎没有留下妥协的余地，而国王对此予以拒斥。王室的回应向两院讲授了君主制的特权和议会的职能。“下议院从来无意在统治上分一杯羹（share of government）”；若是国王屈服于这些要求，他将把君主制变成无政府状态，并“把我们许许多多的高贵祖先变成杰克·凯德（Jack Cade）”[①]。7月12日，议会投票决定组建一支军队，一个多月后的8月22日，查理在诺丁汉展开了那面王室旗帜（royal standard）。旗帜上写着：“给恺撒他应得的。”

然而，这个国家几乎算不上陷入内战。在大多数郡，重要的绅士避免选择哪一方站队。有些绅士走得很远，以致通过了正式的中立条约；其他人则仅仅是拒绝，要么拒绝宣读《民兵条例》，要么拒绝宣读王室的《征兵令》(Commission of Array)。他们的首要目标是不让陌生人进入本郡，并让本地的民兵留在本地。游荡的王庭在约克郡和米德兰地区强行提出了这一问题，而查理就在那里开始征兵。伦敦让议会在英格兰东部地区居于至高地位，在那里，议会装备精良的民兵帮助解除了潜在保皇派的武装，并让中立派归附。耍手腕的头几个月，更多是在解决当地的恩怨，而不是友好关系破裂背后的原则冲突。

正是原则问题让妥协变得不可能，让流血变得不可避免。“几乎这一代的每个人都敢于（durst）要么为真理，要么为佯装为真理的事物而战”，历史学家约翰·拉什沃思（John Rushworth）[②]总结道。保皇派的祖先们保留了诸多宗教与君主制传统，并将其作为神圣的遗产传给他们，他们为这些传统而战。他们相信主教和国王

① 1450年，英格兰东南部爆发起义，起义军领袖杰克·凯德在进入伦敦城后纵兵为祸，最终被伦敦城居民击败。

② 约翰·拉什沃思（1612—1690），英格兰律师、历史学家，在1657—1685年间多次当选下议院议员。

的神圣权利，这些与其说是思想上的主张，不如说是教会和国家中的等级制度之所系。他们的根本原则是忠诚——深深地铭刻在其所属社会的父权制本质中的一种本能。不忠是卑鄙的——违反了一项准则，该准则让宣誓与契约一样有力，让自愿服从比法律更可靠，让自我牺牲成了一项受人欢迎的义务。忠诚是国王的事业背后的情感力量。议会派为真正的宗教和自由而战。他们也捍卫一份古老的遗产——一个消除最近的创新的教会，以及一个尊重财产不可侵犯性的政府。他们为其灵魂感到恐惧，并觉得救赎是一个太重要的个人问题，以致不能留在教会手中。他们的根本原则是同意（consent）——一种根深蒂固的对臣民和君主之间合作的信仰，该信仰在特权和自由之间维持着微妙的平衡。没有同意的话，君主制就会沦为暴政，而自由人将沦为奴隶。他们的主要情感是恐惧：对如果他们没有挺身而出将发生之事的恐惧；对如果他们失败将发生之事的惊骇。

这场始于爱尔兰叛乱的危机，将这些原本在风平浪静时统一的种种原则和情感分离开来。这并不是说那些捍卫君主特权的人未曾维护人民的自由，也不是说那些畏惧教皇主义的人没有忠诚感。长期议会中的议员，无人质疑英格兰政府的等级制本质，或质疑君主制是神授的。没有一个活着的保皇派对私有财产的不可侵犯性提出异议。内战迫使人们选择这一套或另一套价值观。教皇主义比无政府状态更可怕吗？君主的权利比臣民的权利更优先吗？内战让种种信仰的稳定结合变成了不可调和的分歧。

随着战争的继续，这些立场逐渐成为两大意识形态事业的基石。那些最容易被吸引到两极的人率先迫使温和派做出选择。双方各有一小群极端分子在动用不成比例的影响力。宣传人员发动了一场诉诸崇高原则和基本情感的舌战。成千上万的小册子从印刷所蜂拥而至，讨论当前的问题。印刷的演讲稿让皮姆及其盟友在全国享有盛名；然而，纯粹就受欢迎程度而言，没有人能同国王竞争。只要有可能，书商就会在其产品的封面上印上国王画像，尽管事实上大多数印刷厂都设在伦敦，而且大多数小册子都是支持议会议员的。宣传有助于形成舆论，但决定献身哪一方的是经验。各郡沿着传统的立场断层线（fault-lines）选择不同阵营。由于人们不得不选择立场，家族纠纷或城镇和乡村之间的敌对得以成形。英格兰北部和西部具有强烈的保皇派色彩，而南部和东部主要是议会派色彩。但当父子反目，兄弟对峙，几乎没有什么模式可言了。此外，这场斗争有其自身的逻辑。受害者寻求复仇；暴行要求偿还。流血的代价不断升级：军队扩大，战斗加剧，消耗的财富数量无法想象。很快，之所以打这场战争，是为了给战争辩护。

一旦宣战，双方就都组建了 2 万多人的军队。贵族的慷慨资助了国王；仅伍斯特侯爵就借出了 10 万英镑。议会在人员和物资方面依靠的是伦敦的雄厚财力。参与过欧洲冲突的退伍军人率领着两军。国王最能干的指挥官是他的德意志外甥鲁珀特亲王（Prince Rupert）[①]，亲王黝黑的美貌和年轻人的热情掩盖了他那冷酷的残暴。议会派则任命倒霉的埃塞克斯伯爵为其军队总司令（Lord General）。虽然埃塞克斯伯爵是英格兰最富有的人之一，但他的傲慢更胜一筹。他的童年因父亲被处决而遭受创伤；他的成年岁月则因为两次婚姻的失败而伤痕累累——第一次是因为他所谓的性无能，第二次是因为他妻子的通奸。

① 鲁珀特亲王的母亲是查理的姐姐伊丽莎白·斯图亚特。

这两位司令都相信自己将取得速胜：鲁珀特亲王是出于对麾下骑士的优越感；埃塞克斯伯爵则是因为他拥有一支装备更为精良的步兵——“基督教世界最有决心的步兵”。由于两人正确地评估了自己的实力，所以第一次战役举棋不定。经过数周的磨炼，1642 年 10 月 23 日，两支军队在华威郡的艾吉希尔（Edgehill）交战。鲁珀特的骑兵将对手横扫出战场，并追击他们到议会派指挥部。保皇派声称胜利的基础是这次一举击败议会派军队和对议员行李搬运车的掠夺。然而，鲁珀特无法重组他的人马，这意味着国王的步兵在侧翼没有任何保护。议会派步兵的顽强战斗击溃了国王的步兵，只是夜幕降临稍早才阻止了一场大屠杀。

如果说艾吉希尔战役证明了国王无法径直粉碎他的对手，那么，它也证明议会派无法阻止保皇派的挺进。在重整旗鼓之后，查理向南迁移，占领了牛津的班伯里（Banbury）镇——他在那里设立了指挥部——和雷丁（Reading）。他打算在入冬前重返伦敦。埃塞克斯伯爵沿着一条平行的小路追赶国王，而若非查理小心翼翼，他原本不会追上查理。保皇派没有赶往首都，而是有条不紊地拿下伦敦西郊的布伦特福德（Brentford）。因此，11 月 13 日，他们在特纳姆格林（Turnham Green）面对的是一支集结 2.4 万人的队伍，而国王决定撤回冬季指挥部。这是一个典型的决定：将危机推向即将解决的边缘，然后撤回。查理再也找不到更好的机会了。

英格兰内战（English Civil War）遵循了农业年的节奏。春天，新的军队建立了（planted）；夏天，他们以土地为食；秋天，他们收获了胜利或失败。冬天，他们休息，提议和平。因此，随着 1643 年拉开大幕，议会向查理呈交《牛津提案》（Oxford Proposals）。这些提案是两院内部一场斗争的结果，这场斗争揭示了那些寻求通过谈判达成解决方案的人和那些寻求军事解决方案的人之间存在的很深的裂缝。登齐尔·霍利斯曾经在1629年宣读了《三项决议》(Three Resolutions)①，他还是查理试图在1642年弹劾的5名议员之一，他率领着“主和派”(peace group)。作为保皇派克莱尔伯爵（Earl of Clare）的次子，霍利斯个人知道“这场没有敌人的战争”的痛苦，并相信没有人愿意延长这场战争。他在艾吉希尔亲眼目睹了杀戮，他在那里直面死亡并眨了眨眼。主和派遭到了那些希望国王被迫妥协的人的反对。率领这些反对者的是一名日记作者②所说的“脾气火爆者”(the fiery spirits)——尤其是小亨利·范恩爵士（yonger Sir Henry Vane）和亨利·马腾（Henry Marten)，坎特伯雷大主教法庭一名法官叛逆的儿子。他们在行政上支持严酷的权宜之计，包括以造船税为蓝本的每周评估税负（a weekly assessment）和以对货物加征货物税为蓝本的消费税。皮姆及其盟友站在主战派和主和派之间，他们通过让极端分子妥协将议会派的事业团结在一起。

最初，皮姆发现占据中心很容易。主和派的《牛津提议》对国王来说过于激进；主战派的军事权宜之计对民众来说过于激进。实际上，双方都认为有必要围绕能够获得敬重和资源的地方领袖组织军队。国王通过赫伯特勋爵、德比伯爵和纽卡斯尔伯爵等贵族指挥官的努力，巩固了他在威尔士、米德兰地区和英格兰北部的统治。议会通过一个委员会制度进行管理，并向其成员下达军事命令。为

---

① 见第五章。

② 指西蒙德斯·德埃维斯（1602—1650），英格兰的古文物研究者、政治家。他的日记记录了长期议会的主要事件。

了处理当地民兵不愿离开本郡的问题，议会建立了地区部队，其中，曼彻斯特伯爵指挥的东部联盟（Eastern Association）军队是最重要的。曼彻斯特伯爵麾下有位骑兵上校名叫奥利弗·克伦威尔（Oliver Cromwell），此人是个天生的军事天才，也是一名令人敬畏的战地指挥官。在欧洲战场上经验丰富的军人威廉·沃勒爵士（Sir William Waller），他指挥着南部西部联盟（South-Western Association）的军队。

这些地区部队主导了1643年的战役。在春季和秋初，国王一派所向披靡。议会派部队在3个地方遭到决定性的打击，首先是在查尔格罗夫原野（Chalgrove Field，6月18日），约翰·汉普登就在那里被杀；接着是在兰斯当（Lansdown，7月5日）；最后是在朗德威高地（Roundway Down），沃勒的军队在那里被歼灭。两周后，鲁珀特亲王完成了对布里斯托尔的成功围困（7月26日），布里斯托尔是英格兰第二大城市，也是武器和增援的重要入境港。与此同时，约克郡大部分地区落入纽卡斯尔伯爵的控制。

当保皇派的军队向前推进时，埃塞克斯伯爵的部队一动不动。他的军队包围了牛津郡，却因疾病和逃兵徒劳无功。9月伊始，议会增援了埃塞克斯伯爵的军队，并命令部队解除对格洛斯特的围困。部队听命行事，尽管代价是让主要的保皇派势力有了一条通往伦敦的畅通之路。迅速向西行进的埃塞克斯伯爵，现在不得不在恶劣的天气和黑暗的日子里快速返回。两军的线路在纽伯里相交，在那里发生了战争中另一场犹豫不决的激战。国王无法利用高地，埃塞克斯伯爵也不能利用高级炮兵。但是，就像特纳姆格林，纽伯里扭转了保皇派的势头，让双方在前往冬季指挥部时陷入僵局。

1643年与1644年之交的冬天是阴森的。双方都在舔舐自己的伤口，尽管对那些已经死去的人来说，没有任何安慰可言。查理失去了福克兰勋爵（Lord Falkland），他最亲密的顾问，也是少数几个有可能说服他达成协议的人之一。议会失去了约翰·皮姆，他在那年最后几个月里患上的消耗性疾病似乎是对失败的战争努力的注释。

即便癌症在夺去皮姆的生命，他仍然不遗余力地建立与苏格兰人的军事同盟——《庄严盟约》(Solemn League and Covenant)。作为对宗教改革献身的回报，“根据上帝之言和最佳归正会的示范”，苏格兰人将把一支军队带进英格兰。《庄严盟约》主要是小亨利·范恩爵士及其主战派盟友的作品，尽管盟约也得到了求和派长老会成员的支持。苏格兰人参战让联合决策架构变得必要起来。苏格兰人派代表参加威斯敏斯特宗教大会，该大会是为了对教会改革提议进行辩论而设立的，而他们在一个新的行政机构，两国委员会（Committee of Both Kingdoms）中获得席位，委员会将成为战争努力的战略中心。

查理也加强了他的军队，通过谈判终止了爱尔兰战争，这让他能收回被征募来镇压叛乱的保皇派军队的大部。率领保皇派军队大部的是奥蒙德公爵詹姆斯·巴特勒（James Butler，Duke of Ormond），他接替斯特拉福德伯爵成为爱尔兰总督，并面临着控制已经蔓延到王国各地的天主教叛乱这一挑战。天主教的胜利再次把对爱尔兰的有效控制范围缩小到都柏林和帕莱，而保皇派和议会派新教徒之间的分裂削弱了奥蒙德公爵的力量。阿尔斯特的苏格兰人有效地进行了自己的报复，并拒绝接受终止战争。在那些希望迫使查理做出让步的人和那些希望让爱尔兰独立于斯图亚特王朝的统治的人之间，同样是分裂的。1643 年底，奥蒙德公爵实现了暂时的和平。

但是，议会尝到了这些各种各样的联盟结出的第一批果实。利文伯爵（Earl of Leven）指挥的苏格兰军队抵达英格兰北部，这让 1644 年夏天对约克郡的协同作战成为可能。托马斯・费尔法克斯爵士（Sir Thomas Fairfax）指挥的地方征兵加入了苏格兰人和曼彻斯特伯爵领导下的东部联盟部队，组成了一支近 2.8 万人的军队。为了将其击退，国王命令麾下两位最成功的将军鲁珀特亲王和戈林勋爵乔治（George, Lord Goring）与纽卡斯尔伯爵联合组建一支近 2.1 万人的军队。两支军队都是由各式各样的士兵组成，并习惯于在各自指挥官的指挥下作战。出人意料的是，在战斗时刻，议会派比保皇派更能协调他们的力量。

战斗于 7 月 2 日在马斯顿荒原（Maston Moor）打响，这是这场战争中最大的对阵战（set battles）之一。奥利弗・克伦威尔指挥议会派骑兵的进攻，首次将保皇派部队的一翼击退。当克伦威尔重新集结他的人马，并部署他们对抗保皇派步兵时，结果证明这起到了决定性的作用，即尽管在数量上处于劣势，但他们还是扛住了苏格兰人的首次冲锋。马斯顿荒原之战显然是议会派获胜。下一周约克郡被攻克，英格兰北部地区对议会派来说高枕无忧。保皇派损失了 4 000 人，其中包括许多能干的军官。他们也失去了一种感觉，即他们是最终将获胜的天生优越的力量。

然而，马斯顿荒原战役和占领约克是 1644 年议会派的战役之高潮。在英格兰南部地区，埃塞克斯伯爵和沃勒爵士之间关于谁将获得击败国王的首要地位的争吵，威胁到了伦敦的两国委员会制定的战略。这是为了将查理困在两军之间，让他参加一场决定性的战斗。当埃塞克斯伯爵从普利茅斯来到康沃尔，沃勒在伦敦公开发表对总司令的埋怨。虽然下议院命令他回到自己的军队中去，但这已经太迟了。在戈林的增援下，国王的军队占据着压倒性优势，埃塞克斯伯爵则向康沃尔郡更深处撤退。最终，他无处可去。整个议会派步兵在洛斯特维希尔（9 月 2 日）耻辱地投降，而伯爵乘坐小船逃之夭夭。

最惨重的情形尚未到来。国王军刚刚在投降时缴获了新的补给物资，向东推进，向伦敦进发，沿途集结兵力。议会命令它的 3 支主要军队采取行动，由一个暴躁的战争委员会（Council of War）管理，在这个委员会中，埃塞克斯伯爵、沃勒爵士和曼彻斯特伯爵拒绝服从彼此。因此，他们在第二次纽伯里战役（second Battle of Newbury，10 月 27 日）中浪费了人数优势，当时曼彻斯特未能支持议会派军队的一次成功进攻，然后无助地看着查理解救了唐宁顿城堡（Donnington Castle，11 月 7 日）并收回大部分重炮。

打了 3 年仗，还是僵持不下。当双方都在向冬季营地进军时，军队的精疲力竭很明显，这个国家的精疲力竭则有过之而无不及。

第七章

内战与革命（1645—1649）

1649年1月30日，查理·斯图亚特登上了断头台，而他的生命将在此终结。他凝视着一片人山人海，与戴着兜帽的刽子手简短地谈了几句，而刽子手直立着斧头等待着，然后，他目不转睛地盯着前方。陪同他的牧师背诵了一段简短的祈祷词，然后查理向聚集在威斯敏斯特宫庭院中的一小群人发表了讲话，而这些人被武装士兵挡在高台后面。但是，很少有人能在风中听清他的话。他不急不缓地说道："我将放弃腐朽的王冠，获得不朽的王冠；就此进入没有纷争的世界；再也不受世事的困扰。"查理把头发塞在白色缎帽下，跪下，低头。

快到1649年1月底时，由长期议会的残余势力设立的高等法院（High Court of Justice）召开会议，审理对英格兰国王查理·斯图亚特的叛国指控。该法院由以"生来自由的英格兰人民"之名提名的议会议员、平民和军官组成。他们对必须做的工作没有多少热情。没有比约翰·布拉德肖（John Bradshaw）——一位次要的巡回法官（circuit justice）——更资深的法官可以主持审判，而在整个诉讼过程中，他都戴着一顶套上铁环的帽子，以防被人暗杀。对国王的指控几乎没有法律依据："上述查理·斯图亚特，他所有的邪恶计划、战争和恶习，过去和现在都是为了促进和维护个人利益而进行的，这些违背了这个国家的人民的自由、正义与和平，而他正是受（by and from）他们的委托。"查理将为必然律（law of necessity），而非英格兰法（law of England）而牺牲生命。在审判中，查理巧妙地揭露了这种明显的伪装："对于该指控，我认为其并非匆匆忙忙而就；我代表的正是英格兰人民的自由。对我来说，这是让我承认一个我以前从未听说过的新法庭，我是你们的国王，应该是英格兰人民维护正义、维护旧法的榜样；实际上我不知道要怎么做。"当他不愿回答对他的指控时，他被认为已经认罪。布拉德肖负责记录他犯下的重大罪行并宣判："上述查理·斯图亚特，作为一个暴君、叛国者、杀人犯和公敌，应当砍下他的头颅，处死。"

国王还有 3 天时间。礼拜日，他与伦敦主教威廉·贾克森（William Juxon, Bishop of London）一起坐在那里祈祷，而贾克森一直陪伴他度过这最后的苦难。1 月 29 日星期一，查理获允见见自己最小的两个孩子。对 10 岁的格洛斯特公爵亨利（Henry, Duke of Gloucester），国王有个特别的请求："事到如今，在砍下为父的脑袋之后，他们兴许会拥立你为国王。然而，你一定要牢记，只要你的哥哥查理、詹姆士尚在人间，你就绝不可以成为国王，因为只要他们抓到了你的两个哥哥，他们肯定会砍了他们的脑袋，之后再来取你的项上人头。所以，我命令你不得让他们拥立你为国王。"对此，这个男孩答道："我宁可首先粉身碎骨。"

国王的法官们在最后几天也很忙碌。一方面，必须签署死刑执行令，而在最后一刻有人选择背叛。请求饶查理一命的呼声潮水般涌入，其中很多来自议会支持者。他的长子威尔士亲王寄来了一份空白的委托书委任状，称如果他的父亲能够幸免于难，他同意议会强加的任何条款。在威斯敏斯特宫的绘厅（Painted Cahmber）中，查理的死刑执行令平铺在一张方桌上。最终获得了 59 个签名和印章，尽管许多人后来讲述的故事是奥利弗·克伦威尔迫使他们签名，而克伦威尔本人现在确信，国王之死是唯一的解决办法。与此同时，工匠在王室宴会厅的二楼窗户旁搭了一个脚手架，查理斥巨资修建宴会厅，里面的天花板有鲁本斯创作的精美的天顶画。在生命的最后一天，国王可以听到工匠切割木板和钉钉子的声音。

1 月 30 日星期二，天气晴朗，寒冷刺骨。查理决定于他在世的最后一天禁食，但主教贾克森哄他吃了一点面包，饮了些葡萄酒，即领受了生者之间的最后一次圣餐。在那之后，国王整个上午都在祈祷。

上帝啊，您既用死亡公正地折磨吾等，又会慈悲为怀，让我们在死亡中得到救赎，得以脱离死亡的苦海。

没错，与其苟且偷生，失去您的荫庇，还不如慷慨就义，奔向您的怀抱。

尽管毁灭我的人忘记了自己对您和我的义务，但您，我的主，勿忘对他们慈悲。

如果他们失去了自己的灵魂，在我的鲜血中、在获得我的王国上，对他们有什么好处呢?

主啊，我已经看到了您的救赎，让您的仆人安静地离开吧。

查理穿着两件衬衫，生怕自己会在寒冷中发抖，被认为害怕面对他的命运。他把头放在低矮的垫头木上，然后张开双臂，这是刽子手工作的信号。斧头落下，国王的首级跌跌撞撞地掉进篮子里。刽子手拎起之，照例说道：“瞧瞧叛国者的头颅。”

三国战争（Wars of the Three Kingdoms）是一次毁灭性的经历，给一代又一代的英国人烙上印痕。始于1640年的苏格兰入侵的战斗，迅速蔓延至整个群岛。爱尔兰和苏格兰拥有永久性的军事机构，而英格兰从1642年开始的4年里战争几乎持续不断。兴许每8个成年男性中就有一个直接参与战斗；而在围攻行动中，参与围攻的人数可能是这个数字的两倍。平民的境况往往比战斗人员更惨，因为私人财产被人征用，偶发暴力事件增多，税收增加到战前水平的10倍。虽然暴行故事是双方都会传播的宣传品，但毫无疑问，双方描述的一些暴行确实发生了，而且发生的许多暴行从未付诸文字。伤亡人数仍然是推测性的，尽管这一比例可能高于第一次世界大战之前英国的任何军事行动。不过，死亡和毁灭都不是衡量内战所造成混乱的最有效尺度。维系社会的各个纽带到处都很紧张，而且经常断裂。家族分裂，社区四分五裂。佃户拒不服从领主，学徒违抗师傅。国王被唤作暴君，议会派被叫作叛国者。服从、尊重、秩序和体面是战争中无法估量的伤亡对象。

议会派在第一次内战（First Civil War）中的胜利绝非不可避免，事实上，直到纳西比战役（Battle of Naseby）之后才能预测到这一点。议会的内部分裂削弱了其优越资源的优势，而战争持续的时间越长，人们就越渴望恢复正常。然而，战争的惨痛经历使这一点变得越来越不可能，即当战争继续进行时，议会除了让查理一世接受自己的条件之外，没有其他选择。国王这一边，他相信自己最终必定胜利。他知道自己的事业是正义的，他的将军们更胜一筹，他的军队足以胜任这项任务。更重要的是，他确信，无论战场上的结果如何，只有他能决定协议的条款。议会给他的军队带来的一系列失败丝毫没有软化他的政治立场。没有他就没有政府可言，而他的敌人迟早得信赖他来统治。

议会虽然取得了胜利，但并没有兴旺发达。议会的事业只有在反对国王时才是统一的，而一旦这种引力被消除，各个组成部分就会在各个方向上瓦解。苏格兰人要求的是英格兰人不愿接受的让步。伦敦城威胁要发起一场税收叛乱。下议院内的政治团体争夺权力，期待着复辟和王室的慷慨赏赐。军人要求偿还逾期薪酬，并为自己的未来担忧。宗教出现了许多问题。圣公会改革者被长老会狂热分子打上“倒退分子”（backsliders）的烙印。长老会成员被独立派（Independency）成员嘲笑为“新的良心强加者”（new forcers of conscience）。因为议会无法在没有国王的情况下达成宗教和解，也无法在过渡期间执行纪律，所以，获得力量的分裂的教派激增。战争产生了激进主义；激进主义并没有造成战争。

当战斗有了自己的生命时，现在政治激进主义亦复如是。议会代表民众采取行动，迫使一位顽固的君主屈服的有限主张，被扩展为关于政府性质的契约派论点（contractual arguments）和关于人民自由的民主派论点（democratic arguments）。存在种种乌托邦计划，这些计划意欲通过根本性的政治改革来建立一个新的耶路撒冷，这些改革限制了国王和议会的权力，并让二者都对国家的意志负责，对这种种乌托邦计划来说，这些日子是令人兴奋的。当王室和议会专员就晦涩难懂的和平提议条款进行辩论时，新政治家们

采纳了 *Salus Populi est Suprema Lex* ——“民众的安全是最高的法律”——这个口号。军队终于打破了僵局，先是在 1647 年，当时军队抵制解散并直接挑战议会的权威，接着是第二次内战（Second Civil War）之后，军队径直将国王和议会扫到一边，并把内战变成革命。

* * *

1644 年的战役对双方来说都是一场灾难。在英格兰北部的损失让国王丧失了人力和财力。长老会教徒的领导者，能干的纽卡斯尔伯爵选择流亡法国，而不是在保皇派的法庭上受辱，在那里他与鲁珀特亲王的分歧得以公开表达。威尔莫特勋爵（Lord Wilmot）是查理麾下另一位杰出士兵，他反对鲁珀特掌权。威尔莫特被发现与埃塞克斯伯爵秘密通信，遭到逮捕，被剥夺指挥权，并被流放。听到这个消息，他率领的团差一点兵变。议会的失败同样根深蒂固。当曼彻斯特伯爵和奥利弗·克伦威尔在东部联盟军队中爆发了激烈争端时，未能在马斯顿荒原的胜利基础上再接再厉，以及埃塞克斯伯爵和威廉·沃勒爵士之间的紧张关系日益加剧，这些已经在威斯敏斯特引发担忧。克伦威尔反对曼彻斯特伯爵军中的苏格兰军官的长老会主义，认为长老会主义是跟国王的阿民念主义一样僵化的枷锁，这激起了这些军官的怒火。他支持在一个被称为“独立派”的松散的组织体系中为个人集会提供宗教自由。苏格兰人则将独立派与最极端的宗教分离主义者混为一谈。曼彻斯特伯爵和克伦威尔之间的争吵带有这些宗教差异的色彩，尽管其核心是关于起诉战争的争论。在纽伯里和唐宁顿，克伦威尔都鼓吹挑衅，曼彻斯特伯爵则为不作为辩护。“如果我们 99 次击败国王，但他还是国王；可若是国王击败我们一次，那我们就都得绞死。”伯爵推论道。在这些惨败之后，克伦威尔将争议公之于众，指责曼彻斯特伯爵无能。

议会指挥官之间的争端并不亚于他们的努力取得的不确定的结果，这坚定了议会议员对军队进行彻底改革的决心。当求和派再次提出协议的建议——后来不成功的《阿克斯布里奇提议》（Uxbridge Propositions，1645 年 1 月）——时，主战派领袖和那些肩负军政重任者草拟了一份“新模范军”（New Model Army）计划。这将把埃塞克斯伯爵、沃勒爵士和曼彻斯特伯爵 3 支主要部队合并成一支由 2.2 万人组成的国民军。对每个郡征收的月度评估税负，将为这支军队提供资金，而军队将在伦敦集中管理。

“新模范”几无新颖之处。现有军队的残余被简单地合并，其重叠的军需（commissaries）和军费管理体系（treasuries）被统一起来。新颖之处在于，议会决定对其所有成员实施一项自抑法（self-denying ordinance），剥夺他们的军事和民事职务。自抑不仅让高级军事指挥官，而且让上议院所有议员丧失了职权。然而，这与其说是对贵族的攻击，不如说是对当地军事组织的攻击。作为郡督和地区指挥官，很多贵族组建了自己的兵团，并保卫或攻击当地据点。两国委员会发现，不可能将这些部队与其庞大的军队协调起来。通过剥夺所有贵族的军事指挥权，地方军队必然被置于中央权威之下，而地方指挥官隶属于议会新任将军托马斯·费尔法克斯爵士。

费尔法克斯是少数在议会中既没有头衔也没有席位的高级指挥官之一。作为约克郡一个著名家族的后裔，他是弥合议会事业分歧的完美人选。青少年时期的他在荷兰霍勒斯·维尔爵士手下服役，随后他与维尔的女儿安妮（Anne）结婚，安妮是一位坚定的长老会教徒。然而，他在1639年组建了一支龙骑兵部队，为王室服务，对抗苏格兰叛乱。作为一名宗教和政治上的温和派，托马斯爵士向议会靠拢，并在整个战争期间成功地指挥了约克郡骑兵。他与士兵同甘共苦，一起面对战场的严酷和战斗的危险，因而获得士兵的忠诚。但是，他在其他方面是谦逊的——这与被他取代的3位自我主义者形成了可喜的对比。他成功地与苏格兰人合作——正如人们希望新模范军在即将到来的战役中的作为——并一贯支持侵略性的军事行动。他已经表明自己愿意接受命令，愿意战斗，愿意淡出政治背景：“因为他确实做到了，用他最大的技巧，雄心消除，但良知永存。”

费尔法克斯的副指挥官菲利普·斯基彭爵士（Sir Philip Skippon）几乎就是他的翻版。作为一名没有强烈的宗教或政治背景的职业军人，斯基彭在被迫在洛斯特维希尔投降之前，曾领导在伦敦训练的民兵，并指挥埃塞克斯伯爵的步兵。他被赋予重组新模范军步兵的任务。领导新模范军骑兵的任务最终落在了克伦威尔身上。尽管克伦威尔因自抑法而被禁止指挥，但他的能力非常宝贵，不容弃之不顾。他被赋予了许多有限的豁免权，直至1645年6月议会命令他永久参军。

新模范军的创建是在危机和紧张的气氛中进行的。厌战情绪对议员们的影响比对国王的影响更大。他们对紧急权力、戒严法和财政勒索的使用，嘲弄了他们对自由的抽象性捍卫。在牛津出版的保皇派宣传品将战争的责任推到了议会身上，并有效地揭露了议会议员的腐败和贪污行为。这是自我否定的一个原因：自抑法表面上剥夺了成员的公职和附加报酬。实际上，结果证明，有必要为更多议会议员提供收入，使他们能够留在威斯敏斯特，而不是回到他们自己的庄园。但是，关于侵吞公共财富（gorging at the public trough）的指控颇为严重，造成了个人仇恨，而这些仇恨加剧了宗教和战争行为方面的分歧。该条例加剧了战争期间两院之间不断滋长的冲突。上议院两次拒绝自抑法，阻挠军队的授权法案，并推迟批准新模范军军官名单，以期恢复埃塞克斯伯爵和曼彻斯特伯爵的指挥权。尽管事实上，这些贵族将作为两国委员会的成员在指挥战争方面发挥重要作用，但上议院认为，将其免职既是对其成就的攻击，也是对贵族权力的减损。一次单一代理权投票避免了两院之间出现僵局和一场宪法危机。4 月，当王室军队占领战场时，费尔法克斯匆忙召集他的军队，开始“从种子和小小开端”的训练。没有人指望丰收。

谨慎的战略家主导着两国委员会，而委员会负责指挥战争。虽然在阿克斯布里奇的和平谈判失败了，但他们透露，愿意达成协议的主要王室顾问官和议会议员一样多。秘密会议和私下谈判鼓励一些人相信和平就在眼前。与此同时，人们认识到新模范军太弱，无法冒险进行决战。因此，委员会命令费尔法克斯包围牛津，同时要求苏格兰人南下保护东部联盟诸郡。这种防御性姿态鼓励查理和鲁珀特亲王相信，议会派甚至比其军队重组暗示的情形还要虚弱。“我的事情从未如此充满希望”，查理致信他妻子道。保皇派阵营的的确确弥漫着乐观情绪。双方仍然不清楚 1645 年的战役是否会采取过去几年的模式，即小型地方军队包围据点并偶尔相互挑战，或者保皇派和议会派军队主力是否会进行一场对阵战（pitched battle）。整个 5 月，国王都在分批派遣诸旅进入英格兰北部和西部，而费尔法克斯分出一部分军队以解除陶顿（Taunton）之围。但到了 6 月初，双方决定分别作战。鲁珀特攻下并劫掠了莱斯特（Leicester），以此引诱新模范军放弃对牛津的围攻。这让英格兰北部和东部地区遭到保皇派的掠夺，并迫使两国委员会下令费尔法克斯采取行动。克伦威尔被授予骑兵指挥权，费尔法克斯则被授予对军队的战术权威。战斗就在眼前。

1645 年 6 月 14 日，两军在纳西比相会。议会派实力更为强劲；保皇派更有组织，更有经验。克伦威尔及其在伊利岛（Isle of Ely）征集的骑兵旅在战前两天加入了主力军。他将指挥骑兵的右翼。左翼被意外地被交给克伦威尔的女婿亨利·艾尔顿（Henry Ireton）负责，艾尔顿前一天被晋升为军需总管（commissary-general），现在担任他的第一个重要指挥职务。他领导的军队是更早先的军队的混合体；有几个连队由新的指挥官领导，他们以前从未作为一个旅作战过。战场中心由费尔法克斯指挥，拥有 6 000 多名步兵。议会派步兵在洛斯特维希尔投降后重新组建，但其骨干仍然是菲利普·斯基彭爵士训练的伦敦民兵。面对克伦威尔，位于保皇派左翼的是马马杜克·兰代尔爵士（Sir Marmaduke Langdale）指挥的北方骑兵旅。3 年来，他成功地为国王控制了英格兰北部，指挥一个旅南征北战，一次又一次击败了费尔法克斯的地区部队。鲁珀特亲王指挥右翼，发动了战斗。他曾反对战斗，现在不得不用自己的剑捍卫别人的判断。新近获封成为阿斯特利勋爵（Lord Astley）的雅各布·阿斯特利爵士（Sir Jacob Astley），查理的老步兵指挥官，控制着保皇派阵线的中心。年已 66 岁的他一生都是一名职业军人，在荷兰战争和德国战争中服役。正是阿斯特利在战争艺术上指导鲁珀特亲王。他曾经在艾吉希尔打响的苏格兰战役和两次纽伯里战役中担任步兵少将。与新模范军不同，王室军队由久经考验的指挥官率领。

这场战斗本身很像艾吉希尔战役和马斯顿荒原战役。鲁珀特的骑兵穿过艾尔顿的侧翼，并一举将其击溃。他们继续追击，直至追到了议会议员的辎重车队，然后转而大肆劫掠。虽然寡不敌众，但是，费尔法克斯救生员般的团拒绝交出辎重，随后的战斗阻止了鲁伯特的骑兵重返战场。在战场中央，两大群步兵在进行白刃战，尽管最初战场上过于拥挤，以致议会派无法利用他们的人数优势，也让保皇派无法利用他们驻扎在战场中心的马队。这场肉搏战虽然激烈，但犹豫不决。克伦威尔最后冲锋。他的军队占据的是不利的阵地，而他希望兰代尔能向他挺进。但在最后，议会派骑兵慢步向前，喊道："上帝就是我们的力量所在！"在一次猛烈的冲锋后，兰代尔的部队被击溃了。克伦威尔的旅在人数上占优势，因此，当他回归与另一方步兵作战时，他能让一部分士兵追赶正在逃跑的保皇派骑兵。这是事态的决定性转折。克伦威尔的骑兵从左边进攻，议会派的龙骑兵从右边进攻，保皇派步兵土崩瓦解。他们坚守阵地近 3 个小时，一度即将有所突破。但骑兵一到，情势就对他们不妙了。为了防止屠杀，阿斯特利集体交出了他的军队——4 000 多名士兵和 500 名军官。此外，查理还失去了他的全部炮兵辎重和 8 000 件武器、保皇派从莱斯特获得的战利品，以及他与妻子的私人信件。

纳西比战役并未给内战画上句点，尽管它让议会的胜利几乎不可避免。查理无法从战役季开始时如此大规模的人员和物资损失中恢复过来。保皇派控制的西部诸郡已经征税过度，而在纳西比的战败意味着国王与中部和北部的资源断绝了联系。查理把希望寄托在从爱尔兰招募的天主教徒和从法国招募的雇佣军身上，尽管这些希望很快就破灭了。议会冷酷地下令印刷截获的他与王后的信件，这些信件暴露了这些阴谋诡计，以及查理在阿克斯布里奇谈判中的奸诈行径。这是一场堪与军事灾难匹敌的政治灾难。

在纳西比获胜之后，议会的主要目标是西南部诸郡，剩下的大部分保皇派据点都在那里。这场战役残酷而血腥。王室的势力在最大的城镇中盘踞，而王室的军队在残酷的绝望中作战。第一次对峙的是戈林勋爵乔治的军队，他们的军队恐吓朋友和敌人，以赢得“戈林的海盗”这一绰号。如今分成数个战斗旅的新模范军，打破了戈林对议会派驻汤顿军队的包围，并在朗波特（Langport，7 月 10 日）遇见了他的主力军。在陡峭的山坡上进行的一次正面攻击，不仅打散了保皇派的队伍，也打击了他们的精神。尽管缺少人员、资金和物资，费尔法克斯指挥的旅还是向布里奇沃特（Bridgwater）镇开火了（7 月 22 日），并接受巴斯（Bath）的立即投降（7 月 30 日）。

结果证明，多塞特郡的舍伯恩镇（Sherborne）更富挑战性，既是因为城堡重重设防，又是因为一群自称“持棍民团”（Clubmen）的农民暴徒与军队对峙。持棍民团坚持中立，并声称反对他们认为是侵略本郡者的任何一方。在萨默塞特郡，持棍民团对戈林怀恨在心，因此用马车、马匹和饲料帮助费尔法克斯。他们的计划呼应了 1641 年议会的抗议。在多塞特郡，他们视新模范军为闯入者，并尽可能地阻碍其行动。由小绅士和当地神职人员率领的多塞特郡持棍民团，捍卫紧密团结的社区的传统价值观，对抗对清教徒创新的恐惧。但是，他们没有比棍棒更坚固的武器来保护自己——因而得名——一旦尝试劝说失败，他们就不是克伦威尔老练部队的对手。舍伯恩镇在 8 月 15 日陷落，而费尔法克斯转向西边，朝着布里斯托尔挺进。

布里斯托尔现在是查理在西部仅存的全部防御工事。布里斯托尔城堡被认为牢不可破，因为其 17 英尺厚的城墙坐落在一座高山上，而四周环绕着深深的护城河。当议会在 1643 年失去了城堡，议会派指挥官立即因为不称职而被军事法庭审判。现在保卫城堡的是鲁珀特亲王，他希望查理和他的残余部队在 3 周内救他于水火之中。这座城市物资供应充足，最近在城墙内暴发的瘟疫很可能会吓退袭击者，也会耗尽防御者。但费尔法克斯心意已决。他将突袭布里斯托尔，而非使之挨饿。9 月 4 日，他传唤该城镇，但鲁珀特亲王把谈判拖延了近一个星期。最后，突袭开始了，不到一天，而令查理和费尔法克斯同样感到惊讶的是，亲王投降了。

内战又持续了 8 个月，但内战主要是由议会派的扫荡活动构成的。在 1645 年与 1646 年之交的冬天，人们关注的是和平而非战争。支持议会的各个利益集团的联盟，现在必须构想恢复国王地位的条款。意见分歧很大。因为 1643 年底的皮姆之死，议会政治在战争与和平之间摇摆不定。所有议会派之间仍有许多共同点，而且他们倾向于寻找不扩大哲学分歧的政策。他们都被打上了“叛国者”和“叛军”的标签，而如果国王获胜，他们将会一起被处以绞刑。不过，议会领导人之间的分歧确实在扩大，而将他们分开的楔子是宗教。

只要查理是议会派思考宗教问题的焦点，人们就普遍同意：所有人都反对劳德式的创新。但是，当议会开始制定自己的宗教改革方案时，其成员分裂成三大群体：改革派圣公会教徒、长老会教徒和独立派教徒。圣公会教徒是大多数。虽然他们想要的是重大改变，但他们希望是在伊丽莎白一世时代的解决方案的背景下进行。分成长老会教徒和独立派教徒的少数派，支持废除主教。最终，少数派主宰了威斯敏斯特的神职人员大会和议会的宗教委员会。正如福克兰勋爵在谈到参加关于主教制的辩论时所言，“那些憎恨主教的人，他们对主教的憎恨比对魔鬼的憎恨还深重，而那些热爱主教的人对主教的热爱，则不如他们对晚餐的热爱那么深沉”。

反主教制人士绝大多数是长老会教徒。支持他们的是一群伦敦牧师，伊丽莎白一世时代清教主义地下传统的继承人。他们渴望的是一个在教义上严格一致的国家教会，不过是一个自会众向上组织的教会，而非一个从最高统治者向下组织的教会。在俗的长老与获授圣秩的牧师一起扮演重要角色。这些英格兰长老会教徒也得到了苏格兰人的支持，苏格兰人效法了他们的体制，如果不是完全采纳的话。独立派教徒则是反主教制人士小得多的群体。他们反对长老会教派组织的等级制，以及他们对全国教义相一致的坚持：“新长老不过是个显而易见的旧牧师。”他们希望让每一会众都在基本一致的背景下管理自己，以允许“在基础上没有区别的温柔良知”的实践。长老会教徒和独立派教徒有很多共同之处，而把他们分开的是气质而非神学。长老会教徒愿意牺牲自由以阻止放纵；独立派教徒则愿意宽容放纵以保护自由。

与胜利的前景一同到来的，是有必要制定恢复国王权力的条件。苏格兰人坚称，《庄严同盟与盟约》承诺了长老会按照他们的教规行事。独立派教徒则请求宽容。他们是明显的少数群体，但奥利弗·克伦威尔的成功推动了他们的事业。周围有一堆堆尸体的他，从纳西比战场写了一封信，请求议会保护良心的自由。在接下来的一年里，关于教会政府（church government）的辩论愈演愈烈。由于长老会教徒控制着小讲坛和新闻界，故他们的目标是不断地阻止他们所说的“各种异端、错误、派别、破坏性观点、放荡主义和无法无天”的扩散。他们一股脑地将独立派教徒与激进派教徒混为一谈，比如否定婴儿洗礼之效力的浸信会教徒，或者宣扬得救的人不会犯罪的唯信仰论者（Antinomians）[①]。

伦敦长老会牧师的影响力超出了他们的会众。他们作为教友与议会的苏格兰专员勾结，并与伦敦金融城的统治者有着密切联系。苏格兰人和伦敦金融城一直是议会最忠实的盟友。1644 年，苏格兰军队在议会的要求下再次进入英格兰，尽管它最终对战争努力贡献甚微。随着盟约派军队（Army of the Covenant）向南移动，蒙特罗斯侯爵（Marquis of Montrose）麾下保皇派军队便在高地聚集。蒙特罗斯在一场残酷的部族战争中取得的成功，则让苏格兰在英格兰的承诺化为乌有。然而，专员们坚持要求履行《庄严同盟与盟约》的条款，而盟约包括苏格兰对任何和平建议的批准。伦敦也做出了自己的牺牲。伦敦训练有素的民兵一直是议会派军队的脊柱，而伦敦的财富是战争的肌腱。伦敦在没有多少担保的情况下发放了贷款，税收增加，而商业中断。伦敦要求得到应得的赔偿：伦敦金融城特权的扩张，还本付息，以及解散昂贵的军事机构。

1646 年 5 月，查理一世伪装成一名仆人，从牛津溜出来，来到位于纽瓦克（Newark）的苏格兰军队指挥部，这些压力集团的力量大大增强。在那里，他希望像他 1641 年那样玩分而征服之（divide and conquer）的游戏。国王直接与苏格兰人进行谈判让两国关系紧张，并引起了对发生另一场战争的恐惧。这让议会自身的和平提议更具优势，1646 年 7 月 30 日，这些提议在纽卡斯尔的中立

① 唯信仰论，一种宗教主张，认为教徒只要专心侍奉耶稣基督就能获得救赎，而无须积累善功。

地带呈交国王，作为有待同意而非谈判的条件。其中最重要的提议包括建立一座长老会教堂，议会派控制军队 20 年，以及将查理最重要的 50 位支持者排除在赦免范围之外。被要求放弃“他的教会、他的王冠和他的朋友”的查理，低声下气，尽力拖延。他已经拒绝苏格兰要求废除英格兰主教制的主张，尽管他的妻子、他的外国盟友的代理人和他的所有政治顾问都恳求他如此。如果他不接受苏格兰人提出的宽大条件，那么，他肯定不会接受议会提出的更严苛的条件。但是，如果国王不在宗教问题上妥协，那么很难看出苏格兰人庇护他有何好处。虽然查理自欺欺人地认为自己是客人，但苏格兰人直截了当地将其视作俘虏。他们通过谈判从英格兰撤军，并把归还国王的赎金定在 40 万英镑。

这些谈判标志着长老会教徒在议会中的政治高水位线（political high-water mark）。他们长期以来一直与苏格兰人和伦敦的金融领袖结盟，现在这两个群体都是确保国王安全的关键。登齐尔·霍利斯、菲利普·斯特普尔顿爵士（Sir Philip Stapleton）和埃塞克斯伯爵（在他最终于 1646 年 9 月去世之前）是支持长老会教会协议立法的议会派，他们平息了苏格兰人对宗教多样性的强烈抗议，并支持金融城政府的财政计划。现在只有他们能够通过谈判释放国王，并筹集必要的资金来实现这一目标。他们通过议会强行通过出售主教土地的法案，通过谈判获得优惠的贷款条件，并支持金融城扩大其管辖范围的请愿书。这些政治联盟很快就得到了回报。1647 年 1 月 30 日，英格兰一方用黄金交换国王查理一世。在议会专员们的陪同下，他被分阶段带到莱斯特郡的霍尔姆比城堡（Holmby House）。

控制国王是长老会领导层现在实施的协调计划的一部分。查理在纽卡斯尔的宣言清楚表明，他决不会心甘情愿地牺牲他的主教或其军事特权。因此，唯一可能的解决办法是，国王不参与解散圣公会，也不参与组建入侵部队以镇压爱尔兰的天主教叛乱。作为下议院长老会教徒的领袖，身居要职的邓齐尔·霍利斯设计了一个非常简单的计划来消除这些和平的障碍。1646 年 3 月议会建立的专门服务长老会教徒的教会，将从内部和外部进行加固。议会指示神职人员大会完成了《威斯敏斯特信条》(*Confession of Faith*) 的制定工作，并鼓励新生的伦敦长老会阶层的成长。各个法案得以引入，好防止异端邪说的滋生，并禁止平信徒布道。最重要的是，出售主教地产的决定最终导致主教被废除了。长达 5 年的神学争论通过几周的财政现实主义（fiscal realism）得以解决。没有主教，没有官司，伦敦的财主们都认为这是合情合理的。如果说主教被废除了，那么他们的土地所有权亦复如是——结果证明就像亨利八世对僧侣们采取的措施。其次，霍利斯制订了平定爱尔兰的计划。爱德华·马西少将（Major-General Edward Massey）的旅已经驻扎在英格兰西部，一支新的模范军分遣队将与该旅会师，组成一支规模庞大的入侵部队。在英格兰，战略要塞将由议会任命的人员驻守，而其他要塞将被摧毁。然后，剩余的议会武装力量就可以解散了。所有这些都将在邀请国王恢复其政府之前完成。查理不必做出任何让步，他只需回到威斯敏斯特并统治。

在这一切中，霍利斯没有考虑军队。在多年的战斗中，新模范军自始至终保持着与政治无涉。普通士兵大多是被压迫者，因为对逃兵的严厉惩罚和未付工资的不断增加而各就各位。军官都是自愿加入的议会派，不过，他们持有各式各样的宗教和政治观点。“长老会教徒、独立派教徒，全都在这里达成一致（并）不知分歧为何物。”克伦威尔谈到新模范军时说道。因此，霍利斯那个解散军队并向爱尔兰派遣一部分军队的计划，引起的是个人而非政治注意。1647 年 3 月，七零八落的兵团中的士兵开始表达对拖欠工资、对战时行为的赔偿，以及对强征入伍在爱尔兰服役的担忧。他们向费尔法克斯和战争委员会发起了请愿书，但在请愿书取得进展之前，有关存在请愿书的谣言就传到了伦敦的霍利斯耳中。他吓坏了。军队的抵制将会破坏整个协议，就连拖延都可能是致命的。各个委员会已经忙着为物资问题提供保障，不允许任何事情让缓解爱尔兰局势的努力无效。3 月 30 日，他提出了一项野蛮的议会宣言，称请愿者为“国家公敌”。议会派专员前往新模范军设在埃塞克斯郡萨夫伦沃尔登镇（Saffron Walden）的指挥部，调查请愿书事件的来龙去脉，在那里，他们将一部分发起者逮捕归案。

3 月 30 日宣言事件在军中差点导致兵变。虽然请愿书被放弃了，但普通士兵开始组织起来。他们选出了团里的“煽动者”或代理人，向战争委员会表达他们的不满。这些煽动者成为士兵和军官之间的重要渠道，最终他们被纳入了新成立的新模范军委员会（Council of the Army）。各团会合起来以指导煽动者并讨论抱怨。不满在成倍增加，现在既包括最初的物资问题，也包括维护新模范军的荣耀，使之免于妨碍在爱尔兰服役的指控。

对维护新模范军荣耀的要求，在威斯敏斯特被霍利斯的政治对手玩弄于股掌之中，包括克伦威尔和亨利·艾尔顿。他们既是议会议员，也是资深的新模范军军官，他们认为，新模范军应该保持原封不动，直到爱尔兰叛乱被镇压下去。但是，军中的骚动增加了解散的压力。用于资助爱尔兰的入侵和支付拖欠士兵的款项只能在伦敦筹集。伦敦诸领导人坚持解散军队，以减少税负和政治局势的热度。因此，霍利斯继续坚持着。他继续为爱尔兰招募新模范军志愿兵，将他们置于政治上可靠的官员的指挥之下，并继续其遣散计划。他引入立法，为逾期欠款提供赔偿、现金支付和票据证券。但是，他没有做任何事来维护军队的荣誉。

在新模范军中，反对解散的压力同样巨大。军队的激进化由于是自发的因而更加强大。士兵们相信他们在军中服役是受到了上帝的指引，他们期望在战争结束时受到英雄的接待。迎接他们的不是赞扬，而是指责：称他们阻碍了爱尔兰远征，他们阻碍了和平，以及他们是由保皇派渗透者率领的。并不清楚他们如何证明自己的清白。议会已经关闭了请愿的道路。许多下级军官都有和普通士兵一样的担忧，他们在 4 月集会，宣布与队伍团结一致。但是，高级军官的处境更为艰难。一方面，他们要负责纪律，而纪律受到了持续政治动荡的威胁。克伦威尔、艾尔顿和斯基彭都是议会议员，他们不得不掩饰自己的个人偏好。虽然费尔法克斯对士兵的担忧心怀同情，但他是议会的忠仆。按照指示，他鼓励他的军官加入爱尔兰远征，许多长老会上校接受了这一提议，这破坏了统一抵制的可能性。那些接受爱尔兰远征的人，将匕首刺进了那些留待解散者的心脏。

但在 5 月，煽动者们为自己的人身安危发狂，并相信议会中的长老会教徒参与了一场摧毁军队的阴谋。他们一旦被命令解散，他们的选择就是服从或哗变。6 月 1 日他们选择哗变。士兵们拦截了用于遣散的役金车队，煽动者于 6 月 5 日举行了一次他们自己的集会，集会上，他们提出了“庄严约定”（Solemn Engagement），即在其所有正义的不满得到纠正之前不会解散。他们否认自己的行为构成叛乱，并驳斥了关于他们有政治动机的指控。但是，士兵们劫持的并非只有几箱金子。6 月 3 日，旗手[①]乔治·乔伊斯（Cornet George Joyce）和两名新模范军骑兵团的士兵现身霍尔姆比城堡。在高级军官知情的情况下——尽管没有得到他们的同意——他坚称，国王应当陪同士兵前往新模范军指挥部——这一邀请得到查理的欣然接受，而他一直警惕着要把自己的敌人分裂。

国王的被捕破坏了霍利斯的计划。查理现在可以利用新模范军中的独立派教徒作为针对议会中的长老会教徒的制衡力量，整个夏天，他都在他们面前来回摆动一份宽容的宗教协议的前景。此外，新模范军比以往任何时候都更加坚持要纠正其正义的不满，现在，这些不满包括以各种罪名弹劾霍利斯及其 10 名盟友。在下议院，温和派开始远离霍利斯及其政党。但长老会教徒仍然占多数，在整个 7 月，他们抵制新模范军认为其 11 名领导人应当被弹劾，以及将解散军队所筹资金全部付给新模范军的要求。

实际上，整个 7 月，议会先前军队中被解散的士兵蜂拥而至伦敦，要求偿还逾期欠款。这些被叫作“改革者”（reformadoes）的士兵，在威斯敏斯特宫外的大型集会上组织了声势浩大的请愿。他们也忠实地为议会服务，与新模范军不同的是，在被命令解散时，他们和平地回到了自己的家园。到了结清他们账目的时候了。随着士兵在伦敦城内集结——改革者和等待被派往爱尔兰的士兵——而新模范军在伦敦城外集结，对军事对抗的恐惧在与日俱增。当军队对霍利斯及其盟友的指控被裁决时，他们拒绝从议会撤退，而他们也没有平息有关抵制的言论。

当伦敦的学徒和改革者士兵入侵议会时，僵局被打破了，这

① 旗手，军阶最低的骑兵军官，相当于现代的少尉。

些人要求纠正他们的不满，而非新模范军的不满。7 月 26 日，暴徒挟持议会大厦，他们用剑尖迫使投票反对新模范军。议长和两院近 100 名议员那天夜里逃离伦敦，并向费尔法克斯请求保护。接下来的 5 天里，伦敦为备战而武装起来。议会派遣专员去了新模范军处，以阻止入侵，但费尔法克斯和战争委员会从未犹豫不决。他们让军队会师，并开始有秩序地向伦敦进军。当来自金融城政府的专员们抵达指挥部，他们被告知，若是没有打开城门，伦敦将被攻占。8 月 2 日夜晚，对新模范军的反对声音烟消云散。次日，成千上万的新模范军士兵进驻首都，以恢复议长和议员的地位，驱逐霍利斯及其支持者，并维护新模范军作为政治参与者的角色。

新模范军参政极大地改变了解决英格兰内战的必要条件。一直以来，这场战争都是为了遏制政府滥用职权，但直到现在，职权一直是君主在滥用。在夏季，新模范军发现，议会的暴政同样危险。对 11 位长老会领导人的弹劾指控就包括腐败、选举舞弊和有计划地滥用权力。新模范军的 6 月 14 日宣言宣称，“我们并不仅仅是为一个国家的专横权力服务的雇佣军”。新模范军在 8 月呈交查理一世的协议条款——《建议要点》——始于议会的改革，包括解散长期议会、改革代表权和选举权的固定日期。

新模范军对议会暴政的攻击，也使之成为其他被边缘化群体的避难所。一座长老会教堂的创立和对宗教多样性的攻击对伦敦的独立派教徒会众构成了直接威胁。1647 年春，他们与一个被嘲笑为“平等派”（Levellers）[①] 的激进分子联盟结盟，并向议会请

① “平等派”一词来自17世纪初农民反圈地运动，当时指平整树篱，此时指消除森严的等级制。

愿要求公民自由和宗教宽容。就像士兵们的请愿书的命运，议会宣布平等派的《大请愿书》（Large Petition）富有煽动色彩，并逮捕请愿书的部分支持者。这带来了对请愿权和免于任意逮捕的请求——这些问题再次与新模范军自身的要求平行。整个夏天，约翰·利尔伯恩这样的平等派领导人呼吁军队支持他们的事业。利尔伯恩是个毫不妥协的煽动叛乱者。1638 年，他被主教监禁，1643 年被保皇派监禁，1645 年被上议院监禁，1647 年被下议院监禁。每次对抗都是他自己一手造成的，因为每当有人向他伸出橄榄枝时，他都能罕见地看到一根荨麻。他的魅力基于一种将个人层面提升到普遍层面的天赋。如果约翰·利尔伯恩被监禁，那么所有英格兰人都必定是奴隶。

整个夏天，利尔伯恩向新模范军领导层的恳求都没有成功，而在 1647 年秋天，他们转而把注意力集中在普通士兵身上。克伦威尔和艾尔顿被指控在与国王和腐败的议会的谈判中，为了自己的利益而出卖士兵的性命。由于利尔伯恩仍被监禁，他那激进的同人约翰·怀尔德曼（John Wildman）敦促平等派发动袭击，呼吁选举新的煽动者，并召开群众大会以防止解散新模范军。平等派的煽动加剧了士兵和下级军官的忧虑，他们与军官议事会（Council of Officers）的决策相去甚远。怀尔德曼在其不留情面的小册子《军队事业》(*The Case of the Army Truly Stated*) 中给高级军官贴上“大人物”（Grandees）的标签，对他们的攻击，带来了 10 月底军官、煽动者和平等派在帕特尼教区教堂（Putney Church）的一次会面。

在帕特尼会议上，平等派呈交了其第一份《人民公约》，这是一份维护人民主权和议会至高无上地位的政治契约。《人民公约》

将君主制搁在一旁，赋予议会执行和行政权力——尽管没有对宗教的强制权力——并倡导基于男性公民选举权这一原则的选举改革。在秋日的愁闷中，人们就《人民公约》进行辩论，却无果而终。围绕选举权的争论甚是热烈，但并未带来多少照亮前路的亮光。艾尔顿和克伦威尔坚持认为，只有财产持有人——那些拥有“永久固定权益”的人——才可以投票，而唯一站在平等派一边的高级官员托马斯·兰斯伯勒（Thomas Rainsborough）上校则断言，“英格兰最穷的人可以像最伟大的人一样生活”。虽然平等派愿意将穷人和仆人排除在外，而“大人物”愿意将所有议会士兵排除在外，但这并没有缩小哲学上的分歧。新模范军参与恢复查理一世的行动与平等派排除查理一世的决心之间也没有多少可妥协之处。当平等派发觉自己在辩论中毫无进展时，他们便呼吁采取行动。但是，高级军官决心恢复军事纪律。煽动者回到了所在的团，一场初期的兵变很快就平息了，而伦敦周围集结的部队分散到了各个冬季营地。

对激进的选举权改革的鼓动，无论对未来是多么有先见之明，都加剧了人们对新模范军当前意图的担忧。从帕特尼教区教堂的正厅看来，新模范军的意图和平等派的愿望之间存在巨大的差异。但是，从乡村看来，关于军队“彻头彻尾跟利尔伯恩是一丘之貉”的指控听起来属实。新模范军对议会政治的干预，首先是作为一个压力团体，然后则是作为一个保护者，甚至让下议院的温和派感到害怕。整个秋天，出席辩论的人数在减少，争端变得更加激烈。所有这些都让国王直接坐收渔利。虽然查理名义上受到军队的控制，先是在汉普顿宫，然后是在卡里斯布鲁克城堡（Crisbrooke Castle），因为有谣言说平等派正在策划暗杀，所以他逃到了那里，但查理和每个人相处得都很愉快。查理甚是精明，以致当其敌人出现分歧时，他不在任何事上达成一致。因此，他延长了谈判，任由分歧的鹅卵石成为绊脚石。国王的代理人报告说，人们对军事统治和前议员的友好支持姿态表示普遍反感。查理安坐在怀特岛上，继续表现得好像他身处世界之巅，而非世界尽头。

受到新模范军掌权威胁最甚的，莫过于苏格兰人。他们向国王投降了并从英格兰撤军，条件是霍利斯及其盟友将会达成一项保护长老会制度的协议。新模范军领导人和国王之间的谈判，不仅破坏了英格兰新成立的长老会制教会，还威胁到了苏格兰教会的安全。1647 年与 1648 年之交的整个冬天，苏格兰人重新向国王表示了他们的友好姿态，承诺如果国王能够确保苏格兰长老会制的存续，根除英格兰独立派，并在其政府中为苏格兰贵族提供一个角色，那么他们将动用军队让国王重新掌权。这个被称作《约定书》(Engagement）的立场进一步分裂了盟约运动（Covenanting movement)，而该运动已经因为战争引起的问题而不堪重负。查理只同意在英格兰实行 3 年的长老会制，而激进的神职人员仍然致力于打造统一的长老会制教会。

查理与新模范军和苏格兰人的谈判让议会成了一个沮丧的观察者。9 月，两院重提《纽卡斯尔提议》(Newcastle Propositions)，尽管对国王来说，这些提议很显然不如《建议要点》更具吸引力，而新模范军用其作为恫吓的手段。议会激进分子两次采取措施以打破与查理的所有谈判，但都因希望战胜了经验而遭到否决。关于苏格兰人提议的种种谣言，提升了议会采取主动的紧迫性。到了 1647 年 12 月，新模范军领导人意识到他们无法与国王达成协议，并担心如果苏格兰人与国王达成协议，那么战火将会重燃。因此，议会中的独立派与温和派呼吁长老会构成一条统一战线，好再次提出一套条款:《四项提案》(Four Bills)。这些提案允许议会控制民兵长达 20 年，并要求国王接受议会最近的教会立法举措，包括废除主教。12 月 24 日,《四项提案》呈交查理。两天后，他与苏格兰人签订了《约定书》。

对议会议员来说，这就是压死骆驼的最后一根稻草。他们不仅以巨大的代价搁置了政治分歧——11 位长老会领导人受邀回归议会，这导致新模范军呼吁弹劾克伦威尔和艾尔顿——而且他们的条件也被淡化到毫无谨慎之处。1648 年 1 月 3 日，下议院以 50 票的优势通过“禁言投票”(Vote of No Addresses)。他们不会向一个如此执意于自我毁灭的国王提供更多的条件。在新模范军中，伴随着要求驱逐大人物的呼声，传来了要求废黜国王的呼声。就连克伦威尔也开始探索让 16 岁的约克公爵詹姆士登上王位的可能性，在听到谣言的约克公爵突然逃走，与他的兄弟威尔士亲王在法国会合之前。关于国王将被暗杀或他将前往欧洲大陆的故事，在伦敦像野火一样蔓延开来。在这个国家，人们对查理一世的忠诚与日俱增。

禁言投票是对国王不肯妥协的合乎逻辑的回应，不过是一种带来绝望的回应。战争将会如何结束？如何解决这场无休止的动乱？在全国范围内，对议会和军人政府机构的怨恨与日俱增：对地方实行行政控制的各郡委员会和实行军事管制的驻军指挥官。二者实行了在战争的紧急情况下几乎无法容忍的粗暴形式的司法。但是，他们的继续存在是确保征税和维持秩序所必需的。委员会沦为一个特殊的攻击目标——专制政府和议会暴政的象征，让绅士阶层日益疏远了威斯敏斯特的议员。他们是反对货物税、军事评估和持续破坏定居生活的敌意的焦点。委员会成员和指挥官陷入了困境，因为太平绅士和城镇长官试图规避他们的权威，以恢复当地的正常面貌。

1647 年与 1648 年之交的整个冬天，平民与军方之间的冲突变得愈发常见。各个委员会借助自己村庄驻扎的士兵来对付税务抵抗者，而士兵成为挑衅的目标。有些挑衅仅仅是与传统社会相关的庆祝活动的复兴，比如导致肯特暴乱的足球赛。其他挑衅则是故意更具挑战性，比如在诺里奇庆祝查理一世的加冕日。无论是在以上哪种情况下，这些挑衅都在让中央对抗地方，让议会对抗人民。

整个冬天，各个群体都在这些紧张局势下强压怒火。费尔法克斯成功地将议会民兵人数削减了近一半，解散了威尔士和英格兰北部的地方武装，将新模范军削减了 4 000 人，尽管代价是用于遣散费的税负有所增加。解散威尔士的地方武装引起了军官和士兵的不满，正是在威尔士，全国各地爆发的零星地方暴乱形成燎原之势。士兵们拿了解散费，然后加入一支宣布支持国王和《公祷书》的叛军。到了 1648 年 4 月底，威尔士南部爆发叛乱，一支新模范军平叛分遣队有被歼灭的风险。克伦威尔立即被派往南方。威尔士的起义可能一直是自发的，但是，自从查理与苏格兰人签订《约定书》之后，为了配合苏格兰的入侵，人们已经制订了在英格兰进行保皇派总起义的种种计划。因此，当克伦威尔在格洛斯特集结其兵力时，北方传来麻烦的消息，与此同时，一份来自埃塞克斯郡的请愿书呼吁结束特别税、解散新模范军，以及与国王签订个人条约（personal treaty）①。

查理现在成功地将他的英格兰支持者与反对新模范军干预政

① 个人条约，指国王以个人的身份签订的条约，一旦国王去世条约就会失效，而真实条约指国王代表自己统治的王国签订的条约，在国王去世之后仍然有效。

治的不满的苏格兰人联合起来。结果是第二次内战（Second Civil War）——地方起义和苏格兰入侵的结合。这仅仅表明议会已经失去了对其权力据点的控制，而新模范军在各地都让人憎恶透顶。尽管如此，议会拥有比反对者更好的资源和组织。虽然以汉密尔顿侯爵为首的保皇派苏格兰人尽了最大努力，但是，从威尔士起义到苏格兰入侵之间还有好几个月。为了赢得对战争的支持，汉密尔顿必须克服苏格兰教会的积极抵抗和盟约派的消极抵抗。神职人员在布道坛和媒体上强烈表达了对《约定书》的反对态度，这提升了征兵的难度。主教战争以来一直控制苏格兰政府的阿盖尔侯爵，暗中与克伦威尔通信，并尽可能地为他的政治对手设置障碍。汉密尔顿的军队由前盟约者和前保皇派组成，而他们是像英格兰人一样可能相互斗争的敌人。到了 1648 年 7 月，他集结了 1 万多人进入英格兰，而他为国王擎旗。

然而到了 7 月，威尔士人被镇压了；费尔法克斯拿下了梅德斯通（Maidstone），驱散了肯特郡的保皇派；科尔切斯特（Colchester）遭遇围城。那些本来会让英格兰北部失去保护的正合时宜的起义，犯了严重的错误。当汉密尔顿向南行进时，克伦威尔和他的铁骑军（Ironsides）便前去会会他。苏格兰仍然有机会取得像第二次主教战争（Second Bishops’War）中取得的速胜，因为保皇派军队的人数远远超过约翰·兰伯特（John Lambert）麾下的议会军队。但是，组织混乱、供应不足的苏格兰人没能与之交战。这让克伦威尔有时间到达并担任一个强大的旅的指挥。1648 年 8 月 17 日，当普雷斯顿（Preston）城外的战斗终于开始时，苏格兰人的命运已经注定。经验丰富的新模范军骑兵将苏格兰骑兵撕成碎片，冒着大雨追赶汉密尔顿逃跑的军队，直到他们再也跑不动为止。在 3 天的战斗中，克伦威尔便俘虏了 1 万人，而汉密尔顿被迫投降，以挽救余下的士兵。他被带到伦敦受审并被处决。结果证明，可怕的苏格兰入侵落了空。

现在只有希望科尔切斯特能够挺住，费尔法克斯指挥围攻，6 月 13 日，一个新模范军兵团被击退了，围攻开始得不同寻常。在 11 周的时间里，一支 9 000 人的部队在科尔切斯特周围收紧了套在该镇脖子上的绞索，其中许多人属于训练有素的新模范军兵团。他们切断了贸易、食物、水和一切逃生途径。持续不断的炮击将该镇的大部分地区夷为平地，并让平民百姓受到恐吓。4 000 名防御者只能从其狙击手和突击队偶尔的成功袭击中获得凄凉的快乐。他们只是饿得选择屈服。降书是在 8 月底签署的。两名保皇派指挥官被立即处决，市民被迫为不被掠夺的特权付出代价。如果说第二次内战是由对议会的憎恶和对新模范军的敌意引起的，那么，给予科尔切斯特的待遇并没有减少多少憎恶和敌意。

第二次内战在议会派中间造成了两种截然不同的反应：它软化了政客的立场，并坚定了军方的心。面对如此巨大的困难做出如此多的英勇牺牲，显然体现了对国王的忠诚的高涨，这让那些在查理拒绝《四项提案》后采取强硬立场的人感到内疚。乡村有太多的温和派人士愿意无条件地恢复国王的统治，以使他们支持禁言投票。1648 年 4 月 28 日，下议院投票得出结论，称他们不会改变“由国王、上议院和下议院组成的王国基本政府”，并恢复了对《四项提案》的讨论。次月，要求签署个人条约的请愿书如潮水般涌入两院，包括一份来自伦敦城、敦促应当带查理到首都进行谈判的请愿书。这一点得到了上议院的赞许，后者越来越认为自己的命运与君主制的命运息息相关。但是下议院担心，如果将国王带到伦敦，那么，他将迅速恢复元气。他们的妥协方案是接受在怀特岛上进行另一轮谈判。

联合提出《纽波特条约》（Treaty of Newport）的温和派和长老会教徒，在拼命寻求和平；然而，他们并未放弃他们为之奋斗的原则。他们要求国王授予议会10年内对民兵的控制权，在3年内确立长老会制度，并将最重要的保皇派排除在未来的职位之外。虽然这些是《纽卡斯尔提议》和《四项提案》的要点，但这些要点被微妙地软化了，最重要的是，它们不再是不可谈判的。议会专员被派去纽波特，有40天的时间与国王达成协议。9月15日他们抵达纽波特。一个月前，查理告知其流亡的顾问，说他打算在制订逃离囚禁计划的同时签订一份“虚假条约”。从一开始就不真诚的查理，一定被议会派的激烈程度吓了一跳。他们哀求，哭泣，申辩。年迈的塞伊和塞尔子爵因旅行而筋疲力尽，而他自己是长老会制度的反对者，他跪下来恳求查理接受条约。然而，国王的观点很容易看出。每次他在内战中失败，议会都会降低要求。他自欺欺人地相信，他可能会从新模范军那里得到更好的条款。

但在第二次内战后，士兵们下定了决心。暴乱和暴动不仅针对议会，也针对他们。正是这种态度让战斗如此残酷。彭布罗克坚持了9个星期，科尔切斯特则在没有希望实现政治或军事目标的情况下坚持了11个星期。国外嗜血成性，而这是有传染性的。在所有暗杀之谈过后，第一个被保皇派谋杀的受害者是一名新模范军军官托马斯·兰斯伯勒上校。祈祷会和燃起营火时的反思与其说是崇高的理想，不如说是基本的复仇；圣经文本强调《旧约》中的报应，而不是《新约》中的仁慈。查理·斯图亚特，“那个沾满鲜血之人”，将为自己的罪行付出代价。平等派宣传员获得了新生，而第二版《人民公约》在军队中流传。《纽波特条约》变得一触即发。关于议会中的长老会教徒为主教的财产和枢密院席位出卖士兵生命的指控，引起了听众的共鸣。此外，议会中的激进分子恳求新模范军领导人在为时已晚之前进行干预。

终止条约谈判的工作落在亨利·艾尔顿肩上。费尔法克斯口头承诺要达成和解，而过去反对军事政变的克伦威尔，在英格兰北部缺席了。艾尔顿一直是新模范军的战略家，是一个能够写出鼓舞人心的新模范军宣言的宣传文章，并能用教师的逻辑论证基本原则的作者。他在克伦威尔的阴影下茁壮成长，与他浮躁的岳父形成鲜明对比。他肯定是议会中激进分子一些微妙举动的幕后黑手，尽管他很少留下蛛丝马迹。现在，他必须在谨慎的军官和鲁莽的士兵之间引导新模范军前进，因为毫无疑问，各个团里都有这种情绪。请愿书一份接着一份被送到指挥部，要求清洗或解散议会，并对国王进行审判。

1648 年 11 月，新模范军总理事会（General Council of the Army）在危机的气氛中进行审议。尽管就条款达成协议的 40 天期限已经到期，但谈判仍在纽波特继续。虽然总理事会已经同意遵守该条约，但是，关于对国王做出更大让步的种种传闻促使温和派军官重新考虑他们的承诺。平等派竭尽全力挑起的普通士兵中的骚动也是如此。艾尔顿的方案载于 11 月 20 日提交议会的《军队抗议书》(Army Remonstrance）中。方案要求终止条约，审判国王，解散长期议会，长期议会的继任者将根据改革后的选举权制度和《人民公约》中规定的权力选出。新模范军证明了自己是人民的真正代表，其天赐的胜利证实了这一点。

在接下来的两周，新模范军和议会都在争权夺利。在下议院，

《抗议书》被搁置了一周，到那时，人们自信地认为将会缔结条约，而全国人民集体的宽慰之声将击退新模范军的反对声音。在新模范军中，艾尔顿协调了一次会师，将分散的兵团聚集在一起，并与激进的议会议员和平民平等派展开了新一轮政治讨论。还有许多决策要做，因为《抗议书》在所有存在争议的问题上都故意含糊不清。最重要的考量也是最实际的：议会应当被解散或者清洗吗？如果解散议会，那么审判将由哪个机构（authority）进行？新一届议会可能不太愿意将国王绳之以法。如果议会被清洗了，那么，新模范军如何保证即使是一届遭到削弱的议会也不会腐败？最终，新模范军决定清洗议会。查理——现在，他已经被关押在纽波特附近的赫斯特城堡（Hurst Castle），此前传言称有人试图解放他——没有做出任何让步，但下议院仍然在 12 月 4 日举行了一次马拉松式的会议——持续到第二天早上——以辩论他们是否可以继续。他们的恐惧既是可以感知的，又是幻觉意义上的。12 月 6 日，托马斯·普莱德上校（Colonel Thomas Pride）站在威斯敏斯特大厅的台阶上，并强行将被禁止进入下议院的议员排除在外。“普莱德清洗”（Pride’s Purge）让近半数议员失去议席，并监禁 40 多名议员，以防止他们一致反对审判国王的计划。

就连遭到清洗的议会——后人所知的“残缺议会”（Rump）——也对要做的工作发怵。上议院根本不会合作，他们只是因为无关紧要而被排除在事件之外。成立高等法院花了近一个月的时间。在普莱德清洗后，下议院很难达到法定人数，因为议员们远离了威斯敏斯特。新模范军最坚定的支持者拒绝成为橡皮图章，而事实上，他们根本都不清楚该给什么盖章。审判会不可避免地导致定罪和处决吗？士兵真的是要求血债血偿吗？

在 12 月的最后数周，新模范军军官在寻求替代解决方案，其中包括克伦威尔，他现在已经返回伦敦，并在事件过程中发挥主导作用。但是，自从未能逃离赫斯特城堡以来，国王的行为变得更加古怪。他的情绪摇摆不定，时而相信他的敌人别无选择，只能让他恢复权力，时而渴望成为他的教会和君主制的殉道者。迟至圣诞节，他都拒绝了一项可能让他重新登上王位的秘密提议，整个 1649 年 1 月，他都反对将他的小儿子格洛斯特公爵亨利扶上王位的计划。无论他的动机是坚定的原则还是倔强的固执，他都一个接着一个排除了对手们的选择。一旦审判开始，可就没有回头路了。控方的案件被狭义地解释为：国王对他的人民发动了战争。目击者宣誓做证说，他们在各个战场上看到了身披甲胄的国王。这几乎无法否认。查理挑战法庭合法性的策略让他跟约翰·利尔伯恩一样没有取得更大进展。拒绝认罪的被告被定为有罪，而叛国罪是死罪。1649 年 1 月 30 日，正义以人民的名义执行。英格兰革命已经开启。

第八章

圣徒与士兵（1649—1658）

1653年4月20日上午，奥利弗·克伦威尔步入议会，静静地坐着听了一阵子议会辩论。当他最终站起身来发言时，他称赞了残缺议会在其会期的所有努力；但接着克伦威尔戴上了帽子并改变了语调。“主已经与尔等无关，又拣选了更有价值的器具来做功。”他斥责目瞪口呆的议会议员。他大步走下过道，发表了更为具体的讲话。“你们有些人是娼妓之主”，他对亨利·马滕（Henry Marten）嚷道，“有些人是酒鬼，有些人是腐败而不公正之人，对福音这一职业是可耻的。你们算不得议会，我说你们算不得议会；我将结束你们这尸位素餐的情形。”这时，他召集两队火枪手进入房间。议长被从椅子上赶走——“拿下他”，克伦威尔指挥托马斯·哈里森少将模仿了将近25年前的那一刻，当时议长被强行扣在自己的位置上。“收起这些廉价的饰物”，克伦威尔指示一名士兵走向议会的权杖，即议会作为人民代表之权威的象征。

在前6个月里，克伦威尔一直将狼群拒之门外。新模范军强烈要求强行解散残缺议会。新模范军等长期议会会期结束等了将近6年，它可不想再多等了。对选举权改革和新选举的要求每年都在重复，但时机从来不佳。先是爱尔兰燃起战火，接着是苏格兰硝烟弥漫，如今还与荷兰人兵戎相见。残缺议会从一场危机到另一场危机可谓步履蹒跚，每场危机都干扰了它的解散计划。根据新的选举权选出新议会的提案已经在委员会审议多年了。只有在巨大的压力下，残缺议会才同意新议会将于1654年11月3日集会。然而到了1652年底，在确立选举权和选举改革方面没有取得任何进展。到了1652年底，新模范军的耐心消磨殆尽。

克伦威尔与一个高级指挥官联盟进行了斗争，该联盟只赞同残缺议会已经不再有用了。有些人对千禧年充满更高的期望，并希望扫除宵小的诡计："上帝子民的利益比1 000届议会更受欢迎。"其他人则反对一个不再代表人民的机构的永存。帕特尼会议后霍利斯被弹劾，以及6年的选举权改革以来，新模范军已经进行6年的选区改革。与此同时，残缺议会议员在辩论和拖延的障眼法后面筑巢。克伦威尔既没有注意到圣徒的千禧年说，也没有察觉士兵的批评。不过他是一个实干家，有实际的反对意见。除了对未来更大的不确定性，强行解散之后还会发生什么？新模范军如何为夺取最高权威辩护？

相反，克伦威尔辩称，有必要保持改革的压力。问题是复杂的，尽管进展缓慢，但正在取得进展。从1653年2月开始，残缺议会每个星期三都在辩论设立一个新代表机构的提案。新模范军继续自己的煽动之举；请愿书和抗议书在分散的各旅中传阅，然后呈交残缺议会。主要症结在于监督新的选举的方法。所有选举权改革提案都包括将"不满者"排除在参选和选举之外的条款。问题是，如果解散残缺议会，那么如何强制执行这一点？存在多种可能性。其一，新模范军可以执行该提案的规定，尽管它并没有这样做的宪法权威。其二，残缺议会可以继续开会，直到选举结束，以审查选举结果。这类似于特权委员会的工作。最后，残缺议会可以增选议员，直至恢复元气。这将有利于保持立法和法律的连续性。

新模范军最畏惧的就是第三种可能性。增选新议员将有效地保持长期议会的权力，延长议员与新模范军之间的敌意。这还将允许那些被新模范军认为腐败的成员逃脱选民的审判。自相矛盾的是，军官和士兵越是担心残缺议会将增选新议员，他们就越反对第二种替代选择：残缺议会将继续存在，以监督选出其后继者的选举。这也将延长其寿命，兴许会导致另一场阻止新的选举的危机。这些恐惧带来了在新模范军指挥部的多次会面，以及克伦威尔向新模范军军官和重要议会议员提出的一项折中方案。残缺议会将完成提案的这些部分，成立一个新的代表机构，重新分配席位，重新界定选举权。接着，残缺议会将指定一个由士兵和平民组成的委员会，最终议会解散。委员会将决定新的选举的时间安排，并评判选举结果。

克伦威尔是在1653年4月19日夜晚给出这些提议的。大多数议会派成员都同意，这是一个可行的折中方案，他们都承诺对提案的条款进行讨论，这些条款以某种方式延长了残缺议会的存在。次日，当克伦威尔在他的住处举行会议时，一位信使急急忙忙赶到他面前，告诉他，残缺议会上午的会议吸引了大量与会者，并且已经提出动议，要求通过一项新的代表机构的未经修改的提案。克伦威尔没有停下来穿上合适的服装，就穿过新宫廷院（New Palace Yard）[①]，把驻扎在外面的部队集合到他那里，解散了残缺议会。

英格兰革命始于斧头，是愤怒的掠夺者重重包围的必要性的产物。革命经历了 10 年的外部风险、内部纠纷和自身固有的矛盾。弑君罪让英格兰现在沦为一个非法国家，被欧洲文明国家排斥，这些国家宣布了对英格兰海运的渔猎开放季节（open season）。查理二世在苏格兰被拥立为不列颠国王，他在那里组建了一支军队，并组织了一次入侵。他也在保皇派控制的所有爱尔兰城市和城镇被拥立为国王。在英格兰，这个国家的大部分地区闷闷不乐地接受了英格兰共和国，然后又接受了护国公制度。其事实上的权威，正如霍布斯在《利维坦》(1651 年）中辩称的那样，只比长期内战的残酷自然状态更可取一些。大多数绅士退出了地方政府，让位于社会制度中等级较低者，并把司法和行政留给新手。就连共和国的支持者都重又回到了一种强烈的、字面上的法律主义。趋炎附势的法官是些没有比惯性更强的冲动来维持自己的职位的绅士，他们坚持旧有的形式。在查理的尸体安葬坟墓中之后，被哄骗着回到威斯敏斯特的议会派，亦复如是。他们知道，自己的权力在于新模范军，而他们在农村所获的支持取决于他们恢复常态的速度。他们也知道，英格兰共和国与护国公制度是些少数派政府，其人民主权原则是理论而非现实。

---

① 新宫庭院，位于威斯敏斯特宫西北侧的大院，在1097年，威廉二世修建威斯敏斯特大厅之后建成，与于1050年建成的威斯敏斯特宫相比历史较短，所以名字中有一个“新”字。

不过，对革命的狂热支持者来说，这些认识不会让人不安。弥尔顿宣称，关键衡量手段是支持者的权重（weight）而非数目。“比起大多数人迫使少数人沦为其同胞奴隶，更公正的是，少数人迫使大多数人保留自己的自由。”如果只有不到1/5的下议院议员批准了这一审判，而只有不到一半的高等法院法官做出了判决，那又有什么关系呢？“不是偶然，而是有意地将上帝的愤怒加诸作恶者”，只需要一人罢了。支撑革命的，是对完美的激情和对未来的灼热愿景。二者都是处决国王释放出来的激烈的千禧年论的产物。对很多人来说，废黜国王和罢免主教实现了古老的预言。革命将带来一个新的耶路撒冷；这个国家将由圣徒统治，而圣徒是上帝自己的少数派，它将通过他们根除此世的腐败。起初，革命是一个充满希望的春天，那时一切似乎都有可能，伟大的计划已经制订。只不过，日子渐渐变黑，潮湿的绝望情绪渐渐降临。

因为革命的核心包括种种自相矛盾的冲动。清教徒热情的力量推动了革命的发展；绅士宪政主义的力量则阻碍了革命的进展。狂热人士认为外在形式无足轻重，他们很快就厌倦了围绕成文宪法的争吵。他们对文官政府的兴趣在于结束其对良心问题的干涉。他们在地下被折磨得太久太久，被主教追捕，被长老会教徒诋毁，被二者迫害。如今他们将在阳光下绽放：“我想我看到了耶稣基督的王国开始繁荣兴盛，而恶人现在像一朵被吹落的花儿一样消亡和凋谢。”“虔诚”者的力量在于新模范军，在于伦敦的独立派会众，以及在于数量激增的宗派。另一方面，宪政主义者专注于政府，他们所获支持来自议会。无论是共和派理论家、普通法律师，还是平凡的地方管辖者，对他们来说，革命的问题是一个秩序的问题。英格兰随君主一起倒下，还是说能够通过在法令、遗嘱和契约中用

“英格兰自由之卫士”代替“国王”而得以重新组合起来？

近 10 年来，这些矛盾催生出种种共和派政府形式的失败试验。每部宪法都试图重建行政、委员会（council）和议会三元体系，不过都因为无法找到单一的基本权威而失败。残缺议会声称自己是共和政体最纯粹的形式，没有单独一人掌舵。议会遭受了自 1640 年以来建立起的议会的不信任。随后的“提名议会”（Nominated Assembly）是“圣徒”治理的一次尝试。提名议会因内部的争吵而崩溃。持续时间最长的护国公制度，恢复了大部分传统形式的政府——最终甚至有一个上议院——但它也是建立在流沙之上的，只是因为奥利弗·克伦威尔杰出的人格而免于奔溃。克伦威尔之死敲响了革命的丧钟。

* * *

奥利弗·克伦威尔的人格，最为猛烈地将界定了英格兰革命的种种相互冲突的势力捆绑在一起，而这些年里，他在全国范围内崭露头角。当克伦威尔签署了国王的死刑执行令时，他年近 50。在前 40 年的人生中，他一直寂寂无名地活着，是长子继承制、艰难岁月和自身暴躁脾气的受害者。他的祖父是“金骑士”亨利·克伦威尔爵士（Sir Henry Cromwell，the Golden Knight）。当亨利爵士不再把财产挥霍在餐桌上的客人身上时，他把剩下的钱留给了奥利弗挥霍无度的叔叔。奥利弗自己的遗产是亨廷登（Huntingdon）附近的一个小庄园，而他在 1628 年的议会中就代表亨廷登镇。他在当地的一场纠纷中丢掉了面子和影响力，卖掉了小庄园，搬到了附近的圣艾夫斯（St Ives），在那里，他以自耕农的方式耕作和生活。在克伦威尔处于其财务危机期间，他经历了一次精神上的重生，并得到了救赎的保证。到了17世纪30年代初，克伦威尔知道，他被选中不仅仅是因为磨难。

战争是克伦威尔的天赐良机。作为剑桥当选的议会议员，1641年他是一位著名的鹰派，甚至在国王擎旗之前，他就已经是一名军官了。虽然克伦威尔从来没有担任过军事指挥官，但他立刻展现出一种军事天才，“以信念和无与伦比的毅力为指导”。古斯塔夫斯·阿道夫斯是他早年崇拜的英雄之一，他效法过使这位瑞典国王丧命的蛮勇。克伦威尔拥有两种特殊的品质：他能激励他人克服自己的局限性，而且他能在激烈的战斗中克制自己的残暴。前者使其成为议会最成功的征兵人员和指挥官；后者让他能够赢得自己参与的每一场战斗。克伦威尔的军队一次又一次地坚守阵地，向山上冲锋，或者在寡不敌众时发起攻击。在内战多场关键战役中，事实证明，他在麾下士兵击溃敌人时重新部署士兵的能力是决定性的。尽管他身材中等，长着突出的疣子，但他是一个威风凛凛之人，有一双冰冷的蓝眼睛和一个带威胁色彩的额头。他有着“极度火爆的脾气”，并习惯于情绪的快速波动，这只会增加他的人格力量。

虽然身为长期议会的最初成员，但在战争期间，克伦威尔很少待在威斯敏斯特。因此，他对政治的忠诚，并不如他对那些在他认为的议会事业中冒着生命危险的人怀有的忠诚。他将此表述为一系列自由：人身、财产和良心安全的自由。他对“知道自己追求什么、热爱自己所知的老实人”的偏爱，接近他以往的自我描述。克伦威尔不是一名理论家，他对困扰政府的法律难题甚少耐心。他相信必然性是一项政治原则，而正确的理性是一项道德原则。二者都不是保持一致性的良方，而他经常被称作伪君子。尽管他的政治效忠不可预测地摇摆不定，但他的基本信仰保持稳定。他对财产安全的捍卫是绝对的，这让他与国王、平等派和那些将废除什一税的人发生了冲突。这也促使他在 1648 年支持维护君主制，在 1653 年建立护国公制度。他对良心自由的捍卫使其与主教、苏格兰人和英格兰长老会教徒发生了冲突："良心自由是一项自然权利，欲得之者先予之。"他坚信国家不应该被刀剑统治，这一原则比任何其他原则都更决定了英格兰政治未来 10 年的走向。

英格兰共和国在立法上得以确立。清洗而非解散议会的决定意味着，议会作为一个代表机构的角色期间将不会有任何权力真空。1649 年 2 月第一周，下议院提出，废除君主制的提案是"不必要的、繁重的和危险的"，而上议院是"无用的"。提案花了 6 周时间才成为法律，这颇为典型。宣布英格兰为共和国的提案花了相当长的时间，直到 5 月中旬才进入成文法汇编阶段。在此期间，残缺议会的领导人一直在向那些可能被增选回到众议院的议员伸出援手。从要求恢复原职的议员只遵循既定事实，而非确认之的决定中，就能看出这一点。处决国王之后的第一个月里，近 80 名议会议员回到了自己的席位上——数量多于清洗事件之后仍然保留席位的议员人数。

虽然那些获允返回原位的人通常没有留下来的人那么具有革命精神，可即便在其最激进的成员中，残缺议会的保守特征也很明显。废除上议院的决定是有争议的，而废除君主制的决定的语言可谓模棱两可。国务委员会（Council of State）的任命更为保守，根据《军队抗议书》，国务委员会将充当对议会的行政制衡。残缺议会提名的 40 位议员中，只有 16 人是弑君者，其中两人——艾尔顿和托马斯·哈里森少将——因为在普莱德清洗中扮演了突出的角色而被残缺议会拒绝。残缺议会议员选择了5位贵族，包括长老会教徒彭布罗克伯爵（Earl of Pembroke），1647年，当议员们逃往新模范军处时，伯爵曾担任临时议长。国务委员们也只需要宣誓支持未来的政府。

尽管如此，这仍然是一项纵容革命的承诺，而许多人都不会这样做。中央法院半数法官辞去了他们的肥差。国务委员会的几位提名人拒绝上任，其他人则通过公开反对而预先回绝提名。在各个郡，许多地方政府最初停滞不前。王室自治市（royal boroughs）的市长们不知所措，想知道他们的特许状是否依旧有效；太平绅士们则想知道法令是否仍然有效。辞职和旷工进一步破坏了秩序的重建。就像在威斯敏斯特，残缺议会最初采取的是一条温和的路线。除了直言不讳的反对者和已知的保皇派，议会让地方管辖者留任。直到1650年，残缺议会才要求与共和国签订约定书，而这也是对忠诚最低限度的考验。地方比残缺议会更保守，这意味着几乎不会立即进行社会改革，而宗教激进主义将继续受到压制。

事实上，新模范军领导人和残缺议会从未想过要颠覆世界，进行彻底的社会和政治革命。除了宗教，他们与国王的争吵一直是为了迫使他遵守国家的既定法律——那些保护父权制、等级制和财产的法律。为此，他们自己也被迫违反这些基本原则，其中最严重的是杀害国父，废除他的地位，没收他的财产。他们走过的路都是下坡路；势头不可阻挡。有好几次事件失去了控制：1647年，新模范军变得激进；1648年，真正的人民起义试图恢复查理一世的统治。一旦他们在急转弯中幸存下来，道路就变得平坦，如今他们小心翼翼地前进。在威斯敏斯特和地方上加入的务实温和派只能起到稳定的作用。除此之外，他们需要他们能够争取的每一个盟友。从一开始，共和国就被敌人包围：保皇派和长老会教徒秘密颠覆，平等派和各个宗派公开敌对。

有一件事是确定的：无人能够笼络约翰·利尔伯恩。他曾经反对普莱德清洗和腰斩的《人民协定》，并拒绝在高等法院拥有一席之地。他看不出共和国政府与国王政府有何不同——即便放在他的追随者中，这也是一个极端的立场。对大多数政治激进分子来说，处决国王是一次恍然大悟；因为他们从来没有预料到这会发生，所以他们从来就没有超越之。如今他们渐渐远去：怀德曼开始经商，而他的同僚领袖威廉·沃尔温（William Walwyn）开始投身宗教，爱德华·塞克斯比（Edward Sexby）则开始了他的军旅生涯。令人印象深刻的平等派组织，连同其海绿色的丝带、党费和机关报《温和派》(*The Moderate*)，开始解体。只有利尔伯恩和理查德·奥弗顿（Richard Overton）岿然不动，对新近成立的政府进行了激进到底的批评。他们的社会正义方案是建设性的。他们支持济贫、财富再分配、法律改革和政治赋权。不过，他们的煽动是毁灭性的。他们对共和国进行了严厉的攻击。

1649 年 2 月 26 日，利尔伯恩出版了《发现英格兰的新枷锁》(*England's New Chains Discovered*) 的第一部分。其中，他断言高等法院、国务委员会和新模范军委员会是非法的。他认为，国务委员会依赖的权威不比任命委员会的议会中的腐败议员更佳，这个论点挑战了残缺议会的行政和立法权力。他抱怨道，新模范军委员会堕落成军官委员会，士兵当中已经有此不满了。利尔伯恩和奥弗顿给军官贴上了“新模范军贵族老爷”(the Lords of the Army) 的标签，并敦促士兵将其撇在一旁，以人民的名义夺权。由于共和国的生存仍然岌岌可危，这样一种直接的挑战不可能无人回应。利尔伯恩、奥弗顿和其他一些人因叛国罪而被捕。这让火焰短暂地燃烧起来。伊丽莎白·利尔伯恩（Elizabeth Lilburne）组织了一次请愿，要求释放她的丈夫，并因为参与跟自己的性别不符的活动而被人指指点点。她带着一份有万人签名的女性《权利请愿书》回到威斯敏斯特。起草请愿书的是可敬的凯瑟琳·奇德利（Katherine Chidley）。“在《权利请愿书》包含的自由和安全方面，我们难道不是与这个国家的男子有着平等的利益？我们的生命、四肢、自由或私人财产，不再是被男子剥夺，而是被正当的法律程序剥夺？”但是，其他人认为利尔伯恩走得太远。强大的伦敦浸信会会众取消了自己的支持，整个平等派运动几近土崩瓦解。

这场伦敦煽动事件只是加剧了新模范军中已经存在的骚动。欠款在不断增加；1648 年——该世纪最糟糕的一年——的歉收让新模范军成了负担；有传言称士兵们将被迫在爱尔兰作战。和以前一样，平等派计划的部分内容直接涉及了新模范军问题，并获得了公开支持。3 月伊始，5 名士兵因呈交质疑新模范军委员会合法性的请愿书，并将克伦威尔和艾尔顿与霍利斯及其帮派相提并论而被开除军职。实际上，与 1647 年进行各种比较是恰当的，因为共和国正在组织一支爱尔兰入侵部队，而士兵们要求支付逾期欠款并免于强征入伍。但是，高级军官已经吸取了教训。当伦敦一个兵团因薪酬问题发生兵变时，一名士兵受到军事法庭审判并被枪毙。通过抽签决定前往爱尔兰的兵团随后发生更严重的骚乱。士兵们对这些条款感到不满，要求有权选举煽动者，并在总委员会上就远征爱尔兰进行辩论。两场独立的兵变出现了。来自 3 个骑兵团近 900 名士兵拒绝服役或解散，但他们很快就被克伦威尔、费尔法克斯和 5 个新模范军兵团的存在压倒了。一些士兵在伯福德教堂（Burford

Church）挺身而出，遭到袭击，最终投降。其中 3 人被郑重其事地杀鸡儆猴，纪律得以重申。

当平等派挑战共和国的政治权威时，“掘土派”（Diggers）在挑战其道德权威。掘土派是杰勒德·温斯坦利（Gerard Winstanley）不可思议的创造，温斯坦利是一名小商人，他以批发布料开始了自己的事业，以批发谷物结束之，其间夹杂着一场史诗般的中年危机。温斯坦利出生在兰开夏郡，在伦敦当过学徒，并在那里开始贸易。1643 年，他因无法收回债务偿还债主而走向破产。他卖掉了伦敦的铺子，搬到了他岳父在萨里郡（Surrey）的小庄园。1648 年他见到了异象，召唤他去宣扬商品的共性。他出版了几本带有神秘色彩的小册子，否认了预定论、圣三位一体（Holy Trinity）和基督再临（second coming）。1649 年，他见到的异象导致他谴责商品买卖、雇佣劳动和私有财产。

他和 20 多名追随者一起，开始在萨里郡圣乔治山（St George's Hill）的普通荒地上掘土和种植庄稼。在受到当地治安法官的质疑，并因为扰乱太平而被传唤至托马斯·费尔法克斯爵士面前时，温斯坦利用《真正的平等派旗帜前进》（*The True Levellers' Standard Advanced*），一部宣扬大地是“一个共同的宝库”的作品作为回应。在科巴姆（Cobham）进行的第二次试验激起了当地更强烈的敌意，直到新模范军士兵驱散了掘土派。温斯坦利在 1650 年春天建立更大公社的计划没有实现，尽管他的想法得以传布。通过宣扬“救助”这一雄辩的语言，他声援了受到欺压的农业雇工。他向残缺议会议员提出挑战，要求他们为穷人和弱者提供福利，按照基督教共和国的理想重新分配财富，并保护他们以其名义统治的“人民”群众。

掘土派运动紧随平等派煽动事件和新模范军动乱，似乎比其实际情况更为不祥。最初，掘土派运动恢复了保守派对残缺议会治理能力的挑战。保皇派和昔日的议会派很快就用社会和宗教激进主义的笔触玷污了共和国。平等派对什一税的攻击和掘土派对私人财产的攻击，加剧了恐惧和不确定性。这些还招致更多反对声音。整个1649年，残缺议会都预计会出现新一轮保皇派起义。国王的加冕日悄然过去，尽管9月颁布了《许可证法案》(Licensing Act)，但是，《国王的圣像》(*Eikon Basilike*)[①]——查理所谓的断头台遗言的各个版本仍然大量从印刷媒体流出。新的版本扩大到包括查理的祈祷、他的最后一次演讲和他的私人信件选集。每一次补遗都增加了对君主的同情。在处决国王的一年内,《国王的圣像》有35个英语版本付梓；这是一本难以控制的畅销书。此书也在爱尔兰和苏格兰广泛传播，那里的保皇派公开表达了他们的观点，并威胁要再燃战火。

残缺议会几乎立即决定远征爱尔兰。新政权需要确保其侧翼不会被入侵，整个冬季都有传闻称查理二世将在爱尔兰登陆。残缺议会也需要向议会债权人证明其信誉。自从战争打响以来，议会用爱尔兰土地作抵押来借款，而放款人叫嚣着偿还。最后，爱尔兰叛乱的记忆深深烙印在新教意识中。议会发誓，将为屠杀成千上万无辜者进行报复。残缺议会任命克伦威尔率领一支远征军，并向他保证有足够的人力、财力和物力（*matériel*）来完成这项任务。他的任务是解放都柏林的议会派力量，确保新教在阿尔斯特和芒斯特的统治地位，并尽可能征服岛上的其他地区。

---

① 《国王的圣像》是一本自传，以日记的形式记录了查理生命中最后的时刻。之后出版的某些版本提供了寝宫侍从威廉·莱韦特的证言，宣称该书是查理被囚于怀特岛时所作。

自 1641 年的叛乱以来，爱尔兰的局势已经变成宗教、忠诚和私利纠缠不清。叛乱分子及其反对者是由无法承受战争压力的、不适当的政治和宗教联盟组成的。叛乱分子是爱尔兰原住民和“老英格兰人”的联盟，被称作爱尔兰天主教联盟（Catholic Confederacy of Ireland）。虽然他们不断宣称效忠查理一世，但是，联盟在对他们可以控制的领土行使主权。在为联盟而战的爱尔兰原住民中，有这样一些人，他们的座右铭是“一个统一的爱尔兰”，摆脱英格兰和苏格兰新教徒的统治。他们的天主教充斥着西班牙方济各会的精神，而他们的承诺得到了在三十年战争中为天主教一方而战的军事领导人的支持。在加入的“老英格兰人”中，有许多人认为叛乱将促成一个折中解决方案，折中方案将确保天主教土地所有者的财产权，以及天主教律师——占联盟最高委员会（Supreme Councils）成员的近 1/3——执业的自由。联合遭到了“新英格兰人”和阿尔斯特苏格兰人的集体反对——新英格兰人主要是保皇派，阿尔斯特苏格兰人主要是议会派。1642 年伊始，这些势力处于奥蒙德公爵詹姆斯・巴特勒，一个“老英格兰人”家族子孙的领导下，而公爵一直是在英格兰作为新教徒长大成人。他以国王的名义指挥着斯特拉福德伯爵的残余部队和当地的新教徒军队。

1643 年，为了把奥蒙德的军队带到英格兰，查理通过给予天主教徒暂时的宽容，谈判结束了爱尔兰叛乱。奇怪的是，停战让两个联盟分裂了。可以预见，亲议会派的新教徒拒绝遵守其条款。但是联盟也分裂了。在罗马的指导下，爱尔兰原住民领导人要求彻底恢复天主教。其“老英格兰人”盟友没有那么顽固，因为他们意识到，查理一世需要爱尔兰的支持才能生存。

尽管 1643 年实现停战，但在爱尔兰，断断续续的战斗一直持续到了第一次内战结束。联盟取得诸多大捷——1646 年，欧文·罗·奥尼尔在本伯布（Benburb）对阿尔斯特苏格兰人军队取得的胜利，是叛乱的军事高点——不过，联盟之间的分歧阻碍了军事努力的协调，也阻碍了天主教的胜利。奥蒙德公爵富有耐心的外交让联盟在政治上处于分裂状态，而这两个因素都让保皇派新教徒的利益得以继续存在。1647 年形势发生了变化。由于查理实际上是个囚犯，因此，议会控制了爱尔兰。迈克尔·琼斯（Colonel Michael Jones）上校率领 2 000 名士兵登陆，并驻守都柏林城堡。如果不是 1647 年夏天发生的疯狂事件，一支新模范军旅将紧随其后。议会军队的到来原本应该结束联盟之间的激烈冲突，因为议会致力于镇压联盟，而不是进行一场圣战。但事实上，这些冲突恶化了。奥蒙德公爵向“老英格兰人”提出永久性的让步，以换取在后来的第二次内战中的支持。但是，在来自佛罗伦萨的教皇使节乔万尼·里努奇尼（Giovanni Rinuccini）的政治控制和欧文·罗·奥尼尔的军事控制下，这个教皇党拒绝了全部妥协方案。他们不会加入一个包含“新英格兰人”新教徒和阿尔斯特苏格兰长老会教徒的联盟，即便这是一个肯定会将英格兰议会力量推向大海的联盟。

在随后的战斗中，奥蒙德公爵及其苏格兰盟友试图从议会派手中夺回都柏林和阿尔斯特。主要的保皇派势力在英格兰、苏格兰的战败，以及查理的审判与处决，都没有阻止他们行进。到了 1649 年春天，奥蒙德公爵占据了东部海岸线的大部，并正在收紧都柏林脖子上的绞索。残缺议会正是在此时集会。7 月末，随着 2 000 多名英格兰增援士兵的到来，都柏林缓慢的窒息有所缓解。一周后

（8 月 2 日），琼斯上校在拉斯曼斯（Rathmines）击溃了奥蒙德公爵最大的部队，这让克伦威尔得以在 8 月 15 日安全登陆。克伦威尔带着 1 万名伤痕累累的老兵和一列攻城大炮向北进军，并对准了德罗赫达镇。当卫戍部队拒绝召唤时，轰炸开始了，在一天之内就发射出 200 枚炮弹，城墙被攻破，城镇被攻占。一分钟都未耽搁，几乎所有防御者都被杀死。正如克伦威尔告诉伦索尔议长的那样，他希望这种决心的表现会阻止其他人的抵抗。然而，他为包围韦克斯福德（Wexford）做了精心的准备，当他的士兵打破军事纪律的束缚时，那里发生了更残酷的屠杀。德罗赫达的卫戍部队遭到处决；该做法冷血无情，却符合战争法则，而大多数遇难者是士兵，其中很多是英格兰人。韦克斯福德的人口遭到屠戮。这一行动是冲动的，是多年种族和宗教宣传的结果，遇难者是平民，大多数是爱尔兰人。克伦威尔精心策划的暴行也没有达到预期效果。天主教宣传预言会出现屠杀，而克伦威尔实现了预言，确保爱尔兰的每一寸土地都将至死受到捍卫。尽管克伦威尔一方兵力强大，但还是花了 3 年时间才制服天主教军队。付出的部分代价是 1651 年革命理论家亨利・艾尔顿的生命。

尽管所有迹象表明，无论从他的欧洲盟友那里获得什么援助，查理二世都会参与爱尔兰战争，但事实上，他向爱尔兰人表示的友好姿态遭到了冷遇。相反，1650 年，他完成了与苏格兰人的一项条约，在该条约中，他同意接受《长老会盟约》（Presbyterian Covenant），以换取对其英格兰王位的支持。双方都不指望这场权宜婚姻（marriage of convenience）带来幸福。查理二世对长老会的接受与他对蒙特罗斯侯爵的支持形成了鲜明对比，而蒙特罗斯侯爵的掠夺刚刚结束，他就遭到俘虏并被处决。盟约派同样不可信赖，这迫使查理将所有先前签署约定书者排除在运动之外。查理尚未抵达苏格兰，结盟的消息就不胫而走，而威斯敏斯特的议会领袖决定让新模范军发动先发制人的攻击。当托马斯·费尔法克斯爵士拒绝指挥军队并辞去其军职时，1650 年 7 月底，克伦威尔作为议会新的总司令横渡特威德河（Tweed）。

克伦威尔在苏格兰度过了 1648 年秋天，而他知道苏格兰人在政治上是分裂的。他呼吁阿盖尔和苏格兰教会的领袖抛弃国王并阻止另一场战争。如果查理尚未登陆的话，这原本会更容易实现。凡他所到之处，都吸引着爱戴他的人群，而他在苏格兰军队营地的出现让战斗板上钉钉。9 月 3 日，在邓巴面对规模几近两倍于己方的敌军时，克伦威尔取得了压倒性的胜利。4 000 名苏格兰人被杀，1 万名苏格兰人被俘。英格兰士兵兵不血刃，很快就占领了爱丁堡和格拉斯哥，没有招致多少怨恨。克伦威尔造访了这两座城市，并试图说服市政当局相信两国的虔诚者存在共同点。他最有力的论据是对战役的判断，整个冬天，他的宣传运动削弱了苏格兰人的决心。约翰·兰伯特少将领导的军队在西部赢得了一场重要的胜利，而在 1651 年，兰伯特和克伦威尔在斯特林（Stirling）附近击败了一支庞大的苏格兰军队。在一次绝望的努力中，查理二世向南冲进英格兰，希望像 1648 年那样的全面起义会接踵而至。不过，人们对另一场内战甚少热情，对支持苏格兰入侵的热情更是微乎其微。1651 年 9 月 3 日，克伦威尔在伍斯特消灭了剩下的保皇派势力。查理二世九死一生地逃离战场。他躲在橡树洞里躲避胜利者，也把自己的尊严落在了那里。

克伦威尔对爱尔兰和苏格兰的征服，其性质反映了这些国家随后的殖民地性质。爱尔兰变成一个被征服国度，纳入共和国，受英格兰政策的控制。战争的资金来源于掠夺，爱尔兰近 40% 的土地被没收，以偿还英格兰平民的贷款和英格兰士兵的薪酬。在《爱尔兰和解法案》（Act of Settlement，1652 年）中，爱尔兰 6 个郡的天主教徒地主被赶走。虽然这样一场如此大规模的财富转移可能在爱尔兰引发了一场社会革命，但这在很大程度上造就的是一个通货紧缩的土地市场。受益者是帕莱的“新英格兰”殖民者，他们最终在一支卓有成效的军队的保护下扩大了自己的庄园。作为爱尔兰总督，克伦威尔确实尝试过社会改革，但是，潜藏在种族和宗教歧视之下的问题不受政策调整的影响。另一方面，苏格兰被区别对待了。只有积极保皇派的庄园被没收，而残缺议会提议自愿联盟——尽管苏格兰人别无选择，只能自愿参与。联盟于 1654 年生效，而翌年任命了一个苏格兰国务委员会（Scottish Council of State）。

毫不奇怪，一个由其军方赋权和维持的政权在战争中取得了最大的成功。然而，共和国军事成就的范围是惊人的——弥尔顿称之为“西方的新罗马”。在爱尔兰，残缺议会在 3 年内完成了英格兰君主在百年内都力有不逮之事。在苏格兰，克伦威尔的胜利抹去了主教战争的耻辱记忆。共和国开始计划建立一个全面的联盟，这个联盟就是曾经的查理的复合君主制。与此同时，共和国政府建造或改装了 77 艘战列舰，这增强了英格兰传统的海军实力。对公海的控制是国内安全的一个重要因素，也是国际关系的一个关键因素，特别是其与荷兰的关系。自 17 世纪开始以来，英格兰就与荷兰在海洋利益上产生冲突。两国的商船在同一片帝国水域拖网捕鱼，荷兰是无可争议的领头羊，它们还为同样的欧洲运输贸易而竞争。除了它们都信奉的加尔文主义之外，两国可谓天敌，二者的外交关系反映了每个国家在上帝和玛门（Mammon）[①]之间的斗争。1651 年，残缺议会通过了《航海条例》（Navigation Act），条例旨在插手从荷兰到北美的运输贸易。这让公海已经紧张的局势变得更紧张，在公海上，武装船只之间的对抗升级。最终，两国于 1652 年宣战了。出乎所有人意料的是，英格兰人经受住了早期的挫折，在海军上将罗伯特·布莱克（Admiral Robert Blake）的英明指挥下，击败了被认为不可战胜的荷兰强国。

共和国成立的头几年，国内外的军事事业占据主导地位。生存大于改革。但是，生存的代价高昂，而随着残缺议会对改革的献身程度有所消退，其支持者买单的热情也随之消退。尽管数年来一直在努力削减军费，但共和国军队的费用所费不赀，是有史以来之最。每月的评估税负已经上升到 9 万英镑，令人讨厌的消费税还在继续。为了偿还议会士兵和伦敦放债人的巨额债务，残缺议会出售了新购得的王室地产和王室拥有的教会土地的剩余部分。在伍斯特战役之后，残缺议会扣押了少数参与查理事业的著名保皇派的财产，并连续几年通过了没收 750 余名前保皇派财富的提案。这些意外之财简直是被卷入了一个支出旋涡。爱尔兰和苏格兰的卫戍部队是无底洞；甚至在荷兰战争爆发之前，海军的开支就已经不断上涨。商品价格的上涨和贸易收入的下降让政府和普通公民都感到拮据。年度赤字估计为 70 万英镑，这还不包括大部分军事上的逾期欠款。

---

① 玛门，指财富或金钱，出自《新约·马太福音》6：24：“一个人不能事奉两个主；不是恶这个，爱那个，就是重这个，轻那个。你们不能又事奉神，又事奉玛门。”

严重的财政困境让激进改革的提议复杂化，尽管这不是导致其夭折的那种痼疾。改革法律、教会和宪政的种种努力，因为缺乏意愿、政治进程和自私自利的立法者而受阻。法律改革是改进社会政策的关键——控制议会程序的生来保守的律师没有忘记这一事实。他们被痛斥为“共和国的毒蛇和吹毛求疵者”——他们自己理直气壮地反驳了这些指控。当一丝不苟让一个人变得同样富有时，肆无忌惮便是份外的。法律的拖延是一个口号——父母将诉讼作为传家宝传给子女——而诉讼程序用法语进行，并记录在案。这一切都符合事实，但律师不会将专业事务的控制权让给业余爱好者。因此，尽管改革委员会主席马修·黑尔爵士（Sir Matthew Hale）勤勉尽责，但在 4 年的煽动中，残缺议会只做了些微小的改变，其中最重要的是让英语成为法律语言。

宗教改革是一个不同的问题。神职人员被禁止进入议会，等级制度遭到废除。在这里，问题是相互冲突的未来愿景。虽然有些人希望放松政府对宗教的控制，但另一些人希望控制力度有所加强。进展是断断续续取得的。1650 年，残缺议会废除了强制出席国教礼拜仪式的规定。这一立场曾受到独立派的拥护，也遭到长老会教徒的抵制，但现在这两个团体发现自己在实质性问题上越来越一致。残缺议会成立了处理英格兰北部和威尔士问题的委员会，以帮助在这些“黑暗的角落”传播真正的基督教；还用出售主教和保皇派的部分所得来支持贫穷的牧师——因此避免了一场什一税大战——并在教会法庭解散后通过了处理道德犯罪的法律。其中最著名的是 1650 年的《通奸法案》（Adultery Act），该法案将通奸定为死罪。该法案的执行力度不如性方面的双重标准，因为唯一一批被处决的通奸者是 4 名妇女。

更进一步的教会改革在激进宗教的基础上岌岌可危。加尔文主义正在瓦解，而清教徒的思想被推向其逻辑的极端。分离主义教派激增，嘲笑改革者努力实现的包容性教会的想法。这些教派规模很小——数量和成员都很少——但它们对一个拼命寻求中间立场的政治政权产生了强大的影响。像浸礼会教徒这样的部分教派愿意接受共和国的统治，以换取其信仰的和平践行。浸信会教徒主要被认为是反对婴儿洗礼的，到了 17 世纪 50 年代早期，他们开始发展一种神秘的、内在的宗教热忱。但是，其他团体直截了当地反对这一倾向。“第五君主主义者”（Fifth Monarchists）将处决国王视作人类最后一个腐败的君主制终结的标志。他们要求用《摩西法典》取代英格兰法律，以及只有已知的圣徒才是政府成员。第五君主主义者在政治上咄咄逼人，他们向残缺议会请愿，并成功地在新模范军中赢得支持者。最令人不安的激进教派是“喧骚派”（Ranters）——如果他们是一个教派的话。作为反律法主义者——他们认为圣徒超越了法律的力量——喧骚派教导道，对纯洁的人来说，一切都是纯洁的，并通过实践自由之爱和咒骂亵渎神明的誓言来证明这一点，而亵渎神明的誓言正是其恶名的来源。正是为了禁止此类行为，残缺议会通过了《亵渎法案》(Blasphemy Act，1650 年)，反对“可怕的观点和邪恶可憎的行为”。

控制宗教过度狂热者的种种努力尽管并不成功，但显示了长期困扰残缺议会的根本问题：其友人与敌人一样危险。最危险的莫过于新模范军。1647 年以来，议会与新模范军之间的关系一直摇摇欲坠。士兵已经表明他们决意参与政治进程的意愿，而议会派表明了他们保持独立于军事控制的意愿。他们的不信任是相互的，而且是有根据的。当新模范军参战，议会统一起来提供补给时，形势总是最好的。而当士兵得闲，形势总是最坏的。在伍斯特获胜后，新模范军深切地感受到残缺议会在改革国家方面令人失望的进展。当士兵被分散到驻防地和冬季营区时，人们开始煽动解散残缺议会，并呼吁举行新的选举。

这些宪政改革的要求产生于对社会和宗教改革失败的失望。年复一年，残缺议会的成果在减少。1649 年，125 项提案得以通过；1652 年，仅有 44 项。出席议会辩论的人数在减少；委员会的数量更少。议会议员更关心自己的福利，而非国家的福祉。个人腐败成为新模范军攻击的焦点。法律官员被指责阻碍法律改革；富人被指责反对土地改革；不虔诚者被指责拒绝废除什一税。小册子和猛烈抨击作品得以出版，详细介绍了残缺议会议员积累的官职和薪酬。然而，解散残缺议会的要求面对的是全国人民的愤怒。新模范军可能会迫使进行新的选举，但他们无法控制选举的结果。保皇派、长老会教徒、保守派绅士：他们代表着人民的意志。围绕一个新的代表机构的种种辩论，出于某种目的是杂乱无章的。如果该机构被搁置，那么新模范军将进行干预；如果该机构得以确立，那么人民将会发声。无论出现任一情形，共和国都将终结。对身在威斯敏斯特的议员来说，克伦威尔比查理二世更为可取。正如我们所见，4 月 2 日，他驱逐了残缺议会。

克伦威尔解散残缺议会的决定是在愤怒中做出的，并导致了他认为无法维持的军事统治。新模范军多个委员会积极讨论了两种替代残缺议会的方法。第一个方法是约翰·兰伯特少将提出的，内容是确立唯一的统治者和议事会，议事会受强制性议会的监督。作为一名约克郡绅士之子，兰伯特曾在英格兰北部服过兵役，是托马斯·费尔法克斯爵士的一位同伴，后者将他带入了新模范军。他在新模范军诸委员会中可能一直都是费尔法克斯的门生，正如艾尔顿之于克伦威尔，因为他也参与了《建议要点》的起草。兰伯特在第二次内战中被赋予英格兰北部兵力的指挥权，而他于 1648 年在苏格兰服过兵役让他得到了克伦威尔的尊重。倡导第二个方案的是托马斯·哈里森少将，内容是成立一个提名议会（nominated assembly），一个仿照古希伯来人“犹太公会”（Sanhedrin）[①] 的机构。哈里森开始是埃塞克斯伯爵护卫队的一名上尉，并晋升为英格兰所有新模范军部队的指挥官。哈里森充满了正义感，与第五君主主义者有着密切的联系，他总是准备好解决棘手的问题。他想在 1647 年春向伦敦进军，想在帕特尼辩论后罢免国王，并驱逐长期议会。他是高等法院的一名法官，并以坚定的态度签署了国王的死刑判决书。兰伯特的方案更为实际，尽管该方案更像是已经失败的残缺议会。哈里森的计划很有远见，重点在于改革。然而，当克伦威尔冲动地解散残缺议会时，这两种选择都还不成熟。正如后来所述，“圣灵如此眷顾他，以致他被圣灵否决；他根本不咨询血肉之躯”。

一旦克伦威尔采取行动，他就接受了虔诚者的大会也是“圣灵的集会”这样一个观念。这项决断符合哈里森的总体计划。新模范军要求各个教会举行集会，确定议员人选并上报，尽管军官委员会负责做出决策。提名议会由 140 名议员组成，包括 6 名来自苏格兰的议员和 5 名来自爱尔兰的议员。批评家轻蔑地称之为“皮包骨议会”（Barebones Parliament），因为议会中一名更为默默无闻的议员就叫礼赞上帝·皮包骨（Praise-God Barebones）。事实上，提名议会的构成很像残缺议会，尽管拥有更多宗教狂热者——尽管只有 13

① 犹太公会，古时犹太人的立法机构、最高法院，由71位犹太长老组成。

人是已知的第五君主主义者——和少数律师及军官。虽然几乎无人拥有议会经历，但是，很大一部分比例的人担任过地方太平绅士。人们再次努力拉拢小亨利·范恩爵士和托马斯·费尔法克斯爵士等前政治领导人。范恩，一名坚定的共和派，质疑提名议会的权威；费尔法克斯只是拒绝加入。然而，这一尝试再次表明革命领导人决心拥有尽可能广泛的基础，即便在圣徒大会这样新颖的解决方案的背景下也是如此。

尽管克伦威尔坚称，圣徒大会一直被要求与新模范军协商，但其最早的行动之一是宣布自己为议会，并任命一个主要由文职人员组成的国务委员会与新模范军一起执政。圣徒大会设定了一个象征性的结束日期 1654 年 11 月 3 日，然后转向长期困扰残缺议会的相同的问题：法律和宗教改革。圣徒大会在法律改革上有所进展——尽管废除律师和制定《摩西法典》的行动遭到拒斥——并在 5 个月的存在期间通过了 30 项法令。

就连提名议会中的圣徒都在宗教问题上出现分歧。大会中的激进分子想废除国教的所有外表，包括什一税、教义的统一和预先定义的“可耻之罪”。温和派想要的是一个无所不包的新教教会。最令人烦恼的问题是什一税。什一税引起了复杂的宗教和民事问题。这些教派辩称，不应该强迫他们为自己并不隶属的教会捐款，但他们没有提出在大型国家教会中保留牧师的替代方案。此外，什一税可是财产。地主买下了什一税，废除什一税就等于剥夺私人财富。什一税之争在激进派和主宰议会议席长达 5 个月的温和派之间形成了一个楔子。

出席议会和国务委员会会议者稀稀疏疏，大多数人偶尔才会露面。揭幕式后，克伦威尔再也没有露面，就连哈里森最终也离开了。随着秋日的到来，对提名议会的耐心有所缩减。12 月，激进派出乎意料地拥有足够的议员人数来推动通过几项关于教会改革的提案。这让温和派大为惊恐，故他们计划反击。12 月 12 日，他们一早就全部抵达，以确保获得多数票，然后径直投票放弃自己的权力。他们收起了权杖和议会名册，并将其交给惊讶的克伦威尔。“从哪里来，就到哪里去”，阿瑟·黑塞尔瑞格爵士（Sir Arthur Haselrig）事后讽刺地反思道。

在不到一年的时间里，民事权威第二次回到新模范军手中，而克伦威尔第二次拒绝领导军政府。相反，他求助于兰伯特提出的制定成文宪法的计划，即《政府约法》(Instrument of Government，1653 年)。《政府约法》确立了一个由护国公（Lord Protector）、议会和国务委员会组成的政府。最初，兰伯特和其他军官希望克伦威尔接受国王的头衔，可他坚决拒绝，因此引入了护国公身份这个权宜之计。《政府约法》开始时并没有主权声明，尽管它是基于混合政府的经典原则。查理治下君主制的失败、皮包骨议会治下贵族的失败，以及残缺议会治下一种形式的民主之失败，这些在《政府约法》背后的思考中有着很大的权重。权力在护国公、国务委员会和议会之间划分，以遏制每一方的潜在滥用。此外，《政府约法》还特别保护宗教权利。除了天主教徒和圣公会教徒之外，所有“安分的”基督徒都有崇拜上帝的自由，无论是护国公还是议会都不能废除之。

护国公体现的是行政权。所有法律事务都以他的名义进行，他控制着军队，并监督外交。议会是由 460 名议员组成的单独一个议院，包括来自苏格兰和爱尔兰的各 30 名议员。郡选议员占主导地位，而自治市镇的代表性受到极大的限制。所有拥有价值 200 英镑财产的成年男性都可以在郡的选举中发声——一种既扩大了参与，又将参与限制在有钱有势者的妥协。当选的议员务必“为人正直、敬畏上帝、能言善辩”。《政府约法》规定，每 3 年举行一次议会，会期至少为 5 个月。《政府约法》授予议会制定和修改法律，以及出台除常备军年费外的所有税收措施的权力。议会通过但未经护国公签署的提案，在 20 天后就成为法律，尽管《政府约法》未经护国公同意不得修改。国务委员会规模较小，由 13 到 21 名终生任职者担任。委员会负责就民事和军事事务向护国公提供咨询，并与他一起立法，直到第一届议会开会。它的主要职责是评判选举和挑选继任的护国公。《政府约法》还提供了一支 3 万人的常备军、充足的海军，以及给政府的 20 万英镑的微薄年收入。

《政府约法》结合了自 1647 年以来出现的各个宪法改革提案的内容。它借鉴了新模范军的政纲、平等派的《人民协定》和共和派的著述。但对其反对者来说，它无非是“被刀剑击倒的君主制”。克伦威尔试图立即反驳这一判断。在护国公的就职典礼上，他穿着朴素的黑色套装，穿着灰色精纺长袜，而他和他任命的军官组成的国务委员会只有 4 名新模范军指挥官。莱尔子爵和马尔格雷夫伯爵（Earl of Mulgrave）赋予这个机构以一定的社会声望，其中 5 名成员与克伦威尔有着长期的联系，包括委员会主席亨利·劳伦斯（Henry Lawrence），此人曾是克伦威尔的房东。这些选择既没有创意，也没什么特别之处：尽是一个强人的助手罢了。

在第一届护国公议会（Protectoral Parliament）集合开会之前的几个月里，克伦威尔及其国务委员会卓有成效地统治着英格兰。法官、军事专员、太平绅士、无数的估税员、收税员被任命为新政府服务。皮包骨温和派是最大赢家，尽管克伦威尔政权和其前任政权一样渴望将传统的统治阶级纳入麾下。各项法令确立了拖延已久的法律和宗教改革，并通过 20 多项金融措施。

第一届护国公议会在 1654 年 9 月 3 日开幕——邓巴和伍斯特大捷的周年纪念日。正如他对与会者所言，他希望这次会议是一次“治愈和解决问题”的会议。选民选出了一个基本以长老会教徒为主的团体，其中包括一些知名的政权反对者，比如共和派范恩和黑塞尔瑞格。他们一道有可能揭开旧的宗教和政治伤口。长老会教徒渴望重建国教的边界，并控制各教派的发展。共和派渴望挑战护国公的权力和《政府约法》的权威。事实上，这届议会的第一项行动是将《政府约法》交给一个委员会，逐条加以分析。克伦威尔立即介入。他要求所有议员在继续拥有自己的席位之前，都要作“认可誓言”，认可政府掌握在一个单独的人和议会手中。

70 多名议员——主要是共和派——表示拒绝。他们辩称，只有议会拥有组建政府的权威，以及《政府约法》是新模范军军官派系的成果。他们的排斥一开始就毒害了议会，而且他们继续谴责护国公和新模范军。就连那些留任的议员也对《政府约法》中的关键内容持严肃的保留意见。在关于一项新的政府提案的辩论中，长老会教徒试图缩小礼拜自由（freedom of worship）的范围。其他议员质疑是否需要如此庞大的军事机构，以及护国公控制该机构的权力。为期 5 个月的议会任期接近尾声，法案准备提交时，批评声音达到了高潮。克伦威尔甚是聪明，他根据月相而非日历来计算月数，并提前 12 天解散了会议。

议会结束后，护国公与他的国务委员会一起统治，并试图修复混乱的议会造成的破坏。该政权本身没有多少支持者。在西南部诸郡（West Country），著名的保皇派已经返回议会，而政府的亲密支持者遭到恶意拒斥。虔诚者在教会和教派之间满怀恶意地出现分歧。像第五君主主义者这种出现时间更早的教派，在一大堆小册子和布道中抨击起该政权。他们指出，克伦威尔是魔鬼的小小号角，是敌基督的战士。出现时间更晚的教派则挑战新教的基础。乔治·福克斯领导的贵格派，从英格兰北部的几个巡回传教士和分散的会众成长为一场强而有力的运动。他们吸引了乡村中的中等阶层，是名副其实的民主派——一段时间内唯一承认妇女绝对平等的教派。他们践行一种形式的社会平等，包括拒绝脱帽子、宣誓和正式向社会地位更高的人致敬。他们通过圣灵内在之光的力量宣扬普遍救赎。他们拒不承认天堂、地狱和人格神（a personal God）的存在。最有争议的是，他们拒绝承认《圣经》是圣言（word of God）。相反，他们是欣喜若狂的信徒，他们的完美主义引导他们进行挑衅性的纯洁展示，比如赤身裸体、节食濒死和试图创造奇迹。一名贵格会领导者约翰·内勒（John Naylor）在 1656 年的一个星期日骑驴进入布里斯托尔，模仿基督进入耶路撒冷，这是他们最轰动的一项举动。他因渎神而受到野蛮的惩罚。

新模范军中几乎无人表示支持。在议会的整个会议期间，不断有人施压要求解散一部分臃肿的军事机构。《政府约法》提供了一支 3 万人的军队，尽管集合名单上的人数几乎是两倍之多。克伦威尔采取了降低军税这种流行的权宜之计，但他并不准备将新模范军一分为二。实际上，他做的削减是有其他目的。并非所有新模范军指挥官都接受克伦威尔的卓越地位，而就像议会共和派，有些人对克伦威尔的君主做派感到沮丧。他已经和哈里森闹翻，平等派约翰·怀尔德曼再次指控克伦威尔背信弃义。当反对声音公开出现时，护国公坚决地处理之。克伦威尔开除了几名高级军官的军职，包括约翰·奥基（John Okey）和罗伯特·奥弗顿，二者都是新模范军最初的上校，因为他们公开反对护国公制度。士兵们也坐立不安。当地人对他们的存在和普通士兵中激进宗教的做法都怀有敌意。欠款不断增加，而遣散士兵的压力一如既往地把士兵的想法变成了怨恨。

在这种情况下，该政权面临第二次内战以来英格兰首个严重的保皇派阴谋——威尔特郡的彭拉多克叛乱（Penruddock's Rising）。虽然克伦威尔是暗杀的目标，但是，他的秘书约翰·瑟洛（John Thurloe）进行了如此有效的安全行动，从未出现过严重的威胁。1655 年初，有关保皇派经过协调的种种计划的各式谣言传到瑟洛耳中。一场大规模叛乱安排在 3 月伊始，但由于政府逮捕了几名关键人物，叛乱没有成功。然而，在威尔特郡，约翰·彭拉多克上校（Colonel John Penruddock）领导的一支部队成功夺取索尔兹伯里的控制权，并抓获了两名巡回法官和郡治安官。他们拥立查理二世，并在乡村进行几天的恐怖活动，直到一支新模范正规军分遣队和当地部队追捕他们。为了确保西南部诸郡的安定，克伦威尔任命约翰·德斯伯勒少将（Major-General John Desborough）指挥民兵，并让他负责实施报复。叛乱分子被判处叛国罪，少数人被绞死。他仍然是一名地方军事长官，在接下来的几个月里，克伦威尔任命了几位少将监督所有地方。

这些少将是削减军队总体规模和结构，从而改善经济的计划的一部分。但是，他们很快变成负责改革的中心控制顽固的地方的一种手段。国家最终被划分为十几个行政区，成本由“抽取税”（decimation）承担——对保皇派地产价值征收 10% 的税。克伦威尔命令少将们解除不满者的武装，在干道上巡逻，驱赶乞丐，借此维持太平。他还叮嘱他们“鼓励虔诚和美德”——这是一个无确定目标的使命，促使一些人压制啤酒馆、周日体育活动和流行的庆祝活动。在威尔士，少将贝里（Major-General Berry）发现“恶习比比皆是，而地方执法官全然无视”。很少有人比普莱德少将更热心，而他的管辖地包括伦敦以南的红灯区南瓦克（Southwark）。据说，他禁止了一种受欢迎的纵狗逗熊（bear-baiting）活动，“不是因为它给熊带来痛苦，而是因为它给观众带来快乐”。

虽然他们的任期仅仅持续了一年，但这些少将在地方备受憎恶。他们是些外来者，不顾当地社会的结构强加外来的价值观。他们监禁了前保皇派，并严厉对待不合作的绅士。他们取代了太平委员会，在太平委员会中，当地人，甚至克伦威尔政权的新成员，通过他们非常熟悉的家庭和社区关系的棱镜过滤了法律的严酷。无论地方是否愿意，少将们都实施了道德改革。有些人自欺欺人，认为改革很受欢迎；其他人，如威利少将（Major-General Whalley），则认为改革卓有成效：“这是有史以来为国家的太平和安全设计的最好的方式。”就像提名议会，这项试验是一次确立对一个不思悔改的国家的虔诚统治的尝试。就像提名议会，这一尝试折戟沉沙。这是克伦威尔的信念的产物，即政府是“为了人民的利益，而不是为了取悦人民之物”。

但是，当虔诚的热情和大众的偏见交织在一起的时候，克伦威尔便极尽取悦人民之能事。1654 年与荷兰人的敌对行动结束后不久，他制订了与西班牙开战的计划。对克伦威尔这一代人来说，西班牙是敌基督之国，世界上最强大的天主教力量。在 17 世纪 20 年代的议会中，议员们主张在公海上与西班牙开战，这是一种“蓝海”政策，如今它在克伦威尔的“西进计划”（Western Design）中生效，目的是夺取西印度群岛的一个大岛，扰乱西班牙贸易，如果可能的话，夺取一支珍宝舰队。最终，海军部队实现了所有的3个目标，尽管对伊斯帕尼奥拉（Hispaniola）岛最初的攻击是失败的，指挥官不得不转而占领牙买加。但是，通过夺取运送白银的舰队来资助战争的大梦结果证明是一番空想。这场比赛比奖品更所费不赀，1656年，克伦威尔被迫召集他的第二届议会来支付战争费用。

为了避免1654年的惨败重演，当时议员们不得不被驱逐，议会在一开始就利用其评判选举的权力排除共和派和其他政权反对者。虽然左翼的骚动是可以预见的，但事实上，1656年议会中的议员代表支持该政权的保守派主流。他们敦促克伦威尔再次接受王位。他们辩称，君主制是一种著名的政府形式，克伦威尔王朝的建立将解决无休止的宪法试验。除王位提议之外，议员们还准备了《恭顺请愿建议书》(*Humble Petition and Advice*)，对《政府约法》进行了重要的修改。《恭顺请愿建议书》建立了一个两院制立法机构，增加了一个由护国公和国务委员会任命的终身贵族组成的“第二院”(Other House)，第二院将能制止《政府约法》中确立的单一议院议会滥用权力的行为。

为了确保克伦威尔接受王位，王位在一份提案中与新的宪法挂钩。起初，克伦威尔有所迟疑。虽然他不想在名义上成为国王，但他知道自己将成为事实上的国王。当一些高级军官告诉他自己不会为君主服务时，他显然已经下定决心表示同意。最后，他选择忠于出生入死的兄弟们。他说服议会将王位与宪法改革脱钩，从而避免了一场危机。克伦威尔在1657年5月接受了《恭顺请愿建议书》，并任命新模范军密友、亲属和一些社会地位更尊贵的政权支持者进入第二院。但是，《恭顺请愿建议书》没有规定对选举产生的下议院议员进行审查，而当 1658 年议会重新召开时，许多在第一次议会上被排除在外的议员获得席位并攻击新的解决方案。克伦威尔感到沮丧和厌恶，解散了议会。

到目前为止，显然，克伦威尔一人将该政权凝聚在一起。他的个性中存在着革命的种种矛盾。就像绅士阶层，他希望有一份坚实、稳定的宪法；就像狂热人士，他被人灌输了一种未来世界将更加辉煌的千禧年愿景。作为 1640 年以来的一名议会议员，他尊重议会代表的基本权威；作为新模范军的一员，他懂得权力和必然性的决定性要求。在 17 世纪 50 年代，很多人希望他成为国王；但是，就像恺撒，他拒绝了王冠，更喜欢人民的权威而不是刀剑的权威。他如今 59 岁，职业生活的艰辛使他倍感沉重。未能建立一种固定的政府形式，未能解决令人烦恼的宗教自由问题，这些都消耗了他日益减少的精力。1658 年 8 月，他最爱的女儿去世，此后，他的生存意志似乎明显减弱。当贵格会领导人乔治·福克斯在月底前来探望他时，他“看到并感觉到一股死亡的气息向他袭来；我走向他时，他看起来像个死人”。他的健康状况迅速恶化。他任命长子理查德接替他的职务，并于 1658 年 9 月 3 日逝世，这是他最伟大的军事胜利的周年纪念日。

第九章

复辟方案（1659—1667）

没有人会知道这是如何开始的。1666 年 9 月 2 日星期天凌晨 2 点，托马斯·法里诺（Thomas Farrinor）醒来，闻到他位于布丁巷（Pudding Lane）的面包店楼上房间里的烟味。他查看了一番，发现大火正在烧毁这家商店，他震惊地带着家人来到安全的地方，并发出了警报。在他花园后面马厩所属的那家客栈里，人们听到了他的警报声，而穿着睡衣的客人从窗户往外看，只见火焰正在吞噬着商店的木结构。这可是一个炎热的夏天，伦敦非常干燥，在过去的一周里，从东方吹来了暖风。暖风如今遇上了火焰，余火未尽的木块落到了客栈的干草堆上。当旁观者拂去了睡意时，又有三栋建筑被燃烧的木头碎片击中，一场严重的火灾已经开始。不到一个小时，金融城当局就赶到了现场，抽水机也开始运转起来。市长托马斯·布拉德沃斯爵士（Sir Thomas Bloodworth）见过许多似乎比这更具威胁性的火灾，他被人从睡梦中叫醒起来查看火灾，这让他很恼火。在睡回笼觉之前，他不屑一顾地说道，“婆娘都能把火尿灭了”。这将成为他的墓志铭。

东风首先将大火吹到了伦敦桥，在那里，大火迅速摧毁了在泰晤士河另一边的伦敦城和南瓦克之间主干道上 1/3 的建筑。桥起到了泰晤士河以南防火障的作用，但火焰摧毁了金融城最大的抽水机，让用水灭火变得更加困难。传统的灭火方法是清出一条过宽的道路，使火焰无法跃过，然后熄灭吹过来的火花。但在伦敦，法律规定，任何拆毁他人住所的人，都必须为重新修建而支付费用，而且，由于火灾只持续了几个小时，市长不愿意在没有授权的情况下采取行动。到了获得授权时——塞缪尔·佩皮斯宣读国王查理二世的口谕——太阳已经升起，而疾风裹挟着“烈火的旋流”。当沿河的教堂和仓库接连失火时，恐慌开始蔓延。那天晚上，佩皮斯看到了一道一英里长的拱形火焰，日记作者约翰·伊夫林（John Evelyn）目睹这道火焰吞噬着“教堂、公共大厅、交易所、医院、纪念碑和装饰品，以惊人的方式从一家到另一家，从一条街跳跃到另一条街”。那天的好消息是，大火在北方的利德贺大市场（great Leadenhall）[①] 停止了，而大市场径直挡住了火焰。坏消息是，现在火焰只能朝一个方向移动：向西走向市政厅（Guildhall）、齐普赛街（Cheapside）和圣保罗大教堂。

9 月 4 日星期二是每个伦敦人都会永远铭记的一天。最

① 利德贺大市场，原先是伦敦城内的一座领主宅邸，因使用铅皮屋顶而得名（利德是英语单词“铅”的音译），其建成日期已无从考据，但据史料记载，1309年，其所有人休·内维尔爵士将周围的空地租给了贩卖家禽、奶酪的商贩。1411年，伦敦市市长理查德·惠廷顿获得该建筑的所有权，将其捐给伦敦市。1440年，西蒙·艾尔市长对该建筑进行了翻新，开始把它当作市场、谷仓、学校、礼拜堂使用。1600年，利德贺大市场已经变成了伦敦城内最大的市场，主要经营肉类、禽类。

终，阻止火势蔓延的努力得到了协调。来自附近诸郡受过训练的民兵前来维持秩序。他们在摩尔菲尔兹（Moor Fields）①、斯皮塔菲尔兹（Spitalfields）②和炮兵连驻地（Artillery grounds）③为成千上万的避难者建立营地。他们帮助疏通了通往北方的道路，那条路上挤满了背着财物逃离的家庭。最重要的是，他们免除了金融城的消防税。从凌晨5点到午夜时分，约克公爵骑着马从一个地点到另一个地点，鼓励和指导各项工作。国王不顾顾问官们的建议，顶着浓烟，满身脏污，灰头土脸，向工人们发放金币，这些工人如今正在拆除即将到来的地狱之路上的一切东西。这一切全都无济于事。火焰飞过了齐普赛街，在工人拆毁的房屋残骸的帮助下，吞噬了圣玛丽勒波教堂（St Mary-le-Bow），并让铜钟（Bow bells）因高温而化成一摊水。大火在去往金匠巷（Goldsmiths Row）的路上肆虐，“大火来临前，是些宜人而豪华的家宅，大火过后，则是面目全非、荒无人烟的土堆”。杂货商行会大厅（Grocers' Hall）、裁缝行会大厅（Merchant Taylors' Hall）、布商行会大厅（Drapers' Hall），接着是市政厅本身：所有这些都是在巨大的火球中燃烧，火球的真空使塔和墙出现内爆，仿佛这些都是用纸板（papier mâché）做的。现在，没有任何希望扑灭圣保罗大教堂墓地中的大火。大火吞噬了文具商行会大厅（Stationers' Hall）和数

① 摩尔菲尔兹，位于伦敦郊区，与北城墙相邻。

② 斯皮塔菲尔兹，位于主教门大道东侧的空地。

③ 炮兵连（Honourable Artillery Company）总部所在地。需要注意的是，在炮兵连成立时（1087年），artillery在英语中并无“火炮”的意思，而是指各种用于军事目的的投射物，比如弓箭。

十名书商的店铺，作为大餐之前的开胃菜。晚上 8 点，支撑大教堂屋顶的栋梁被点燃，很快，这座英国最大的教堂被烧毁，铅皮屋顶熔化的铅水从涓涓细流变成滚滚洪流，从鲁德盖特山（Ludgate Hill）上奔涌而下。“整个天空一片火红，就像是一只燃烧的炉子顶部。”

当大火在两天后结束时，造成的破坏是难以置信的：除了少数例外，超过 1.3 万栋建筑、87 座教堂、44 个公司大厅和 4 座桥梁，一座古老而自豪的城市的所有地标都消失了。10 万人无家可归，而重建的费用估计超过 1 000 万英镑，相当于国王年收入的 8 倍。火灾是如何发生的，要归咎于谁？是敌人——荷兰人或者法国人，英格兰当前正与之交战——的手笔，是天主教徒的手笔。当时的排外情绪非常狂热，以致在最初的狂热期间，有许多外国人被人自发地以私刑处死。但是，各个教派的牧师在布道坛和媒体上迅速宣告，如此大规模的灾难可能只有一个来源。火灾始于一个星期日，而不到一年之前，该国历史上最具毁灭性的瘟疫暴发。瘟疫与大火、战争与毁灭：这些都是上帝的武器。异见者宣称，原因是对虔诚者的迫害；圣公会教徒哀叹，原因是对天主教徒的宽容。原因在于国王的情妇；原因在于国家之罪行。查理二世的统治开局甚佳，但如今，这片土地受到了审判。

奥利弗·克伦威尔死于 1658 年，这是一个重新评估革命的成就和失败的时刻。对他的支持尽管浅薄，却很强烈；反对的声音则沉默寡言。克伦威尔的人格、他对军队的掌控，以及他能为一个精疲力竭的国家提供秩序的认识，都在支撑着这个政权。没有其他人能在不付出更大代价的情况下提供同样的好处。因此，对那些思忖未来的人来说，1659 年的政治混乱并不意外。对坚定的革命者来说，这只是上帝带来的又一个挑战。许多人仍然坐在拥有权力或影响力的位置上，尽管更多的人已经下台、叛逃或死亡。事实上，革命充满了矛盾，第二代革命者既没有前辈的远见，也没有前辈的经验。他们并未经受君主暴政，也没有受到人身和财产的威胁，而这些威胁推动内战向前发展。他们的不满有所不同：多年的改革尚未克服道德纪律的缺失；未能确定单一形式的政府，从而结束政客之间的争吵；尽管有军事立法规定，拖欠的军人薪金仍在增加。他们的忠诚出现分裂，他们的支持则已经成熟，任何能将愿景和权力捆绑在一起的领导人都可以得之。

对那些多年来寻求复辟君主制的人来说，克伦威尔之死是上天的恩赐，尽管是完全不同的一种。他们欢迎这种混乱，利用之，并尽自己的最大努力操纵舆论，反对一切权宜之计。代理人们从西属尼德兰出发，穿过狭窄的海峡，奉命支持秘密支持者，收买不满的政府官员。他们仍然计划进行军事起义，尽管灾难已经持续多年，而与未经训练的同胞一道对抗老兵团令人绝望。他们最能指望的是伦敦的无政府状态，即一场导致军事指挥土崩瓦解的税收暴动。他们做梦也想不到，复辟这般近在咫尺，或者能够如此轻松地实现。

查理二世的复辟既是一个事件，又是一个过程。这位国王于 1660 年和平地继承英格兰王位，这给长达 20 年的自相残杀的战争画上了句号。留下来的是造成冲突的棘手问题及其造就的痛苦的遗产。如果查理二世按照自己的意志行事的话，他也将结束这些问题。不像他父亲，他能够与矛盾共存，而且非常愿意吸纳那些可以吸纳的人，比如长老会教徒。他希望自己的统治是一个疗愈的时代，正如他希望自己的人生是一段愉悦的时光。第一个复辟方案留下了他的印记。第二个复辟方案留下了这个国家的印记：痛苦，分裂，试图弄清楚这个在许多人看来如今可谓完全疯狂的问题。总督、太平绅士和 1661 年当选的骑士议会（Cavalier Parliament）议员的动机是确保这种情况不再发生。他们将强迫勤勉认真者发誓，并为野心勃勃者设置障碍。那些坚持对教会提出异见或为自己辩护而发表言论的人将受到惩罚。不像国王的复辟，他们的复辟容不得模棱两可。

* * *

新任护国公理查德·克伦威尔（Richard Cromwell）在 1658 年和平就职，这是一个充满希望的迹象。该政权的敌人眼巴巴盼着的崩溃没有到来。奥利弗的葬礼队伍与伊丽莎白女王一世的不相上下，他的儿子毫无意外地接任了他的位置。欧洲的国家元首们承认了这一过渡——事实上，法国宫廷开始哀悼。各地纷纷表示忠诚，而新模范军承诺支持新任国家元首。但是，理查德·克伦威尔并非天生的统治者。理查德是一个完全正派的人，一直被刻意排斥在战争和政治的纷争之外，他与汉普郡一个有土地的家庭联姻，并短暂地以当地绅士的身份生活。他在 31 岁成为护国公，既没有抱负，又没有使政府团结一致所需的冷酷。他的国务委员会被奥利弗有意识地操纵，但理查德无法控制的派系将其弄得四分五裂。更不祥的是，新模范军四分五裂，动荡不安。

护国公拥有三支独立的军队。驻英格兰的军队，尽管在政治上积极，但在军事上闲散，军队处于理查德的姐夫查尔斯·弗利特伍德将军（General Charles Fleetwood）的控制之下。这是一个关键的、尽管是岌岌可危的职位——哈里森和兰伯特少将在担任这一职位时被撤职——因为驻英格兰的军队是反对保皇主义的哨兵。理查德的弟弟亨利指挥的是第二支军队，该军队驻扎在爱尔兰。如果能力比出身更受尊重，亨利就会接任他的父亲之位。他有奥利弗的自信和鲁莽，尽管在亨利身上，这种自信和鲁莽并无周期性的反省。在苏格兰，乔治·蒙克将军（General George Monck）指挥着第三支军队。作为一名欧陆战争的老兵，蒙克曾经先后为国王、议会和护国公效力。蒙克沉默寡言、能干胜任，他的职业生涯具有职业军人的一贯性：他更喜欢获胜的一方。

在奥利弗担任总司令期间，这些不同的指挥权归属没有问题，但理查德缺乏军事经验。此外，英格兰军队不再是战功赫赫的新模范军。由于自然流失和不断的清洗，老兵人数有所减少，而由于高级军官和下级军官之间的分歧，军队遭到了削弱。弗利特伍德和约翰·德斯伯勒少将是理查德政府的主要军事支柱。他们在白厅的沃林福德府（Wallingford House）[①]处理公务，并维持最高级别官员的忠诚。下级指挥官在圣詹姆斯宫（St James's Palace）举行了他们自己的会议。他们的士兵就逾期拖欠的薪酬——逾期近40周——和政治及宗教改革施加压力。士兵对弗利特伍德的忠诚不是在战斗的锻造炉中锻接而成的，因为很少有人见过交战。

针对逾期欠款的煽动行为只是政府面临的财政问题之一。与西班牙人的战争还在继续，维持经济增长的赤字开支（decifit spending）也是如此。政府负债接近200万英镑，因此，必须召集

① 沃林福德府，由第一代班伯里伯爵在1572年时修建，紧邻白厅的西侧外墙。

议会。国务委员会决定恢复传统的选举权，以期吸引士绅的支持。虽然这带来关于操纵选举的指控，但是，1659 年的议会在政治组成上与其前任并无不同。长老会教徒控制了议会，下议院也有一小群共和派，他们决心像上一届一样牵制议会。领导他们的是阿瑟·黑塞尔瑞格爵士，他自残缺议会解体以来就反对每一届政权。黑塞尔瑞格好斗而自私——穿着制服的仆人侍弄他的马车——他花了近 20 年时间才掌握了阻碍政治进程的手段。他在阻挠辩论、拖延委员会和阻挠提案方面是无与伦比的。虽然可以说他在其公共生活中避免了一些罪恶，但不能说他做了任何好事。如今他决心捣乱，推翻议会，如果可能的话就推翻护国公。为了达到这些目的，黑塞尔瑞格附和了那些代表将来被称作“光荣的革命传统”（good old cause）的人的反对意见。他组织了一次反对承认理查德·克伦威尔的冗长演说（filibuster）。他力挺议会对新模范军的攻击，接着支持针对议会的军方不满意见。当他与沃林福德府领导人就推翻理查德进行谈判时，他反对晋升弗利特伍德为总司令。他持续阻挠国务委员会的执政努力，直到新模范军引发了一场危机。1659 年 4 月底，弗利特伍德和德斯伯勒迫使理查德解散议会，而到了 7 月，理查德和他的弟弟亨利被驱逐，新模范军还将其支持者清洗干净。经过激烈的谈判，包括官复原职的兰伯特在内的军方领导人决定召回残缺议会。

接下来的一年，不稳定成了一个代名词，政府如走马灯般来来去去，令人眼花缭乱——在不到 12 个月的时间里总共有 7 届政府。那是高度焦虑的一年：偏执、困惑、混乱。“我的恐惧甚于我的希望”，通常较乐观的国务秘书瑟洛写道。那个夏天长久以来被铭记为“恐惧之夏”（great fear）。一旦护国公倒台，在理查德就职时降临到保皇派身上的那股阴霾就暂时消散了。其秘密的阴谋结社“隐秘社团”（Sealed Knot）恢复了活动，计划在 8 月举行全国起义。虽然失败了，但是，前议会长老会教徒议员乔治·布斯爵士（Sir George Booth）还是组建了 6 000 人的部队，占领了柴郡大部分地区，然后彻底被兰伯特击败。随着保皇派种种希望的复兴，激进派的运气在减少。浸信会教徒和贵格会教徒在当地遭到迫害，而残缺议会重新掌权再次唤起了人们对宗教方面进一步倒退的担忧。就连共和派都显得绝望。残缺议会可能声称拥有长期议会的原始权威，但这不是共和派政府。像詹姆斯·哈林顿这样的作者，其作《大洋国》(1656 年）勾勒出一个基于财富再分配的共和政府，都反对残缺议会不受约束的单一议院（single-chamber）统治。约翰·弥尔顿这样的理论家则视共和主义为一股道德改革的力量，担心政府的快速过渡会导致国王的回归。

虽然黑塞尔瑞格及其派系声称残缺议会是人民的合法代表，但当残缺议会在 7 月份重新组建时，议会只包含 42 名议员。它通过与新模范军结盟而重新掌权，尽管这不是一个共同利益的联盟。士兵们要求支付薪酬，并为宗教激进分子提供保护；军官们要求任命一届经过挑选的元老院，并选出新的议会。黑塞尔瑞格清除新模范军统帅部（high command）并招募成员而非举行新的选举的努力——这是避免共和国在选举中遭到拒斥唯一切实可行的方法——取得了可以预见的结果。10 月，兰伯特强行解散了残缺议会，并由一个安全委员会（Committee of Safety）成立了政府。

军事统治如今不加修饰，而且毫不掩饰。它还是不受控制的。几乎无法管理自己的部队的将军们为权力而斗争。由于对布斯采取了行动，兰伯特成为一名潜在的领导人，但他对下级军官的影响力有限，而且在伦敦也没有任何支持。此外，他遭到了驻苏格兰军队的反对。蒙克及其军官不安地看着英格兰日益严重的混乱。残缺议会和沃林福德府都曾试图渗透进他的团，而蒙克竭尽所能将新抵达的军官与其忠诚的指挥官核心隔离开来。当议会解散的消息传到了爱丁堡时，蒙克宣布反对。安全委员会甚至失去了军方的支持，土崩瓦解，残缺议会第三次占领了威斯敏斯特大厅。1660 年 1 月 1 日，当对自由议会的呼声在全国回荡时，蒙克率领 7 000 名士兵开始向伦敦进军。

残缺议会的第三次化身是短暂的。当黑塞尔瑞格发起对新模范军的彻底清洗时，伦敦的纳税人发起暴动。他们拒绝批准残缺议会进行统治，并要求举行新的自由议会选举。难以置信的是，残缺议会再次投票吸纳新成员。到蒙克抵达伦敦为止，文官政府完全处于混乱之中。谣言满天飞，称将有一届新的议会，蒙克将被宣布为护国公，或者查理二世将被召回。但是，蒙克不愿参与这场争辩。他知道，如果他支持残缺议会与金融城对峙，那么，他将危及士兵的薪酬。他知道，如果自己强制执行金融城关于“自由议会”的呼吁，那么，当选者将投票恢复君主制。“服从是我最大的原则”，他一度宣告道——只是服从谁不甚明晰。在经历了一天痛苦的不确定性之后，2 月 11 日，蒙克与金融城站在同一立场，解散了残缺议会。那一夜在人们的记忆中被称为“烤臀尖之夜”（the roasting of rumps）[①]，当时，热烈的庆祝活动让“整个夜晚都像白天一样明亮”。日记作

① “残缺议会”的英文为“Rump Parliament”，其中“rump”的意思是“臀部”，所以在蒙克解散残缺议会之后，伦敦市居民将烤臀尖肉当成了庆祝方式。

者塞缪尔·佩皮斯站在斯特兰德桥（Strand Bridge）上，数了数有31处篝火，他回家的路上伴随着浓郁的烧肉味。两周后，长期议会中与世隔绝的议员重新入座。他们让蒙克成为总司令；任命了一个国务委员会，包括托马斯·费尔法克斯爵士和老长老会教徒领袖登齐尔·霍利斯；敲定了新选举的日期；并因此精疲力竭，解体了。

非常议会（Convention Parliament）[①]于1660年4月25日拉开帷幕。虽然前保皇派被禁止，但仍有100多人被选为下议院议员，而上议院除了主教们之外，全部恢复原位。特权委员会的早期测试案例表明，要求王室复辟的情绪十分强烈。革命已经土崩瓦解。尽管长老会教徒协调一致地努力控制反应的速度，但他们还是被保皇派和后座议员绅士（back-bencher gentry）压倒了，后者希望一马当先。前一年的经验告诉他们，没有时间可以浪费。上议院宣布，政府由国王、上议院和下议院组成，并通过一项邀请查理回国的动议。5月1日，两院投票恢复国王的王位。剩下的唯一重要问题是，他将以什么条件复位？

1659年底，政府如走马灯般不断变化，以致保皇派代理人不可能知道该找谁。他们在除共和派和英国军队以外的所有水域不加选择地拖网捕鱼，抓捕温和派长老会教徒，在残缺议会复活后，还抓捕了一些著名的克伦威尔派人士。然而，保皇派中间人和蒙克之间的谈判是暂时的，没有定论。总司令的支持至关重要，因为无论情绪多么强烈，都无法与武力抗衡。蒙克的观点一如既往难以琢磨，他的原则难以确定。他寡言少语，几乎所有的话都是矛盾的。在向黑塞尔瑞格保证他将捍卫共和国后，蒙克恢复了被清洗的保皇

① 非常议会，指在王位空缺，没有国王发布召集令的情况下召开的议会。

派议员的职位。在向麾下士兵承诺他将坚决反对君主制后，他将共和派从他的队伍中开除。对一个有着如此强烈求生本能的人来说，形势太不稳定了。他敦促查理放弃报复，并要求为他的士兵伸张正义，容忍他的宗教。但他的条件并不具体。在新模范军中，士兵们叫嚣着要求赔偿，确保他们购买的王室和主教土地的所有权，以及免于随后起诉的安全。长老会传教士和宣传者鼓动建立一个综合的教会，保障其牧师的任职。最后，蒙克接受了被封为公爵的条件。

如果说蒙克天生谨慎的话，那么，查理二世是根据自己的经验给自己提出建议。当他在西属尼德兰无所事事，最终来到了布雷达（Breda）时，英格兰的形势在急速恶化。然而，查理没有制订重获王位的计划。他没有军事选项，并几无政治选项。他的顾问官们则对可以接受的条件存在分歧。由亨利·杰瑞（Henry Jermyn）和王太后亨利埃塔·玛丽亚领导的一个团体，敦促查理同意任何条款。拥有他的王国才是最重要的；令人不快的条件可以在以后予以拒绝。很快将成为克拉伦登伯爵的爱德华·海德爵士（Sir Edward Hyde）领导的另一个团体，则告诫查理要仔细考虑每一个细节。他的统治的成功取决于他复辟的条件。意见分歧是在一位流亡国王的宫廷里进行的，而所有阴谋都被视为权力。机会主义者迎合了查理喜欢掩饰的嗜好；法律学家迎合了他的懒惰之习。在他等待的时候，这两种立场趋于一致。复辟的条件一个接一个地消失了："国民像以色列人一样奔向国王，要把大卫带回来。"4月4日，根据蒙克的意愿，查理发表了《布雷达宣言》(Declaration of Breda)，其中提出议会将确立的大赦、良心自由和财产安全。一旦非常议会开幕，就连这些让步都看起来多余了。立即复辟的最大障碍是逆风。

数千名旁观者陪同查理前往他的出发地。他登上了"纳兹比"

号（*Naseby*），如今他的海军旗舰，并将其重命名为“皇家查理”号（*Royal Charles*）。两天后，国王跪在英格兰的土地上，他的一举一动都受到成千上万臣民的欢呼。蒙克将军因其在关键时刻的忠诚而首先得到召见。多佛镇庆祝了一整夜，欢声笑语和吵闹声让国王头晕目眩。这不是宴会主持人（Master of Revels）精心安排的舞台招待会，而是普通人的真正热情，他们只是为了看他而蜂拥而至。查理在其中祈祷的坎特伯雷大教堂，通往大教堂的路上，挤满了村民、地产保有者和绅士。他行经的道路上撒满鲜花，传统的安息日娱乐活动受到《娱乐事宜规范》(Book of Sports)[①]的认可，这些活动尽管长期以来被官方禁止，但为了纪念他，人们再次享受之。

恰逢国王生日的伦敦之行，也在同样的欢乐气氛中进行。妇女们在王室马车上摆上香甜的药草；“上帝保佑查理国王”的呼声从一个村庄传到另一个村庄。在布莱克希思（Blackheath），国王检阅了蒙克的部队，部队将士穿着“华丽而光荣的装备”为这次盛会准备着。他骑着马在他们中间游行，他看到了克伦威尔政权的脊梁骨如此整齐地排列着，却并没有表现出自己必定已经产生的复杂的感觉。5月29日星期二，他进入了首都。那一天，伦敦人纵情饮酒，泰晤士河沿岸的宫殿，以及外交官和要人的公寓里都举行了开放式的聚会。晚上，由于篝火，天空泛着橙色的光辉，在篝火中，人们

---

① 《娱乐事宜规范》由詹姆士一世制定，最初是为了解决兰开夏郡境内信奉天主教的绅士阶层与清教徒间因对礼拜日的娱乐活动有不同看法而爆发的争端。该规范规定，只要不影响正常的礼拜活动，民众就可以举行包括舞会、射箭比赛、跳高、跳远等在内的传统娱乐活动。议会在内战中击败查理一世后，革命政权受到清教主义的影响，禁止了大量得到该规范允许的娱乐活动。

嘲笑地烤着臀尖，嘲笑地焚烧克伦威尔的雕像。“我站在斯特兰德街上，看着它，上帝保佑啊”，约翰·伊夫林在日记中吐露道。

查理二世在他 30 岁生日那天抵达伦敦。他一生都受到命运的打击。作为王位继承人，他进入青春期并立即遭到流放。他在欧洲长大成人，是一个经历了外交阴谋、背信弃义和希望破灭的孩子。作为一名虚位君主（king in name only），他先是被专横的母亲控制着，然后被自己寄之篱下的外国东道主和利用他来让自己晋升的英格兰流亡者支配着。最重要的是，他被父亲的鬼魂和从父亲之死中得出的矛盾的结论困扰着：要么牺牲太大，要么妥协太甚。毫无疑问，查理二世已经形成了厚脸皮和玩世不恭的政治现实主义。他相信，他能从一个人的脸上看出他的性格，而这通常是他在判断时付出的全部努力。他的漫不经心是表面上的，而不是实际上的——似乎与曾经被剥夺的东西相去甚远——尽管毫无疑问他对治理是漠不关心。他努力工作，赢得了“快乐君主”的绰号。他厚实的嘴唇、弯弯的眉毛和闪闪发光的黑眼睛表明了他的性感天性。查理承认有 14 个私生子女，并公然与情妇调情。就像他对科学的兴趣一样，他的情事也是一种消遣，使他能够避免政治对抗：前者产生了皇家学会（Royal Society）；后者则诞下了蒙茅斯公爵（Duke of Monmouth）。查理对和解的渴望在他选择顾问和国务官员时立即表现出来。这些职位在前支持者和反对者之间几乎平分秋色。枢密院的核心是那些与他一道被流放的大臣：克拉伦登伯爵担任大法官，南安普顿伯爵担任财政大臣，爱德华·尼古拉斯爵士（Sir Edward Nicholas）担任国务大臣。前克伦威尔派获得了重要职位，包括任命蒙克为陆军总司令（captain-general），爱德华·蒙塔古（Edward Montagu）为海军中将，进入查理的兄弟约克公爵詹姆士麾下。霍利斯和曼彻斯特伯爵等前议会派也被接纳。对那些在他流亡期间出手相助的人，以及使其回归成为可能的人，查理也都大加封赏，赐予伯爵和男爵身份，这表现出其同样的天主教精神。蒙克从平民摇身一变成了阿尔伯马尔公爵（Duke of Albemarle）。

查理也不想对那些对所谓的“篡位”负有最大责任的人进行报复。他敦促非常议会通过了《免责与遗忘法案》（Act of Indemnity and Oblivion），法案将不到100人或不动产排除在完全赦免之外。那些渴望复仇的保皇派将克伦威尔、艾尔顿和布拉德肖的尸体挖出、肢解和羞辱，极尽残暴之能事。克伦威尔的首级被放在威斯敏斯特大厅外的一根杆子上，示众25年。那些逃往国外的人则被刺客追捕。共有11人被公开处决，包括千禧年信徒托马斯·哈里森将军和共和派托马斯·斯科特（Thomas Scot），后者希望自己的墓志铭是“这里躺着托马斯·斯科特，他宣判已故的国王死刑”。不管是否得到满足，嗜血的欲望已经结束。

复辟是分阶段进行的。它涉及权力不平等、不稳定的各种团体和利益集团之间的谈判和妥协。非常议会迅速有效地完成了第一次和解。这是在一股狂喜的浪潮中进行的，无论议会压力团体还是王室压力团体都无法抗拒之。议会做出了务实的决策，这些决策旨在以直接的方式处理重大而明显的问题。首先是法律。查理一世签署的所有法案都进行重新确认，过去20年的所有法律程序都被宣布为有效。否则将导致混乱——民事案原告和刑事犯要求重新审理案件。但是，这意味着星室中央法庭和地区委员会等特权机构的管辖权的终结。这也意味着，查理将被要求遵守《三年法案》，并按时召集议会。第二个明显的问题是军队。就连最坚定的保皇派也没有考虑为查理提供常备军。然而，非常议会议员知道，以前的每一个遣散计划都导致了叛乱。在下令遣散士兵之前，他们通过了一项《赔偿条例》，并征收了一项特别税，以支付士兵全额欠款，作为对新政权宣誓效忠的回报。新模范军奇迹般地消失了。兵团融入城镇和乡村，仿佛英格兰并未经历诺曼征服以来最长的军事占领时期。无敌的议会军留下了两个不相容的遗产：一是为使英格兰成为国际强国的成就感到自豪，二是对专业军队的要求抱有偏见。在下一个世纪，偏见将占据主导地位。

查理有充分的理由在《布雷达宣言》中将有关赔偿、土地占有和宗教的艰难决定交给了非常议会。每个问题都有自己的马蜂窝，即使是警惕的人也无法接近它们而不被蛰。

由于国王只要求为他父亲的死伸张正义，因此，关于《赦免法案》(Act of Pardon) 应赦免哪些人，存在许多争论。但是，很多别人的父亲也死去了，保皇派贵族有特别的老账要算。除了主要的弑君者之外，还有革命政权的核心人物——兰伯特、黑塞尔瑞格和范恩是最突出的人物——尽管由于蒙克的干预，军方轻易逃脱了。该法案还包含了强制实行集体国家失忆（national amnesia）的条款，禁止挑衅性的诽谤和令人不快的标签，尽管如此，这些标签在接下来的 30 年中仍然成为地方生活的一大特征。

土地协议太过复杂，以致无法通过议会法案解决。自从修道院解散以来，在这么短的时间内，还从没有这么多的土地经过这么多人的手。恢复王室庄园和教堂的土地很容易，但是，驱逐租户和取消租约难于上青天。同样简单的是，归还从保皇派手中没收的授予著名议会派和克伦威尔派人士的土地。问题在于如何处理被迫出售或抵押回购的土地。许多家庭的财务状况因对国王的忠诚而遭到破坏。他们在公开市场上出售了一些祖传庄园，以支付销案罚款

（composition fines）、抽取税（decimation taxes），或者仅仅是季度账单。他们将得不到任何救济，并将成为心怀怨恨的前保皇派的骨干力量，后者通过小规模的报复行动来发泄自己的不满。

结果证明，宗教协议是最困难的，非常议会对此贡献甚微。查理向蒙克让步的容忍温和良知的承诺，在交给尖酸的圣公会教徒和长老会教徒时，便烟消云散了。任何人都很难描述1660年存在的教会的性质，只能说它既不是国教性质的，也不是主教制的。它即将二者兼而有之。然而，这样一种教会的形式和内容，确实存在一些问题。这些并不是非常议会擅长的务实问题，而当神学问题转入博学牧师的秘密会议时，议会可能松了一口气。10月，他们提出了一项过渡性安排——《伍斯特宫宣言》（Worcester House Declaration）——它创造了一个混合的主教制兼长老会结构。非常议会对宗教协议的一大贡献是所罗门式的。17世纪四五十年代，圣公会牧师由于各种职能、政治和道德上的过失而被剥夺了他们的生计。他们现在强烈请求恢复原职，就像他们的继任者强烈请求得到确认。根据议会的法案，被驱逐的牧师重获任命，前提是他们向自己取代的牧师支付补偿。少数知名人士被完全剥夺了自己的职位，但受影响的教区神职人员不到10%。持久的宗教协议则留给了将于次年召开的议会。

最初的复辟协议缓和了英格兰君主制政府的恢复带来的效应。在不到5个月的工作中，非常议会恢复了国王、上议院和主教的职务，解散了新模范军。查理二世无条件夺回了王冠，但这与1649年掉入篮中的王冠截然不同[①]。议会、教会和国王如今密不

① 指1649年查理一世被公开处决，处决后他的项上人头落入了篮中。

可分地联系在一起。尽管代表性的概念和人民的定义仍然难以捉摸，但是议会通过抵抗君主和军队的攻击，已经实现了其人民代表（representative of the people）的主张。如果议会曾经是一个事件，那么，议会现在就是一个机构。通过对其结构和教义的持续攻击，结果证明圣公会是国家精神生活必不可少的一部分。其作为介于教皇党人和清教徒之间的中间派的地位，给它带来了不久后所谓的“圣公会”（Anglicanism）之名，这是其缺乏的本质特征。由于在被推翻和流放后得以幸存下来，君主制赢得了人民的心。尽管君主制保留了其神性的特征——查理二世热情地提供了“御触”（king's touch）这一神迹良方——但它被揭示为一种政府体制（a system of government），而不是国王的统治。这是一种英格兰人民在有选择时自觉选择的政府体制：一个最能提供安全、稳定和繁荣的体制。

在爱尔兰和苏格兰达成的协议则既更简单，又更为复杂。在爱尔兰，克伦威尔派的政权奉行和斯图亚特家族一样的殖民政策，但取得了更大的成功。总督们作为副王（viceroys）统治，他们的副手则监督着新教社区的政府，而天主教徒被剑控制着。查理二世在英格兰被拥立为国王两周后，又在都柏林被拥立为王，起初，他选择让大多数克伦威尔派留在原职。结果证明，在爱尔兰，土地而非人员才是主要问题。克伦威尔的征服是通过划分大片区域，清除天主教土地所有者，将土地授予冒着生命危险的士兵和拿金钱冒险的“冒险家”实现的。这片土地的一部分归叛乱期间被剥夺土地的新教家庭所有——这些难民，关于其如何恶毒的故事让征服者热血沸腾——其中一些土地归没有加入联盟（Confederacy）的天主教徒所有。此外，同一土地是“老英格兰人”和“新英格兰人”之间争论的主题，查理一世曾在“恩典”中承诺解决这一问题。经过几年令人沮丧的索赔判决，奥蒙德公爵得出结论，哪怕是有两个爱尔兰，也没有足够的土地来满足合法的索赔人的诉求。最初的计划是确认士兵和冒险家的财产，并试图通过补偿来满足其他人。这种做法的好处是保留了房屋自用者（owner-occupiers），增进了永久的新教殖民地的前景。缺点是以牺牲前保皇派为代价奖励议会派和克伦威尔派。即便有所改进，爱尔兰的土地协议也给天主教徒和新教徒留下了痛苦的遗产。

苏格兰的问题则有所不同。在那里，查理二世自1650年签订《长老会盟约》以来就一直是国王。事实证明，他的三个王国中，苏格兰最忠于斯图亚特王朝，第二次内战和1650年对共和国的进攻就是从苏格兰开始的。但是，不能忘记内战正是始于苏格兰。此外，国王有他自己的经验可以借鉴——两年来，冷酷无情的苏格兰地主和威吓的牧师害得他以可耻的方式结束了悲惨的统治。就像他的祖父詹姆士一世，他对苏格兰长老会的反对是发自内心的。查理通过监禁克伦威尔政权的领导人并下令处决阿盖尔进行报复。他还重新引入了“法律规定的统治”（the government as it is settled by law）。苏格兰的战前现状（status quo ante bellum）意味着国务委员会对恭顺议会的控制、王室对全能的枢密院的控制，以及圣公会的恢复。在这方面，查理可以利用苏格兰政治的分裂性质，在苏格兰政治中，地区和宗族的竞争通常比意识形态的竞争更为激烈。1662年，苏格兰人放弃了《长老会盟约》，在没有伦敦引领的情况下重新接纳了主教。《废除法案》（The Recissory Act，1661年）抹杀了1633年以来每届苏格兰议会的工作，法案违背英格兰枢密院的意愿得以通过，枢密院担心法案走得太远太快。

这些最初的协议比后来出现的协议更能代表国王的利益。在对元凶进行了有条件的惩罚之后，查理真诚地希望重新开始，消除对不远的过去的所有记忆。他愿意与臣民合作来治理国家，并将有关教会和国家未来的关键决策留给议会。他赞成建立一个包容各方的圣公会，只要严苛的长老会在控制之下。如果说有什么区别的话，那就是他对爱尔兰和苏格兰的兴趣不如他父亲。边缘地区的政府是不受欢迎的政客有用的垃圾场——蒙克拒绝接受爱尔兰总督一职的诱惑——也是年轻人和野心勃勃者的培训地，但是，国王在整合上没有做出任何努力。就连让苏格兰和爱尔兰代表进入下议院的现成机会也错过了。爱尔兰太受罗马天主教的影响，苏格兰太受日内瓦加尔文主义的影响，以致二者都无法成为联合王国的一部分。

和解的第二阶段比第一阶段更具分裂性。一旦君主制的安全受到怀疑，非常议会维持的人为统一很快就消失了。取而代之的是显示国王软弱的种种争论。整个枢密院太笨重，以致无法制定政策。平衡的各个派系抵消了彼此的观点，该机构的成员增加到 50 多人。这导致成立了由克拉伦登伯爵领导、主要顾问组成的非常小的“内阁委员会”（cabinet council）。

克拉伦登伯爵的志向一直是为查理一世鞍前马后——他也的确是这一任务的不二人选。他是一张可以接受的“彻底”的面孔，即一位崇尚普通法的实用主义者。他支持国王的特权和臣民的自由，只有在他确定长期议会中的改革者们更关心追究责任而不是追究滥用的时候，他才会与之决裂。从 17 世纪 40 年代中期开始，克拉伦登伯爵实际上成了查理二世的监护人，并采取了一种严肃的态度，这与他那放荡的被监护人形成了鲜明的对比。查理对待他就像是对待一个傲慢但不可或缺的家庭教师。克拉伦登伯爵忠诚到了顽强的程度，他在漫长而凄凉的流亡期间一直支持斯图亚特王朝的事业，并于 1660 年获得了回报[1]。他的宗教和政治观点都停留在 1641 年的态度上。因此，他更接受的是长老会教徒而非天主教徒，也更乐观地认为下议院会接受王室的政策。他立即成为批评的焦点：主教们认为，他对宽容的支持力度太大，长老会教徒则认为，他对宽容的支持力度不够。年轻的保皇派认为，他对老革命者过于软弱，克伦威尔派则认为他太过强硬。他正直的名声先是被他的女儿秘密嫁给约克公爵的消息动摇，接着受由他支持的、嫁给查理成为王后的葡萄牙公主不孕的事实影响。他挨过了 1663 年的一次弹劾，但没有挨过 4 年后的第二次弹劾，而他流亡期间一直在完成其作《英格兰内战史》(*History of the Civil Wars in England*)，直至客死他乡。

第二阶段的复辟协议始于骑士议会（1661—1678)。查理召集议会确认加冕典礼并为其财政保障做准备。选举是在保皇主义浪潮汹涌和长老会主义退潮的交汇处举行的。在选举竞赛中获胜的候选人以他们的忠诚记录竞选。大绅士们又回到了竞选活动中，而自治市镇的赞助人气势汹汹地控制着议事会席位（corporate seats）[2]。结果是出现了一个年轻而缺乏经验的下议院和一个由查理二世及其父亲提拔的人选主宰的上议院。超过半数的下议院议员拥有无可挑剔的保皇派资格；近 1/4 的人因为忠诚而受到惩罚。作为一个群体，

---

① 克拉伦登伯爵名叫爱德华·海德（Edward Hyde），出身于平民阶层，父亲是威尔特郡的律师。1660年，查理二世先是将他封为海德男爵，之后又在1661年封他为克拉伦登伯爵。

② 议事会席位，镇选议员的一种。在之后的《1832年改革法令》出台之前，镇选议员可以分为三大类：在一些城镇中，几乎所有拥有房产的成年男性镇民都拥有选举权；而在另一些城镇中，拥有选举权的只有人数有限的地产所有者；此外，还有一些城镇不会举行选举，而是会由镇议事会推举的方式产生议员，这一部分席位就是所谓的“议事会席位”。

他们对过去 20 年的种种经历感到痛苦。他们经历了被剥夺地位、尊严和价值的失宠的岁月，这也许给他们造成心灵上的创伤，但也给了他们宝贵的教训。时间没有治愈他们的伤口，而是让他们明白了为何要接受这些伤口。他们支持的立法方案使他们与国王发生了冲突，并为他们赢得了报复心强的名声，其目的与其说是毒害，不如说是烧灼。

骑士议会的头一批法案上了一堂关于内战起因的历史课。为了消除暴徒的影响，他们将收集 20 个以上签名或让 10 人以上的代表团递交请愿书定为犯罪。上议院让主教们回到原位，推翻了针对斯特拉福德伯爵的《剥夺公权法案》。接着，必不可少的是重申对教会和国王的忠诚，因为宗教和政治密不可分。因此，根据英格兰圣公会的仪礼，所有议会议员都得参加圣事。议会命令王国每个城镇指派普通刽子手焚烧《庄严盟约》。两院通过了多项法令，规定贬损王室权威或将国王的名号与天主教联系起来的都是叛国罪。甚至有人提议重新建立星室中央法庭和北方议事会的特权法庭，尽管这些建议都失败了。然后，议会通过修改《三年法案》，使议会的独立性倒退，查理一世已经签署该法案，而法案的原则体现在每一次闭会期间的宪政实验中。新法案（1664 年）废除了规定在没有王室指令的情况下就发布令状的种种条款，并让议会每三年一次和规定最低期限要求变成建议性的（advisory）。最终，一项新的《出版许可法》（Licensing Act，1662 年）监管印刷和审查作品。出版许可权分给了教会，执法权交给了出版审查官（Surveyor of the Press）罗杰·埃斯特兰奇爵士（Sir Roger L’Estrange）麾下那些警觉的眼线，埃斯特兰奇爵士是一位充满怨恨的好争论者，在限制印刷方面有着巨大的经济利益。

虽然这项立法是亡羊补牢，但是，下议院也努力为未来提供更坚固的锁。斯图亚特君主制的巨大结构性弱点是财政上的。国王应该从其一般收入中为政府提供资金的理论与17世纪国家的现实大相径庭。英国统治阶级对支持君主制的税收水平的抵制造成了16世纪二三十年代的宪政危机。然而，内战表明，经济可以吸收过去无法想象的利率。从1642年开始，光是军队一个月就要花费相当于3笔补贴金的费用，人们认为奥利弗·克伦威尔将这一负担减少到相当于2笔，减轻了负担。政府的运营成本由消费税来承担，特别是借助引入消费税，与关税一样，消费税易于监管和征收。英格兰共和国与护国公的政府几乎一直在进行战争，支持5万多名常备军并驻扎爱尔兰和苏格兰，但他们的财政状况并不比詹姆士一世更糟。

当非常议会试图恢复君主制时，它打算在健全的财政基础上恢复之。它还打算利用改革，如废除封建土地保有制和监护法院，以及土地税和消费税等创新。王室财政理论发生了微妙的变化。虽然议员们仍然认为，王室政府的资金来源是一般收入，但国王应该“自食其力”的概念已经过时。财政特权让位于税收直接拨款，而不管是否愿意，议会都得负责发放足够的一般收益。1660年，一个议会委员会调查了预期的收入和支出，目的是使其达到平衡。结论是，国王需要每年120万英镑的年收入，而这可以通过提高关税、继续以较低税率征收消费税以及征收特别土地税来弥补监护法院的收入损失来实现。毫无疑问，非常议会旨在为查理二世提供充足的收入，而它无疑没有做到这一点。账目记录不过是猜测而已——其中大多数都是未受过教育的人才会弄出来的，而结果证明，委员会成员重复计算葡萄酒消费税收入，他们的数学比预言家还要糟糕。

因此，查理二世几乎立刻债台高筑，并向骑士议会求助。就像1660年的情形，人们对国王的困境表示同情，但现在也有人抗拒最有可能缓解困境的办法。许多郡选议员自己也处于困境，而自治市镇议员报告说，城镇将无法忍受消费税的再次增加。最初的权宜之计包括“仁慈善行”——收了一笔税额相当于国王年收入的特殊税款——以及1662年引入壁炉税（Hearth Tax）。理论上，对烟囱征税比提高啤酒消费税更为开明。壁炉的数量与房屋的大小相关，而房屋的大小反过来又与财富相关。城市的穷人将得到豁免，而农村的穷人将以最低税率纳税。但是，允许绅士们相互评估的任何税收都不可能是开明的。壁炉税的估计数值都不到最保守估计数值的1/3，与消费税一样不受欢迎。国王的政府继续在赤字状态中运行。

骑士议会面对的最艰难的问题关系到安全。缺少军队让查理一世很容易就受到苏格兰的袭击，并依赖议会生存。缺乏明确的法定权威让《民兵条例》成为可能，借助该条例，长期议会集结势力反对国王。骑士议会希望弥补这些缺陷。然而，在英格兰社会中，最令人恐惧和憎恨的莫过于军队。有太多议会议员亲自接触过大摇大摆的士兵和沉重的军事税收，因此不愿意支持查理二世渴望的那种永久性常备民兵。每一次失败的叛乱——比如1661年1月托马斯·温纳（Thomas Venner）率领的35位第五君主主义者的起义——每一次向国务大臣报告的闹剧情节都被放大，以证明王室民兵的必要性。特别是在1661年，政府准确地估量了人民的情绪。尽管很可悲，但温纳的起义导致了对宗教异见者的恶毒镇压，特别是贵格会和浸信会教徒，他们在没有正当程序的情况下就有数千人遭到监禁。但是，组建王室军队的要求仍然遭到抵制。通过郡督制的结构，民兵成为贵族和地方绅士的权限。将其转变为一支集权控制的部队的种种尝试具有太多克伦威尔的色彩。因此，《1662 年民兵法案》（Militia Act of 1662）通过郡民兵制度将所有军事权威授予国王，尽管查理拿到了钱以维持自 1660 年以来一直保护他的禁卫队，并在以后的三年中继续如此。

安全问题也是监管法团（corporations）的决策背后的原因。城市地区——“派系主义的温床”（seminaries of faction）——为反对国王的议会提供了至关重要的支持。在护国公制度下，它们也经历了很大的变化，该制度授予了其新的特许权，并允许更换法团负责人。就像对待民兵，政府倾向于集中控制，特别是对关键人员。上议院提出的一项计划本将要求重新确认所有特许状，赋予国王选择市镇官员的权利，并取消自治市镇在郡太平绅士管辖范围内的豁免权益。但是，下议院反对王权的这种扩张。他们更关心的是恢复那些失去了职位的人，并确保法团成员的忠诚。《1661 年团体法案》（Corporation Act of 1661）是下议院的一次胜利。在 13 个月的时间里，由郡精英组成的各委员会通过强制法团立下至高权力、效忠和不抵抗的誓言，以及要求放弃《庄严盟约》来管理法团。有的人工作做得很是彻底，并进行报复；其他巡视都是在敷衍，而反对盟约的声明解释了将老克伦威尔派排除在镇政府之外的做法。

安置民兵和监管法团的法案彰显了王室对议会的控制的限度。就连最强烈的合作倾向也无法确保政府计划的通过，特别是在中央和地方利益有所冲突的情况下。冲突最甚的领域莫过于宗教，而在该领域，复辟的各个阶段最为不同。在《布雷达宣言》中，查理二世主动提出，他愿意接受议会决定的宽容的宗教政策。他自己在良心问题上倾向于宽大（leniency），在服从问题上倾向于严厉。即便一个包容的教会也不会包括那些“扰乱治安”的人——这些群体由自己的行为或他人的反应来定义。这一范畴包括了天主教徒、独立派人士和所有党派心强的新教徒。它是否也包括长老会教徒是一个关键问题。最初，国王及其主要大臣倾向于在国教的框架内理解长老会教徒。他们的动机是政治上的而不是神学上的。他们相信长老会的支持对成功的复辟至关重要。长老会教徒是非常议会中最大的群体，也是伦敦金融家们的主要支持者，蒙克将军也是他们的同类。查理向三位长老会教徒提供了主教职位，并任命了一批王室专职牧师。他在 1660 年 10 月的《伍斯特宫宣言》中表示支持温和派长老会教徒，该宣言承诺对重建的教会结构和教义进行审查。

当骑士议会在 6 个月后开会时，政治形势已经发生了翻天覆地的变化。非常议会没有给王权设置宗教条件，而长老会教徒的支持在最初的复辟协议中也不是至关重要的。1661 年的议会选举进一步削弱了长老会教徒的力量，而他们的教士领袖中除了一位，其他都拒绝接受教会的职位。在萨伏伊宫（Savoy House）召开的《公祷书》改革会议，结果证明是一次巴别塔式的混乱场面。最具决定性的是，主教制已经恢复，主教们对圣公会的模样也有自己的想法。曾在断头台上安慰查理一世的威廉·贾克森成了坎特伯雷大主教，不过，伦敦主教吉尔伯特·谢尔顿（Gilbert Sheldon）才是教士会议（Convocation）背后的力量。谢尔顿是一个意志坚强的务实之人，当传统宗教在坐冷板凳时，他便在为维持之而不懈努力。他的墓碑上将会写上“教会保护者”。他是一名行政官员而非一名学者，一直不参与有关阿民念主义的争论。这让他成为伦敦主教和 1663 年贾克森继任者的理想人选。尽管谢尔顿不是理论家，但他并不把教义视为政治妥协的对象。教会有自己的殉道者，也有自己匮乏的时刻，却没有放逐在外的奢侈。牧师们一直陪伴着他们的会众，并提供了稳定而抚慰人心的传统的仪式和庆典。当忠诚测试来临，绝大多数在任者都坚持国教的做法。尽管清教徒占了上风，古老的宗教依然存在。谢尔顿将在这些圣职人员构成的坚固岩石上，而非在政客构成的脆弱黏土上建立圣公会。因此，萨伏伊宫会议（Savoy Conference）后对《公祷书》所做的修改，对温和派长老会教徒来说收效甚微，而谢尔顿在议会就这些修改进行辩论时拒绝了所有妥协方案。

谢尔顿的独立性和教会的等级制度与议会议员的独立性相匹配。议会议员在宗教问题上没有达成共识。两院都有各式各样的宗教信徒，而几乎所有的关键决策都是由少数议员出于各种原因做出的。但是，1660 年的宽容政策显然不符合 1661 年的不宽容情绪。在一本严格来说国教意味十足的《公祷书》获得通过后，两院通过了极其保守的《信仰统一法令》(Act of Uniformity，1662 年)。就像法团负责人，所有神职人员和教师都要公开保证放弃《庄严盟约》，宣布放弃抵抗的权利，并遵守英格兰圣公会的既定做法。那些做不到的人将被强制离开。尽管法案的目的是将持不同政见者排除在牧师职位之外，但它也困住了许多其他人。英格兰和威尔士的 1 000 多名牧师现在被剥夺了他们的职位。谢尔顿对每个宽大处理的请求都充耳不闻，不允许出现任何例外。他坚定了查理二世的勇气，并在议会的热情支持下，击退了克拉伦登伯爵对这种不宽容的反对意见。1660 年剥夺神职人员职位的大部分做法满足了公平的要求；1662 年剥夺神职人员职位的做法则满足了法律的严苛。

国王和大法官出于不同的原因反对《信仰统一法令》。虽然二者都表示支持宽容的教会协议，但查理这样做是为了天主教徒，克拉伦登伯爵是为了秩序。国王的半数家人是天主教徒——他将很快迎娶一位天主教徒当自己的王后——而他希望缓和针对不从国教者的法律的影响。对长老会的理解可能会带来对天主教徒的宽容（tolerance）——尽管不是容许（toleration）。克拉伦登伯爵之所以反对《信仰统一法令》，是因为他担心会建立一个永久性的第五纵队（fifth column）[①]，特别是在城市地区。议会将温和派长老会教徒和激进的浸信会教徒和贵格会教徒同等对待，进而从分裂的团体中发起了一场运动。克拉伦登伯爵很不情愿地支持谢尔顿的强硬路线，而驱逐牧师也毫不费力地完成了。但是，国王没有实现他的目标，1662 年底，他发布了一份《信仰自由宣言》(Declaration of Indulgence)，宣布他希望软化法律的严苛。他要求议会制定一项法案，法案将允许他出于个人原因暂停《信仰统一法令》。信仰自由政策的好处是，既能维持国教的统一，又能为国王提供政治操作的空间。坏处则是确立了国王可以摒弃法律的先例。出于这些理由，就连克拉伦登伯爵都反对这一宣言。

事实上，1663 年议会的脾气与其说是宽容，不如说是纵容。尽管《信仰统一法令》很严苛，持异见的牧师还是从其小讲坛上发出怒吼。尽管埃斯特兰奇和审查官小心戒备，长老会教徒的论战文章还是从报刊上蜂拥而至。这是一种尖刻而痛苦的哀号，是一只被诱捕的动物被迫采取绝望的自我保护行动的哀号。每一声喊叫都让猎人走得更近了。保皇派从未原谅长老会教徒在内战起源中的作用。正是他们削弱了教会的权威，与恶魔般的苏格兰人签订了协议，让一切毁于一旦。正是他们煽动下议院拿起武器反对他们的合

① 第五纵队，指为所在国家或组织的敌人秘密工作的一群人。

法君主。如果没有博学的神职人员、富裕的公民和生活舒适的绅士的刺激，就不会有暴徒和疯狂先知的肆虐。长老会教徒公开声明放弃信仰无关紧要：事实上，这只是证实了保皇派的判断，即长老会教徒们的良心与其说是“痛苦的”，不如说是“自傲的”。在下议院，议员们引入了消除异议的提案。

直到政府间谍和煽动者披露了约克郡一场旨在推翻政权的阴谋的细节，这些提案才有些通过的可能。这些描述充斥着大量的错误信息、谣言和谎言，以致当局花了几个月的时间才相信北方还存在一场阴谋。先发制人地逮捕嫌疑犯和召集约克郡训练有素的民兵有效结束了这一威胁，尽管随后的调查显示，由前共和派、克伦威尔派、浸信会教徒和贵格会教徒组成的五花八门的教徒群体中也包括大量长老会教徒。这就是骑士议会领导人需要的全部借口。他们重新启动了反对新教徒异见的法案，并加大了惩罚力度。随之而来的《秘密集会法》(Conventicle Act，1664 年）禁止了英格兰圣公会以外的宗教仪礼。任何参加秘密宗教集会而被抓到的人都会先后被处以罚款、监禁和作为契约劳工运走。为了该法案的目的，长老会教徒与贵格会教徒被同等对待，而对于那些偶尔参加圣公会仪式的人，将不给予宽大处理。来年，议会通过了《五英里法案》(Five Mile Act)，法案禁止持不同政见的神职人员居住在一个有权组织自治政府的城镇（a corporate town）的 5 英里范围内，这实际上将他们排除在支持其的城市基础（urban bases of support）之外，特别是伦敦。谢尔顿为这项立法的惩罚性辩护：“那些不受理性和信仰控制的人，将被权力和武力控制，就像野兽一样。”对异见者来说，唯一庆幸之处是，所有这些被集体错误地命名为《克拉伦登法典》(Clarendon Code）的法案都难以执行。

比起复辟协议第一阶段的统一性，第二阶段的分裂性更能说明查理政府的未来。骑士议会下议院已经证明自己的独立性和国王政府的无能。国王的立法计划杂乱无章，他的议会管理根本就不存在。当议会倾向于提供足够的收入时，政府最大的失败是没有获得足够的收入。这意味着每届会议开始时都会有一只乞讨的碗伸向下议院，下议院对钱包的控制权削弱了上议院和国王。上议院因自己的分裂而受苦。随着政府稳定下来和对权力的掠夺有所增加，宫廷党争愈演愈烈。克拉伦登伯爵仍然是反对派的避雷针，尤其是在他的健康开始衰退的时候。他对国王的控制是基于他作为一名政客的优势：对细节的把握，对下属的操纵，以及知道何时怀柔、何时进逼的能力。但是，两人并无情感纽带，查理鄙视这位大法官的傲慢，正如克拉伦登伯爵不赞成国王的放荡。克拉伦登伯爵的对手很容易赢得国王的注意。最后，将新教徒分为遵从国教者和异见者的宗教立法掩盖了二者对天主教徒更大的敌意。如果说《信仰自由宣言》是一个试验气球，那么，它已经随着一声巨响而爆裂。

围绕着国王的保护泡沫也爆裂了。不仅仅是宫廷分裂，到了1662年，公众对王室政策的批评越来越多。查理与布拉干萨的凯瑟琳（Catherine of Braganza）的婚姻，最初因为她的天主教信仰，后来则因为她不孕而为人厌恶。国王的性能力是毋庸置疑的。虽然这场婚姻是一次旨在诱惑法国、排斥西班牙的外交打击，但它是一场金钱的较量。这位葡萄牙国王之女带来了一大笔嫁妆和具有战略意义的丹吉尔港（port of Tangier）。为钱而结婚的人通常都是搬起石头砸自己的脚，查理二世也不例外。大部分嫁妆没有兑现，而1684年丹吉尔港被遗弃，英格兰对葡萄牙与西班牙战争的财政支持抵消了东方殖民地的贸易让步。财政方面的考虑，也是决定将敦刻尔克这个克伦威尔的战利品卖给法国的原因。自1558年玛丽女王失去加来（Calais）以来，从西班牙手中夺得敦刻尔克是英格兰在欧洲大陆的第一个立足点。该镇长期以来一直是私掠船的中转站，占领它意味着私掠船再也无法以英格兰海运业为目标。因此，查理决心出卖敦刻尔克冒犯了国家的荣誉感和商人的安全感。在宫廷中，这种处置是外交政策的胜利。该镇代价高昂，无法无限期地维护下去——只能出售或废弃——而卖给法国进一步伤害了西班牙。但在国内，这一决策普遍不受欢迎。

查理与葡萄牙的关系是针对西班牙帝国正在崩溃的力量而建立的。西班牙哈布斯堡家族永远没有从1643年几乎占领巴黎的战争中恢复元气。接下来的年岁是漫长的休整期。法国如今是欧洲大国，其年富力强的国王路易十四制订了种种获得领土和荣耀（gloire）的计划。为了实现他的目标，他只需要阻止所有潜在的敌人都联合起来反对他——这项任务因为他们无法察觉法国的威胁而变得容易起来。英格兰曾与荷兰打过一场短暂的战争，与西班牙打过一场较长的战争，而在这两次冲突中，它都寻求法国的援助。荷兰人甚至比英国人更自然地反对西班牙，他们的敌意是80年来几乎无休无止的战争的结果。他们也向路易示好，并于1662年结为联盟。

到了17世纪60年代，宗教因素已经不再是国际政治的主要诱因。一个曾经被明显划分为天主教的和新教的欧洲已经演变成一个由“现实政治”（realpolitik）[①] 主导的欧洲，这种现实政治如此愤世

① 现实政治，普鲁士的“铁血宰相”奥托·冯·俾斯麦后来提出的概念，指当政者应当以国家利益为从事内政外交的最高考量，而不应该受到自身的感情、道德伦理观、理想，甚至是意识形态的左右。换言之，一切都应服务于国家利益。

嫉俗，以至马基雅维利都会脸红。除了机会主义之外，外交政策几乎没有其他原则。法国和西班牙大使对他们的君主来说只不过是个推销员，他们被授权尽可能多将一些主要大臣列在工资单上。王室海军无法与海盗区分开来；贸易公司的船队的行为与入侵部队并无二致。欧洲列强定期结成和打破联盟，以致他们缔结的外交婚姻堪称一文不值。君主们公开和自己的情妇生活在一起，仿佛是为了中伤将女儿嫁给他们的国王和君主。世界就像一个游乐场，挤满了摩拳擦掌想打架的恶霸。每一次想象中的轻视都被解读为挑衅——这是君主的个人尊严问题，也是其人民的民族自豪感问题。

这样的背景可以让我们理解 1665—1667 年的英荷战争。其原因是模糊的，其目标是虚幻的。只有贪婪的动机是确定无疑的，因为没有必要用体面的外衣来掩盖它了。每个国家都在盘算着从对方的侧翼瓜分更大世界贸易份额的可能性。英格兰人希望继承葡萄牙人在东方的利益，荷兰人希望取代西班牙在西方的统治地位。此外，双方都有战争的正当理由：非法扣押的赔偿要求没有得到偿付；1652—1654 年战争后的和解条件没有得到满足。此外，还存在新的挑衅。荷兰人不愿分享利润丰厚的西非贸易，这毁掉了约克公爵和其他英格兰权贵建立的海外公司。新阿姆斯特丹走私者对北美海关托收（customs collections）造成严重的破坏，而荷兰在英格兰殖民地中的存在不仅仅是财政上的麻烦。

除了克拉伦登伯爵之外，几乎所有人都支持这场战争。这位天生谨慎的大法官在与荷兰的竞争中没有任何经济利益，而他持续为国内政策和预算的要求而烦恼。他不相信英格兰能负担得起战争。他的女婿约克公爵詹姆士站在克拉伦登伯爵的对立面，他渴望参加一场军事行动，而在这场军事行动中，他可以像自己在欧洲流亡期间那样脱颖而出。作为海军大臣，詹姆士将领导一场反对荷兰人的战争，而他迫使自己的兄弟采取侵略行动，进而导致了这场冲突。1664 年，一支突击队占领了新阿姆斯特丹——后来改名为纽约——战舰驶向了西非。查理召集议会提供资金装备风帆战列舰（ships of the line），让所有人感到惊愕的是，下议院投票同意了 250 万英镑。这让詹姆士得以组建英格兰历史上最大的舰队，并赢得其最伟大的海军胜利之一——1665 年年中在洛斯托夫特（Lowestoft）战役中的胜利。战争狂热席卷全国，国王重新获得复辟时期的人气。

洛斯托夫特战役的胜利让英格兰人感到自豪，尽管这对解决军事局势毫无帮助。荷兰人恢复了元气，适应了持久战。他们与路易十四的联盟意味着，英格兰人将不得不保护大西洋航运免受法国私掠船的攻击，从而分散他们的精力。这也意味着，查理将不得不筹集更多的资金来维持他的舰队。1666 年的多场战役以平局告终，厌战情绪取代了欢欣，公众的支持变成了批评。瘟疫在伦敦肆虐；苏格兰爆发了叛乱。来年的情况将会雪上加霜。虽然枢密院发现发动战争比结束战争容易，但是，荷兰人在为侵略战争做准备。6 月，他们的海军上将德鲁伊特（De Ruyter）打破了阻止船只进入梅德韦河（Medway）的水栅，前往位于查塔姆（Chatham）的造船厂。在那里，他轰炸了一支固定舰队——因缺乏资金而停在码头上——点燃了 3 艘大型战舰，并拖走了国王的旗舰“皇家查理号”，该船由克伦威尔建造，最初被命名为“纳兹比号”。要是老护国公曾经入棺下葬，棺材板肯定按不住了。

德鲁伊特在梅德韦河轻轻松松取得大捷，这让第二次英荷战争以灾难结束。与政府有关的每一个人都被这个结果玷污，国王和他的弟弟则因为侮辱性的个人批评而成为众矢之的。这场战争几乎使王室破产，并让国王完全听命于议会的摆布。政客们借此机会来算清旧账。在上议院，信奉天主教的布里斯托尔伯爵和持不同政见的白金汉公爵不仅重新获得了王室的支持，而且他们联合起来摧毁了共同的敌人克拉伦登伯爵。事实上，这场战争需要一个替罪羊，而克拉伦登伯爵已经失去了他的政治作用。他在议会不受欢迎，在人民中也不受欢迎。查塔姆船坞被纵火那晚，有一群人袭击了他的家。因此，大法官是一个容易牺牲的人，尽管他曾经反对战争，而他的朋友所能做的就是防止对叛国罪提出死刑指控。20 年前，克拉伦登曾向查理一世承诺，他将保护他的儿子。为了这个承诺，现在他不得不被弹劾。

第十章

为了教会和国王（1668—1685）

1678 年 10 月 17 日，有人发现，埃德蒙·贝里·戈弗雷爵士（Sir Edmund Berry Godfrey）的尸体面朝下躺在沟里。尸体被一把剑刺穿了，尽管那只是最明显的伤口。这一发现结束了广泛的追捕，并开启了更广泛的政治迫害。

即便在 17 世纪后期的伦敦这个大都市，埃德蒙·贝里·戈弗雷爵士也是一个引人注目的人物。戈弗雷是一位成功的木材和煤炭商人，也是一位坚定的新教徒，曾经为他所在教区的法衣室效劳，他代表的是统治英格兰的富裕公民阶层。作为伦敦和米德尔塞克斯郡任职近 20 年的太平绅士，他坚定而公正地履行职责。他把健壮的乞丐赶出其教区，却从自己的口袋里掏钱帮助真正需要帮助的人。他的名声建立在 1665 年的"大瘟疫"（Great Plague）期间他的英勇行为上。当国王、宫廷和任何能够雇起马车的人都在逃离首都时，埃德蒙·贝里·戈弗雷仍然坚守岗位，监督集体葬礼并起诉盗墓者。任何人关于他能够说出的最糟糕的话是，他留下来是为了保护自己的煤炭贸易，他就承担了一点点风险，因为他既没有妻子也没有孩子。国王赏赐他 800 盎司的金质餐具，而他收获了自己作为有价值之人的声誉，这些是对其努力的认可。人们经常看到他走在金融城的街道上，他的那张长脸向下倾斜，以适应他弯腰的步态。他戴着一顶与众不同的黑色假发，帽子上装饰着一条鲜艳的金边。他的存在感是确定无疑的。

因此，他的缺席会为人所知。1678 年 10 月 12 日，埃德蒙·贝里·戈弗雷爵士消失了。几个星期以来，他一直向所有认识他的人暗示，他担心自己的性命。他沉默寡言，心烦意乱，在床上躺了几天，然后在街上游荡，好像神情恍惚。他确信有人在跟踪他。降临在他身上的忧郁——后来有人这样描述——源于他对一个爆炸性秘密的了解。9 月，他曾两次录取泰特斯·欧茨（Titus Oates）的口供，后者揭露了一起谋杀国王和其他许多著名新教领袖的惊人阴谋。法国耶稣会士雇用的暗杀队已经在伦敦完成了其准备工作。这场阴谋即将破壳而出。欧茨将他的故事与自己的偏执联系在一起——他和同事伊斯雷尔·汤奇（Israel Tonge）如何因为泄露他们所知道的阴谋而处于危险之中，而其他任何人都没有立即采取行动阻止阴谋。戈弗雷在第二次提审欧茨时做了大量笔记，并将这些笔记交给了首席法官（Lord Chief Justice）。这个故事深深地困扰着戈弗雷。一个多月来，有关罗马天主教阴谋的传闻在伦敦传开，而欧茨已经提交给枢密院的一些证据开始泄露出去。戈弗雷坚持己见，无论走到哪里都带着他的剑。

当埃德蒙·贝里·戈弗雷爵士未能赴约共进午餐时，他的仆人发出了警报。目击者声称曾在圣马丁巷（St Martin’s Lane）、原野圣吉尔教堂（St Giles-in-the-Fields）、帕丁顿和马里波恩以及斯特兰德看到过他。当这位法官当天晚上没有归家，而且次日一整天都找不到他时，忧虑变成了恐慌。第三天是星期一，戈弗雷的兄弟们让大法官注意到他的消失。到那时为止，整个伦敦都知道他人间蒸发了，而大多数人相信他被教皇党人谋杀了。当局收到了大量错误信息，派出搜救队到处搜寻。他的兄弟们公开呼吁人们提供信息，但是周二和周三过去了，谜团有所加深。星期四，一天大部分时间都在下雨，下午3点左右，有两个男子抄近路穿过报春花山（Primrose Hill）的牧场，前往一家旅馆的避难所。他们发现了一根手杖和手套，和房东一起返回时，还在沟里发现了一具面朝下的尸体。他们通知了一位治安法官，埃德蒙·贝里·戈弗雷爵士很快就被认出来了。

民众对这个消息深感震惊。所有恐惧都得到证实，没过多久，“Edmund Burie Godfrey”这个17世纪的拼写就变成了相同字母异序词“I find murdered by rogues”（我被流氓谋杀了）。验尸官的调查只是火上浇油。戈弗雷不是在报春花山被杀的，而是在其尸体被发现那天被人运到那里的。也不清楚他是否死于插在他身上的剑下。他的头部和胸部显示出严重殴打导致的变色现象，而他的脖子证明他是被勒死的。这5天的神秘事件加剧了对谋杀一名新教法官的愤怒。怀疑变成了肯定。埃德蒙·贝里·戈弗雷爵士是“罗马天主教阴谋”的第一个受害者。

查理二世在其统治前10年，受到了需要重建和巩固君权的限制。这意味着政策上的妥协和宗教上的牺牲。在早先对共和国拥护者进行清洗之后，他允许地方政府回到自己的等级，并没有表现出他父亲的集权野心。他与贵族有着密切的合作关系，许多贵族为斯图亚特家族的事业献出了鲜血和财富。他继承了家族慷慨授勋的传统，在其统治期间创造了比上个世纪更多的公爵。通过上议院，查理牢牢控制了议会，而他更愿意将他的主要大臣提升为贵族，而不是让他们管理下议院。下议院一如既往地难以驾驭，然而，随着年复一年休会，同一个议会的权宜之计继续下去，而更多议员依靠政府职位和特权，很快这个机构就赢得了“年金议会”（Pensionary Parliament）的流行绰号。查理二世管理他的议会胜过他的两位前任，即便在他的复辟蜜月期结束后也是如此。

到了1668年，他已经准备好伸展他的肌肉。荷兰战争可能失败了，但君主们通过战争留下了自己的印记。查理被包围在路易十四周围的权力光晕（aura）迷住了，路易十四现在正进入充满男性气概（manhood）活力的成年期。虽然查理很快就被路易的野心迷住，但他从未被这些野心蒙蔽。他越来越多地执行自己的外交政策，在宗教问题上制定自己的路线。他从对克拉伦登伯爵的依赖中解脱出来，再也不允许自己被一位大臣控制。事实上，在随后的几年里，他轻描淡写地将雄心勃勃的政客们从上位拽下。直到查理开始实行不受欢迎的宗教自由政策，他才需要有技能的政治管理者，然后，1674年丹比伯爵以如此及时的方式出现，以致人们认为国王一直在隐藏其王牌。

查理二世对构成其君主政体核心之物有着不可动摇的信念，这导致他与议会和舆论发生了冲突。同议会的冲突与外交事务有关：君主之间对待彼此的方式。查理相信，作为国王，他绝对可以自由地进行战争与和平，安排和批准家族成员的婚姻。同舆论的冲突关系到他的祖传遗产：代代相传，并在内战爆发后重新确立的王室特权。其中包括他担任教会最高管辖者的职位，他非常认真地对待这一职位，以致与他的每一任大主教争吵；包括他那作为议会三大遗产中最伟大的一个的政治地位——声称这些遗产相互之间平等是一种犯罪——以及他作为家族族长在没有直接男性继承人的情况下掌控世袭继承权的职责。

这种价值观的结合源于国王对神谕、古老的习俗以及自然和国家法律的理解，导致了他统治时期唯一一场重大的危机，即1678年，反天主教的歇斯底里情绪在一场将约克公爵排除在王位继承权之外的运动中找到了政治出口。国王亲法的外交政策，以及人们针对公爵于1673年公开皈依天主教要求制定《排除法案》(Exclusion)[①]，则给“罗马天主教阴谋”煽风点火。查理安然度过了这些风暴，这证明了他的君主制和他的信仰的力量。他听任阴谋得逞，但利用一切政治策略阻止议会通过一项《排除法案》。他走出危机时，权力得到了振兴，而在他统治的最后几年里，他发起了一场运动，以确保国王在危机时期能够维持政治秩序。查理二世实施了19世纪以前英格兰所知最雄心勃勃的中央集权计划。法团得以重组，郡督一职被清除，而太平委员会也被严格审查。但是他死得太早，以致无法完成权力的巩固，抑或打下足够安全的根基，使其可以在一个公开信奉天主教的国王到来后得以幸存。

* * *

1667年克拉伦登伯爵的倒台从国王身上卸下了他成年后一直承受的重担。虽然大法官克拉伦登伯爵因拘谨而遭到查理的情妇朴

---

① 通过的《排除法案》的完整英文是Exclusion Bill。

茨茅斯公爵夫人（Duchess of Portsmouth）的嘲笑，因浮夸而被国王的密友奚落，但是，他经常出现在议院和枢密院这一点对国王施加了约束。伯爵的政治圣公会主义（political Anglicanism）强有力地支持了主教们，遏制了国王对宽容的宗教政策的偏好。克拉伦登伯爵渴望与议会建立伙伴关系，这抑制了查理的专制主义倾向。如果说他在抑制君主的性欲方面无能为力，那么，他那无情的反对态度让国王对自己的举止感到不安。在克拉伦登伯爵被撤职之后，查理与女演员们的私通变得过于公开，这绝非巧合。不管大法官犯了什么错——他已经超龄了，对新王来说过于谨慎和伪善——他都在为王国的最大利益服务。

1667 年开始，查理二世将政府的方向掌握在自己手中。他让重要的职位空置，或者让几个专员来履职，他反复无常地通过给一位大臣穿够小鞋（overtipping）来让另一位大臣上台。在这一时期，他的主要仆人被攻击为一个阴谋集团（a cabel）——执行秘密的、自私自利计划的大臣集团。这一指控主要是因为“阴谋集团”（CABAL）是其姓名首字母的缩写。实际上，他们几无共同点，并相互争夺权力和宠幸。查理是在放荡的白金汉宫公爵的陪伴下长大的，两人都有父亲被杀的个人悲剧经历。他们一起花天酒地，但是他们的关系非常紧张，公爵对伦敦塔内部就像对王座厅（throne room）一样熟悉。虽然白金汉公爵在克拉伦登伯爵的倒台中起了重要作用，但他是不可预测的，而且不可靠。因为他公开支持异见者的事业，所以他是查理的宗教政策的有用陪衬。阿灵顿伯爵亨利・班内特（Henry Bennet）几乎在每个方面都与公爵唱反调。他担任更合适的首席秘书（Principal Secretary）一职，继承了克拉伦登伯爵作为王室老黄牛（royal workhorse）的角色。任职期间，他指导了查理的外交政策，并很快成为国王麾下最炙手可热的大臣。他极其灵活，唯王室马首是瞻，勤奋工作，好在宫廷中建立个人利益集团。他在内战中受伤，鼻子上的伤疤毁其容貌，却也展示了他毕生对斯图亚特家族的忠诚，而在其好胜的临终，他皈依了天主教，展示了对斯图亚特王朝永恒的忠诚。

托马斯·克利福德爵士（Sir Thomas Clifford）是又一个秘密信奉天主教的信徒，他被阿灵顿伯爵请去帮助重组王室财政。作为一名不知疲倦、能力出众的行政官员，克利福德在管理下议院方面是不可或缺的。骑士议会的老朽（ageing）不太优雅，为填补空缺而举行的多次补选（by-elections）改变了它的性质。可以看到两种不同类型的人进入了其行列：未来的廷臣和未来的爱国者。前者只希望分得战利品的一杯羹：贷款财团的参股权，破产接管人的职位，有利可图的肥缺。他们是克利福德磨坊出产的面粉。后者成为了早期“在野派”（country）性格的一部分：对国王和圣公会的奉献态度，以及对其他一切的怀疑态度。“在野派”不喜欢牧师，不信任廷臣，厌恶银行家。它对贪污有敏锐的眼光，对腐败则有敏锐的嗅觉，尽管二者都并非揭露前一年结束的荷兰战争惨败的必要条件。“在野派”既不是政党又不是反对党：它只是一种提出棘手问题，并防止政府将其利益与国家利益混淆的倾向。

“在野派”并不比宫廷更关注金融。荷兰战争不仅消耗了数百万英镑的特别拨款，还导致国王的一般收入下降了1/3。这主要是贸易中断期间海关的损失造成的。查理的赤字是如此严重——1670年超过200万英镑——以致他不得不允许下议院对战争资金的管理进行羞辱性的调查。国王还向伦敦的金融家们做出了让步，以“随借随还”的形式，确保旧的贷款在新的贷款发放之前就能收回。作为回报，查理获得了更高的关税和消费税，尽管即便这些也无法让国王有偿付能力。1672 年，100 万英镑的债务到期，国库的官员别无选择，只能推迟本金支付或面临破产。更不用说，国库停止偿还债务之举（Stop of the Exchequer）进一步侵蚀了王室的信誉。

正是在陷入这些财政困境的时候，查理上了与法国联盟的当。荷兰战争前，英格兰曾经寻求法国的支持，不过现在是路易十四需要帮助。他决心吞并西属尼德兰并入侵荷兰。路易通过让查理深爱的妹妹、奥尔良公爵（duc d'Orleans）的妻子米内特（Minette）前来谈判，以及通过每年发放一笔丰厚的补贴和承诺分享尼德兰帝国的解体所得，来引诱他的英格兰表亲。作为回报，根据《多佛条约》(Treaty of Dover，1670 年)，查理让英格兰海军在路易的指挥下发动进攻，并在两项秘密条款中暂停针对天主教徒的刑法，并在吉庆时机公开改宗。这些让步是如此具有潜在的破坏性，以致他只向其信奉天主教的大臣们透露：阿灵顿伯爵、克利福德伯爵和他的兄弟约克公爵。为了保护这一秘密，查理背信弃义地任命了两名异见者，白金汉公爵和沙夫茨伯里伯爵（Earl of Shaftesbury)，就不包含宗教条款的第二份条约进行谈判。这份条约也被保密，因为迄今为止，人们对与荷兰人再次开战的热情很低，而对与法国结盟的敌意也很大。这两份条约都受命运摆布，尽管查理似乎没有意识到他现在已经让路易十四掌控了自己的命运。

无论国王在如何精明地计算赌注——迫使路易接受较小的英格兰军事承诺和更大份额的英格兰战利品——他都从未考虑过胜算。查理的策略是赌徒加倍其赌注，以弥补其损失。如果他打败了荷兰人，那么，民族自豪感就会膨胀，贸易就会蓬勃发展，王室的金库就会被填满。英格兰人着迷于军事胜利：他们支撑了克伦威尔，甚至暂时提振了查理。对荷兰人的胜利将平息宽容天主教的宗教政策（Catholic relief）导致的不可避免的危机（fire-storm）的一部分。持不同政见者会在亲法外交政策与教皇主义之间建立起逻辑联系，并在王室财政独立时引发专制主义的恐慌。但是，他们也将受益于刑法的暂停实施——特别是最近颁布的第二版《秘密集会法案》(1670 年)。国王似乎并没有考虑战败的后果。法方提供的 22.5 万英镑的补贴只能资助一次彻底的打击；事实上，它很难弥补贸易中断造成的海关损失。无论最终结果如何，一场旷日持久的战争本身就是毁灭性的。此外，如果没有胜利的保护涂层，对宗教政策变化的强烈抗议将侵蚀国王的执政能力，尽管《多佛条约》的秘密条款依旧还是秘密。这一切对查理和他的大臣们来说都无关紧要，因为荷兰人被认为不可能在英格兰海军和法国陆军的合力下幸存。

查理在派遣舰队投入战斗前两天履行了他的第一项私人职责。他发布了一份《信仰自由宣言》(1672 年)，该宣言为依法建立的教会辩护，但批准异见者进行宗教活动，并允许天主教徒私下礼拜。英格兰和法国的船只组成了一支强大的舰队，路易十四带领他的士兵穿越莱茵河。正如经常发生的那样，一支为生存而战的较小的部队，可匹敌一支为掠夺而战的较大的部队。荷兰人首先放弃了他们的共和原则，让奥兰治的威廉（William of Orange）成为总督（stadtholder）——或执政的君主（ruling prince）——然后接受了他决意破坏自己的堤坝的决定，放弃了他们富饶的农田，击退了法国的入侵。在海上，战斗非常激烈，一时难分胜负。约克公爵指挥了在索莱湾（Sole Bay）外的第一次遭遇战（1672 年)，两艘英格兰旗舰沉没，桑威奇伯爵（Earl of Sandwich）溺水身亡。尽管荷兰人实现了阻止英军登陆的目标，但双方都遭受了重大损失。鲁珀特亲王指挥的 1673 年海战情况也没有好转。双方承认彼此的英雄事迹，但都勉强停滞不前。荷兰舰队艰难驶入港口，但它又一次保卫了海岸。无论英军怎样极尽自我赞美之能事，他们都没有取得决定性胜利，而那才是唯一有用的结果。

国王和他的顾问官们现在任由愤怒的议会和警惕的国民支配。恐法症（Francophobia）——从不深藏于表面之下——被荷兰人巧妙地搅动起来，他们把这场战争描绘成一场天主教阴谋，组织者是路易十四和法国收买的英格兰大臣。他们差点指控查理二世受贿，因为就连宣传者的偏执幻想与事实相比也过于平淡。作为对路易提供的年金的回馈，查理让法国控制他的外交政策；作为额外补贴的回馈，他也放弃了国内政策。路易十四不希望英格兰议会在发动战争之前开会，而查理被迫将非常议会的休会期延长了近两年。当议会在 1673 年召开会议时，它和长期议会一样坚定。关于《信仰自由宣言》的论争让两种不共戴天的论点都得以自由表达。第一种是可以预见的国教多数派偏见，尽管它现在更加鲜明地关注天主教的威胁。关于同法国的条约与宽容天主教有关的谣言随处可见。第二种则是用有力的关于自由的语言表达的。如果国王可以废止法律，那么，生命和财产将处于危险之中。因此，下议院投票决定，只有议会有权撤销宗教立法，查理必须撤回《信仰自由宣言》。国王对专制主义意图的否定、对先例和特权的援引、对忠诚和服从的呼吁都失败了。他不得不撤销《信仰自由宣言》。

事实上，查理几乎没有选择的余地。他可能自欺欺人地相信，再进行一次海军战役就能扭转局面，但如果没有议会的拨款，他的舰队就像瓶中船一样无用。海军财务总管（Treasurer of the Navy）托马斯·奥斯本爵士创造了奇迹来保持政府的偿付能力，特别是在下议院宣布没人请求他们支持这场战争，所以他们没有偿还债务的意图之后。议会拨款的代价是出现了一个圣公会教徒的政府。所有文职官员和全部军官都要公开接受圣公会圣餐仪礼，并且都要再次宣誓否认体变[①]。正是这个誓言让《立誓法案》(Test Act，1673 年)生效。保留良心使人们能够出席，甚至参与圣公会的仪式——也就是所谓的偶尔遵从国教（occasional conformity）——但他们无法接受对天主教信仰核心教义体变论的否定。财政大臣克利福德做出了令人费解的自相矛盾的行为，放弃了自己的职位——由奥斯本接替——然后自杀。更重要的是，约克公爵詹姆士辞去了海军大臣的职务。

就像 1665—1667 年与荷兰人的战争结束了克拉伦登伯爵的职业生涯，1672—1674 年的战争让阿灵顿伯爵和白金汉公爵付出了代价，他们成了国民愤怒的靶子。沙夫茨伯里伯爵跟着他们下野，他因为支持《立誓法案》和反对约克公爵与天主教徒的婚姻而被国王摒弃。在 1674 年，光是观察两人的样貌，没有人会猜到詹姆士已经 41 岁，而查理只有区区 44 岁。如果不是纵乐过度，那么就是职位在国王的脸上刻下了深深的皱纹，并去除了他眼中的神采。他没有合法的继承人，在王后于 1678 年流产后，也无希望有继承人。最有可能是詹姆士，当然还有他的子嗣，将继承王位。1672 年，詹姆士的第一任妻子安妮·海德（Anne Hyde）生下两个女儿玛丽和安妮就撒手人寰，她们长大之后都是新教徒。詹姆士很快决定再婚，并选择一位信奉天主教的公主，摩德纳的玛丽（Mary of

① 体变（transubstantiation），基督教概念，指面饼和葡萄酒经祝圣后变成耶稣基督的身体和血，只留下饼和酒的外形。

Modena）作为妻子。这重新启动了改变继承顺位的计划，尽管查理拒绝了他可以选择的两条明显的道路：与他那不孕的妻子离婚，或者让他的长子——新教徒蒙茅斯公爵合法化。他甚至不会阻止詹姆士那场仓促的天主教婚姻，那是在议会两次会期之间举行的，以免在下议院遭到抗议。

但是，有个天主教徒兄弟的现实和天主教徒继承人的幽灵进一步缩小了查理的选择范围。当第二次海军战役未能击溃荷兰时，国王再次被推回议会，迫切需要一位他和议会都可以信任的大臣。显而易见的选择是财政大臣奥斯本勋爵（即将成为丹比伯爵），他拯救了王室财政，反对荷兰战争，是一位坚定的英格兰圣公会教徒。丹比伯爵很快就结束了敌对行动，与荷兰签订了一项单独的条约，废除了查理对路易十四的承诺。

自相矛盾的是，和平使王室收入恢复正常。中立的英格兰船只从交战的双方手中夺取了业务，而海关收入飙升。支出仍然超过收入，但差距已经缩小。丹比伯爵希望完全通过议会拨款来结束这场战争，他认为，这将是对他广受欢迎的圣公会和反法政策的奖励。这些政策都是“在野派”后座议员的态度，而丹比伯爵无耻地迎合了。1677 年，他成功地将 60 多万英镑投给了海军，1678 年，他又将 60 万英镑用于解散他早些时候试图组建以对抗法国的军队。不过，丹比伯爵无法单独依靠“在野派”统治。他的圣公会政策疏远了城市异见者；他的附庸者网络则激怒了政府中的改革者。他试图利用就业机会和年金来组建议会大多数的做法更遭人愤恨，而非有效的做法，并成为 1675 年弹劾他的种种尝试的基础。他在上议院面临着强大的反对声浪，而在上议院中，白金汉公爵和沙夫茨伯里伯爵每一步都反对他，他甚至考虑与约克公爵和解，以团结天主教和不同的利益集团来对抗圣公会。

然而，丹比伯爵取得成功的最大障碍是查理二世。丹比伯爵是被迫向国王施压一说并不完全正确，但他们一直互不理解倒是真的。丹比伯爵是一位议会管理者，却无法阻止国王让议会休会；他是一位削减成本的财政大臣，却无法让君主节约开支；他是一位亲荷兰的圣公会教徒，却无法使查理放弃自己符合天主教利益的亲法外交政策。尽管如此，丹比伯爵还是有着为一位不可信任的主人效劳的完美性情：他的原则没有被理想主义玷污。因此，他不能妥协的，他便忽略。外交政策尤其如此。被迫兑现筹码的查理仍然渴望在谈判桌上有一席之地。当路易十四提议，如果查理解散非常议会，他将提供一笔补助金时，查理通过让议会休会 15 个月便拿到了这笔钱。国王与法国签订了更多的秘密条约，尽管丹比伯爵拒绝签署这些条约。相反，他奉行亲荷兰的公共政策，并于 1677 年说服查理和詹姆士让公爵的长女玛丽与奥兰治的威廉联姻。这一举动是新教外交政策复兴的前奏。1678 年，议会通过了法案，以确保所有潜在王位继承人都能接受新教的养育方式，而丹比伯爵建议为与荷兰的联合军事行动做准备。这些建议在议会中的失败是政府声誉下降的一个信号。法方代理人拥有 10 万英镑和一些似是而非的论据，在国内，他们把英格兰下议院的恐法症变为对“罗马天主教和专制政府”［安德鲁·马维尔（Andrew Marvell）将其著名的小册子命名为此］的恐惧。

对查理的宗教和外交政策的不满从 1672 年就开始酝酿。但是，反对意见零零星星而且不一致。其唯一的团结因素在于它是反天主教的，因此很大程度上是反法国的。圣公会教徒害怕天主教徒在宫廷中日益增强的权力，并普遍反对外国势力的影响。圣公会是一种独特的新教，只在英格兰实行，需要英国君主的滋养。因此，虽然大多数圣公会教徒都是反法的，但他们并不亲荷兰。宗教和政治杂糅在一起：在宗教上是相互竞争的新教教派，这些教派彼此间以及与其天主教徒和犹太教徒邻人和平共处；在政治上则是共和、寡头政治和君主制的不稳定混合体，每种政治制度都在争夺大权。英格兰的异见者发自内心地反天主教——他们的激情是由法国胡格诺派日益恶化的状况激发的——但只有一些人是亲荷兰的。许多成功的伦敦商人都是异见者，他们的良心在为自己的钱包而挣扎，因为与荷兰人的战争是笔好生意。民众狂热地反天主教，特别是在大城市地区，尤其是在伦敦，而荷兰的宣传和煽动动乱的传教士极大地助长了他们的偏见。然而，在 1678 年之前，反天主教情绪无法将对立的宗教信仰分裂开来的东西结合在一起。对圣公会教徒来说，查理的信仰自由政策将异见者和天主教徒捆绑在一起，并把二者都作为攻击目标。《秘密集会法案》《立誓法案》将异见者排除在公共生活之外，就像严惩天主教徒一样。

让圣公会教徒和异见者有了共同事业的，不是王室政策，而是公众的歇斯底里：揭露了谋杀查理二世以摧毁国家的罗马天主教阴谋。虽然阴谋本身已经足够具体——数百本小册子将揭露其最微末的细节——但它抓住了隐藏的而非公开的恐惧。毕竟，正如我们已经看到的那样，泰特斯·欧茨在阴谋孵化之前就揭发之，而国王没有被人暗杀的危险。然而，笼罩全国近两年的恐怖气氛已经到了极点，即便阴谋得逞也莫过于此。老于世故和头脑简单的人真诚地相信，英国人正处于被奴役的迫在眉睫的危险之中，他们的土地将被法国人占领，而他们的财富将被运往罗马。这种对危险的担忧需要的是政治上的而不是法律上的补救措施。无论处决多少人，都无法将国家从国际天主教阴谋中拯救出来——只有在天主教徒君主统治不列颠诸国的情况下，这一阴谋才能成功。这是“排除危机”的潜在动力，因为民众的歇斯底里情绪让位于如此激烈和复杂的政治操作，从而永久性地改变了议会政治的结构。

1678—1681 年和 17 世纪 40 年代的前几年一样疯狂。尽管查理二世拥有强大的制度性权力，日益增长的财政担保和近 20 年的统治带来的稳定，但他无力阻止危机降临在他身上。不过，一旦危机被明确界定，他并非没有能力面对。他在上议院所获得的支持力度、他那解散议会的权力，以及他在统治阶层中的影响力，都足以用来承受危机。他充分挖掘了自己可能想象不到的忠诚的源泉，特别是在伦敦，托利党暴徒和辉格党人在那里争夺霸权。查理精明地渲染了教会和国王的关系。他在可以拉拢反对派成员时拉拢之，无法拉拢时干脆惩罚之。随着危机的发展，他不断提高赌注，以致他的对手们不得不先拿议会的未来冒险，然后拿君主制的未来冒险。在整个过程中，他手段灵活，不达目的誓不罢休。因此，他是在世袭君主制原则完好无损的情况下就从危机中走了出来，而他的政治权力得以加强——尽管这是一次险胜。

“罗马天主教”（Popery）是英格兰政治生活中一个耳熟能详的转义词。它唤起了内部的敌人——更危险的是，它基本上是无形的。到了 17 世纪 70 年代，英格兰和威尔士的天主教徒人口比例可能不超过总人口的 2%，但是，反罗马天主教情绪与英格兰天主教仅仅有着一带而过的联系。在某种层面上，罗马天主教是新教英格兰形成的一个基本要素，扮演创世神话中的邪神。教皇党人烧死了被福克斯册封为圣徒的数百名殉道者；教皇党人于 1588 年派来了有史以来最大的无敌舰队，以征服英格兰。教皇自己的战士，耶稣会士曾煽动英格兰天主教徒参与 1605 年的火药阴谋、1641 年的爱尔兰叛乱和 1666 年的伦敦大火。这一连串事件总是相互关联，妇孺皆知。11 月 5 日是一个全国性节日，在这一天，火药阴谋策划者的肖像被亵渎；11 月 17 日，伊丽莎白女王登基纪念日（Queen Elizabeth's Day），则是焚烧精心制作的教皇仿制品的日子。在另一个层面上，罗马天主教是个外敌。罗马天主教受制于外国统治者，而这些人的目标是彻底征服英格兰。它通过秘密和阴谋、渗透和腐败在运作。罗马天主教极其残忍，其代理人犯下了最令人发指的暴行。对外国入侵的恐惧，尤其是天主教爱尔兰组织的入侵，一再困扰着政府大臣和普通民众。

罗马天主教是每个人最可怕的噩梦；因此，反罗马天主教情绪无所不在。但是，反罗马天主教的歇斯底里时起时落。每个理性的 17 世纪新教徒都相信，耶稣会士密谋颠覆英格兰的法律和自由，他们认为“罗马天主教和奴隶制度就像两姐妹一样，是携手并进的”。然而，这种信仰通常不会导致政治迫害，这种迫害将区区指控作为证据，并抛弃了普通法和陪审团制度给予的保护。它通常不会导致街头恐慌和政府瘫痪。只有一系列非同寻常的事件才能让一个国家的大部分人相信，他们的恐惧已经成为现实。这种异常事件的结合发生在 1678 年。王位继承人和他刚刚怀孕的第二任妻子公开信奉天主教。跟王后一样，约克公爵和公爵夫人也有天主教牧师的随行人员，包括许多耶稣会士。国王的情妇，法国天主教徒朴茨茅斯公爵夫人路易丝·德·凯鲁瓦耶（Louise de Kéroualle）在公共事务中越来越有影响力。在欧洲，路易十四击败了他的荷兰对手，占领了西属尼德兰的据点。议会中向奥兰治的威廉提供军事援助的尝试遭到查理和詹姆士及丹比伯爵的阻挠，前二者仍然亲法，而作为财政大臣，丹比伯爵知道无法提供援助。

自从约克公爵詹姆士的改宗情况公之于众，人们便担心起国王的性命。1673 年发生了一场突如其来的恐慌，此后，每一次干旱、洪水和日食都被视为先兆。1678 年酷热的夏天，焦虑情绪有所加剧，伊斯雷尔·汤奇和泰特斯·欧茨狂热的头脑中终于酝酿出了一个阴谋。作为一名圣公会神职人员，汤奇是一个妄想的偏执狂，通过翻译天主教传单和编撰耶稣会士历史激起了自己的痴迷。几年来，他一直在警告任何愿意听他说话的人，伦敦有个活跃的教皇党人阴谋。的的确确听进去的人中就有泰特斯·欧茨，他曾被他的预备学校和剑桥的两所学院开除，尽管这些侮辱并没有使他丧失接受圣公会职务的资格。随后，他因酗酒被逐出自己（在英格兰）的第一个教区，因鸡奸被逐出自己（在丹吉尔）的第二个教区。一路上，他都被人指控做伪证，而整个记录是在他而立之年以前编纂的。然而，所有这些似乎都没有影响他的职业生涯。欧茨有一种诀窍，那就是让自己安顿在长者的恩宠之下，时间只要够长，就可以从他们的庇护中获益。1677 年，他似乎皈依了天主教，到欧洲大陆旅行，并在两所耶稣会培训学校短暂待了一段时间，这两所学校同样将他开除。汤奇帮助资助了其中一次探险，当欧茨回到伦敦时，他通过讲述耶稣会的阴谋的故事重新建立了这种关系，其中包括刺杀查理二世、奥蒙德公爵和汤奇本人。这些无稽之谈摆在国王面前，他怀疑这些说法的真实性，于是将其传给丹比伯爵，丹比伯爵意识到了它们的政治价值，决定进行调查。丹比伯爵与约克公爵成为盟友，而约克公爵也相信自己可以安然无恙地骑在老虎身上。

泰特斯·欧茨就是那个难得的人物，一个真正的江湖骗子。他编造了一个人们愿意相信的故事，并在故事受到质疑时加以修饰。他最有力的武器是能够厚颜无耻地说谎和几乎完全回忆起他捏造的细节。当他声称揭露了罪行的一封信结果证明是无辜的时，他只是肯定地说有两封信。他为根本不可能出现在现场的人之间的会面做证，最终自食其果。每次他在讲述自己的故事时，指控清单的条目都在加增，而同谋者的数量在成倍上涨。尽管如此，如果他运气不佳的话，他原本无法成功地确保 24 名无辜者被定罪并被处决，从而引发 1640 年以来最严重的政治危机，并在詹姆士二世的统治开始之前就毁灭了它。他撞上的第一个大运是，约克公爵夫人的秘书，一个名叫詹姆斯・科尔曼（James Coleman）的人被发现藏有信件，这些信中提及法国战胜英格兰，以及后者最终重新皈依天主教。这些信中没有一封提到欧茨编造的阴谋，不过，这些信是在第二次撞上的大运造成的歇斯底里的背景下披露的。欧茨稳操胜券的战术之一是坚持在做证前宣誓。手里拿着《圣经》的牧师是圣像的象征，就像怀抱婴儿的母亲是安慰的象征一样。因此，欧茨两次拜访米德尔塞克斯郡法官埃德蒙・贝里・戈弗雷，为他的证据宣誓，并将其记录在案以供调查。但是，正如我们已经看到的那样，戈弗雷还没来得及调查人就失踪了，最终在最可疑的情况下被发现死了。他的死似乎证实了罗马天主教阴谋。

阴谋的种种细节使民众感到振奋，尤其是在伦敦。店铺休业，铁链封锁了主要的大街，而渡轮上的乘客遭到拘留，接受审问。告密者从廉租公寓地下室里爬出来背叛他们的邻居，后者无疑参与了阴谋或谋杀法官戈弗雷。国王发布公告，以执行针对不从国教者的法律——仅 1679 年就有 1 200 多名天主教徒在伦敦被起诉——而牧师们被命令离开首都。头一批审判的结果是定罪和处决，并伴有大规模示威游行。否认阴谋的存在是一种罪行，这让那些陷入不断扩大的网络中的人很难为自己辩护。怀疑是耶稣会士成为牵连其中的有力证据。

随着杀戮欲的宣泄，议会重新集结，而阴谋立即呈现出新的维度。天主教贵族被隔离，第二版《立誓法案》(1678 年）通过，除约克公爵之外，所有天主教徒都被排除在议会两院之外，而欧茨在下议院的律师席上宣誓做证，指控王后是暗杀其丈夫的共谋。所有这一切对政府来说已经够严重的了，但雪上加霜之事还在后头。拉尔夫·蒙塔古（Ralph Montagu）指责丹比伯爵害他丢掉了驻法国大使的职位，他在 1678 年的同一时间透露了有关法国补贴谈判的秘密通信，而丹比伯爵当时在诱使议会组建军队对抗法国。下议院弹劾了财政大臣，查理别无选择，只能解散骑士议会，而不愿冒险进一步披露他的秘密条约。

因此，天主教阴谋融入了“排除危机”，而罗马天主教让位于专横的政府，后者变成了国家的祸根。持不同政见者在被拒绝进入圣公会之后，首先引起了对专制政府的恐惧。专制政府对英格兰的自由构成了威胁，这可以从剥夺宗教自由、不断增加的税收负担、法国主导外交政策，以及最近组建和维持常备军中看出来。安德鲁·马维尔最好地总结了这种情况：“多年来，有人一直在策划将英格兰的合法政府转变为绝对暴政，将建制的新教转变为彻头彻尾的罗马天主教。”查理试图中止宗教立法，拒绝执行针对不从国教者的律法或强制要求公职人员宣誓，这些都是证据。这可以从国王亲法外交政策的已知和可疑之处看出来。军队在苏格兰和爱尔兰的集结，以及议会付钱解散的军队依然维持着，都有力地揭示了这一点。在这个版本中，专制政府是国王精心设计的，旨在以法国的风格进行统治，并变得像路易十四一样专制。对专制政府的恐惧不仅让异见者感到不安，它还困扰着 17 世纪 60 年代以圣公会教徒为主的反对阿灵顿和克利福德的“在野派”势力。对“在野派”来说，专制政府是腐败和管理不善的代号，由阴谋集团统治着。它是一次通过贿赂组建一个执政党，并将外交政策卖给出价最高者的尝试。控制它的不是国王，而是自私自利的大臣，他们为了扩大自己的权势出卖了自由。专制政府的这两种含义，既相互加强又相互矛盾。“排除”运动的组成部分亦复如是。

最初，关于天主教阴谋的故事迎合了沙夫茨伯里伯爵这种政府的反对者，此人一直敦促查理改变继承顺位。沙夫茨伯里伯爵是国王麾下大臣中最神秘的一位。他与克伦威尔有一段交集，却不受此影响，并于 1672 年晋升为大法官，翌年晋升为伯爵。虽然受到国王宠幸，但是，沙夫茨伯里伯爵“鄙视可以免费采摘的金色果实”。他支持第一版《立誓法案》，敦促查理与他的妻子离婚，并招致约克公爵不饶人的敌意。沙夫茨伯里伯爵与其说是能干，不如说是精明。博闻广记的他资助了约翰·洛克等先进的思想家，而洛克的《政府论（上下篇）》都是从关于“排除”运动的辩论中得到启发的。但是，沙夫茨伯里伯爵在宪政问题上的干预留下了许多有待改进的地方，他因在 1673 年担任大法官时发布选举令而受到下议院的公开谴责，并因坚称休会一年以上的议会是被合法解散的而于 1677 年被国王监禁在伦敦塔。虽然沙夫茨伯里伯爵公开支持异见，但在两版《立誓法案》通过后，他毫无困难地立下圣公会的誓言。他对天主教阴谋中做伪证者的支持也没有使他的良心感到不安。他在未来三年“排除”问题上毫不妥协的立场证实了德莱顿的评判：“得势时忘乎所以，失势时怨天尤人。”

骑士议会解散之后立即举行了新的选举。在第一批受害者被审判和处决之后，这个国家仍然受这个阴谋控制。尽管反对派几乎没有时间组织起来，但是，他们也没有必要组织起来。丹比伯爵行为的曝光使政府名誉扫地，而反天主教狂热则将圣公会教徒和异见者团结起来。因此，1679 年 3 月召开的议会是沙夫茨伯里伯爵计划的完美工具。议会用了数周时间攻击丹比伯爵——丹比伯爵后来被囚禁在伦敦塔中——并听取了欧茨关于这一阴谋的进一步内幕披露。一直以来，议会都在鼓起足够的勇气通过一项提案，通过将约克公爵排除在外来改变继承顺位。这是自 1642 年《民兵条例》试图剥夺国王的军事权力以来对国王特权最严峻的挑战。就连乐观的奥蒙德公爵也只是预测，"我认为君主制不会从根本上受到打击，可我担心君主制会被削减得非常厉害"。

无论查理如何看待他的兄弟，他都不可能允许议会决定继承顺位。国王拥有很多选择：他可以试着在下议院绕过该提案；利用他的巨大影响力阻止提案在上议院通过；或者是自己将其否决。然而，他既不能肯定自己会成功，又不能对与压倒他父亲的危机存在的相似点一无所知。查理很好地吸取了这些教训。他试图双管齐下地攻击下议院。为了平息对专制政府的指责，他解散了枢密院，通过拉拢一些反对派领导人取而代之，包括沙夫茨伯里伯爵本人，他任命伯爵为枢密院议长（Lord President）。为了破坏"排除"法案，他将约克公爵逐出了王国，并主动提出签署任何将会限制非新教君主权力的合理立法。这种先发制人的战略最初失败了。下议院再次宣读《排除法案》，查理解散了议会。但是，从长期来看，增选和妥协的政策分裂了反对派。

1679 年的第二次议会选举是在政治狂热的气氛中进行的。沙夫茨伯里伯爵及其支持者已经联合，形成一场很快被称为辉格党人（Whigs）的政治运动。在枢密院，伯爵反对解散议会，而辉格党人决心获得更多下议院多数票支持《排除法案》。有人编制了“卑鄙”者和“值得尊敬”者的名单，制定了选举战术，并协调了策略。辉格党人在伦敦咖啡馆和绿丝带俱乐部（Green Ribbon Club）会面，将政治和社交结合了起来。他们策划了一场骇人听闻的新闻宣传活动——在《出版许可法案》失效后才得以实施——以保持对罗马天主教阴谋的兴趣，使其持续足够长的时间，从而影响 10 月的选举。他们得到的回报是下议院坚定地支持他们“排除”约克公爵继承顺位、限制王室特权和救济异见者的计划。

他们面对的是一位坚如磐石的国王。在 8 月一个可怕的星期，查理一直病入膏肓，而这可能让他集中了精力。他将沙夫茨伯里伯爵从枢密院中解雇，并剥夺了蒙茅斯公爵的公职。虽然国王接受了辉格党选举获胜的必然性，但是，他拒绝让议会开会，通过持续一年的七次休会玩起猫捉老鼠的游戏，剥夺了该议会政党的命脉。这些休会不受欢迎，但其目的是挫败辉格党人。沙夫茨伯里伯爵组织了大规模的请愿（monster petitions），要求召开议会会议；一份请愿书有 100 码[①] 长，在伦敦挨家挨户找人签名。这些做法一无所获。伯爵甚至试图将约克公爵作为一名逃犯进行起诉，并将国王的情妇作为一名妓女起诉，尽管法官并不会审理这些案件。

与此同时，查理恢复了一些体力。他向法庭施压，要求无罪释放王后的医师乔治·韦克曼爵士（Sir George Wakeman），他的罪名是密谋毒害国王。对韦克曼的审判是法官们第一次仔细审查欧茨

① 码（yard），长度单位，等于3英尺或0.9144米。

及其同伙的证词，而他们轻而易举地粉碎了谎言。无罪释放的判决不受欢迎，尤其是在伦敦，但罗马天主教阴谋确立的势头最终减弱了。此外，辉格党人发展起来的新型政治组织开始被国王的支持者模仿，这些人很快被贴上“托利党人”（Tories）的标签。他们也在伦敦俱乐部会面，组织了一场由不可一世的罗杰·埃斯特兰奇爵士领导的强有力的新闻宣传活动，并在群众中寻求支持。他们的努力主要是回应式的（reactive），避开辉格党人的攻击，然后迅速停止交战。因此，要求允许议会开会的“请愿者”遭到了“憎恶者”的反对，后者的忠诚演说谴责了这些限制王室特权的努力。当辉格党的宣传者喋喋不休地谈论阴谋的危险时，托利党的善辩者又重新燃起了对“四一年”的恐惧。

1680 年 10 月，议会终于再次开会，而下议院中的辉格党多数很快通过了《排除法案》，并送呈上议院。这就是沙夫茨伯里伯爵等待的时刻。查理二世从未经历过对抗：他被迫撤销了《信仰自由宣言》，接受了两版《立誓法案》以及威廉和玛丽的婚姻；他抛弃了克拉伦登伯爵、阿灵顿伯爵和路易十四。他的枢密院迫使他让步，就连他的情妇也敦促他尽量减少阻力。因此，沙夫茨伯里伯爵有理由相信，国王会接受《排除法案》并剥夺弟弟的王位继承权。从 1673 年起，查理就把他的弟弟视为政治上的累赘。他现在把詹姆士流放在苏格兰，并敦促他为了国王放弃自己的宗教信仰。

但是，议会休会这一年让各地的态度都变得强硬起来。“国民的安全”（Salus Populi）这一信条再次得到拥护。关于自由的语言又一次复兴，以反对国王。这些论点依赖于治理的契约理论——一种允许人民推翻国王的理论。作为回应，托利党人重申了国王的神圣权利，并鼓吹对不可废弃的世袭继承制的被动服从。罗伯特·菲尔默爵士的《父权制》(1680 年) 辩称，世袭君主制起源于亚当，而此书在写就半个世纪后才出版。查理可以看出，危在旦夕的是君主制，而不是他的弟弟。在上议院，在国王出席的情况下，议员们以 2∶1 的多数否决了《排除法案》。愤怒的下议院试图弹劾反对《排除法案》的王室官员、法官，甚至是首都以外的地方执法官。他们拒绝为任何临时替代者投票，因此使自己变得多余。查理解散了第二届议会，两个月后在牛津召集了第三届议会开会。

统治阶级现在无可救药地分裂了。查理毫不掩饰他对辉格党人的敌意，解雇了所有投票支持法案的顾问官，并清洗了由反对者担任的郡督和反对者组成的太平委员会。在地方上，对《排除法案》的情绪依旧强烈，许多郡甚至没有假装选举就让现任议员参加第三届议会。意识形态论争也愈演愈烈，而王室宣传员发现人们更害怕叛乱而非罗马天主教。圣公会牧师害怕无政府状态，将《排除法案》视为异见分子破坏教会和国王的伎俩，并最终破坏了对抗罗马天主教阴谋的新教团结。1681 年春天，托利党暴徒取代辉格党人成为伦敦的主导力量。内战的历史与当前的事件惊人地相似，沙夫茨伯里伯爵扮演的是皮姆，蒙茅斯公爵扮演的则是克伦威尔。查理两次发布公告重申蒙茅斯公爵非法。这位新教徒公爵只有在能夺取王位的情况下才会坐上王位。政治围绕着两个选择愈发两极化：忠诚还是反叛。在这种气氛下，1681 年的议会在牛津开会。查理坚定地说："不要妄想，我不会屈服，也不会被欺负。"下议院也是如此，反对《排除法案》的动议都来不及声张。国王在一周内就解散了议会。

接下来的 4 年里，王室政府恢复了自 17 世纪 30 年代以来从未有过的作风。行政管理的各个方面都受到了政治考验。国王清洗了司法系统中除忠诚法官之外的所有人，使煽动叛乱的死刑判决和诽谤的毁灭性判决成为可能。受害者中就有泰特斯·欧茨，他的谎言不再合乎时宜，他因攻击约克公爵而被罚款10万英镑。经过一段体面的流亡时期后，詹姆士被人从苏格兰解救出来，他在那里痛击了长老会教徒和辉格党人。他认为《排除法案》针对自己，并尽情享受他的复仇。查理违反了《三年法案》，没有召集议会，通过财政紧缩来换取这一喘息之机。他通过谈判，以每年12.5万镑的补贴换取了法国在外交政策上的模糊让步，并乘着欧洲和北美商业浪潮的东风，增加了关税。鉴于形势，他遵从了国库官员关于国内经济的建议，而克拉伦登伯爵的次子，罗切斯特伯爵实现了丹比伯爵梦寐以求的不负债结果。

最重要的是，查理最终放弃了他在欧洲事务中代价高昂的插手行为，转而关注那些自己如今视之为国内敌人者。当然，首当其冲就是沙夫茨伯里伯爵，国王以叛国罪逮捕了伯爵，而伯爵之所以侥幸逃生，是因为由伦敦辉格党郡守召集的大陪审团拒绝提起起诉。约翰·德莱顿在《押沙龙和阿齐托菲尔》(*Absalom and Achitophel*，1682年）中野蛮嘲讽了沙夫茨伯里伯爵，致使他的名声在两个多世纪中都臭不可闻。伯爵逃至荷兰，并于1683年自然死亡。他的一些最亲密的盟友没有这么幸运。1683年，当局获得了伪证，将一些著名的辉格党人牵扯进“黑麦屋阴谋”（Rye House Plot）中，阴谋的内容是企图暗杀国王和公爵，或领导暴动推翻君主制。查理和詹姆士公爵利用罗马天主教阴谋中确立的可疑先例进行了报复。拉塞尔公爵威廉（William, Lord Russell）曾将下议院的《排除法案》呈交上议院，他与共和派理论家阿尔杰农·西德尼都被处决，埃塞克斯伯爵则在伦敦塔中神秘死亡。其他人则构成了荷兰辉格党流亡者的核心。黑麦屋阴谋为对异见的持续攻击提供了动力。托利党宣传员对待该阴谋的方式好像其是火药阴谋。当圣公会教徒的忠诚演说从乡下蜂拥而至时，大法官们极其严厉地对异见者实施了各项法令。翌年，1 300 多名贵格会教徒被监禁。

在伦敦，对异见者的迫害最为严重，而王室感觉在伦敦最是脆弱。只要查理奉行积极的外交政策，他就必须谨慎对待金融城的特权，因为他依赖伦敦金融家们的贷款。伦敦一直是沙夫茨伯里伯爵和《排除法案》拥护者（Exclusionists）的总部，而绿丝带俱乐部在大法官巷（Chancery Lane）的国王首级酒馆（King's Head Tavern）公开聚会。他们在 1679—1680 年以及 1681 年动员辉格党群众，无论是焚烧肖像还是支持请愿，都表明伦敦的管辖者不愿意也无力维持秩序。拒绝起诉沙夫茨伯里伯爵表明了他们对宫廷的敌意。1682 年，王室在一场关于伦敦郡守的选举纠纷中开始反击。接着，总检察长罗伯特·索耶爵士（Attorney-General, Sir Robert Sawyer）捏造了针对《团体法案》本身的指控，最终导致一场要撤销伦敦特许状的权利开示令状（quo warranto）[①]的诉讼。法团治理是国王们授予的特权，查理现在表明了他撤销这一特权的意愿。伦敦同业公会（London livery companies）不仅被迫支付巨额罚款以重新建立法团，他们的新特许状还赋予了国王否决行政官员选举的权力。

对伦敦的特许权的攻击是一场广泛的法团监管运动的前奏。尽管 1661 年的《团体法案》生效，但异见者重新获得了城市地区的公职，忠诚和不抵抗誓言已经变得无效。虽然结果证明农村支持王

① 旧时英国法庭下发的责问某人根据什么行使职权（享受特权）的令状。

室，但是作为中心的城市地区（urban centres）因不满而沸腾。1681年，大批辉格党人带着其选区关于支持《排除法案》的指示回到了议会，这要求采取行动。1683—1685 年，王室重新向 51 个自治市镇颁发了特许状。这些特许状扩大了王室对行政和法律官员的控制，但更重要的是，它们表明自治是一种脆弱的特权。大多数重新建立的法团都是自愿投降和复杂的谈判的结果，在这些谈判中，自治市镇获得了经济权利，放弃了政治权利。虽然重新建立法团的政策不可避免地影响了议会的代表性——一些辉格党人被从关张的法团中清除出来——但是，其目的并非让议会充斥着托利党人，而是让国王对地方行使控制权。

到了 1685 年，查理二世重新获得了一个厌战的民族在 1660 年自由授予他的权力。他的一般收入终于达到了 25 年前预计的水平，并在 17 世纪第一次与支出保持平衡。他的王位安全无虞，他的弟弟或詹姆士的孩子的继承权也安然无恙，在安妮嫁给丹麦的乔治（George of Denmark）后，詹姆士的两个女儿嫁的都是新教徒丈夫。圣公会作为反对异见和天主教的堡垒被牢固地建立起来。它与王室密不可分，宣扬被动服从的教义，而这让教会和国家成为一体。如果英格兰不能算作一个军事大国——1684 年，丹吉尔因被认为无法防守而被抛弃——那么它肯定是一个商业大国。它在欧洲运输贸易中的份额有所增加，它挑战荷兰在东方的霸权地位，并主宰利润丰厚的北美航线。

但是，就像他的父亲，查理二世为自己的权力付出了高昂的代价。地方的统治阶级存在宗教和政治上的意识形态分歧。在伦敦，再多的迫害也无法粉碎异议；除了少数天主教徒外，再多的偏袒也无法提拔任何人。国王不能召集他的议会，这意味着他除了作为路易十四的附庸之外，不能推行任何外交政策。他于 1685 年 2 月去世，他的权力完整，选择有限。即使他说不出“我死后哪怕洪水滔天”（After me, the deluge）[①] 这样的话，但是他必定知道自己的弟弟看不到太多阳光。

① 此话为路易十五（一说为路易十四）的名言之一，被视为专制君主的写照。

第十一章

新教徒登基（1685—1689）

威斯敏斯特大厅从没有过这样的场面。1688 年 6 月 29 日，坎特伯雷大主教和他的 6 名弟兄（brethren）被带离伦敦塔，以回答英格兰国王对他们提出的煽动性诽谤的刑事指控。他们被控撰写了一份请愿书，请愿书解释了为何他们拒绝服从国王的命令，即在每个讲坛上宣读《信仰自由宣言》。请愿书让国王的政府声名狼藉，直接触动了詹姆士二世。这一案件似乎没有定论，即使面对的是英格兰陪审团。传统上，请愿书是否具有煽动性是个法律问题，由法官决定。陪审团将判定的是主教们是否发行了请愿书。他们几乎无法否认。伦敦每一根柱子上都钉着一份副本，而请愿书让主教们一举成名。

危机始于 1687 年，那时詹姆士二世认定，只有与异见者结盟，才能实现对天主教徒的宽容。在他统治的前两年里，他曾支持托利党圣公会教徒，希望他们能支持他的教友。最初，圣公会高层愿意放天主教徒一马，以更有力地打击异见者。但最终，圣公会教徒无法将他们的原则与罗马的原则予以调和，而托利党人也不愿意与国王的天主教同伙分享权力。1687 年 4 月，詹姆士发表了一份赦免声明，废除了针对天主教徒和新教异见者的刑法。他改换盟友的做法产生了一定的影响，但也促使圣公会高层进入了积极抗争状态。1686 年，国王因伦敦主教亨利·康普顿未能镇压反天主教布道而将其停职，并因坎特伯雷大主教威廉·桑克罗夫特（William Sancroft, Archbishop of Canterbury）拒绝支持宽容政策而选择将其逐出了宫廷。一年后，詹姆士重新发布了《信仰自由宣言》。1688 年 5 月 4 日，枢密院命令教区神职人员在他们的教堂宣读《信仰自由宣言》，两周后从伦敦开始。

这个命令在很多方面都是给神职人员设下的圈套。如果他们服从，那么，他们将把自己的道德权威加增在国王关于他可以免除法律的有争议的主张上。如果他们拒绝，那么，教会事业委员会（Commission for Ecclesiastical Causes）可以像对康普顿主教那样暂停其职务。这让他们别无选择，也没有多少时间去选择。匆忙召开的神职人员会议透露出对宣读《信仰自由宣言》的强烈反对态度。当前在伦敦举行的主教临时集会也暴露了同样的情绪，但主教们更加谨慎。首先，他们意识到，要想成功，他们必须团结一致。他们写信给那些不在伦敦的主教，敦促他们前往首都。其次，他们不能让自己对宣读《信仰自由宣言》的反对态度在他们自己和新教异见者之间制造裂痕。因此，他们围绕国王暂停议会制定的法律之权问题提出了抗议。在查理二世统治时期，议会曾两次宣布这种权力为非法，而主教们决定站在这一立场上。最后，主教们没有拒绝其所在教会的最高统治者的直接命令，而是决定请求国王撤销他的命令，而非强迫教士违抗之。

他们在与詹姆士私人面谈时提交了请愿书，詹姆士没有预料到这种反应，并立即意识到他们切断了自己的退路。主教们合理地要求道，在即将到来的议会能够确定《信仰自由宣言》的合法性之前，不得命令他们宣读《信仰自由宣言》。通过请求国王撤销这一命令，主教们实际上表达了他们的反对意见，但并未真正拒绝服从。此外，一旦请愿书公之于众，压力就从神职人员转移到了君主身上。在整个伦敦，只有7名神职人员在指定时间宣读了《信仰自由宣言》。

6月8日，主教们被带到枢密院面前，在那里，他们被告知，他们将因公开质疑国王的命令而被控煽动叛乱。但是，当他们被要求为出庭提供担保时，他们都拒绝了。如果国王想将其忠诚的神职人员当作罪犯对待，他就不得不把他们关进监狱。7名主教被带到伦敦塔的景象是一场公关灾难，就连詹姆士最亲密的顾问也敦促他设法避免审判。当威尔士亲王在两天后出生时，有人建议大赦就行了，但国王很固执。

审判让所有人都倍感意外。很快就显而易见的是，王室法官对此案的看法出现了分歧。与几乎所有先例相反，他们允许陪审团听取证据，首先是关于向国王提出的请愿书是否属于《诽谤法》(Libel Act) 范围内的出版物这一技术问题，然后则是关于这一请愿书是否属于诽谤这一更具争议性的问题。因此，在1673年，陪审团收到了反对特免权（dispensing power）的议会声明，以及两名法官的声明，他们称这是非法的。尽管事实上总检察长没有给任何事留下机会——王室酿酒师是陪审员之一——但判决是无罪。伦敦的庆祝活动顿时盛况空前，人们欢欣鼓舞，以致国王被大炮爆炸的声音所扰。当被告知主教们被判无罪时，詹姆士怒气冲冲地说："暂且如此，他们等着瞧吧。"事实上，他写的是自己的墓志铭。

詹姆士二世的统治给英国的君主制制造了一场危机。它暴露了信守新教的基石与不能废弃的世袭继承信念之间的断层线。詹姆士的登基之所以被接受，因为他承诺按照既定的法律统治，并维持英国国教的独立性。在苏格兰和英格兰由少数极端分子组织的针对他的叛乱很容易镇压下去。1685 年，英国已经恢复了一个保守的英国国教议会，这个议会允许国王继续做出托利党在排除危机终结时开始的反应。只要詹姆士沿着他哥哥指明的道路走下去，他就会在宫廷和国家得到广泛的支持。内战和革命的混乱记忆虽然已有四分之一个世纪的历史了，但仍然历历在目，很少有人希望再次经历这样的时代。这是君主制从中受益的另一种形式的保守主义。

詹姆士二世的困难是两方面的：他是一名天主教狂热分子，也是一名政治改革者。在无论是精英还是公众都不再宽容的时候，他不幸地统治国家。詹姆士情不自禁地将自己的欲望推向了极限，想除去对其教友的种种限制，或让天主教的公开实践成为可能。他热情地坚持自己的宗教原则，当他被罢免自己的职位并流放到苏格兰时，他在为这些原则而受苦。此外，鼓动宽容异见的情绪打开了一扇大门，而他希望天主教徒解放运动（Catholic emancipation）也能通过这扇门。作为一名政治改革者，詹姆士在毫不退缩地集权。他利用自己不受限制的恩庇，在最狭隘的忠诚测试基础上进行奖惩。在他统治伊始，当他相信自己可以跟托利党结盟时，他用托利党的坚定支持者填充了地方和中央的官职。当托利党人提出异议时，他无情地清洗掉他们，以支持辉格党人、异见者和天主教徒。他控制各郡、城镇并最终控制议会的种种努力显示了国王的潜在权力——这是先前的君主从未掌握过的权力。

詹姆士的政策成功地疏远了政治民族（political nation）的几乎

每一个部分，但疏远不是革命。他的倒台是因为他任由自己成为欧洲强权政治（power politics）的棋子。他的哥哥也玩过同样危险的游戏，从路易十四那里获得补贴，主要是为了换取中立，而詹姆士有更大的个人理由依附于天主教法国。这让领导反对法国的主要是新教徒之联盟的奥兰治的威廉，更有必要在路易准备发动攻击之前就压制英格兰的海权。威廉入侵英格兰的计划在王后怀孕或男性继承人出生之前就已经制定，但是，建立永久天主教王朝的前景加快了他的步伐。这也加速了詹姆士结束对天主教徒的歧视的计划。在广为宣传的针对法团和大学的攻击中，国王明确了自己的意图和对其意图的反对意见。当斗争来临时，他四面楚歌。

詹姆士二世登上王位时已经52岁了——这算高龄了，给国王带来了紧迫感，给其他人带来了耐心。除了少数天主教徒之外，他的登基令所有人感到恐惧，就连这些天主教徒也被分成了两个阵营，一个是英格兰在野派天主教徒，他们想要安静的生活，另一个是总部设在伦敦的、由耶稣会士培养的、在外国长大的天主教徒，他们想要的是全国性的改宗（national conversion）。罗马天主教阴谋和排除危机给他的统治投下了一道长长的阴影。称詹姆士毒害他哥哥的谣言传开了，而对泰特斯诽谤的起诉赋予他的天主教阴谋故事更多可信度。然而，君主的更迭是和平进行的。篝火和钟声欢迎新国王的到来，而加冕仪式中圣公会的部分被删除后，人们保留了自己的意见。詹姆士是一个宣扬被动服从和不抵抗的教会的领袖，因此，圣公会建制派必然支持他。他是这样一个国家的领袖，该国4年来一直在大力迫害异见者和辉格党人，并将他们的积极支持削减到一小群核心力量。他们几乎指望不上新政权的恩惠，而恩惠是必须争取的。让他们倍感解脱的事实是，詹姆士的女儿玛丽是王位继承人，而她的丈夫威廉是加尔文宗教徒。

詹姆士二世在许多方面都是所有斯图亚特族人中最有能力的。詹姆士为人果断坚决，对君主制和国家有着清晰的愿景。尽管詹姆士的智力天赋很有限，教育也很随意，但他还是孜孜不倦地思考问题。他皈依天主教是因为他自己得出的结论，即宗教改革没有充分的理由。他对自己的世系和血统有着不可动摇的忠诚。他默默忍受着哥哥的严厉批评，从不鼓励等待哥哥去世的支持者们的改宗利益。对他会抛弃自己的新教女儿的担心，事实上是没有根据的，这与他的性格格格不入，以致打消了后来任何关于他的继承人是冒牌货的传言。在他哥哥统治期间，詹姆士接受过长期的英格兰政治教育和各种各样的学徒训练。在他年轻的时候，他已经掌握了战争的艺术，他是一名无所畏惧的陆地和海洋上的将军，即便并不是富有成效。他如此心甘情愿地拿性命冒险，以致在洛斯托夫特战役后，查理禁止他担任现役指挥官。作为海军大臣，他的行政能力甚至赢得了佩皮斯的赞赏，而他在 1673 年的《立誓法案》后被免职一事，可谓剥夺了查理的宝贵资产。1679 年，他被派往苏格兰担任屋宇署署长（Commissioner to the Estates），拥有准帝王的权力，并获得了他个人统治的首次体验。

由于其悠久的长老会传统，苏格兰在查理二世的统治下特别痛苦。《苏格兰复辟方案》（Scottish Act of Settlement，1662 年）再次确立了主教制，但在苏格兰，主教制仅仅覆盖了长老会。英格兰将长老会教徒从圣公会中驱逐的决定，在这个北方王国中制造了一场危机。以劳德代尔公爵（Duke of Lauderdale）为首的枢密院顾问官，从伦敦遥控指挥苏格兰事务。作为一名最初的誓约派，劳德代尔公爵变成“约定派”（Engagers）的领袖，他们在 1650 年宣布查理二世为苏格兰国王。他在伍斯特与国王并肩作战，并在查理逃亡时被俘。作为复辟以来大臣小圈子中的一员，20 年来，劳德代尔公爵是历次政府更迭中唯一的幸存者。他的权力基于他同国王的关系，而奇怪的是，国王从未背叛过他。

劳德代尔公爵根据英格兰政策制定的准则统治苏格兰，不过，在惩罚他的敌人问题上，他非常小心。他把长老会领袖和前誓约派从爱丁堡驱赶到西部各郡，并对异见者实施严厉的法律。将近 1/4 的苏格兰牧师在复辟期间被剥夺了生计，许多牧师还面临着令人身心衰竭的罚款。这导致了 1666 年一场可悲的叛乱，而对叛乱的镇压不仅加增了长老会教徒的痛苦，而且允许国王建立一支永久性的民兵队伍骚扰他们。

1677 年，针对苏格兰长老会教徒的进一步的刑事法规得以通过，剥夺了他们的职位和公民权利，并迫使地主为佃户的行为提供担保。翌年，政府派出高地部队来镇压低地居民，而结果是可以预料的。1679 年，一年一度的查理加冕庆典成为支持《排除法案》暴动的良机，而这些暴动发展成叛乱。查理派蒙茅斯公爵北上镇压叛乱分子，而他在博斯韦尔桥[①]（1679 年）就迅速完成了这一任务。他仁慈对待战败者的努力遭到了苏格兰枢密院的阻挠。在这一背景下，詹姆士抵达爱丁堡，通过种种法案，确保他继承苏格兰王位，以及给长老会教徒强加跟英格兰议会强加给天主教徒的《立誓法案》一样严苛的法案。接着是一场短暂的恐怖统治，其中，那些迟迟不肯宣誓的人遭到野蛮对待。阿盖尔伯爵因捏造的叛国罪指控而被判死刑——他逃往荷兰——而詹姆士眼睁睁看着其他人在一种被

① 博斯韦尔桥，原文为“Bothwell Brid”，疑为“Bothwell Bridge”之误。

称为“靴子”的机械装置中遭受腿部被压碎的折磨。他相信，可以将长老会从他的北方王国中清除干净，而他在1685年采取的首波行动之一就是让宗教异见在苏格兰成为死罪。

一登上王位，詹姆士的主要目标就是永久地改变他的教友们遭受的不公正待遇。在这个方面，他不大可能从大臣那里获得太多帮助。他的连襟们，财政大臣罗切斯特（Lord Treasurer Rochester）和克拉伦登伯爵兼爱尔兰总督，跟随他们的父亲献身圣公会，将其作为君主制的政治堡垒。他们都是有才干之人，忠心耿耿地为斯图亚特家族效劳，但是，二者都没有强大到足以试图引导一位固执的君主。克拉伦登伯爵的缺点在于贪婪，罗切斯特的缺点在于傲慢，二者都只能通过高官的俸禄得以满足。因此他们坚守高位。哈利法克斯侯爵是一位同样坚定的圣公会教徒，而没有身为一名托利党人的使命感。他将自己定义为一名“机会主义者”（Trimmer）——一个在两党之间见风使舵的人——而在查理统治的最后几年里，他凭借其卓越的能力和因在上议院挫败《排除法案》的贡献而得以幸存。詹姆士无法忍受他那犀利的机智，并在他的宫廷中重用讨人厌者（gadfly），就像他的哥哥在其宫廷中重用贞洁妇女。他很快就不让哈利法克斯侯爵担任枢密院议长。讽刺的是，国王最亲密的官方顾问是桑德兰伯爵（Earl of Sunderland），而伯爵支持《排除法案》，因此被免职了。他是靠王后的恩宠骗回原职，作为首席秘书（Principal Secretary），结果证明他是詹姆士所有政策心甘情愿的工具。即使是在一个以无原则的政客闻名的时代，桑德兰的职业生涯也值得研究。他有一种超乎寻常的能力，能够很快改变路线，并仍然能在逆风中生存下来。他是一名排除主义者（Exclusionist），为詹姆士二世效劳，还是一位支持威廉三世的罗马天主教皈依者。他声称丝毫没有任何宗教情感——这削弱了国王让他改宗的功绩——而在政治上，他支持纯粹的绝对主义。

桑德兰伯爵让托利党下议院重新被纳入 1685 年议会。他向治安法官、总督及其副手，以及改造后的自治市镇新任命的官员分发了挑选忠诚托利党成员的指示。事实上，这场运动是多余的。在过去三届议会中占据主导地位的排除主义者，希望避开国王冷酷的目光，并在选举过程中避开视线。带有争议的选举相对较少，而下议院由近 400 名首次当选的议员组成。詹姆士宣称这是他自己所能提名的一届好议会，而他对下议院可能会在知道政策方向之前扣留收入的担心毫无根据。议会投票拨给他跟他哥哥一样多的补给，以及给海军的补充。詹姆士二世成为自亨利八世以来最富有的英格兰君主，平均年收入超过 200 万英镑。苏格兰和英格兰西部发生暴动的消息几乎立刻让他的钱包进了一笔账。

身在荷兰的辉格党流亡者，是一个由共和派理论家、持异见的牧师和被剥夺法律权益的贵族组成的多元群体。包括查理的私生子蒙茅斯公爵在内的一股核心力量，是黑麦屋阴谋家的残余。其他人则因为随后的托利党迫害而流亡国外。他们是一个既无领导力，又没有共同原则的共同体，但是，他们都胸怀推翻斯图亚特王朝并返回家园的希望。一位天主教徒国王的登基似乎是最吉利的时机，尽管他们花了 6 个月时间才组织起一次远征，已经说明了他们的能力。这也是结果的预兆。

叛乱将分为两个方面。阿盖尔伯爵领导了一次在苏格兰的登陆行动，尽管他遭到了一个分裂的战争委员会的阻挠，该委员会否决了在阿盖尔伯爵的高地佃户中组建军队的唯一明智策略。这次入侵是一场短暂的惨败。蒙茅斯公爵领导了第二支部队。多年以来，蒙茅斯公爵一直拒绝让自己成为约克公爵的新教对手的提议。如果他有任何野心的话，那么，这些野心就是若詹姆士先于他哥哥去世，便取代约克公爵的女儿们。因此，他干练而低调地在为查理二世效劳，而他自己也是排除危机的受害者。1679 年，他那以惊人的美貌和粗糙的快乐为基础的个人人气成为一种政治负担。沙夫茨伯里伯爵与蒙茅斯公爵的关系一直不融洽，而他暗示，只是在查理拒绝了其他所有选择后，他才建议使蒙茅斯公爵合法化。这场危机在约克公爵和蒙茅斯公爵之间制造了敌意，这股敌意后来导致后者被剥夺官职，并导致他为了自己的利益牵涉到黑麦屋阴谋。身为人父的查理二世心碎了，将他流放至国外，靠他富有的情妇和国家年金生活。蒙茅斯公爵为何会因为一场不确定的军事行动的残酷而放弃这种舒适，这是他后来思考的一个问题，他和其他任何人都没能令人满意地回答这个问题。

蒙茅斯公爵代表新教的事业，他可以指望得到全国异见者的支持。由于直接进攻伦敦是不切实际的，因此，英格兰西南部诸郡，连同在多塞特、萨默塞特和格洛斯特郡纺织业城镇中的清教徒传统，是最好的选择。1685 年 6 月 11 日，蒙茅斯公爵在莱姆登陆，举起了大旗，并招募了 4 000 多名男子，提议议会一年一届、容忍异见者和废除常备军。几天后，他宣布自己为国王。蒙茅斯公爵所获支持来自处于社会中层的工匠和自耕农。绅士是坚定的托利党圣公会教徒，而当地民兵组织组建了一支装备精良、人数几乎相同的部队来反对他——尽管他们是应征入伍者，蒙茅斯公爵的人马是志愿军。公爵带领他的追随者漫无目的地穿过三个郡，直到 7 月 6 日才在塞奇穆尔（Sedgemoor）发起了一场大胆的夜间战斗。对方指挥官在睡梦中赢得了胜利。

蒙茅斯公爵被带到伦敦进行处决，在那里，他徒劳地乞求詹姆士的赦免，使自己蒙羞，而他的追随者被交给了丝毫不会心慈手软的首席法官乔治·杰弗里斯（George Jeffreys），此人不久将成为詹姆士的大法官。杰弗里斯既残忍，又有报复心——这在一个赋予法官很大自由裁量权的法律体系中不完全合适。他威胁证人，欺负陪审员，甚至会恫吓他的法官同僚们。他自得其乐地描述法律将带来的野蛮的严苛，并愉悦地宣布判决。他处决了300多名蒙茅斯公爵的支持者，并在西印度群岛将数百人送至几乎肯定死亡的境地；据说在萨默塞特的巡回法庭，四分五裂的尸体的血液流至脚踝深。詹姆士称赞了杰弗里斯的决心。斯图亚特家族对武装叛乱绝不能掉以轻心——尤其是对一个他的登基争议如此之大的国家。虽然一个更高贵的君主可能会用仁慈来调和正义，一个更温和的君主可能会更快地满足自己对鲜血的渴望，但是，蒙茅斯公爵的叛军是叛国者，并因叛国罪被处决。

对蒙茅斯公爵的叛乱的有效镇压，加强了国王的力量。一直没有针对其统治的全面叛乱，他得到了圣公会等级制度的完全支持，而他的女婿奥兰治的威廉甚至提出，如果需要的话，可以遣返在荷兰服役的英国兵团。詹姆士现在恢复了议会会议，希望废除禁止天主教徒就任的《立誓法案》。

如果说詹姆士充分了解自己在向议会提出这些变更时的宪法立场，那么，他充分误解自己的政治立场，认为自己可以遂心如愿。即使是“有史以来挑选的最忠诚的（议会）”也不会重新授予天主教徒选举权。事实上，议会没有废除《立誓法案》，而是要求强制执行。在蒙茅斯公爵叛乱的消息传出后，詹姆士在获得议会批准的情况下，任命许多天主教徒军官指挥派向西部的兵团。尽管詹姆士认为他有权在个别情况下免除刑法，但议会坚持认为他们现在就应该被解散。相反，詹姆士让议会休会，并在第二年向个别议员施压，要求他们支持废除该法案。这种“密谈”（closeting）表明，只有最见利忘义的人才会屈服，而见利忘义出人意料地供不应求。

若是国王不能通过议会实现对天主教徒的宽容，那么，他仍然有相当大的权力来改善他们的困境。他真诚地相信，如果允许天主教蓬勃发展，这个国家将会逐渐再次改宗。在这一点上，他与圣公会的反对者意见一致，尽管圣公会将天主教类比为花园里的杂草。詹姆士带着改宗者那种目光狭隘的热情行事。当国王允许在伦敦建立神学院、向教皇派遣特使、资助伦敦和牛津的天主教出版社时，大臣和主教们感到震惊。他还为自己的主要大臣和女儿安妮赎罪，甚至派一名牧师到荷兰教导玛丽。詹姆士的失败——就连罗切斯特伯爵也发现了一些对他来说比职位更重要的东西——并没有阻止他，但这证明了他无法让自己的政府皈依天主教。因此，詹姆士转而依靠特免权。他更换了半数王室法官，然后在一个旨在测试其特权的案件中密谋。在戈登诉黑尔斯案[①]（1686年）中，法院的裁决支持君主免除法律的权力，而首席法官引用上帝让亚伯拉罕杀死其子的诫条作为先例。

詹姆士在不受惩罚的情况下迅速改变了他的政府。次月，他任命了4名天主教徒进入枢密院，并成立了一个核心内阁（inner cabinet），由他的耶稣会忏悔神父爱德华·彼得（Edward Petre）、桑

① 爱德华·黑尔斯爵士（Sir Edward Hales）是肯特郡的绅士、天主教徒，所以在接受詹姆士的任命，成为上校军官的时候，没有按照《立誓法案》的要求，宣誓承认国王是英格兰教会的至高管理者，也没有按照圣公会的仪式领圣餐。黑尔斯奉詹姆士之命，要求自己的仆人戈登（Godden）就自己不遵守《立誓法案》一事发起诉讼，遂有此案。

德兰伯爵和杰弗里斯组成。他们将桀骜不驯的议会议员从政府机构中清除出去，并开始了一项让天主教徒侵入当地治安法官之职的艰巨任务。1686 年发布的治安法官委任状用天主教徒取代了 250 多名治安法官。天主教徒被任命为郡民兵队伍军官，更多天主教徒被任命为常备军中军官。大学——圣公会的训练场——被塞进了天主教徒，这从牛津大学的一所礼拜堂院长和剑桥大学的一所学院的院长之职开始。1687 年，当詹姆士坚持要在牛津大学马格达伦学院（Magdalen College, Oxford）选举出一位天主教徒院长时，他遇到了如此强烈的抵制，以致有必要解雇全体教职员工，以强加他的意志。马格达伦学院成了一个天主教徒学院。最终，在 1687 年 1 月，詹姆士解雇了他的两位小舅子，罗切斯特伯爵和克拉伦登伯爵，任命专员管理财政部，并任命天主教徒泰康奈尔伯爵为爱尔兰代理总督。

在迎接詹姆士统治的人群中，没有人能比爱尔兰新教徒更为惊恐。他们通过镇压天主教多数派获得了财富和权力，并通过军事力量得以维持。虽然查理二世曾经缓和没收天主教徒财产的最严重的过度行为，并敦促放松刑法的强制执行，但奥蒙德公爵以铁腕统治爱尔兰。他通过以盈利的方式治理国家，并将盈余汇到伦敦，从而赢得自己的长久统治和自主权。泰康奈尔伯爵长期以来一直是爱尔兰政府的眼中钉。他对奥蒙德公爵的政府和天主教地主遭受的镇压表示强烈不满。作为约克公爵的同伴，人们一点也不亲切地称之为“谎话连篇的迪克·塔尔伯特（Dick Talbot）”。他的兄弟，一名天主教徒大主教，则死于一所新教监狱；泰康奈尔伯爵发誓要报仇雪恨，并信守了诺言。詹姆士登基后便任命他为爱尔兰陆军中将，泰康奈尔伯爵立即开始清洗新教徒队伍。在不到一年的时间里，他更换了 3 500 名士兵。1687 年克拉伦登伯爵被解职后，泰康奈尔伯爵为他的职位进行了游说，尽管任命一位天主教徒总督是不可想象的。詹姆士妥协了，他让总督一职空缺，并任命泰康奈尔伯爵为代理总督。将他带到都柏林的船只，载着逃离其政权的富有新教徒返回英格兰。第二年，他更换了每一位新教徒郡督，并废除了每一个爱尔兰自治市镇的特许状。只有不到 500 名新教徒留在军队中。

詹姆士的爱尔兰政策掩盖了他经常重复的一种说法，即他无意以牺牲圣公会为代价建立天主教，而只是为了消除天主教徒遭受的不公正待遇。新的爱尔兰难民讲述了天主教占主导地位的骇人听闻的故事。《南特敕令》(Edict of Nantes)[①] 在近一个世纪的时间里限制了法国的新教迫害运动，路易十四撤销了敕令，从而增强了新教徒的敏感性。一旦詹姆士开始废除刑法，伦敦的讲坛就因对教皇主义的谴责而震动，新闻界也发表了大量反天主教的文章。虽然国王未寻求与教会领导层对抗，但他不会退缩。他发布命令，要求主教们限制反天主教的说教，当这些命令被证明无效时，他成立了一个教会事业委员会，而委员会看起来与非法的高等宗教事务法院可疑地相像。坎特伯雷大主教威廉·桑克罗夫特被任命为委员会主席，但他拒绝参与其中，而桑德兰充当着国王的掩护性候选人（stalking-horse)。委员会的第一项工作就是将伦敦主教亨利·康普顿停职，因为他拒绝从伦敦讲坛上罢免一名疯狂反天主教的牧师。

① 《南特敕令》，1598年4月13日，为结束法国天主教徒和胡格诺教徒（即新教徒）之间的宗教冲突和战争状态，波旁王朝国王亨利四世颁布《南特敕令》，因在布列塔尼的南特城签署，故得名。《南特敕令》宣布天主教为法国国教，同时规定法国全境有信仰胡格诺教的自由，胡格诺教徒在民事和担任公职方面，享有与天主教徒同等的权利，赦免教派冲突中的一切战争行为。

到了 1686 年底，詹姆士意识到，他那天主教解放计划的最大障碍就是国教本身。除了杰弗里斯和其他一些人之外，结果证明托利党更倾向于圣公会而非专制主义，并且在议会的每个角落都阻止了他废除《立誓法案》的部署。他已经与威廉·佩恩（William Penn）建立了一种不太可能的友谊，威廉·佩恩于 1682 年在北美建立了一个贵格会殖民地，而他们的关系导致 1 000 多名贵格会教徒获释。现在，他宣布自己愿意允许异见，只要它是在温和地践行。佩恩对国王的影响更为显著，因为他支持《排除法案》，是所有异见者中最顽固者的公认领袖。但是，佩恩的魅力是举世公认的，而这两个人都遭受过个人迫害，他们都是单纯的理想主义者，相信宗教信仰的支配力。因此，佩恩说服詹姆士采纳了 17 世纪 70 年代初就被抛弃的一个计划，并发布了一份《信仰自由宣言》。基于法官确认的特免权威，詹姆士是在 1687 年这样做的，并知道他将在不让议会重新开会的情况下解散 1685 年议会。

詹姆士将他在天主教和异见的结合上建立联盟的决定，建立在两个致命的误解之上。第一个误解是，圣公会多数派是被动服从的，对这一政策变化没有构成威胁。第二个误解是，异见是一股强大的力量。詹姆士的这两个误判都是可以原谅的。前者是从他在自己的政府中与随波逐流的圣公会教徒的交往中得知的；后者是基于佩恩的乌托邦式抱负和善辩者的夸张宣传。此外，他自己的经历证实了他的假设。他找到了维护他的权力的圣公会法官，找到了对天主教崇拜视而不见的主教，还找到了起诉他的敌人的地方法官。当他解雇哈利法克斯侯爵、罗切斯特子爵和克拉伦登伯爵等忠仆时，他们悄悄地打道回府了。如今，詹姆士决心从军队、太平委员会和城市法团中驱逐数千名圣公会教徒。伦敦著名圣公会教徒高级市政官（eldermen）、民兵队长和同业公会成员，悉数被免掉。一场针对法团特许状的新的攻击开始了——这次攻击由大法官杰弗里斯率领。最近曾经为驱逐异见者的特权买单的城镇，现在却花钱让他们重新加入——很多人是拥有议员选举权的行政区（parliamentary boroughs）的选举检查官（returning-officers）。其间，出现了 2 000 次以上的人事变更。与兄长旨在维护地方秩序的运动不同，詹姆士的运动旨在打包（packing）议会①。桑德兰伯爵打算命令所有治安法官和议会法团处理好三大问题，并就此向总督征询意见：如果当选为议会议员，他们会支持废除《立誓法案》，支持颁布《信仰自由宣言》，并发誓只给愿意做到这些的人选投票吗？这三个问题成为当地政府选举议员（employment）的石蕊实验。

虽然威廉·佩恩组织了一些异见会众的致谢请愿，其他人也愿意与詹姆士的政策合作，但大多数异见者仍然作壁上观。他们几乎无法拒绝宗教信仰自由，但他们对政治任命的提议不屑一顾。长老会领袖直到最近才体会到杰弗里斯口舌的厉害，拒绝了所有提议。哈利法克斯侯爵匿名发表了《致分裂主义者的一封信》(*A Letter to a Dissenter*，1687 年)，这封信提出了反对合作的理由，而效果是毁灭性的。哈利法克斯侯爵以克制的文笔、微妙的论证和无可辩驳的逻辑，揭露了异见者和天主教徒这一联盟的悖论——关于“自由和无谬”的悖论。他一贯主张不采取措施，因为他相信，新教宽容不必以下一任君主统治期间天主教的解放为代价。确实，当詹姆士

① 此处指左右议会的人事，包含典故。1653年，奥利弗·克伦威尔给议会带去一份打包材料（packing），里面是自己提名的议员人选，他们百依百顺，胆敢不从者，他会将其剔除。

试图获得女儿和女婿对他的宽容政策的认可时，他遭到了强烈谴责。奥兰治的威廉明确区分了礼拜自由（他支持）和政治赋权（他反对）。他不会支持《信仰自由宣言》，也不会支持圣公会教徒现在所说的“中止”权力——詹姆士主张的权利不仅是在个别案件中免除法律，而且是完全中止法律。这些公开表达的意见给圣公会教徒和异见者带来了安慰，直到1687年11月，人们才知道玛丽·比阿特丽斯王后怀有身孕。

王后怀孕有几个潜在的后果，而见证威廉·佩蒂爵士（Sir William Petty）和格雷戈里·金（Gregory King）发明“政治算术”的那个时代，可能对唯一活的男性继承人感到安慰。尽管她的其他孩子在婴儿期就夭折了，但是从消息公之于众的那一刻起，除了她将生下一个男孩，男孩将存活于世并被抚养成天主教徒，从而使天主教君主制的暂时失常永久化之外，没有人考虑过任何其他可能性。一名天主教徒的贺信预言，他的“摇篮是异端和教会分裂的坟墓”。这无疑是宫廷对局势的看法，而在这种局势下，国王将两端与中间相结合的政策，现在的目标是确保天主教徒的继承权。随着专员们访问每个拥有议员选举权的行政区，收集有关选举权性质、公民权贵身份和外部赞助人影响的信息，选举一届顺从议会的运动得到了加强。更多托利党人被赶出了地方政府，取而代之的是辉格党人、异见者和天主教徒。1688年4月，国王决定重新发布《信仰自由宣言》，并要求全国所有教堂都宣读该宣言。虽然《信仰自由宣言》近一年来一直是官方政策，但是，在拥有一个潜在的天主教徒继承人的背景下，重申詹姆士免除法律的权利更为不祥。到了5月中旬，伦敦的神职人员决定拒绝在其讲坛上宣读宣言，正如我们所见，7名主教向国王请愿撤销该命令。到目前为止，人们已经知道王后不会流产，而詹姆士决定让圣公会俯首帖耳。他强迫主教们来到枢密院，威胁要对他们提起刑事诉讼。他们坚持自己的立场。议会已经宣布特免权是非法的，而他们不能为其背书。这 7 名主教因煽动性诽谤罪受审，并被伦敦陪审团宣告无罪。虽然结果是国王败北，但他的心思在别处。在生死之间徘徊数周之后，威尔士亲王詹姆士·弗朗西斯·爱德华·斯图亚特（James Francis Edward Stuart）得以幸存。

一位男性继承人的诞生产生的影响超出了英格兰政治的范围。首先，它改变了继承顺位，取代了玛丽跟她的荷兰丈夫威廉，而出于母亲玛丽·斯图亚特（Mary Stuart）[①]的缘故，威廉成为英格兰王位的第三顺位继承人。奥兰治的威廉是一位新教奇才。他的身体里流着“沉默者”威廉（William the Silent）、纳瓦拉的亨利（Henry of Navarre）、苏格兰的詹姆士（James of Scotland）、丹麦的克里斯蒂安（Christian of Denmark）等人的血——这些人都是归正宗君主中的佼佼者。他在 22 岁时就被推上尼德兰联省救星之位，并在醒着的每一刻与天主教法国的威胁做斗争。威廉冷血无情，阴沉傲慢——他的朋友们称之为坚定而冷淡。“法国的萧条是他一生的统治激情所在”，他用一切可以动用的武器来追求之，除了妥协。到目前为止，他在与岳父的关系中表现出了老练，在与詹姆士的大臣的关系中表现出了狡猾，而他们中的大多数人通过一些趣闻轶事和支持的暗示来培养玛丽的改宗兴趣。潮水再次发生变化，而威尔士亲王的诞生只是其中一股冲击荷兰海岸的海浪。

虽然路易十四被看作一大餍足的势力，但是，他再次动员自

① 玛丽·斯图亚特，查理一世的女儿。

己的陆军。在过去的一年里，他废除了《奈梅亨条约》（Treaty of Nijmegen）中的关税减让条款，袭击荷兰海运，并开始部署军队。在荷兰，商业利益集团从反对威廉的君权主张转向支持他的军事行动，为他提供了备战所需的资金。整个欧洲都在为1689年春天的袭击做着准备。针对这种可能性，威廉重建了奥格斯堡联盟（League of Augsburg）——一个将法国与除英格兰之外的欧洲所有主要国家隔离开来的大同盟（Grand Alliance）。就像他的兄长一样，詹姆士二世也被法国人收买。他在登基时就开始接受补贴，随着议会的解散，他的依赖性也在增加，尽管他不断增加的海关收入原本应该能够让他偿债。英法同盟将迫使威廉两线作战，而他将独自承受英格兰海军的冲击。

1688年6月30日，7位政客“邀请”他前来英格兰，并调查威尔士亲王的出生情况和英格兰的自由状况，因此，威廉与联省共和国的领导人决定接受这一邀请。如果他能用议会来束缚詹姆士，那么，他要么能让英国站在他一边，要么能让英国退出战争。

这一邀请并不令人意外，因为荷兰人已经在为军事入侵英格兰做准备。通过其代理人，威廉已经组织了一年多的英格兰第五纵队。6月，除了其他人，他还向托利党人丹比伯爵、辉格党人什鲁斯伯里伯爵、伦敦康普顿主教，以及最重要的亨利·西德尼发出了邀请，查理二世治下，西德尼一直是荷兰使节，而他的兄弟阿尔杰农（Algernon）因为据说参与了黑麦屋阴谋而遭到处决。他们后来被称作“不朽的七人”，这些人向威廉通报了詹姆士军队的不满情绪，并获得了陆军和海军指挥官的支持。

虽然这一邀请催人抓紧时间，但是，又过了4个月威廉才得以集结兵力。上一次成功的海军入侵英格兰发生在1485年，而后勤问题依然严峻。海上行动不得不避开英格兰海军的优势，而登陆部队面对詹姆士的庞大常备军。此外，威廉不得不速胜。路易十四入侵荷兰时，他不能让他的精英部队留在英格兰。

虽然威廉对英格兰的国内和国际政策了如指掌，但是，詹姆士并不知道他女婿的意图。虽然两人曾就归还借给荷兰人的英国兵团一事发生过争执，但是，詹姆士没有认真考虑自己的女儿会批准一次无缘无故袭击的可能性。荷兰使节这般巧妙地利用了国王的轻信，以致当路易十四提出将他的大西洋舰队交由英格兰支配时，詹姆士向他保证道，这是不必要的。直到 9 月底，詹姆士才意识到荷兰的军事准备是针对他的，而非针对路易。那时，从地中海召回法国舰队已来不及，而准备自己的防御也几乎为时已晚。

相反，詹姆士试图通过政治手段防止遭到入侵。他突然彻底转变了那些依靠天主教徒和异见者之间的联盟并恢复辉格党人名誉的政策。1688 年 9 月底，他宣布不允许天主教徒入选即将到来的议会——两周后，他取消了议会，这一决定变得多余。为了弥补圣公会高层，詹姆士恢复了康普顿主教的职务，废除了令人憎恨的教会事业委员会，并恢复了马格达伦学院的前教职员工。为了补偿城市寡头，他重组了伦敦，废除了自 1679 年以来强加的所有特许状。这让托利党人市长、高级市政官和市议员官复原职，并有效结束了一场通过控制选民来确保议会顺从的运动。在诸郡，托利党人治安法官、郡督和民兵军官都同样官复原职，但是结果证明，他们不像法团官员那样急于恢复自己的职位——“有些人会认为一个绅士只要踢一脚就够了”。的确，事实上，新一轮的驱逐让地方政府在国王需要强加秩序的时候陷入混乱。在宫廷中，詹姆士在主张反抗的强硬的天主教徒大臣和主张妥协的托利党随波逐流者之间被推来搡去。如果入侵发生，他会首先注意到，但目前他的政治急转（political volte-face）可能会带来更大的红利。

国王新的国内计划是赤裸裸的谎言，评论家们认为，“就像把李子给孩子，旨在让人民安静下来”。他向荷兰人提出的保持英格兰中立的外交提议，也是如此。但是，两个提议的效果都削弱了入侵的必要性，即“保护和维系”英格兰的“既定法律、自由和习俗”，这是威廉在10月发表的声明中提出的理由。

这一声明是宣传的杰作，是荷兰几十年来操纵英格兰舆论的高潮。威廉在声明中假惺惺地强调，他是受邀来到英格兰调查公民和宗教自由的情况。他没有提到自己的军事目标或他与辉格党人的联盟，反而强调需要保护圣公会，确保司法独立，确保自由议会的选举。他对如何实现这一目标的细节只字未提。声明还阴暗地暗示詹姆士的继承人出生的情况，助长了关于王子实际上是被放在暖床器中滑进王后卧室的谣言。威廉要求进行调查，以保护他妻子的世袭权利。声明的6万册副本得以印刷并分发，而且高度保密，以致几周之后詹姆士二世才知道它的存在。

威廉的声明是一次令人印象深刻的两栖作战行动的政治武器。他集结了2万多名士兵，包括他最信赖的老兵。他为骑兵提供了5 000匹马，还提供了额外的2 000头驮畜，驼运重型装备。一支由近500艘船只组成的小型舰队，将在向伦敦的长途进军中提供后勤支持。虽然威廉一登陆就得到了英格兰人的支持，但他的计划并不有赖于此：他的行动是自给自足的。准备工作非常详细，而威廉只剩下一件事要碰运气：推动他穿过英吉利海峡的风。他原本打算在10月中旬尝试一下，但是一场风暴袭击了荷兰海岸，并将船队送回港口，造成轻微损毁。这本来是英格兰人先发制人的一个机会——海军上将达特茅斯勋爵（Admiral Lord Dartmouth）曾有过这个想法——但是，时机很快过去了。人们仍然对威廉秋季横渡英吉利海峡的大胆计划感到惊愕，并确信它不会成功——“我看不出他们的尝试有多大意义”，达特茅斯勋爵写道。如果他们在港口没有遭到重创，那么他们肯定会被吹离航道。如果威廉只有一个目的地，这种传统智慧原本就足够正确了。相反，他让风成为自己的向导。他鼓励自己在英格兰北部和西部的支持者期待他的到来，并等到他来到公海后才做出选择。所谓的“新教神风”（Protestant wind）以极快的速度将荷兰人驱赶到英格兰西南部诸郡，同时将英格兰舰队拦在港口里。1688 年 11 月 5 日，英格兰新教徒庆祝的不仅仅是火药阴谋的失败，还有别的，那就是：威廉在德文郡的托贝（Torbay）登陆。

在威廉将自己的生命和国家的命运押在公海上的整个过程中，詹姆士都试图强化自己的支持。他召集枢密院和其他政治显要举行会议，其中包括被罢免的托利党人，如克拉伦登伯爵，以提出关于其子合法性的无可争辩的证据。他发起了一项调查，以确认给威廉的邀请函上的签字人，尽管大多数人已经安全离开了本国。只有康普顿主教直接面对，并漫不经心地作答。当詹姆士的天主教顾问官们正在备战时，他两次召见主教，并向他们施压，要求他们对即将到来的入侵表示“憎恶”。桑克罗夫特大主教以绝妙讽刺之语告诉国王，他们最近因干预“民事政府事务”而入狱，并吸取了教训。他们能为国王做的只有祈祷。最后，詹姆士总结道，“我必须靠自己的腿站起来，相信自己和自己的手臂”[①]。

① 此句一语双关，“靠自己的腿站起来”在英语中意为自力更生，“手臂”（arms）还有“武器”之意。

从表面上看，詹姆士的手臂和腿足够强壮。他的职业军队有2.5万多人，而郡民兵至少也有这么多人。虽然威廉带来了一支庞大的专业军队，但是，他也面临入侵带来的后勤问题。他花了两周时间下船并为部队提供补给，为此在埃克塞特设立了司令部。他预料到的英格兰士兵大规模叛逃——他的一艘军舰携带将分发给英格兰新兵的武器——从未实现，而且至少有一刻，势均力敌的部队之间似乎会发生赢家通吃的战斗。至于詹姆士，他不顾天主教忏悔神父和主要枢密院顾问官的建议，于11月17日离开伦敦前往索尔兹伯里，他的军队驻扎在那里。但是，一到达那里，他就完全失去了勇气。由于饱受失眠和严重流鼻血之苦，他错误地认为自己的军队太不可靠，以致无法投入战斗。翌日，他的两位主要指挥官约翰·丘吉尔和格拉夫顿公爵（Duke of Grafton）投靠了威廉。

11月23日，詹姆士回到伦敦，那里有更坏的消息在等着他。他的女儿安妮已经逃往了中部地区，而声援威廉的叛乱分子成功地在那里占领了许多主要城镇。国王召见了留在首都的所有贵族，他们建议他召集议会，赦免威廉及其支持者。詹姆士感到心烦意乱、屈辱难堪，他派哈利法克斯侯爵、诺丁汉伯爵和戈多尔芬伯爵前去谈判，同时，他像李尔王一样愤怒地反对丘吉尔的背信弃义和他女儿的忘恩负义。他开始秘密制定逃亡计划。

谈判代表在威廉的营地受到冷遇。哈利法克斯侯爵和诺丁汉伯爵拒绝签署邀请函，并因此失去了威廉的英格兰随行人员的大部分信任。尽管对“自由议会”的呼吁是威廉的第一个承诺，但是辉格党人现在仍有很多反对意见，因为他们没有时间为席位拉票。在12月短暂潮湿的日子里，在阵营的唇枪舌剑和相互矛盾的建议中，威廉第一次瞥见了未来年月里英格兰难以逾越的政治竞争。他提出了旨在避免战争的让步——如果国王放弃伦敦塔和泰晤士河堡垒，那么，他的军队将与詹姆士的军队一样远离伦敦——并宣布自己支持自由议会。

此时此刻，威廉仍然不知道自己军事地位的强大，也不知道自己所处政治局势的复杂性。二者与詹姆士逃离伦敦的消息一道被戏剧性地带回国内。他把王后和他的儿子藏在一艘法国船上，一旦确定他们安全，他便逃之夭夭。在离开之前，他下令解散军队，但没有解除武装；销毁了议会选举的令状；把英格兰的大印扔进了泰晤士河。这将给他的对手造成最大限度的混乱。当伦敦意识到国王离开时，它炸开了锅。伦敦城的每一座天主教礼拜堂都遭到攻击，其中一些被拆得就剩“大梁和托梁”。当地的贵族和伦敦城的管辖者成了自封的警察，而且几乎没有重新建立秩序。

不清楚接下来发生的事情让谁更不安，是詹姆士还是威廉。国王伪装得严严实实，前往肯特海岸，一艘小船在那里等着他的到来。国王还没来得及逃走，一队渔夫就用拖网将他和他的同伴活捉。他们被精心搜身——国王的战利品十字架遭到没收——随后被带到了最近的城镇。直到那时詹姆士才被人认出来。詹姆士逃到法国的消息已经传到威廉的司令部，与之一道的还有市政官法院（Court of Aldermen）邀他前来伦敦的邀请。这是一个完全出乎意料的进展，有着复杂的宪法后果。他的辉格党支持者几乎立即敦促他夺取王位，当詹姆士被捕的意外消息传来时，他正朝着伦敦城挺进。威廉很快便知道詹姆士已经在欢呼的人群中回到了伦敦，他停止了自己的行程，以避免产生冲突。但是，人们不会否定这个荷兰人现在已经胜利了。他发出了一道专横的命令，要求詹姆士在 10 小时内撤离伦敦城，然后派遣荷兰军队的护卫队（但不是卫兵）加快他前往罗切斯特的速度。结果证明他们合谋无能，詹姆士轻轻松松就逃脱了，并第二次坐上肯特海岸的一艘小船。这次他成功地航行到了法国。

事态发展的速度超出所有人的想象。即使威廉希望如此，他也没有怀着成为国王的意图入侵英格兰；如果他有这样的意图，他也不会得到圣公会和托利党人的热情支持。托利党人的支持是先入为主的——他们没有考虑到自己行动的后果："我看不出这些叛乱是如何正当化的；然而，很明显的是，若非这位君主到来，因而这些人出现，否则我们的宗教已经被根除了。"但是，辉格党人也没有团结起来。有些人希望威廉以征服者的身份即位，并建立议会主权，如果不是人民主权的话。其他人只是想让一个可靠的新教徒继承王位，把詹姆士放在一边，并安插玛丽。按照威廉自己的说法，他拒绝被"围裙带"束缚住，不会遵循腓力二世的先例，只做妻子的配偶。他的要求至关重要，因为正如哈利法克斯观察到的，"因为没人知道该拿他怎么办，所以没人知道没有他该怎么办"。如今，每个人都有必要找到一种方法，使现实符合他们的原则。詹姆士的逃亡引发了一场一级宪法危机。

当威廉抵达伦敦时，他召集仍在首都的查理二世的议会议员开会。通过将詹姆士议会的代表排除，这届议会辉格党色彩强烈，但是，它的存在和权威都没有先例。这是威廉赤裸裸的权力的遮羞布——就像在他们的建议下，他于 1 月 22 日召集的非常会议。非常议会的选举悄然结束；无论是民众还是绅士，都对最佳行动方案没有坚定的信念，各个社群甚至没有沿着党派的断层线分裂。尽管有不祥的预感，辉格党人还是在下议院获得多数席位，但是托利党人得到了充分代表，从一开始就表现出妥协的精神。仍然存在内战或外国入侵的可能性；仍然存在爱尔兰或苏格兰爆发叛乱的可能性。无人希望陷入僵局——尤其是威廉。的确，非常议会最引人注目的方面是，它在两周多一点的时间内解决了英格兰历史上最棘手的宪法危机。

对于应该做些什么，人们意见分歧很大。在上议院，有一股詹姆士二世崇拜者的核心势力，除了立即恢复詹姆士二世的统治，他们可不会接受任何解决方案。领导他们的是桑克罗夫特大主教和 7 名主教中的 4 人，他们反对詹姆士的教会政策，认为这是违法的，并且很难支持更严重的违法行为来推翻这些政策。他们坚持不抵抗和不能废弃的世袭继承原则，对那些认为自己可以同时拥有威廉和自己原则的托利党人没有给予任何安慰。更多的贵族支持摄政。玛丽和威廉在詹姆士二世有生之年作为摄政统治，之后作为君主统治。摄政挽救了那些不想打破继承顺位之人的良知。在威尔士亲王的问题上，几乎每个人都假装有健忘症，在极少数提到他的场合时，他们更喜欢叫他“小绅士”（little gent）或“小顽童”（little brat）。因此，摄政将恢复到 6 月 10 日之前的继承顺位，并允许那些支持玛丽的权利的人假装她是合法的君主。如果不是威廉、玛丽和安妮公开表示反对，这项提议可能会在上议院获得通过。事实上，它只以 3 票之差没能通过。

在下议院，意见的范围有所缩小，辉格党人很快想出了一个论点，即詹姆士二世违反了与人民的契约，颠覆了基本法，并且“退出了这个王国，放弃（abdicate）了政府；因此，王位是空的”。这一表述包含许多可疑的宪法论点，这些论点在 1 月底成为辩论的核心。下议院中的温和派反对政府是通过国王和人民之间的契约建立的观念——这个想法很快在约翰·洛克《政府论》的下篇（1690

年）中得以典型表达。其他人反对“退位”（abdicate）一词。在英格兰宪法中，这个词不为人所知——人们试图用更恰当的“死亡”（demise）来代替这个词——而且，在收到詹姆士的来信后，这个词也不符合当时的情况，詹姆士在信中宣布，如果议会能保证他的安全，他愿意统治。但是，最激烈的冲突是围绕王位空置这一问题展开的。世袭继承的全部前提就是王位永远不会空置：王位从拥有者即刻传给继承人：“国王死了，国王万岁！”如果王位空置，而如果议会能够填补，那么，国家就变为选举君主制（elective monarchy）。辉格党人否认这一结论：他们只是在处理局势的实际影响。正如伦敦的律师乔治·特雷比爵士（Sir George Treby）总结的那样，“我们发现王位空置。我们发现它是这样，但使其空置的不是我们”。这就是问题的核心：否认革命意图和革命责任。无论退位和空置的提法有多么危险，它远没有废黜和叛乱的提法危险。

这就是下议院在向上议院提交决议案时对该案的辩论方式。上议院没完没了地辩论了一整天。1月30日——处决查理一世的周年纪念日——上议院尝试了几项修正案，包括用“舍弃”（deserted）一词代替“退位”，然后删除宣布王位空置的条款。这再次表明了上议院倾向于玛丽的权利，无论是作为女王、摄政还是配偶，但是，这打破了辉格党人和托利党人在下议院达成的谨慎共识。两天之后，下议院坚持自己的决议，并在会议上向上议院施压，要求他们接受最初的措辞。4天以来，两院都拒绝让步，陷入了僵局。下议院继续坚持自己选择的模棱两可的措辞，否认打算建立一个选举君主制。在威廉威胁要返回荷兰而不是接受摄政后，上议院面临的压力变得极其沉重。最终，2月6日，上议院妥协了。上议院接受了下议院的决议，宣布威廉和玛丽为英格兰国王和女王。

最终，协议得以达成，因为上议院和下议院大多数能够以自己的方式解释决议。对托利党人来说，退位包括詹姆士的逃亡，他的肉身缺席（physical absence）带来的空置。对辉格党人来说，退位包括他违反基本法、他未能履行统治者和被统治者之间的契约造成的空置。革命协议的荣耀在于，它驱使着观点不一致的人们彼此相视，不顾信仰的激情和一时之热。12 月初的伦敦暴乱既是一场暴动，又是一次示威，但整个冬天都有民众对暴徒暴力和外国入侵心存真正的恐惧。当非常议会议员努力将政治现实纳入宪法理论的框架时，英格兰革命的记忆就会在脑海中浮现。就连大多数激进的辉格党人也认为，他们正在完成 1660 年而非 1649 年的工作，还有报道称，弑君者埃德蒙·勒德洛（Edmund Ludlow）已经返回英格兰，因此对他发出了逮捕令。

因此，虽然关于继承的辩论还在继续，但是，政客们也在努力制定一份《权利宣言》（Declaration of Rights），它将确认他们全都可以遵守的政治原则。这些辩论也是有争议的，因为那些坚持政府契约理论的人将《权利宣言》看作一个机会，可以添加将约束国王的种种条款。不过，为了在时间紧迫的情况下达成共识，各方一致认为，《权利宣言》的目的“不是制定新的法律，而是宣布旧的法律”。起草《权利宣言》的律师们再次选择了模棱两可的措辞，允许激进的辉格党人和保守的托利党人支持一套单一的权利，并允许国王和议会同意这些。特免权、滥用法定程序、常备军都被一扫而空了。请愿、自由选举和征税同意（consent to taxation）的权利全都得到确认。

接受《权利宣言》不是威廉和玛丽接受王冠的必要条件。不仅威廉会拒绝任何交换条件（quid pro quo），而且这一条件将是一个更有力的选举君主制声明，甚至比“退位”和“空置”这两个词的最极端解释都要有力。相反，君主就职的精心仪式包括在授予王冠前宣读《权利宣言》，以及威廉随后对此发表的声明。“因为我来到这里除了维护你们的宗教、法律和自由之外，没有别的意图，所以你们可以放心，我会尽力支持这些的。”不到两个月之前，威廉就“在上帝（hand of heaven）的带领下，在人民的呼唤下”进入了伦敦。现在，他已经是国王了。

第十二章

欧洲联盟（1689—1702）

1690年6月30日下午，威廉三世透过他那副小型双筒望远镜凝视着博伊恩河（River Boyne）对岸詹姆士二世党人的阵地。在贝尔法斯特附近登陆几周之后，他打算在这里作战。他带来了1.5万多名士兵，包括精锐骑兵团、他的荷兰护卫队和一支坚不可摧的丹麦雇佣兵分遣队。这些人加入了朔姆贝格公爵（Duke of Schomberg）在过去一年中指挥的2万人的行列——包括德意志人、荷兰人、英格兰志愿军以及苏格兰和英格兰种植园主，他们去年夏天抵挡住了詹姆士二世的攻势。詹姆士于1689年3月随洛赞伯爵（comtye de Lauzun）率领的法国远征军登陆爱尔兰。他是300年来第一位踏上这片土地的英格兰国王，而天主教爱尔兰对他忠心耿耿。据说他能指挥10万多名士兵，尽管大多数都是未经训练的乡下小伙子——没有食物、没有装备、没有补给——而随着战斗日的临近，他的实际兵力接近2.5万人。

詹姆士先行到达博伊恩河，在河的都柏林一侧安营扎寨。洛赞伯爵劝他不要在博伊恩河奋起反抗，敦促他撤退到都柏林及更远的地方，在那里，高墙而不是低潮可能会提供保护。但是詹姆士和他的敌人都相信，博伊恩河乃都柏林的屏障，因为如果他不能在那里阻止威廉，那么他的军队就会被歼灭。此外，他在轰炸敌人和击退攻击方面都占据有利位置。放在多诺尔山（Donore Hill）上的迫击炮将给前进的步兵造成巨大破坏，而河岸上的石砌农场住宅为神射手提供了完美的掩护。有三座桥横跨这条河，尽管詹姆士的部队已经摧毁了斯兰（Slane）附近最南端的一座桥，并且能在德罗赫达用他们的部队控制最北端的一座桥。战斗将在中间那座桥进行。因此，詹姆士将军队集中在奥尔德布里奇（Oldbridge）的大河湾，在山上部署战阵，在河岸上部署狙击手，并将他的军队隐藏在斜坡地形的褶层处。

这种阵型让侦察变得困难重重，威廉和他的侦察员都无法估计他们将面对的部队的规模或部署情况。因此，威廉从河流北岸的隆起处观看了这一场景后，便来到岸边进行更仔细的检查。下马休息后，他和他的将军们被对岸的哨兵认出。一队詹姆士的骑兵在对面停了下来，不过詹姆士二世党人与之保持距离，似乎并没有表现出战斗的意愿。然而，他们的存在转移了两门大炮的注意力，这两门大炮是为了掩护威廉返回其司令部的道路。当国王后退时，出现了两声炮响。第一发炮弹从头顶飞过，在一百码之外击中了多匹战马。第二发则落空了，击中了河岸，并在高空中弹开。威廉听到了战马的痛苦呻吟，转过身来，看到了一阵烟雾，他的外套和紧身短上衣从肩膀上扯了下来，而他的亚麻布上沾满了血迹。詹姆士的营地里响起了一声欢呼，有一位法国使节将威廉之死的消息散布到巴黎，在那里，人们在街上燃起篝火迎接这一消息。河流两岸的将士都相信国王已经被杀。

但是，威廉三世的死讯言过其实。“很好，炮弹更准点就糟了”，是威廉意识到炮弹差点以几英寸之差刺穿他的胸部之后说的第一句话。他的肩膀擦伤了，但伤势仅止于此。接下来的几个小时里，他骑着战马在军队中巡视，以证明自己的存在和健康。他的勇敢与1688年詹姆士的行为形成鲜明对比。

是夜，威廉和他的委员会一起策划了策略，并决定采取双管齐下的进攻。他那1/4由朔姆贝格指挥下的军队，将向南行进两英里，涉水而过，并在敌人身后盘旋。他的大部分兵力将在奥尔德布里奇直接冲锋。

到了7月1日凌晨6点，朔姆贝格公爵亲自涉水，而在他以自己的性命为代价的情况下，他的部队到达了对岸。数千名威廉党人（Williamite）士兵紧随其后，迫使詹姆士将预备队向河流上游转移，以防被包抄。上午10点，威廉著名的荷兰护卫队在奥尔德布里奇冲进了博伊恩河。4个小时的炮击摧毁了农场住宅和詹姆士的先遣卫队。尽管如此，渡河的尝试还是遭到了顽强抵抗，双方都有250多人丧生。经过近1个小时的激烈肉搏战，威廉的近2万名士兵已经越过河流南岸。威廉本人渡过河流，来到奥尔德布里奇以北，很快就陷入了激烈的战斗之中，前面是爱尔兰人在开炮，后面是他自己的军队在开炮。他的侧翼行动让所有人感到意外，并让詹姆士的部队面临致命的危险，因为他们同时面临着来自三个方面的攻击。当他的爱尔兰军团勇敢地保卫多诺尔山的表面时，詹姆士的大部分步兵无助地站在山的背面。起初势均力敌的战斗，因为双方都英勇无畏，现在变成了一场溃败。詹姆士二世党人的军队向南狂奔，只有在指挥官向自己的兵团开火后，才得以迫使他们有秩序地撤退。没有人能比詹姆士二世逃得更快。他在都柏林住了一夜，次日跑到邓肯农（Duncannon），然后出海，永远离开他的王国。爱尔兰历史上最大的一场激战已经结束。这场对威廉统治的唯一严重挑战，也宣告终结。

这是对詹姆士二世激发出的恐惧和憎恶的致敬，即英格兰人会向外国人寻求替代人选。在威廉三世统治期间，他必须克服身为外国人的障碍。人们一直怀疑他更关心荷兰的福祉，而非英格兰的福祉，也怀疑他的同胞像蝗虫一样蜂拥而至，使这片土地变得贫瘠，怀疑他是另一位征服者威廉。他每年大部分时间都不在英格兰，而他回国的时间都定在议会会议时，而议会开会时，他会要求臣民缴纳更高的税收，以支持规模不断扩大的军队。

威廉的第一个挑战就是幸存下来。他登基一事在爱尔兰和苏格兰都引发了残酷的战争。詹姆士二世复辟的威胁一直悬在他的头上，而他的许多主要大臣都与被废黜的国王秘密通信。威廉不信任除了他的荷兰同伴之外的任何人，他背着英国人秘密地执行英国外交政策。在他统治的 13 年里，战争主宰了 10 年，而他的伟大成就是与路易十四作战时陷入了僵局。为了实现哪怕这一点，他不得不将英格兰人的目光转向了欧洲，转向在世界舞台上扮演更重要的角色。正是威廉三世让英格兰成为一个军事大国，并创建了其第一个欧洲联盟（European union）。

威廉的统治因三大进展而值得注意，而国王没有自觉追求其中任何一个。第一个是建立议会君主制（parliamentary monarchy）。虽然不乏激进的辉格党人希望在《权利宣言》和随后的《权利法案》

中体现出限制王室特权的种种原则，但这些里程碑事实上是迥然不同的。几乎持续不断的战争，以及议会只按年度对军事供给进行投票的事实，使得每年的议会会议变得必要。议会通过创立王室费（civil list）承担了提供王室收入的责任，使国王成为议会的依赖者。最终，议会在《继承法案》（Act of Succession）中确立了王室政府的契约性质，该法案不仅规定了血统，而且试图限制威廉的汉诺威继承人的特权。

第二个进展是第一个进展的必然结果：政党分裂的联合。无论其起源如何，政党都是在威廉三世统治时期形成的，当时辉格党人和托利党人为争夺权力和影响力而相互争斗。如果说钱包是议会控制国王的杠杆，那么政党就是国王控制议会的杠杆。大臣和全体牧师的作用与他们通过威廉的计划的能力成正比。他抛弃一个政党转而支持另一个政党的意愿——尽管他本人谴责政党分裂——实际上控制了两党，并限制了议会独立。

最后一个进展开启了英国成为世界金融中心的进程。公众对君主制的长期稳定的信心，以及对君主制债券和票据的信任，使得为欧洲的战争提供资金的信贷得以扩张。英格兰银行和国债——它们都是偶然的创新——将英国推上了世界商业的前沿。

* * *

对威廉三世来说，英格兰王位得来容易守住难。让非常议会找到了一致点的妥协精神，随着宪法危机而结束。对职位的争夺和随之而来的嫉妒情绪导致了一种政治分裂；围绕君主和君主制的对立观点引发了另一场争论。威廉面临着令人困惑的矛盾。他的辉格党支持者相信议会主权；他的托利党对手相信国王的神圣权利。身为共和派的激进辉格党人，促成威廉登上王位；身为保王派的激进托利党人，则默许詹姆士被废黜。使两党得以存在的种种原则——辉格党人的《排除法案》和托利党人的被动服从——现在完全无关紧要了，两党的团结只靠过去的经验和个人的忠诚。这让国王有机会利用它们为自己谋利。

在 1689 年 4 月威廉和玛丽正式加冕后他任命的政府中，他求助于为查理二世效劳的人。哈利法克斯侯爵成为国王最亲密的知己。他被詹姆士罢免了，他对政党政治的冷漠正好符合威廉平衡辉格党和托利党的愿望。虽然哈利法克斯侯爵拒绝签署入侵邀请书，但是他在非常议会期间主持了上议院的辩论，为威廉登上王位铺平了道路。他在那里反对摄政，并在支持威廉登上王位的关键时刻，让贵族与下议院保持一致。哈利法克斯侯爵因其聪明才智而受人敬仰，因“他尖利的才智和丰富的思想”而令人恐惧，因其独立性而不被信任。他成了掌玺大臣，可以随时与国王接触。丹比伯爵也从遭弃政客的墓地中被发掘出来。丹比伯爵避免了前十年激烈的党派冲突，因为前十年大部分时间他都身在狱中。他有着无可挑剔的反法资历，是该世纪最能干的英格兰财政大臣，还安排了威廉和玛丽的婚姻。他也是个不宽容的圣公会教徒和积习难改的多管闲事者。丹比伯爵在给威廉的邀请函上签下大名，并在约克郡组织了一场起义，如果没有从西方吹来的大风，约克郡会欢迎这位荷兰人来到英格兰。在支持摄政法案后，丹比伯爵顺应了追求王位的潮流，他那小派系的支持清楚地表明，他在上议院支持授予威廉王位的提议。当财政部被交到专员们的手中时，丹比伯爵感到沮丧，他不得不接受担任枢密院议长的职位。对于自己的国务重臣，威廉平衡了托利党人诺丁汉伯爵和辉格党人什鲁斯伯里伯爵。除了这个混杂的四人组，国王还依靠荷兰随从的成员，特别是他最宠幸的威廉·本廷克（William Bentinck），而威廉在登基时便封他为波特兰伯爵。在排外的英格兰宫廷中，波特兰伯爵成了詹姆士一世的苏格兰宠臣的替罪羊，而他积累的财富削弱了国王的声誉。

这些官员中，没有一人对英格兰政治有强大的控制力——哈利法克斯侯爵、什鲁斯伯里伯爵和最能干的财政大臣西德尼·戈多尔芬都在一年内辞职——这可以从1689年2月非常议会宣布自己为议会后采取的独立路线中看出。可以预见，第一个问题结合了宗教和政治。就像复辟之后的情形，威廉对宗教包容的渴望与圣公会教徒的利益相冲突。正是诺丁汉伯爵打破了新的效忠宣誓的重重障碍，他设计了一个方案，它避开了威廉和玛丽是否为合法君主的问题——尽管就连这个构想也无法说服桑克罗夫特大主教、其他7位主教和约400名神职人员放弃对詹姆士的效忠，这是自复辟协议以来，教会中发生的一次前所未有的剧变。由于拒绝承诺服从其教会的最高统治者，他们被称作“不矢忠派”（nonjurors），这是一种深刻的神学矛盾修辞法，他们被暂停履行职责，最终被免职。

与此同时，诺丁汉伯爵致力于让有关包容和宽容的法案在议会中通过：一是放宽英格兰国教的教徒资格，二是对几乎所有其他教徒给予有限的宽容。就连顽固盲从的圣公会教徒也认为，大多数新教异见者已经赢得了随心所欲的礼拜权，尽管即使是自由主义托利党人也不希望看到他们能够担任公职。本应将最大的异见者带进教会的《包容法案》（Comprehension Bill），引发了圣公会统治集团的宗教反对和托利党人的政治反对。在下议院，它得到了程序性建议，即将其二读（second reading）[①] 推迟到“世界末日”；在上议院，主教们都反对这一法案。国王本人敦促废除《立誓法案》和《团体法案》，这将让英格兰与荷兰的做法更一致，而这种干预引起了足够的不满，从而确保了《包容法案》的失败。的确，通过的《宽容法案》（The Toleration Bill，1689 年）是一个残酷的误称。虽然它允准了非圣公会新教小教堂——异见停止了，不从国教开始了——但是，在为那些在其中礼拜的人清除其遭受的不公正待遇方面，它毫无作为。它的主要影响是宽容那些根本不去教堂做礼拜的人，尽管这是无意的。威廉竭尽所能地实行一种宽容方案，而议会拒绝为此立法，他拒绝在任何他能够为之的时候起诉不从国教者和天主教徒——他曾向他的欧洲天主教盟友保证过他们的安全。

虽然主教们反对威廉的自由主义，但是，政客们正在努力挫败他的保守主义。他和玛丽登上王位时自己已经读过的《权利宣言》，于 1689 年 4 月被转化为《权利法案》（Bill of Rights）。虽然《权利法案》的制定者认为它只是陈述性的（declarative）——只阐明了已经存在之物——但是，它一致宣布人民和议会反对国王。法案宣布暂停法案之权（suspending power）为非法，并禁止在和平时期组建常备军。它废除了在司法事务中行使特权，而国王被禁止设立教会委员会或在议会之外筹款。人民有权携带武器，举行自由选举，而

---

① 三读，立法机关的一种立法程序，进行该程序时，法案或议案的草案之标题会被三度宣读，因而得名。首读（First Reading）指法案或议案在立法机关首度曝光并宣读其标题。二读（Second Reading）是对法案、议案之内容及原则展开辩论，并交付议会专责委员会研究和修正。其后大会通过该法案、议案后，第二度宣读其标题。三读（Third Reading）是对经修正或无经修正之法案、议案的草案作文字上辩论。通过后，第三度宣读其标题。

且有权经常举行议员可以公开发言的议会。他们不会受到过多保释金、过高的罚款或残酷而不寻常的惩罚。《权利法案》还确立了如果玛丽继续无后时新的继承顺位，不包括詹姆斯和他的儿子，以及如果威廉再婚，安妮及其继承人将优先于他的任何子女。通过排除詹姆斯，该法案提出了两项新的原则：没有天主教徒可以统治，没有统治者可以与天主教徒结婚而不丧失王位。这第二项禁令将让先前历任斯图亚特国王丧失能力，并严重侵犯了王室特权，以致伊丽莎白女王曾在议会的建议下解散议会，并监禁了自己的顾问官。除了对君主个人生活令人恼火的入侵，它还是一件外交紧身衣。最终，无论是陈述性的还是创新性的，《权利法案》看起来都像是一份契约，并默示威廉三世及其继任者是立宪君主。

在非常议会就宗教和宪法进行辩论时，威廉策划了战争。甚至在他成为国王之前，他就已经指示他的海军上将们打击法国的船只，而随着春天的到来，他正式宣布了开展敌对行动。路易十四不仅拒绝承认威廉登上英国王位，而且在 1689 年 3 月资助了入侵爱尔兰的行动，行动以勉为其难的詹姆士二世为帅。只有爱尔兰在 1688 年尚未抛弃詹姆士。那里发生了迥然不同的革命。在泰康奈尔伯爵的坚定领导下，爱尔兰政府被天主教徒接管。天主教徒法官入主了法院，而天主教徒郡督管理着诸郡。几代人以来一直在保护新教徒种植园主的陆军，现在保护着被剥夺财产的大多数人。在威廉登陆英格兰之后的一年里，爱尔兰实现了自治，除非他愿意接受与天主教徒分享权力，否则爱尔兰不可能承认荷兰人的主张。这一前景并非不可想象，因为威廉的注意力集中在英吉利海峡的另一边，而不是爱尔兰海（Irish Sea），即使是年迈的泰康奈尔似乎也愿意铸剑为犁，如果天主教徒能留下他们的土地耕种的话。詹姆士的入侵破坏了谈判。这位斯图亚特王朝国王和他的法国无敌舰队嘲讽地模仿他那奥兰治劲敌，在金塞尔击败了英格兰的防御部队，在公海艰难登陆。不到 12 天，詹姆士就来到了都柏林；在不到 12 周的时间里，他控制了阿尔斯特除几支被围困的驻军以外的所有驻军。

爱尔兰天主教徒涌入泰康奈尔的军队，尽管缺乏食物、衣服和工资，而且他们其实无事可做。这是扭转征服局面、打破新教英格兰对本国束缚的机会。詹姆士在 5 月为筹款清理北方而召集的爱尔兰议会，与之一道的是一项革命性议程。议会很快便废除了《爱尔兰和解法案》，该法案将天主教徒从他们的土地赶出，并确立了爱尔兰独立于英格兰议会的地位；如果詹姆士没有拒绝签署该法案，议会就会撤销《波伊宁斯法》。它还将确立罗马天主教；但是，詹姆士止于允许对所有宗教的完全宽容。

国王进退两难。多个君主头衔的问题从未如此直接地导致王室精神分裂症。詹姆士不想在非英格兰国王的情况下成为爱尔兰国王，而且他对这两个国王身份中自己喜欢哪个毫不掩饰——他的法国政治顾问写道，“他的心太英格兰了”，仿佛是在描述遗传失调。但是，詹姆士需要人手、武器和金钱才能成为这两个国家中任何一个的国王，他需要迅速完成对爱尔兰的重新征服。他对伦敦德里的围困已经持续了一个多月——这座城市最终将坚守 105 个可怕的日夜——而威廉三世在向欧洲大陆派遣兵团之前，开始意识到保卫爱尔兰的重要性。

最初的英格兰战役是灾难性的。福伊尔潟湖（Lough Foyle）河口的一道水栅击退了派往伦敦德里的第一支救援队。在接下来的两个月里，驻军一边等待救援一边挨饿。在冲破路障的坚定努力成功之前，7 000 名防御者减少至 3 000 人。但是，伦敦德里的解脱只是个象征性的胜利，因为在这场磨难中幸存下来的阴冷幽灵只比那些未能幸存下来的稍微有用一些。他们更需要救援而非食物和弹药，而在 1689 年 8 月，在朔姆贝格公爵的指挥下，一支 1.4 万人的远征军在贝尔法斯特登陆。朔姆贝格是一名雇佣兵（soldier of fortune），而他的军事功绩使他成为一位帝国伯爵、法国元帅和英格兰公爵。60 年来，他在欧洲战争的每一个战场上作战，并通过谨慎、小心和运气而得以幸存。一旦登陆，朔姆贝格便供给不足，对于是要保护经受住天主教徒猛攻的新教社区，还是在其据点与敌人交战，心存疑虑。两个月来，他一直在恶臭的沼泽旁驻营，毫无作为。"我们的士兵像腐烂的绵羊一般死去"，一名英格兰指挥官报告说，疾病导致将近一半的军人死亡，直到寒冷的天气杀死了细菌，并带来寒冬之苦。詹姆士二世隐退至冬季营房（winter quarters），几乎控制了整个爱尔兰。

在伦敦，非常议会重新召开会议，并投票通过了用于重新征服的 200 万英镑；在肯辛顿，国王逃离了首都使其身体不适的有害空气，决定亲自领导远征军。这是一个艰难的选择，因为他曾希望率领他的军队卷入欧洲的冲突，而非像他所说的那样，被困在爱尔兰"与世无争"。不过，一旦做出了决定，国王便全身心地投入他特有的周全之中。他从丹麦国王那里雇用了 7 000 名士兵，并从他带到英格兰的荷兰和德意志兵团及加入其英格兰志愿兵中组建了自己的多国部队。这 1.5 万人来自一支由 300 艘船组成的舰队，装备精良，补给充足。1690 年 6 月在贝尔法斯特附近登陆之后，他们加入了朔姆贝格的部队，而部队目前已经有 2 万人。威廉的策略跟连续炮轰一样微妙。他直奔詹姆士驻扎在博伊恩河南岸的德罗赫达附近的军队。正如我们所见，7 月 1 日，威廉的军队勇敢地涉水而过，并以巨大的牺牲建立了滩头阵地，这让他们的胜利不可避免。詹姆士及其高级指挥官逃离博伊恩河战役，前往都柏林，两天后詹姆士再次乘船前往法国。

虽然博伊恩河战役结束了詹姆士重新征服诸王国的任何有效威胁，但它并未结束爱尔兰战争。天主教徒在阿尔斯特对新教驻军施加的痛苦，现在不得不在蒙斯特和莱因斯特（Leinster）反过来重演。尽管威廉的炮兵部队高人一等，但他还是无法连续猛击利默里克（Limerick），迫使此城投降，不得不撤退。8 月，他回到了英格兰，但并没有取得博伊恩河战役后他认为会取得的全面胜利。接替他的是约翰・丘吉尔，马尔伯勒伯爵和未来的公爵。1688 年威廉登陆英格兰时，马尔伯勒伯爵一直是其关键的变节者，威廉授予他爵位并任命他指挥英格兰军队。马尔伯勒伯爵是一位当机立断的战略家，也是一位咄咄逼人的指挥官，他总在竭力反抗更为谨慎的上司。因此，对过度活跃的威廉来说，他是个完美的知己（soulmate），如果这个荷兰人有很多灵魂的话。马尔伯勒伯爵攻占拥有防御工事的蒙斯特要塞的计划在英格兰枢密院遭到反对，但得到了国王的批准，国王允许他在爱尔兰独立指挥。这是一个关键的决定。马尔伯勒伯爵在两天内就占领了科克，并召唤金塞尔投降。但是，守军放火烧了这座城镇，并撤退到了它的堡垒。马尔伯勒伯爵又一次迅速完成了围城任务。启航 5 周后，他回到了英格兰，接受了感激涕零的国王授予的荣誉。

战争还有一役，而此役表明爱尔兰在多大程度上已经成为全欧洲冲突的战场（theatre）。1691 年 7 月，法国指挥官圣－鲁斯（Saint-Ruth）领导下的爱尔兰军队，在奥格里姆（Aughrim）被荷兰指挥官金克尔（Ginkel）领导下的英格兰军队决定性地击败了。

奥格里姆是詹姆士二世党人最后的据点，当天被屠杀的 7 000 人中有许多最著名的天主教家族的首领。英勇的爱尔兰将军帕特里克·萨斯菲尔德（Patrick Sarsfield）曾被轻视地授予预备队的指挥权，他被留下交换一项协议，而协议并未完全盘剥爱尔兰天主教徒。《利默里克条约》（Treaty of Limerick，1691 年）恢复了查理二世统治时期模棱两可的现状，允许那些反对威廉的武装人员加入他的军队或被运送到法国——1.2 万多人为路易十四而战——但并不排除对天主教徒引入新的公民障碍。针对爱尔兰议会议员的《立誓法案》将其永久性地转变为一个新教机构，并为全面的反天主教立法奠定了基础，从而实现了新教在爱尔兰的主导地位。

虽然不像在爱尔兰那样血腥，但是，苏格兰的革命协议在塑造该国的未来方面同样具有决定性作用。尽管詹姆士二世在苏格兰的统治非常严酷，但是，其英格兰政府的垮台并不是北方叛乱的时机。一方面，斯图亚特家族是苏格兰人，许多苏格兰家族的族长对他们忠心耿耿；另一方面，空位期（Interregnum）的经历不容重复。革命让大地主家庭变得贫穷不堪，并削弱了他们反抗集权的权力。30 年后，他们仍在康复之中，除了阿盖尔侯爵叛乱失败后逃到荷兰的少数极端分子外，大多数贵族都与詹姆士二世达成了和解。苏格兰的制度，无论是氏族、自治市（burghs）还是长老会，都有办法缓和其君主的专制主义倾向。确实，尽管苏格兰屋宇署受到了强烈诱惑，但是他们拒绝了詹姆士解放天主教的要求，以换取与英格兰自由贸易的承诺。因此在 1688 年，詹姆士逃到法国的消息引起的困惑多于喜悦。所有声称与这位新君主有利害关系的人都来到了威斯敏斯特，威廉在那里刚刚被英格兰非常议会接受，获得胜利，他授权在爱丁堡召开非常会议。

会议于1689年3月召开，但它包含的詹姆士二世党人至少和新政府的支持者一样多。一个月来，苏格兰非常议会摇摆不定，只不过詹姆士的傲慢导致他被废黜。威廉发表了一份和解演说，就民事和教会政府的核心问题征求意见，而詹姆士宣称那些打算给予建议的人都是叛徒。这导致他的支持者皆作鸟兽散，而4月4日苏格兰非常议会的残余部分宣布詹姆士已经丧失了王位。声明比英格兰制定的临时方案更进一步，接下来的一周（4月11日）的《权利要求法案》(Claim of Right）也是如此。除了詹姆士的一系列暴政行为外，《权利要求法案》还明确肯定了限制君主权力的宪法原则，使议会成为一个独立机构——特别是在供给方面——并谴责了主教制。5月11日，威廉和玛丽获得苏格兰王冠时，他们收到了《权利要求法案》和另一套《伸冤条款》(Articles of Grievances)。虽然苏格兰非常议会的领袖相信，接受一个意味着接受另一个，就像英格兰的《权利宣言》，没有任何交换条件。这一点很快就在威廉拒绝接受废除议会常务委员会（Lords of the Articles）时显现出来，而那是《伸冤条款》中最重要的一点。议会常务委员会是王室任命的指导委员会，它控制着苏格兰议会的工作。他们不仅表达了君主的意志，而且代表了他们所属的反对苏格兰地主和自治市阶级的利益。威廉主动提出要在议会常务委员会的组成上做出妥协，尽管直到第二年他才被迫接受废除它。

他还被迫重组苏格兰长老会。自复辟以来，那些不愿宣誓效忠圣公会的牧师被系统性地剥夺了生计。与此同时，苏格兰主教们的权力则在增加。当詹姆士二世登基时，他正式禁止长老会。那时，长老会已经分裂为两个阵营，一个是寂静主义者（quietists），他们在基本上逃脱了政府迫害的以社群为基础的教会中保持信仰；另一个是激进派，他们以其第一位魅力型领袖之名被称作卡梅伦派（Cameronians）。卡梅伦派被残酷地征服了，1678 年被高地的主人占领的正是他们的社群。当詹姆士二世开始他短暂的信仰自由政策时，卡梅伦派拒绝被安抚，尽管各派长老会牧师都被释放出狱。虽然苏格兰政客在革命不确定的头几个月里谨慎行事，但是神职人员没有那么克制。1689 年苏格兰议会头一批法案之一就是废除主教制，随后又通过立法限制平信徒购买教堂职务。1690 年召开的全体大会鼓励“聚众闹事的”进程，最终剥夺了 500 多名亲主教制牧师的职位，并清洗了大学，尽管威廉对二者都给出了反对的指示。

国王最初在苏格兰的疲弱源自两个因素：他对苏格兰事务的不熟悉和苏格兰加入爱尔兰詹姆士二世党人叛乱的危险。无知导致威廉在苏格兰政坛各派纷争的环境中步履蹒跚。他的每次人事任命都让别人失望。他选择汉密尔顿公爵担任非常议会专员，这疏远了邓迪子爵（Viscount Dundee），而邓迪子爵曾在战场上救过威廉。威廉决定保留一些曾为詹姆士二世效劳的人的官职——特别是约翰·达尔林普尔爵士（Sir John Dalrymple），他变成了威廉的苏格兰国务大臣（Scottish Secretary of State）——也引来了极大的敌意。第十代阿盖尔伯爵阿奇博尔德·坎贝尔（Archibald Campbell）收复其高地庄园也是如此，在那里，斯图亚特君主制在过去半个世纪的财富只不过是坎贝尔家族和麦克唐纳家族斗争的背景。在爱丁堡，一群反对派贵族和专员组成了“俱乐部”（the Club），骚扰威廉的大臣，并阻挠他的政治计划。俱乐部是苏格兰政治中第一场有组织的反对派运动，表明苏格兰议会的重要性的与日俱增，以及单个领主的重要性的日益下降。

在苏格兰，反对以叛乱的形式呈现。邓迪子爵相信自己被出卖了，接受了詹姆士国王关于组建一支军队的委任状。邓迪子爵是一名职业军人，他以自己的亲戚蒙特罗斯侯爵（Marquis of Montrose）的生平为榜样。他曾在欧洲战争中为威廉效劳，在镇压卡梅伦派时为查理二世效劳。他那时以克拉弗豪斯的约翰·格雷厄姆爵士（Sir John Graham of Claverhouse）著称，因执行其命令的严厉程度而受到谴责，因此是詹姆士二世的完美陪衬，而詹姆士二世封他为贵族，并使他富有。1688 年，邓迪子爵带领一个团从爱丁堡前往伦敦，加入詹姆士的军队，并敦促他对抗威廉三世。但在詹姆士逃亡之后，邓迪子爵假意承诺支持新国王，接受了一张安全通行证。他在苏格兰非常议会中一败涂地——尤其是因为詹姆士二世的无能——差点儿就被潜在的刺客杀死。如今，邓迪子爵在高地集结了自己的东道主，其中一部分是詹姆士二世党人保王派，另一部分是解决世仇的氏族。虽然寡不敌众，但在 1689 年 7 月，他们冲进了奇里克朗基（Killiecrankie）山口，击溃了一支训练有素的部队。若非邓迪子爵战死沙场，苏格兰和爱尔兰的詹姆士二世党人可能会相互加强。事实上，他的倒台让一支在目标和情感上只有微弱统一的力量失去了有效的领导。

邓迪子爵的胜利远非决定性的，而且，由于该部队的指挥权落入了一名从爱尔兰派来的外来者手中，因此不太可能出现类似的胜利。接下来便是两年的突袭和反击、暴行和报复，直到双方都耗尽了资源。因此，威廉被说服赦免叛逆的高地氏族，如果他们愿意在 1692 年的第一天宣誓效忠的话。根据部落首领的地位向其提供相应比例的贿赂，让这个提议更合人心意。他们还获允寻求詹姆士对和解的同意，詹姆士在博伊恩战役失败流亡法国时就同意了。

条款谁都不满意。高地氏族的首领们为金钱、地位和权力而争吵。大多数人认为，这个提议源于疲弱，而战争比和平更有利可图。威廉的苏格兰顾问也同样不满，原因正好相反。他们要么是低地人，要么是坎贝尔派，习惯像对待猛兽一样对待叛军。他们认为条款过于慷慨，而宽大是无效的。

随着最后期限的临近，高地人进来了，一族又一族宣誓效忠。但是，并非所有家族都能及时宣誓效忠，而伦敦和爱丁堡决定用高地人能听懂的语言与他们交谈。格伦科的麦克兰家族（MacIains of Glencoe）可不是羔羊，尽管他们被选中遭到屠杀。他们的投降迟来了 6 天，约翰・达尔林普尔爵士决定完全无视之。他获得了威廉的签名，下令“铲除”麦克唐纳家族的这一分支，并派了一名姓坎贝尔的人来执行。麦克兰家族遭到那些受到他们款待的人杀害——这是对苏格兰基本社会行为准则之一的粗暴违反。对政府来说，格伦科的这场屠杀与其预期的效果背道而驰。虽然威廉对此事的细节知之甚少，但这一怯懦的行为玷污了他的声誉，尤其是在他拒绝惩罚那些罪魁祸首之后。高地仍然无法治理，是下半个世纪詹姆士二世党人叛乱的集结地，而格伦科成为所有坚持反对英格兰王室集权要求的人的战斗口号。威廉三世在位期间，他在苏格兰面临着棘手的政治局势，而他的联合提议在英国的两个地区都遭到了失败。

在英格兰，威廉与他的妻子玛丽共治，而玛丽心甘情愿为丈夫的计划保密。在 1689 年的谈判中，她很方便地躲开了，并向所有因其世袭权利而效忠的人明确表示，她没有与丈夫分离开来的政治存在。在威廉经常缺席期间，玛丽是一位傀儡摄政，由一个九人委员会（Council of Nine）控制，并被威廉的详细指示管理着。她不喜欢政治责任和政府的细节：“（它）只会更损坏我的大脑，而不会让我的心放松。”玛丽的激情来自家庭，而家庭是一个心理庇护所，可以让她免受拒绝父亲、与妹妹安妮闹翻的创伤。家的舒适——“我最喜欢的虚荣”——也弥补了她对威廉安全的担忧。玛丽特别喜欢建筑和园艺，并与克里斯托弗·雷恩爵士一起对汉普顿宫和肯辛顿宫进行了广泛的改造。她的另一个避难所是强烈的宗教信仰，这种信仰引着她走向了诺丁汉伯爵这样的托利党圣公会教徒。她在提升主教的地位方面发挥了积极作用，赞助了许多鼓舞人心的慈善机构，在格林尼治建立了海军医院，还在美洲建立了一所学院[①]，并支持清教徒的情感被引导着投入其中的礼仪和道德改革运动。仅仅在位 5 年后，她便在 32 岁时死于天花。

玛丽之死对威廉来说是一个沉重的打击。他越来越渴望她曾经提供的稳定。在几乎持续不断的战争压力下，他的健康状况每况愈下。自来到英格兰以来，他已经两次病入膏肓，以致为自己的性命忧心忡忡。法国人资助的刺客在穷追不舍，而他在博伊恩河与死神擦肩而过只是战场上三次幸免于难中的第一次。除了战争的压力外，还有职务的压力。威廉三世经常扮演不相容的角色。他是英格兰、苏格兰和爱尔兰的国王，是荷兰联省的执政和统帅，还是反对路易十四的欧洲国家的奥格斯堡同盟（Grand Alliance）的领袖。尽管威廉不屈不挠，但不那么令人意外的是，他执政不善甚于他不执政。神圣罗马帝国皇帝奥地利的利奥波德（Leopold of Austria）和组成同盟的北德意志君主们，对他的权力的嫉妒程度只比对路易的略低一点。荷兰摄政者更关心商业利益，而不是军事胜利，而仇外的英格兰人在他们的岛屿堡垒中安然无恙，反对一场收获很少的财富、权力或荣誉的欧洲陆地战争。他们拒绝承认这是一场捍卫其王

① 即当时北美殖民地的威廉与玛丽学院（College of William & Mary），创立于1693年。

室和宗教的战争。在这种情况下，威廉的成就是非凡的。

1690—1695 年的议会为爱尔兰战争提供了 200 多万英镑，以确保王朝的安全，但是，议会也开始努力限制君主制和政府的权力。虽然辉格党人和托利党人仍然占据着主导地位，但是，威廉表示希望远离党派冲突——这一立场之所以站得住脚，是因为他不理解英格兰的统治阶级分裂开来的敌意。他最初拒绝接受政党原则或是允许一个政党将另一个政党排除在政府之外，这强化了下议院议员的反党派情绪，他们认同曾在查理二世统治时期凝聚在一起的“在野派”利益。他们痛斥大人物咄咄逼人的政治影响力，痛斥官员的贪得无厌，并痛惜那些经手王国货币的人不可避免的腐败。他们的政治有很强的道德成分——这一点很难与之争论。当他们不是因为海军上将的无能而攻击海军上将，也不是因为税务专员的贪污行为而鞭笞他们时，他们是在支持惩罚“淫荡”的法案。“在野派”的态度是国王、摄政委员会和两党领导人的眼中钉。在下议院，赫里福德郡（Herefordshire）的罗伯特·哈利和伍斯特郡的保罗·福利（Paul Foley）呼吁后座议员支持一项“在野派”改革计划，限制政府的自由裁量权，并让政府对那些承担战时增税负担的人负责。

“在野派”跨越了党派界限，它的对应者宫廷也是如此。它的影响力在于能够围绕具体问题激励独立的议会议员。它那尽管有限的成功，源于双方发现自己在这个“在野”平台的不同方面达成了一致。“在野派”辉格党人支持对君主制和议会机构的自主性进行宪法审查。“在野派”托利党人支持财政约束，并攻击常备军，作为他们对欧洲陆地战争的代价和徒劳无功的反对态度的一部分。“在野派”的利益使《三年法案》得以恢复，法案不仅确保了议会会议的继续，而且限制了会议的时间长度。虽然威廉在 1693 年否决了它，但他在翌年被迫接受了这两项原则。对政府的运作更具破坏性的，是 1693 年在下议院通过的《资格议案》(Place Bill)。这将让议会议员无法担任大臣职务，并剥夺国王管理议会的主要手段。《三年法案》将辉格党人与“在野派”联合起来，而《资格议案》是“在野派”与托利党人一致通过的。它也被威廉否决了，他拒绝的立法比任何前任都多。改革选举程序的进一步措施从未在下议院之外通过，尽管它们表明了“在野派”的宪法纲领。其行政计划导致公共账目专员（Commissioners of Public Accounts）的创设，而哈利的公共事业就是从这个平台开始的。专员们有权调查议会拨款的使用方式。他们恐吓部门主管，恐吓助理政务次长（junior ministers)，揭露采购和供应方面的丑闻。

与“在野”的观念一样有影响力的是，威廉只能通过使用附属于两党的大臣们来执政，而且从统治一开始，党派冲突就爆发了。1690 年，国王允许丹比伯爵领导一个以托利党为主的政府。丹比伯爵是一位卓有成效的议会领袖，而且没有沾染任何詹姆士二世党人的污点。因此，将他提拔至诺丁汉伯爵之上更合辉格党人的心意，而在威廉长期缺席期间，他不得不与之一起在九人委员会工作。丹比伯爵是支墩而非支柱。他丹比伯爵不是首席大臣，当威廉创建一个小型“内阁委员会”时，他也严格区分了其各种职能。丹比伯爵被明确排除在财政部事务之外，与军方关系不大。他的成就是为欧洲战争获得了大量议会拨款。他推动议会增加了消费税并引入土地税，这些都为护国公制度以来最大的英格兰军事编制提供了资金。这些措施伴随着来自“在野派”成员和辉格党人的尖锐攻击。1690 年，对比奇海角（Beachy Head）附近一场海军灾难的调查动摇了托利党主导的海军部，而对陆军账目的审计激怒了财政部。托利党人进行了反击。马尔伯勒公爵因为提出一项决议，要求英格兰军队只能由英格兰军官指挥而被开除军职，辉格党人国务大臣亨利·西德尼则被遣送爱尔兰。就连最成功的英格兰海军上将爱德华·拉塞尔，在挑战托利党人诺丁汉伯爵的命令时也最终失去了自己的官职。然而，在一个支持欧洲陆地战争的托利党政府中，存在着一些从根本上矛盾的东西，在整个统治期间，威廉既更换了政党，也更换了制服，他选择的是当时最有利的无论哪个政党。

威廉三世在爱尔兰取得成功后，在接下来的 6 年中，每年大部分时间都在欧洲大陆征战。他建立的反对路易十四的奥格斯堡同盟，甚至比他对英格兰政治的掌控更加脆弱。他凭借自己的人格力量，以及从他在伦敦和海牙的金库中为反对路易十四提供资金的意愿，将哈布斯堡王朝君主和德意志王公们团结起来。他的目标基本是守势的，而且大多是短期的。由于没有直接继承人，威廉不像路易十四或利奥波德皇帝那样承受着同样的压力。他可没有兴趣为明天可能得到之物牺牲今天。这就是为何他把法国的每一次试探都当作世界末日的开始。但是，这也意味着威廉是解决西班牙继承问题的完美中间人，那是欧洲外交的核心问题，也是 1689 年开始的九年战争（Nine Years War）的起因。

在一个多世纪的时间里，查理五世庞大的哈布斯堡帝国就解体了。帝国的大片领土被奥地利和西班牙的家族分割，二者将各自的财富挥霍殆尽。对西班牙人来说，新世界的金银为徒然的帝国征服战争和被称为“黄金时代”的半个世纪的奢侈提供了资金。对奥地利人来说，结果证明，在一个世纪的宗教战争中，神圣罗马帝国堪称无法承受之重。三十年战争（Thirty Years War）的灾难包括帝国政治纽带的松弛、收入的减少以及前所未有的社会和经济混乱。不祥的是，最大的挑战就在前面。从1665年卡洛斯二世（Carlos II）[①]继承西班牙王位的那一刻起，所有人都认为他是一个被判死刑的人。35年来，他一直身体衰老、精神不稳定，人们都认为他即将死亡。尽管他先后与一位法国公主和一位奥地利公主缔结婚姻，但他没有儿子降生。西班牙帝国最近的男性索要者（claimant）[②]要么是法兰西王国的继承人，要么是神圣罗马帝国皇位的继承人，这取决于人们偏好哪个婚姻条约的哪个条款。不过事实是，如果西班牙帝国被法国或神圣罗马帝国吞并，那么将会严重破坏欧洲的均势，从而使持续不断的战争成为必然。正是在为外交协议做准备时，路易十四于1689年打击西班牙和帝国，开始了新一轮的战争。

九年战争对威廉三世来说并不顺利。路易以对普法尔茨的毁灭性袭击开始，"一步一个脚印"地摧毁了曼海姆（Mannheim），并将海德堡的大部分地区夷为平地。随后，他那令人闻风丧胆的军队进入西属尼德兰，他在那里的目标是征服而非毁灭。1690年，法国军队在弗莱鲁斯（Fleurus）击败了盟军；1691年，路易亲自参与了攻打设防的蒙斯（Mons）镇，并接受了此镇的投降。为了1692年的战役，威廉诱导他的大臣组建一支有6.5万人的陆军并提供支持。然而，这笔巨额支出的唯一实际结果是拉塞尔的海军在5月的拉奥格（La Hogue）附近的战役中取得了胜利，当时，一支英荷联军击退了自负的法国海军，结束了对法国入侵的担忧。虽然这是一

---

① 卡洛斯二世（1661—1700），西班牙哈布斯堡王朝末代国王（1665—1700年在位），绰号"中魔者"（El Hechizado）。因为父母是近亲结婚，卡洛斯二世身患多种遗传病，体质虚弱，随时可能去世，而且很早便被诊断为不育。

② 索要者，指主张自己有权继承西班牙帝国王位的人。

个相当大的成就，但它是孤例。

在地面上，灾难接踵而至。威廉为巩固在战略上至关重要的纳穆尔（Namur）镇而进行的紧张努力失败了，倾盆大雨将他的救援纵队淹没在泥浆之中。纳穆尔因其坚固的防御工事而被认为坚不可摧，却于 1692 年 6 月底投降。威廉现在决定追击当时最伟大的将军卢森堡公爵（duc de Luxembourg）指挥下的法国大军。7 月底，威廉在斯汀柯克（Steenkirk）附近追上了他，并通过一个诡计，突然发动袭击，让法国人大吃一惊。但是，没有任何战术优势能超过法国的人力优势。威廉军队的英格兰部分在战斗中发动攻击——这是其首场欧洲大陆战役——而它的英勇只与它的损失相匹配：整支部队的 1/3 以上。关于斯汀柯克，能够给出的最好的说法是，士兵人数远居上风的英格兰步兵与法国老兵战斗至陷入停滞。而能够给出的最坏的说法是，更多的人和钱都白白浪费了。

这是 1692 年底议会会议上齐声抱怨的基调。“在野派”成员和托利党后座议员照搬太过熟悉的支持“蓝海”政策的论点，即只在海上作战，反对代价高昂的常备军和陆战，尽管这很难阻止法国的野心。人们意识不到，军队规模已经达到顶峰，即将开始长达一个世纪的下降。海军上将拉塞尔和诺丁汉伯爵之间就海军政策方向的争议，导致拉塞尔被解职，并且议员们攻击诺丁汉伯爵的忠诚。议员们在下议院提出议案，要强制公职人员进行效忠宣誓——辉格党人为抓住托利党人的良心设下的圈套。事实上，两党谨慎的政客通过与圣日耳曼昂莱（Saint-Germain-en-Laye）[①] 的詹姆士宫廷进行沟

① 圣日耳曼昂莱，法国巴黎西部的一座城市，位于法兰西岛地区的伊夫林省，是路易十四的出生地。

通，为法国的胜利购买了保险。但是，是托利党人不愿意给“在野派”施加越来越大的财政负担，辉格党人愿意利用他们在城市放债者中的影响力。在财政部，最年轻的专员查尔斯·蒙塔古（Charles Montagu）想出一个 100 万英镑的贷款计划，作为年金从专门指定的关税中偿还。这是“基金”和国债的开始，前者是 18 世纪许多中产阶级家庭的金边证券（gilt-edged securities），而后者对欧洲冲突的持续至关重要。议会解散后，威廉将几名辉格党人转移到枢密院，有效地终结了托利党对英格兰政府的控制。翌年，他恢复了詹姆士二世最受信任的顾问桑德兰伯爵的名誉，尽管他尚未授予他正式职位。

1692 年也不是威廉国王的战争中最黑暗的时刻。威廉收到的和平提议是法国的胜利，包括年轻的威尔士亲王最终登上英格兰王位。尽管玛丽和她的妹妹安妮之间存在不可调和的分歧，但是威廉从未想过放弃既定的继承顺位，他别无选择，只能带领另一支不胜任的军队进入佛兰德斯。这一次的战斗比上一次更不屈不挠，胜算更大。7 月中旬，在尼尔威登（Neerwinden）附近发生了一场激烈的战斗，其中 8 万名法国士兵勉强成功从战场上赶走 5 万名盟军士兵。更有甚者，英荷海军的优势无法阻止法国俘获载着运往黎凡特的丰富货物的地中海商船队。

议会议员痛斥海军部的无能为叛国，而披露出军方每年耗资 300 多万英镑的消息令他们震惊。更多辉格党人被带进政府，而从 1694 年开始，政府被一个叫作“密社”（Junto）的群体主导。作为一个由上议院的什鲁斯伯里伯爵、下议院的拉塞尔海军上将和财政部的查尔斯·蒙塔古领导的联盟，密社给政党政治注入了新的激情。萨默斯勋爵在担任掌玺大臣时就司法任命向国王提供建议，他开始对议员进行彻底清洗。萨默斯勋爵拥有当时最敏锐的头脑。他的法律生涯是他曾担任詹姆士二世起诉的 7 位主教的辩护律师，而他的议会生涯是他乃《权利宣言》的主要作者。这些都是无懈可击的辉格党人资历，尽管萨默斯作为赞助人胸襟开阔，作为慈善家有公益精神，但他也是一个狭隘的党派政客。辉格党人利用了每一个机会，而最大的机会莫过于对 1696 年刺杀威廉三世的阴谋的披露。虽然阴谋遭到挫败，而国王的生命也从未受到威胁，但是，议会授权了一份保护威廉并为他的死复仇的《结社誓言》(Oath of Association)。誓言中包含自革命以来一直被回避的主张：威廉是“正当而合法的”君主。所有议会议员和官员都被要求立下《结社誓言》，有 150 多名托利党人因拒绝放弃他们的世袭君主制原则而被逐出太平委员会。辉格党人把自己描绘成国王唯一安全的避风港，并增加了他们在威斯敏斯特的权力。

战争持续到 1697 年。1695 年，威廉成功夺回了纳穆尔，不过，接下来两年的战役都是不热心的。法国的外交在法国军队失败的地方取得了成功，路易十四通过威胁和贿赂，成功将一个又一个敌人推向中立，削弱了奥格斯堡同盟的威严。威廉遭人背叛的感觉更加强烈，因为路易拒绝做出的一个让步是承认他为英国国王。但是对双方来说，持续不断的战争已经变得无以为继。荷兰商人无法忍受贸易中断；英格兰贵族则无法忍受土地税的负担。法国经济满目疮痍。路易开始怀疑，在确保他声称拥有西班牙帝国的重要部分方面，谈判会像战斗一样有效。在《里斯威克和约》(Peace of Ryswick，1697 年）中，法国放弃了在西班牙、德意志和荷兰获得的领土，并承认威廉在英国的统治。作为回报，威廉同意充当一系列旨在重新分配西班牙帝国的分割条约的掮客。在接下来的三年，欧洲的外交官们重新绘制了世界地图，但未能成功避免另一场战争。

威廉统治期间头10年里持续不断的战争对英格兰产生了深远的影响。就像亨利八世统治时期，解散的修道院的收入曾导致一场行政革命，因此，前所未有的税收水平改变了威廉的政府。1688年后，王室收入迅速翻了一番，在这一世纪的最后10年，仅税收收入一项就平均每年超过400万英镑。主要收入来源是土地税，而自1692年开始征收以来，土地税超过了海关和消费税的收入。每估算1先令可产生50万英镑收益——1英镑中有4先令是战时的正常税率——的土地税，取代了旧的议会补贴金，并包含后者的一些缺陷。它是由当地专员根据自我报告的值收集的，因此实际税率人为地保持在较低水平。另一方面，人们很是顺从，诸郡权贵解决了地方争端，纠正了不公平现象。这拉拢他们参与了国家为国家目的抽取当地财富的过程。除了土地税之外，消费税也在急剧增加，1688年之后产生的收益比以前高出1/3。作为17世纪40年代的一项创举，消费税在复辟时期幸存下来，主要是作为一种酒精税。在威廉三世治下，它扩大到几乎所有受欢迎的消费品，其中就有煤炭、皮革、盐、香料、茶、咖啡和烟草。威廉的大臣们如果没有创新，就什么都不是，他们试验了玻璃税、建筑税、印花税、注册税，甚至对单身汉征税。

所有这些增加的收入都必须得到管理，而威廉在这里受益于他两位前任在位期间的种种进展。从1667年开始，财政部由专员管理，基本不受政客控制（尽管丹比伯爵打断了这一趋势）。通过精简会计和有效审计，财政部逐渐控制了王室收入，如果不是王室支出的话。包税形式征收的海关和消费税都已停止了，收入在增加，王室征税的独立性也在增加。无论是土地税的确立，还是议会拒绝通过普遍所得税（universal income tax）或者综合消费税，都明确否定了这种集权。财政部官员、海关官员和消费税收税员的权力越来越大，这在城市和农村的当地社区引起了不满。高效的税收是专制主义的特点之一，然而，资助威廉的庞大军队所需的巨额资金需要的就是效率。伦敦的富人被任命为税收委员会（revenue boards）成员，成为大量资本预付款（capital advances）的来源，而这些预付款以现金和对王室财政政策的影响力的方式偿还。

他们在政府财政机构中的存在，证明了威廉的战争有着另一个重要结果：创造国债。虽然早期的斯图亚特王朝君主一直存在赤字，但他们的赤字是挥霍而非政策的结果。支付和供应士兵的需要使威廉三世极度缺钱，而他的大臣们把借钱变成了一门艺术。他们筹备彩票和年金来吸引大大小小的债权人。从 1692 年的“百万贷款”开始，将议会担保的未来特定税收的征收与特定贷款到期利息挂钩成为政府的政策——这一创新被称为“融资债务”(funded debt)。很快，所有这些独立的基金将合并为单一的国债。战时财政给国王提供了士兵（redcoats），也给财政部提供了赤字（red ink）。1693 年，在战役中期，金库被榨干了。3 年后，硬币严重短缺，以致政府冒着重新铸币的风险也要恢复信心。到了 1698 年，国债为 1 700 万英镑，而约 30% 的年收入被用于偿还国债。

与收入一样，债务也需要行政效率，而结果证明从长期来看最成功的一次，是 1694 年英格兰银行的成立。这是一家特许公司，主要由伦敦的辉格党人组成，他们同意筹集 150 万英镑并监督借款的偿还。英格兰银行通过在荷兰设立的分行接管了军事支出，并很快成为公共信贷的清算所。最终，该银行发行了自己的纸币，这种纸币逐渐成为一种交换媒介。

这一切将伦敦的权力平衡从商业转向了金融。在一个处于战争状态的世界里，融资债务的安全性比海外贸易的风险更为谨慎。

九年战争的终结削弱了辉格党人的力量。他们的卓越之处在于他们有能力挖掘城市财富的源泉，并愿意支持威廉的军国主义外交政策。虽然一些辉格党人领袖在与詹姆士二世秘密通信，但是，他们仍然是因詹姆士二世复辟运动损失最大的人。和平让这个国家厌倦了债务和税收，而1698年回归的议会比其前届议会更加平衡，因为一些著名的辉格党人未能当选。由于为王室鞍前马后，威廉将拉塞尔提升为贵族，剥夺了密社在下议院的关键领袖。结果是“在野派”的利益与托利党人一道复苏了。在罗伯特·哈利的领导下，土地税减半，常备军大幅减少，而辉格党人的贪污行为受到了惩罚。威廉深爱的荷兰护卫队被解散了，他对一直陪在自己身旁的荷兰人，波特兰伯爵的慷慨宣告结束，而密社领袖被下议院弹劾。虽然国王倾向于将议会独立视为小题大做而不予理会，但这对君主制来说是最糟糕的时刻。1700年夏天，安妮公主的独子格洛斯特公爵（Duke of Gloucester）去世，而在同年秋天，西班牙的卡洛斯二世终于咽下最后一口气。前者给英国人制造了混乱；后者给整个欧洲制造了混乱。

英国王位的继承顺位于1689年确立，以利于安妮公主及其继承人。她已经怀孕17次，但她的孩子中只有一个存活了足够长的时间，可以成为继承人，那就是格洛斯特公爵威廉。在此期间，威廉三世显然不会拥有继承人，而现年12岁的詹姆斯·斯图亚特（James Stuart）将活过青年时期。格洛斯特公爵之死打乱了一度井井有条的协议。在安妮之后，下一位新教徒继承人是汉诺威的索菲亚（Sophia of Hanover）的子女，这意味着英国最终将处于另一位外国君主治下。《1701年王位继承法》并非简单地宣布这一继承顺位：它试图限制汉诺威继承人的权利。在未来，君主不能为了保卫自己的外国领土而发动战争，也不能在没有议会同意的情况下离开英格兰，在欧洲大陆作战。任何外国人都不得担任英格兰官职或获得任何英格兰土地。法官将与国王分离，这既是因为他们的工资将按照文官薪俸表支付，又是因为他们只能通过议会投票罢免。这些条款中的大多数都是对威廉政府，即“在野派”和托利党人的木马的明确批评。随着另一场战争即将在欧洲爆发，威廉别无选择，只能接受《1701 年王位继承法》——尽管其中许多最激进的条款最终将被废除——尤其是在 1701 年詹姆士二世去世后，路易十四宣布詹姆士・爱德华・斯图亚特为英国的合法国王，从而违背了《里斯威克和约》——这是导致西班牙王位继承战争的一系列步骤之一。

西班牙王位继承战争再次让威廉需要一个辉格党政府。军队编制的大幅度削减和较低的土地税税率显然很受欢迎，尽管在路易十四再次启用他的军队之后，这些措施也危险重重。詹姆士二世死后，人们对爱尔兰再次入侵和苏格兰詹姆士二世党人死灰复燃的担忧立即加剧。围绕英国在欧洲的责任的一场公开辩论，主宰了1701—1702 年之交的冬天——而辉格党人从中获益最多。人们意识到威廉的外交政策为英国提供了急需的喘息空间，因此，对其外交政策的批评，尤其是在秘密谈判《分割条约》(Partition Treaties）的过程中，被压制了下来。当威廉突然去世的消息传来时，战争的准备工作正在顺利进行。3 月 8 日，结果证明，一场起初被认为无关紧要的骑行事故对这位 52 岁的君主来说是致命的。他没有时间理顺自己的事务——他临终前的一个愿望是苏格兰和英格兰的联合——也没有办法知道他的继任者是否会实现他毕生的抱负：遏制法国，并实现英国和荷兰的繁荣。

第十三章

大不列颠（1702—1714）

安妮女王是圣公会教徒。这是肯定的。她一直受康普顿主教的教诲，藐视她父亲改宗的企图，并对威廉三世在教会中所做的改变作壁上观。无人会怀疑她个人的虔诚，也不会怀疑她对依法建立的教会的承诺。难道她没有为穷困潦倒的乡间教区牧师提供救济吗，这种救济从那以后难道不是一直以安妮女王津贴（Queen Anne's Bounty）闻名吗？难道她没有复活教士会议（Convocation）来管理教会吗？新的圣保罗大教堂不是终于完工了吗，难道不是通过了一项法案，为伦敦再修建 50 座教堂提供资金吗？无论是根据言语还是根据行动来评判，她都是一个坚定的圣公会教徒。然而，从她登基的那一刻起，教区牧师住所、讲坛和主教的邸宅都回响着这样的呼声，即教会处于危险之中。狼不仅围着羊群——贵格会教徒、浸信会教徒、长老会教徒和一位论派——打转，而且存在一些披着羊皮的狼，即偶尔遵从国教者，他们更好地利用了圣公会领圣餐礼，侵占了为真正的忠实信徒保留的职位。

对那些对此严肃以待的人来说，教会处于危险之中并非幻想。1689 年的《宽容法案》产生了两个不同的后果。第一，它向近 4 000 家礼拜堂发放许可证，使不遵从国教合法化，而异见虽然缓慢增长，但仍在稳步增长。第二，它让无宗教信仰者能够完全不去教堂做礼拜。怀疑主义在知识分子中盛行；群众中则盛行漠不关心。圣公会礼拜仪式的出席率下降，而主教们抱怨“对宗教和牧师职位的蔑视已经根深蒂固”。此外，1695 年《出版许可法》失效后，审查制度被取消，随之而来的是一场口水战，圣公会神职人员一次又一次被彻底击败。唯理主义者用流行的自然神论和不可知论理论轰炸教会，首先攻击规定的崇拜形式，然后攻击它们的目标。反教权主义（Anti-clericalist）狙击手发现了牧师行为不端的骇人听闻的故事。更具破坏性的是自相残杀的小冲突。高教会派和低教会派之间的争论——有时反映在托利党人和辉格党人的对立中——削弱了圣公会。

内部的分裂是极为严重的。1689 年以来，最保守的圣公会教徒拒绝向他们认为的篡夺君主之位者宣誓效忠。这些人被剥夺了职务，但是通过这种自我牺牲，他们在道德权威方面获得了他们在行政权力方面失去的东西。他们旁边站着所谓的“高教会派”(high-flyers)，他们吞下了誓言，但对其含义感到紧张。在后来的罗切斯特主教弗朗西斯·阿特伯里（Francis Atterbury）的领导下，高教会派要求不折不扣地执行《立誓法案》和《容忍法案》，从而激怒了女王和大臣们。他们在议会中的盟友曾经三次提出一项议案，禁止偶尔遵从国教的做法，即异见者每年领圣公会圣餐，以避免不遵从国教所带来的公民不公正待遇。议案三次被否决，尽管有一次被附加到一项货币措施上，以防止其在上议院遭到否决。那些坚持自己立场的人被称为低教会派（low churchmen）或宗教自由主义派（latitudinarians）。在蒂洛特森大主教（Archbishop Tillotson）和其他威廉党主教的领导下，他们接受了圣公会部分被废除的事实，他们愿意接纳任何与他们保持一致的人。1705 年，低教会支持者通过一项决议，认为教会没有危险；1707 年，他们支持批准苏格兰长老会的合并法案。

没有女王或高层的支持，高教会派变得越来越绝望，而他们的修辞也越来越暴力。1709 年，其中一人在圣保罗大教堂布道，煽动性极强，以致辉格党全体牧师决定弹劾他“煽动叛乱和颠覆”。神学博士亨利·萨谢弗雷尔（Henry Sacheverell DD）不是一个做事半途而废的人。他持有摩尼教的宇宙观，在这种宇宙观中，他的敌人是邪恶的化身。在牛津大学，他因酗酒、暴躁的脾气和像骑兵一样骂人的能力而闻名。在讲坛上，他那红润的脸——圆顶的前额和双下巴形成了一个完美的椭圆形——和他甜美的声音，给他喷出的谩骂披上了一件甜蜜的外衣。

1709 年 11 月 5 日——对整个新教徒群体来说是个双重神圣的日子，因为它在纪念上帝拯救了詹姆士一世并拒绝了詹姆士二世——萨谢弗雷尔就抵抗“虚假兄弟的危险”布了道。他将低教会派和偶尔遵从国教者描述为“口是心非的、务实的无神论者”“让我们的王国和政府患上肺痨的吸血鬼”“毒蛇之窝”。不久，10 万份萨谢弗雷尔的布道辞便付梓了，而对他的审判在群情激奋的程度上与审判 7 位主教不相上下，而在场面的壮观上与审判查理一世不分伯仲。为了让威斯敏斯特大厅能够容纳 2 000 名观众，花费了 3 000 多英镑。上流社会对“博士”的支持和反对态度，比政治社会对辉格党人和托利党人的支持和反对来得更为激烈。在伦敦，审判期间还发生了史无前例的暴乱，迫使政府动用正规军士兵镇压有组织的暴徒，暴徒意欲焚烧异见者的礼拜堂，甚至是英格兰银行。暴力的程度是前所未有的——比伦敦在内战或排除危机期间经历的任何情况都要严重，更值得注意的是，许多暴乱者都是受人尊敬的中等阶层成员。

当萨谢弗雷尔被判犯有重罪和轻罪，但只受到轻微的惩罚时，伦敦的暴力变成了举国的欢欣。凡是人们为了博士的健康而喝醉的地方，都会伴随着异见者礼拜堂窗户被打碎的声音。当萨谢弗雷尔获得任命，可以在什罗普郡（Shropshire）过上有利可图的生活时，他来到了这里，仿佛是在进行一次王室巡游。他在城里受到了隆重的接待。无论博士选择莅临何处，公共宴会、公民仪式和大量礼物都会向他致意。他主要出现在有议会选举权的自治市，他在那里公开与托利党议会候选人结盟，尽管他被禁止公开布道，但他让自己的高教会情感成为民众的呼声，他们厌倦了多年的无果的战争、不确定的君主继承顺位和不可预测的未来。危在旦夕的可不仅仅是教会。

在 1702 年，没有人能够预感到，英格兰政府的下一个 10 年将是斯图亚特世纪最成功的 10 年。威廉三世的英年早逝——詹姆士二世党人为“身穿天鹅绒大衣的小绅士”举杯敬酒，他们称之为鼹鼠，而国王的御马撞到了鼹鼠的洞穴——让一切悬而未决。然而，在不到 10 年的时间里，法兰西军国主义遭到了粉碎，一位英格兰将军成为欧洲的宠儿，而大不列颠——通过与苏格兰人的统一体在形式上创建起来——可以宣称是世界上最大的商业和金融中心。它的宪法之所以得到加强，不仅因为安妮的和平登基，而且因为新教徒汉诺威王朝继承权的保障和实现。虽然安妮的大部分政策只是延续威廉的政策——避免法国主导欧洲、与苏格兰联合、新教徒的继承权和君主独立于党派纷争——但对她的人民来说，这两位君主之间可谓是天壤之别。

* * *

1702 年，安妮·斯图亚特（Anne Stuart）登上英格兰、苏格兰和爱尔兰的王位时只有 37 岁，不过她已经是一位老妇人，坐在轿子上参加加冕典礼。她因 17 次怀孕而身体疲惫，因怀孕徒劳而精神衰弱——没有一个孩子幸存下来。安妮是詹姆士二世和安妮·海德（Anne Hyde）的女儿，母亲在公主只有 6 岁时就去世了，而安妮在成长过程中没有受到任何强大的女性影响。她的长姐玛丽，她在孩童时爱慕，在成人时憎恶，当安妮进入青春期时，玛丽被人带到荷兰与威廉三世结婚。她的失落感和孤立感对她担任女王时的政治发展产生了重要影响。她的磨损的家庭纽带使其得以无视自己与海德家族的联系，与威廉和玛丽保持距离，拒绝接受父亲和同母异父的兄弟。安妮对友谊的渴望带来了她与萨拉·丘吉尔（Sarah Churchill）之间紧张而激烈的关系，而丘吉尔是她私生活中最重要的人物之一。王室的影响，尤其是首先以萨拉，然后以阿比盖尔·马沙姆（Abigail Masham）体现的，在安妮治下和在詹姆士一世治下一样强大。

安妮迟钝、沉默寡言、固执、缺乏吸引力。她的谈话令人麻木，她的品位则枯燥乏味，她的乐趣仅限于赌博和吃饭，在一组桌子上输钱，在另一组桌子上增重[①]。女王幸运地嫁给了比她地位低的人，因为丹麦的乔治（George of Denmark）如果说有什么缺点的话，就是没有那么令人印象深刻，故他们的结合是幸福的。尽管安妮女王有所有明显的缺陷——或者可能是因为这些缺陷——但她是一位深受臣民爱戴的女王。她最渴望的就是当一位母亲，如果她不能在孩子身上做到这一点，那么她就会在臣民身上实现。她那坑坑洼洼的脸，那双限制其视野的鼓起的、水汪汪的眼睛，她的疾病和持续的疼痛，都让她看起来像是人民的君主。安妮恢复了为淋巴结核（King's evil）进行触摸治疗的做法[②]——君主治愈淋巴结核的特殊能力——这是一种天才之举。她在王室宴会厅触摸了数千人，而那是查理一世被处决的现场，在她统治期间，查理一世被提升为一名崇拜的偶像。她那殉道的祖父曾经因他的人民和教会受苦，而她与他的关系是女王培养出来的。她最刻意地将自己与女王伊丽莎白一世相提并论。安妮将伊丽莎白的座右铭 *Semper Eadem* 采纳为自己的座右铭，甚至在穿着上模仿英国最后一位执政女王的画像。随着她的将军们重新夺回了与“荣光女王”（Gloriana）[③]矛盾地联系在

---

① “pound”有英镑和磅之意，此句中，“输钱”（losing pounds）和“增重”（gaining them）用的是“pound”不同的意思，为作者的文字游戏。

② 淋巴结核因据传国王一摸即可治愈，故被称作“king's evil”，由国王医治即叫“royal touch”，查理二世、伊丽莎白一世、安妮女王等据称都对部分患者进行了触摸治疗。关于这种仪式及其深远影响，参见〔法国〕马克·布洛赫：《国王神迹：英法王权所谓超自然性研究》，张绪山译，商务印书馆，2018年。

③ 即女王伊丽莎白一世。

一起的军威，而英格兰在其统治时期从未赢得过一场战争，这种对比变得更加强烈。

安妮不仅受到爱戴，而且得到了支持。她的原则是托利党和辉格党基础原则的混合物，如果由君主以外的任何人持有，都会爆发矛盾。她是托利党人所渴望的：一位姓斯图亚特的圣公会教徒，她对教会的承诺是坚定不移的。她也是辉格党人所珍视的：一位明确否认神圣权利、否认不可行的世袭继承制的契约君主。她一直选择托利党大臣来执行辉格党的政策，在加速金融革命的同时，将自己与土地利益集团联系在一起，并从她小英格兰的视角领导着建立一个帝国。因此，安妮能够通过一直避开威廉三世的大臣联盟进行统治，并避免被不仅在伦敦的咖啡馆和优雅的俱乐部，而且在整个英格兰首府以外地区回旋的政党狂潮控制。

政党政治在 18 世纪初开始成熟起来。这一过程的意识形态根源在于内战，但其形式是在排除危机后逐渐形成的，它是通过制定一套连贯的原则、持久的制度、动员与约束支持者的程序来完成的。辉格党人和托利党人不再是骂人的标签（分别以苏格兰和爱尔兰劫匪命名[①]）：他们是这样的组织，其反对党主导着全国各地的政治生活，除了围绕女王的小圈子。在威斯敏斯特之外，政党的狂怒最为强烈，地方官员遭到清洗和重组，自治市官职的选举竞争逐渐取代了轮换制（rotational systems），政党隶属关系影响社会生活的方方面面，从恩庇到友谊，扭曲了从商品到婚姻的每个市场。虽然

① “辉格”的英文“whig”是“whiggamor”的简写，意为偷牛贼，而“托利”的英文“tory”是中古爱尔兰语“tóraidhe”的简写，意为法外之徒。

不是每个人都追随党鞭[①]（他们第一次出现在这一时期是为了计算支持率并推动之），但是政党冲突使英格兰政治化了。辉格党人纪念11月5日；托利党人则纪念1月30日[②]。在伦敦，辉格党人在圣詹姆斯咖啡馆（St James's Coffee House）享用咖啡和巧克力，在半身画像俱乐部（Kit-Cat Club）喝威士忌和葡萄酒；托利党人则在可可树（Cocoa Tree）和兄弟会（Society of Brothers）吃吃喝喝。辉格党作者在《观察家》(*Observator*) 或《旁观者》(*Spectator*) 上撰文；托利党在《预演报》(*Rehearsal*) 或《检察官报》(*Examiner*) 上撰文；而当他们的政党执政时，他们交替编辑半官方的《伦敦公报》(*London Gazette*)。辉格党人阅读拉什沃思的《历史论集》(*Historical Collections*)；托利党人则阅读克拉伦登伯爵的《内战和大叛乱史》(*History of the Civil Wars and Great Rebellion*)。辉格党后代从塞缪尔·克罗萨尔（Samuel Croxall）[③]那里学到了《伊索寓言》的道德；托利党人的儿女则是从罗杰·埃斯特兰奇爵士身上学到的。

党派在前景、原则和本能的问题上存在分歧。几乎没有重叠之处。托利党人——因占据了教会和国王的象征，故人数更多——代表着圣公会、在野派土地利益集团和对英格兰命运的排外观点。他们的智识遗产源于对斯图亚特君主制的忠诚；他们的自我辩护源于

① “党鞭”的英文为“whip”，取自狩猎术语“whipper-in”，指在狩猎时手持长鞭驱赶猎犬，防止个别猎犬掉队的猎人助手。

② 1688年11月5日，荷兰执政威廉率军登陆英格兰，起兵反对他的岳父詹姆士二世。1649年1月30日，国王查理一世被处决。

③ 塞缪尔·克罗萨尔，英国翻译家、作家，将包括《伊索寓言》在内的很多古希腊经典译成英语。

自 1649 年以来他们一直是正确的。辉格党人——上升的潮流——代表异见、城市富人的利益和曾经是新教事业核心的国际主义。他们的智识遗产源于对自由的捍卫；他们的自我辩护源自 1689 年以来他们一直是正确的。1695—1715 年，该国举行了 10 次投票，每次选举都逐渐被设定为在托利党和辉格党之间二选一。1702 年，圣公会教徒继任鼓舞了托利党人。1705 年，他们在女王否决偶尔遵从国教做法的重压下沉沦了。1708 年，詹姆士二世党人入侵苏格兰引来了辉格党人。1710 年，萨谢弗雷尔派托利党人把他们赶了出去。在下议院，政党冲突慢慢形成该国已经呈现的局面。“在野派”作为一股独立的政治力量在逐渐消失，尽管“在野”问题继续被任何一个能够充分利用之的政党拉拢。随着政党迅速意识到政治庇护的力量，在中立中看到工作保障的官员群体也没有扩大。

阻碍威斯敏斯特的政党发展的是女王。安妮作壁上观有她自己的复杂原因。托利党人被詹姆士二世党人玷污，辉格党人被契约论玷污，这两个党都不能成为她那君主制的避风港。此外，她选择的那些知己是因为他们的个人品质，而非政治品质，戈多尔芬伯爵和马尔伯勒公爵以及他的妻子萨拉·丘吉尔，则是她忠诚不一的三人组。戈多尔芬伯爵拥有无可挑剔的托利党血统和会计师的保守本能，而他职业生涯的大部分时间都在为伦敦主要是辉格党人的金融利益做宣传。他很明智，但不坚定。马尔伯勒公爵持有军人对政客的蔑视态度，在他的职业生涯中，他与任何能促进他自身利益的人结盟。另一方面，萨拉是一个忠诚的辉格党人，她那粗鲁的性格适合辉格党主义的对抗性方面。但最重要的是，女王鄙视政党冲突中固有的分歧。她不断哀叹“我祈求上帝让我摆脱二者的控制”，因此她从未学会如何操纵新的政治架构。的确，安妮坚持认为，她的主要大臣仍然不受纷争的影响，而在她执政期间，她认为没有必要根据议会选举结果调整她的政府。

在她就任时，议会和枢密院都交给了托利党人。不管女王在理解政策方面有什么缺点，她对个性的了解是敏锐的。除了沃顿勋爵（Lord Wharton）之外，她不喜欢辉格党密社的所有领袖。她对沃顿则是厌恶至极。因此，她的第一届政府由托利党的忠诚拥护者组成，如她的舅舅罗切斯特伯爵、诺丁汉伯爵和爱德华·西摩爵士（Sir Edward Seymour）。戈多尔芬伯爵被任命为财政大臣，而马尔伯勒公爵被授予全权处理（carte blanche）军事事务之权。只有萨拉·丘吉尔能够对托利党有所影响，而除了保护丈夫的外交努力不受托利党对欧洲陆地战争的传统敌意的影响，她几乎无能为力。

萨拉和安妮是至交，她们的关系建立在冲突而非相容的基础上。她们的私人语言和共同经历使其更像一对已婚夫妇，而不是女主人和她的仆从。她们喜欢惹恼对方，就连她们自己也很难知道一场争吵在哪里结束，另一场争吵又是从哪里开始的。女王曾经写信给马尔伯勒公爵，谈到他的妻子时说，“我只希望她不再戏弄和折磨我”。显然，虽然安妮在心理上依赖这段关系，但是萨拉正在玩一场极其危险的政治游戏。她同样有能力处于支配或屈服地位，有段时间，她的变化与安妮的需要是一致的。但是，从来没有任何逐渐疏远的问题。当萨拉坠入无底深渊时，人们仍能在女王去世后她撰写的恶毒回忆录中听到她的尖叫声。

最初，托利党的政策集中在让女王远离陆地战争，并修复圣公会的缺口上。为了第一个目的，托利党人倡导他们传统的海军主导“蓝海”战略和财政紧缩。在和平的年代，土地税有所减少，贸易有所增加，而托利党人会欢迎这两种情况继续下去。但是，在 1702 年这届议会召集开会之前，马尔伯勒公爵已经在佛兰德斯与法国军队交战，结果并不令人满意。罗切斯特嫉妒地对马尔伯勒公爵吹毛求疵，却导致他自己被迫辞职，并表明女王支持在欧洲作战。

沮丧的托利党人转向了教会。1703 年初，他们提出了一项反对偶尔遵从国教的议案。对于领圣公会圣餐而随后去异见教会做礼拜的人，将处以高额罚款。议案得到了女王的热烈支持，尽管它沿着高、低教会的断层线使主教们出现分裂。它轻轻松松在下议院获得通过，只是被上议院通过的去除其锐利之处的破坏性修正案挫败了。但是，议案在议会下一次会议上再次提出，而随着女王的热情明显降温，出现更大的压力迫使人们接受它。

闭会期间，这个问题在新兴的政治团体中激起了一阵热情。丹尼尔·笛福因为写了一篇尖刻的攻击议案的文章，《与异见者保持距离的捷径》(*The Shortest Way with the Dissenters*，1703 年）而受到抨击，而女王不仅担心她的丈夫——严格来说是位异见者——将被剥夺其对英格兰军队的军事指挥权，而且担心这场动乱。第二版议案在上议院遭到否决。下议院的托利党人再次遭到阻挠，他们从沮丧中酝酿出孤注一掷的决心。他们将再次通过他们的议案，只是这一次他们将把它“附加”到土地税的年度授权上。这将产生两个不同的结果：这将使那些以战争为主要议题的辉格党人中立，而且，由于这是一项财政议案（money bill），它将使上议院在程序上不可能拒绝之。这一附加比议案本身更强烈地激起了舆论。女王公开反对，认为它有损于国家的利益。它的支持者被谴责为卖国贼，而其反对者被谴责为伪君子。它在下议院以超过 100 票之差宣告失败——其中许多票是由被骂成“墙头草”（sneakers）的叛徒投的。托利党在威斯敏斯特的主导地位逐渐被削弱，以及这一策略遭到挫败，又被英格兰在欧洲的持续胜利放大了。

西班牙王位继承战争几乎持续了女王的整个统治时期。法国主导了欧洲政治近半个世纪，而这是遏制法国力量的努力的续篇。英国人有三大目标：维持欧洲均势，这将保护英国免受侵略和征服；确保安妮和汉诺威家族的继承权得到承认；以及保护英国的商业利益。第一个目标是一个全国关切，它源于詹姆士二世入侵爱尔兰的记忆，以及苏格兰的詹姆士二世党人叛乱的威胁。由于威廉和詹姆士不久前都成功地进行了两栖登陆，所以英吉利海峡护城河似乎没有什么安全可言。如果法国征服了欧洲大陆，毫无疑问英国将是下一个。第二个目标则是路易十四承认詹姆士·爱德华·斯图亚特为合法的国王。讽刺的是，这巩固了托利党人对他们厌恶的战争的支持。不管有多少托利党人可能在私下里希望斯图亚特血脉延续下去，他们都不会强加斯图亚特血脉，也不会接受一位天主教徒君主。随着一年又一年过去，越来越多的托利党人发现，他们更容易立下那些确立世袭新教徒后裔权利的誓言，正是托利党人坚称，如果不承认安妮及其汉诺威继承人，第二次奥格斯同盟就不会实现和平。最终，激励辉格党人的是对英格兰商业利益的威胁。法国和西班牙之间的合作将深深切断英格兰的大西洋贸易，并威胁英格兰进入地中海的通道。对贸易的威胁就是对金融的威胁，没有金融，英国将变得贫穷无力。因此，这个国家仍然团结在比威廉发起的军事行动更大规模的军事行动背后——这一次，这一行动将不仅清偿其成本。

自从九年战争结束以来，欧洲的外交官们一直在努力防止再次发生流血事件。除了一个大国之外的所有大国都同意，卡洛斯二世死后，西班牙帝国将遭到分割。分歧在于如何做到这一点。第一个计划因主要受益人，一位德意志君主的去世而作废；第二个计划因卡洛斯紧急关头的遗嘱而遭淘汰。因为唯一不同意分裂的欧洲大国是西班牙，它愿意点燃整个欧洲大陆，而非分割荷兰、意大利或印度群岛的领地。在1700年11月1日去世前一个月，卡洛斯以“要么接受，要么离开”形式的遗嘱，在欧洲诸位君主之间投下了他自己的金苹果。他的整个帝国都留给了路易十四的孙子腓力·德·波旁（Philip de Bourbon），条件是他必须完整地接受它。否则，整个帝国都留给神圣罗马帝国皇帝，奥地利的利奥波德的小儿子查理大公（Archduke Charles）。

在卡洛斯立遗嘱之前，路易十四不仅同意了分割原则，还接受了一个事实，即西班牙的大部分领土和财产将归奥地利继承人所有。如今，他突然得到了全部奖品，只要他愿意接受就好。虽然路易是一位有着远大梦想的君主，但是，卡洛斯的遗嘱必定看起来是一种幻觉。在随后的几个月里，他将腓力五世（Philip V）安插在马德里，承认詹姆士·爱德华·斯图亚特为英格兰的国王——从而让托利党人和詹姆士二世党人陷入冲突——并迅速将法国军队转移至西属尼德兰的屏障城镇，而根据《瑞斯威克和约》，巴伐利亚选帝侯马克斯·伊曼纽尔（Elector Max Emanuel of Bavaria）将保证这些城镇的中立。马克斯变成路易的首个盟友，作为他这一立场的交换条件，他获得了德意志领土上的让步，以及被任命为尼德兰总督。

贪婪是路易十四垮台的原因。虽然皇帝对腓力的继承权提出异议，并向西属意大利派遣军队，但是，英格兰和荷兰一直愿意承认腓力对西班牙和印度群岛的统治，因为他们不愿意牺牲过去几年和平的繁荣。可是，占领屏障城镇和无正当理由承认詹姆士·爱德华·斯图亚特无异于宣战。在生命的最后几个月，威廉三世把建立另一个反法联盟的任务委托给马尔伯勒公爵，默许他将成为安妮最重要的军人和政治家。52 岁时，马尔伯勒公爵开始了他的第一次最高指挥。他凭借自己的俊美外表、与女王知己的婚姻以及自己的天资得以掌权。到了 1702 年，他的官位升得还不够高。他最著名的两项军事成就是在 1688 年抛弃詹姆士二世和 1690 年削弱蒙斯特公爵。在整个 10 年的欧洲战争中，马尔伯勒公爵只经历了一次短暂的战役。威廉既不喜欢他，也不信任他，而在 1692 年，马尔伯勒公爵遭到免职，并短暂身陷伦敦塔。直到这一世纪末，伯爵才重新在宫廷中获得影响力。因此，当英国指挥官在徒然的佛兰德斯战役中倒下时，马尔伯勒公爵和他的妻子加强了他们对安妮的控制。

马尔伯勒公爵的性格混合了罕见的天资和常见的缺点。就像克伦威尔，他有一种凭直觉而为的军事天赋，这使他能够冒险获胜。他引入的强行军（forced march）和骑兵集结冲锋（massed cavalry charge）对欧洲战争产生了持久的影响。他咄咄逼人，敢于冒险，但不急躁，这是他在军事上取得成功的关键。如果说有什么区别的话，那就是马尔伯勒公爵堪称一位比将军更伟大的外交官。他领导一个不情愿的联盟进行决定性的交战，用哄骗来达到部分目的，用诡计来达到其他目的。他必须协调的荷兰和帝国军队是个人的苦恼，其重负使他无法获得更大的声誉和荣耀；然而，为了达到共同目标，他向它低头了。马尔伯勒公爵激发出如此多的信心，以致傲慢的荷兰人都服从于他，就连萨伏伊的欧根亲王（Prince Eugéne of Savoy）也服从于他，此人在出生、教养和经验方面都胜他一筹。马尔伯勒公爵的缺点也比生活中更严重。萨默斯勋爵道，“他的野心是无限的，他的贪婪永不餍足”。无论他是掌权还是下台，他的政治干预都是自私的。他首先通过与奥兰治的威廉进行背信弃义的沟通，然后又通过与法国的詹姆士二世党人宫廷进行背信弃义的通信来掩饰自己的忠诚。在职业生涯尾声，他甚至向路易十四寻求帮助。白金汉公爵和阿尔伯马尔公爵（Albemarle）[①]可能升官升得更快，但是没有一位斯图亚特王朝的流星式官员遵循马尔伯勒公爵的轨迹。他在当克利夫兰公爵夫人（Duchess of Cleveland）的情人时挣得第一桶金，并将其转化为英国臣民有史以来拥有的最多财富。他被封为英国的公爵和帝国的王公，并被授予伍德斯托克（Woodstock）的王室庄园和一张空白支票，以建造当时最伟大的神童之家布伦海姆宫。马尔伯勒公爵一度是世界上最有名的人。

他的宫殿以他在多瑙河上取得伟大胜利的地点命名。布伦海姆战役意义重大，因为它代表着英国在欧洲的心脏地带进行陆地战争的意愿和能力。这是几个世纪以来英国军队首次击败法国陆军，也是50年来法国陆军首次被决定性地击败。策略是马尔伯勒公爵一个人的。他的荷兰盟友假定他将在佛兰德斯集结他们的联合部队，他的奥地利盟友则认为他将围攻普法尔茨的城镇。但是马尔伯勒公爵明白，巴伐利亚才是德意志境内战争的关键。有了如此强大的盟友，路易可能会威胁到维也纳本身；没有它，法国将沦落到保卫莱茵河的地步。因此，在1704年6月，当法国人疲倦地向东跟踪马尔伯勒公爵的军队时，他佯攻南方，然后冲进巴伐利亚。借此，他迫使供应不足、精疲力竭的法国陆军与马克斯·伊曼纽尔的精兵会合。马尔伯勒公爵毫不怀疑地表示他打算战斗。首次遭遇是1702

① 指阿尔伯马尔公爵乔治·蒙克（George Monck，1608—1670年），托马斯·蒙克爵士的次子，英国内战时期在爱尔兰和苏格兰作战的议会派将领、苏格兰总督，第一次、第二次英荷战争舰队司令。

年 7 月 2 日在防御森严的多瑙沃特（Donauworth）镇，马尔伯勒公爵在此率领英荷军队进行了一次近乎自杀的袭击，其中 1/3 的英军阵亡。在关键时刻，他指挥他的奥地利盟友发动侧翼进攻，击溃了守军。

巴伐利亚全境现在都向盟军开放，就连路易十四也怀疑马克斯·伊曼纽尔会再次改弦易辙。相反，他改革了防御系统，并让自己的队伍与由塔拉德元帅（Marshal Tallard）领导的法国陆军汇合。在布伦海姆，1704 年 8 月 13 日上午，马尔伯勒公爵在内贝尔河（Nebel）河畔高地上的营地让他们倍感意外。塔拉德的位置非常有利，以致在盟军部署时，他睡得很安稳，并对向他宣读的战斗即将到来的报告表示怀疑。他的兵力为 6 万人——略高于与之对垒的 5.2 万人。这场战斗是一场攻防转换的艰苦斗争。马尔伯勒公爵以一个未雨绸缪之人的精确态度命令他的军队。他仍然留在战场的中心，那里的对决最为激烈，结果长期以来一直存在疑问。他交替使用步兵和骑兵的战术最终给塔拉德的守军造成了损失，削弱了其对最后一次大规模骑兵冲锋的抵抗力，而这场冲锋将他们扫出了战场。与此同时，1 万多名法国步兵被困在布伦海姆镇，并在遭受凶残的炮火后全体（en masse）投降。塔拉德和他的两名将军被俘，而宣称“公爵救了帝国”的消息并没有夸大。

布伦海姆战役的胜利使英国政府能以更雄心勃勃的条件进行这场战争。当马尔伯勒公爵集结在多瑙河上时，英格兰海军占领了直布罗陀岛，护送查理大公前往葡萄牙，支持者宣布他为西班牙国王卡洛斯三世。从那时起，西班牙王位继承战争主要在两条战线上展开：在荷兰，是为了保卫荷兰的屏障，抵御法国的侵略，而在伊比利亚半岛，是为了征服西班牙。“没有西班牙就没有和平”成为那些寻求结束法兰西军国主义之人的战斗口号。

荷兰的战争再次确认了马尔伯勒公爵的天赋。虽然威廉三世年复一年地在这片土地上与法国军队作战，但是，他的胜利皆为平局。1706 年，马尔伯勒公爵在拉米利（Ramillies）赢得了尼德兰平原上的第一场大规模战役，就像他在布伦海姆一样是决定性的胜利。他的 4 万人军队打败了维莱罗公爵（duc de Villeroi），俘虏了数千人，残兵游勇无法重新集结或战斗。到了 1706 年底，法国在尼德兰的存在便仅限于其防御森林的城镇内的阵地，其中最强的城镇里尔（Lille）在两年后被占领。1708 年，在奥德纳德（Oudenarde），马尔伯勒公爵又赢得了一场决定性的胜利——这场胜利最终结束了法国入侵荷兰的威胁。

但是，西班牙境内的战争虽然开局良好，却没有那么成功。直布罗陀遭到占领和据守，胡格诺教徒戈尔韦伯爵（Earl of Galway）率领的英荷联军在里斯本扎根，在那里他可以从西方发起进攻。1705 年，反复无常的彼得伯勒伯爵（Earl of Peterborough）出人意料地占领了巴塞罗那，在那里他可以从东部发起进攻。两支军队似乎都在为西班牙王位的奥地利主张者卡洛斯三世效劳，尽管卡洛斯从战争一开始就尽一切可能遏制其咄咄逼人的盟友，而他在盟军取得成功的巅峰时期三心二意的态度，预示着半岛战争（Peninsula War）将陷入泥潭。他与彼得伯勒伯爵的争吵——伯爵在傲慢和固执方面比他更厉害——阻止了盟军通过控制马德里和卡斯蒂利亚中心地带来巩固他们的胜利。1706 年之后，在马尔伯勒公爵同母异父的兄弟①伯威克公爵（Duke of Berwick）的指挥下，法国军队发动了进

① 伯威克公爵是马尔伯勒公爵的外甥，而非原文所说的兄弟。

攻，并于 1707 年在阿尔曼萨（Almanza）进行了毁灭性打击，5 000 多名盟军在那里被杀或被俘。

虽然战争的结果仍不确定，但是，女王和她的大臣们仍然担心法国通过苏格兰对英格兰进行秘密进攻。临终前，威廉三世将英格兰和苏格兰的政治联合任务托付给他的大臣们。他与北方臣民的关系一直都不太愉快。他一生都在就条约和协议进行谈判——而且并非经常处于优势地位——但没有人比苏格兰人更难达成交易。他为确保王位而做出的种种让步造就一个几乎独立的苏格兰议会，而他对资金和人力的长期需求使他无法约束之。它获得了决定其议员资格、程序和议程的控制权，从而产生了自 1603 年的君主联合（Union of Crowns）以来从未存在过的管理问题。它成了一个派系斗争的场所，而地理、氏族、宗教和政治问题交织在一起，以致身为威廉首席顾问的局外人无法理解。无法知道双方正在进行怎样的谈判，而正是这一点导致了威廉统治苏格兰的第一场灾难——格伦科大屠杀。格伦科留下了痛苦的遗产，为苏格兰的詹姆士二世党注入了活力。它被视为英国压迫者的征服行为，尽管它是由苏格兰人下令实施的。

格伦科大屠杀在苏格兰激起了前所未有的反英格兰情绪，并因此助长了达里安崩盘（Darien débâcle）后出现的反威廉党人敌意。正如西班牙国王将印度群岛视为卡斯蒂利亚的殖民地（possession），斯图亚特家族也将其殖民地视为英格兰的。苏格兰和爱尔兰被禁止创建自己的海外商业公司，并受到《航海法案》的约束，而该法案限制了它们的航运业。随着海外贸易的好处显现出来，苏格兰投机商尝试了许多投机活动，包括加拿大的渔业和美洲的种植园，但收效甚微。盎格鲁—苏格兰合资企业的请愿书在威斯敏斯特遭到拒绝。1695 年，苏格兰议会授权一批商人成立一家公司，以促进对非洲和印度群岛的贸易，规定至少一半的资金应该是苏格兰的。引起注意的计划是在达里安的巴拿马地峡（Isthmus of Panama）建立一家贸易工厂，它同时从事大西洋和太平洋贸易。最初，伦敦的商人超额认购了他们的股份，这鼓励富有的苏格兰人如法炮制。苏格兰近 1/4 的流动资本涌入了这家合资企业。但是很快就出了大问题。英格兰诸垄断公司向议会请愿抵制一家新的苏格兰公司，这迫使英格兰投机者撤回他们认购的股份。国王本人反对达里安的冒险，因为这威胁到他与西班牙的微妙谈判，而西班牙自发现巴拿马以来一直统治着它。两次考察被允许在无人协助的情况下夭折，该公司的债务成倍增加，许多著名的苏格兰商人和政客几乎破产。

达里安事件表明——如果需要的话——苏格兰的经济在被英国人之恶行控制。苏格兰“就像一个由仆人管理的农场，不在主人的眼皮子底下”。其一半以上的商品出口到英格兰，受到不利关税的阻碍，而其国内产业也被英格兰的竞争扼杀。国王威廉的战争没有给苏格兰带来任何好处。税收流向南方，而对法国的禁运切断了苏格兰与一个重要的大陆贸易伙伴的联系。该世纪末的一系列歉收则加剧了苦难。一直以来，苏格兰以经济联盟的形式实现商业解脱的密集努力都因英格兰的冷漠而宣告失败。为了管理日益难以控制的苏格兰议会，威廉让政府不停换届，用斯塔尔子爵取代了汉密尔顿公爵，再用特威代尔侯爵（Marquis of Tweeddale）取代了斯塔尔子爵，又用昆斯伯里公爵（Duke of Queensberry）取代了特威代尔侯爵，还用联盟取代了昆斯伯里公爵。无人比前任更合适，因为每个人都被赋予一项不可能的任务，即让苏格兰人屈从于英格兰的利益。就他们所做的而言，他们都通过所谓的“管理”取得了成功——也就是说，通过慷慨地奖励自己和朋友。与那些反对英格兰的政治腐败的人并无不同的“在野派”的声音，与詹姆士二世党人一道对历届政府进行攻击，现在苏格兰也听到了这些声音。

自1689年革命以来一直都在逼近的英格兰与苏格兰关系的危机，随着格洛斯特公爵的去世而迫在眉睫。《英格兰王位继承法》（English Act of Settlement）将王位传给了汉诺威的索菲亚的新教徒继承人，可法案没有得到苏格兰议会的批准。虽然对詹姆士二世党人叛乱的担忧被夸大了，但是，安妮在苏格兰的和平登基伴随着围绕继承权的政治斗争。1703年，苏格兰议会最先通过了《安全法案》（Act of Security，1704年生效），安德鲁·弗莱彻（Andrew Fletcher）[①]在就法案进行辩论时宣称，“如果我们活得自由，我可不在乎谁是国王”。《安全法案》重申了苏格兰大议事会决定自己的君主的权力，并宣布，除非谈判结果确保苏格兰的政治和经济自由，否则该君主不会成为英格兰国王。此外，又通过了一项法案［1703年《和平与战争法案》（Act Anent Peace and War）］，将宣战和缔造和平的权力移交给苏格兰议会。

在威斯敏斯特，《安全法案》被视作对王室特权的猛烈攻击，但在爱丁堡，法案一直是一种妥协立场。弗莱彻所支持的“在野派”观点几乎都是共和派的，而詹姆士二世党人呼吁斯图亚特王朝复辟。安妮拒绝接受《安全法案》，作为报复，苏格兰议会拒绝就征税投票，并通过了《葡萄酒法案》（Wine Act，1703年），法案允许在英格兰禁运的情况下与法国进行这种商品的贸易。停止供应、

① 安德鲁·弗莱彻（1655—1716），苏格兰作家、政治家，反对苏格兰与英格兰合并。

主张独立的外交权力以及与敌人贸易，都表明苏格兰在与英格兰的关系中打着传统的法国牌。但是，在欧洲的命运悬而未决之际，安妮的大臣们认为这种模式无异于叛国。关于詹姆士二世党人在高地的阴谋活动的虚假报道，加剧了紧张局势，不那么克制的英格兰议会议员开始回忆克伦威尔对其面对的苏格兰问题的解决方案。安妮对征税的需求迫使英格兰接受了《安全法案》，而这一让步是摆在那些乐观地迫使苏格兰人屈服的人面前的又一块红布[①]。戈多尔芬伯爵身为女王政府的首脑，他选择了手术刀而非大头棒。英格兰议会通过了一项《外国人法案》(Alien Act，1705 年)，该法案威胁道，除非汉诺威家族的继承权通过立法得到认可，否则苏格兰将会被视作外国。苏格兰人将被剥夺英格兰公民权，所有贸易都将被禁，而与法国进行贸易的苏格兰船只将被扣押或击沉。苏格兰人有 15 个月的时间来决定。

《外国人法案》最终迫使两个王国进行联合。没有英格兰的贸易，苏格兰人就无法繁荣发展，而没有北部边境的安全，英格兰人也无法兴旺发达。几个世纪以来，苏格兰一直面临的是与英格兰还是法国结盟的问题，现在终于解决了。1705 年，专员们开始制定联合条约，并在这一厄运法令的笼罩下加倍努力。确立的第一个原则是，联合将是一个统一体，即大不列颠的诞生。第二个原则是，第一个原则肯定会有许多例外。政治机构可能会融合在一起，但法律机构不会。正如普通法律师在一个世纪前所辩称的，英格兰法律和苏格兰法律都存在，但没有英国法律，如果不废除另外二者的法

① 在斗牛表演中，斗牛士常常在牛跟前晃动红布，使牛激动从而发起攻击，此处为作者的戏言。

律，就没有英国法律。也没有人需要历史课来了解为什么苏格兰长老会和圣公会不能以同样的方式崇拜同一位神。就连自由贸易——边境两边都如此渴望之——也不是一件简单的事。没有自由贸易，苏格兰的养牛大亨和亚麻织品制造商就无法生存，但是没有保护，苏格兰的运煤船和制盐厂便无法生存。因此，统一体才得以成形。大不列颠将有一面旗帜、一枚硬币、一个度量单位和一枚印章。有了特定的豁免，贸易将是自由的，税收将是平等和统一的。《联合法案》（Act of Union，1707 年）规定在威斯敏斯特设立一个英国议会，45 名苏格兰人返回下议院，16 名苏格兰贵族进入上议院。汉诺威家族的继承权得到保障，海军和民兵被合并为一个英国军事编制。另一项法案保护了当时以特定形式存在的长老会。

没有人设计过斯威夫特所说“这个疯狂的有双层船底的王国（double-bottomed realm）”，而两个王国对结果都没有多少热情可言。爱丁堡发生了暴乱，一度还实行了宵禁，以便昆斯伯里公爵可以在街上行走，而市民们认为公爵负有责任。从短期看，安妮取消了一个麻烦的立法机构，并支持对法战争。但从长远来看，政治一致性的承诺必须用鲜血来交换。苏格兰人以新获得的政治独立为代价获得了经济保障。1603 年的君主联合几乎毫无裨益；政治和经济联合可能不会带来更多。的确，尽管事实上每个议会都强迫另一个议会坐到谈判桌上，但尚不清楚这两个议会是否会就种种结果达成共识。英格兰托利党人担心联合会将辉格党人集团带入议会两院，只有宫廷政治的近来调整才允许该法案存在通过的可能性。在苏格兰，人们发现——这不是第一次——贿赂作为一种说服手段比理性更有效。在合并两国贸易公司的掩护下，英格兰人同意偿还苏格兰投资者在达里安殖民地的损失。一大笔款项被直接支付，以抵消苏格兰对英格兰债务的责任，而一笔较小的款项支付给那些将被撤销职务的人。资金流入了苏格兰各派系领袖的口袋，而这些派系对投票至关重要。尽管如此，三个苏格兰大议事会中有两个通过了创建统一国家的条款（仅以四票的多数），而关于它们“为英格兰的黄金买卖”的指控从未消失。

佛兰德斯的军事成就与合并是由这样一届议会完成的，在这届议会中，各政党势均力敌，政府通过获赠官禄者（placemen）的投票保持平衡。通过向辉格党人做出让步——女王不愿做出让步——马尔伯勒公爵在欧洲获得了完全的行动自由，而戈多尔芬伯爵控制了与苏格兰人的谈判。他们被称作“执政官”（Duumvirs）[①]，由于其意识形态上的灵活性，两院政党的领袖都不信任他们。到了1706年，戈多尔芬伯爵认为，在统一的辉格党人的支持下统治比在分裂的托利党人支持下统治更为容易。这一策略得到了高教会派托利党人那自我毁灭冲动的支持，他们试图通过恢复声称教会处于危险之中的说法，以及提出一项邀请选帝侯夫人索菲亚（Electress Sophia）在英格兰居住的动议，来激怒女王。安妮一直生活在对詹姆士二世党人政变的恐惧中，她不再乐于接受一位常驻的新教徒候任统治者。她允许自己的反对意见受到广泛抨击，并参加了上议院的辩论，在那里，她听到了对自己年老昏聩的描述，甚是窘迫。索菲亚定居英格兰最初是辉格党人的政策，戈多尔芬伯爵所能做的就是通过引入《摄政法案》（Regency Act，1706年）来避开这一政策。这让政府在安妮去世和汉诺威王朝到来之间，通过一个由国家主要官员组成的委员会而得以延续。

---

① 执政官，指罗马共和国时期共同执掌国家大权的两位执政官。

1708 年，詹姆士二世党人入侵苏格兰未遂的报道，使执政官们向辉格党人靠拢。虽然在 17 世纪 90 年代，几乎没有一位重要的英格兰政客不向圣日耳曼（Saint-Germain）[①] 敞开大门，但詹姆士二世党是托利党人的祸根，他们在春季选举中受到它的毒害。甚至在议会第一次会议之前，戈多尔芬伯爵就已经完全在忠诚方面改弦易辙，这导致罗伯特·哈利辞职，并向托利党靠拢。

有这样一类政客，在道路漫长而曲折的时候，他们永远不会走一条又短又直的路，哈利是其中的佼佼者。他把幕后的阴谋变成了一种艺术形式，尽管他的狡猾与他的年龄往往太不匹配。他来自纯粹的异见阶层，他的亲属，包括他那姓福利（Foley）的妻子和姓汉普登（Hampden）的姻亲，读起来就像一本真正的辉格主义（True Whiggism）荣誉名册。然而，他真正的辉格党阶段是短暂的，因为他开始在“在野派”利益中扮演重要角色，他们的利益与威廉三世的外交政策和财政权宜之计背道而驰。哈利对主导 17 世纪 90 年代的密社和托利党之间的斗争作壁上观，而且，他掌握了痛斥政党制度发展的团结和国家利益的语言。他在 1701 年被选为议长——他在连续三届议会中担任这一职务。1704 年，他接受了国务大臣的任命，放弃了他通过拒绝担任王室职位而确立的独立性。

哈利希望在女王的信任下取代戈多尔芬伯爵，并通过为跨越托利党的分裂搭建了桥梁，为成为首席大臣做了精心准备。他意识到，为了对抗执政官，他也需要打闺房的主意，而他发现表妹阿比盖尔·马沙姆是完美的陪衬，她已经在获得安妮喜爱上开始取代萨拉·丘吉尔。萨拉对阿比盖尔和哈利的歇斯底里的指控助长了戈多

① 即前文提到的圣日耳曼昂莱，指代流亡此地的詹姆士二世宫廷。

尔芬伯爵自己的怀疑，而在1708年，他威胁自己和马尔伯勒公爵将会辞职，迫使女王做出选择。哈利被免职了。

安妮不愿意离开哈利，也不愿意接受辉格党人继续渗透她的政府。但是，1708年10月乔治王子（Prince George）之死打破了她的遗嘱，她悲痛欲绝地同意了密社的回归——甚至将沃顿升为伯爵。辉格党的胜利虽然彻底，但只是昙花一现。欧洲的战争打响了，每次战役都不再带来盟军胜利的音讯。1707年的阿尔曼萨是一场灾难，里尔之围夺去1.5万人的生命，只有忽视18世纪最血腥的战斗所造成的巨大生命损失，马尔普拉凯（Malplaquet）战役才能被称作胜利。腓力五世并没有被赶下西班牙王座，而尽管有人心怀期待，法国还是遭到遏制而非被击败。从1708年开始，厌战情绪席卷全国，而每一场新的战役都比上一场更不受欢迎。辉格党人首先受到批评，对其指控从军事无能到政治背叛，不一而足。他们个人从战争中获利的想法得到了广泛宣传，而1708年英格兰银行的挤兑，尽管是由于担心苏格兰的詹姆士二世党人叛乱而引发的，但也导致了对辉格党管理的不安。战争每年耗资近1 300万英镑，而马尔伯勒公爵身上满满的奖赏正成为辉格党人谋取暴利的象征，尽管从未得到证实，但人们一直怀疑。

正是在这种背景下，萨谢弗雷尔博士布了道，而正如我们所见，戈多尔芬伯爵和辉格党领袖越界起诉了他。在幕后，马尔伯勒公爵夫妇在争夺女王芳心的斗争中败北。萨拉疯狂地指责安妮与马沙姆夫人有同性恋关系，而公爵不明智地要求自己应当终身担任海军统帅。1710年4月，安妮同意与萨拉见最后一面，两人痛苦地分道扬镳。女王公开表示她倾向于对萨谢弗雷尔判处轻刑，并对伦敦发生的骚乱感到震惊。紧接着，她开始用哈利推荐给她的职务任命来稀释辉格党政府。最终，安妮在 9 月解雇了戈多尔芬伯爵，尽管她没有勇气当面告诉他。在随后的选举中，托利党以 2∶1 的多数票战胜了辉格党。哈利首先被任命为第二财政大臣（Chancellor of the Exchequer），然后是财政大臣（Lord Treasurer）和牛津伯爵。

哈利通过布道赢得了这场战斗，而女王对这场布道了如指掌。为了公共利益，政府必须凌驾于政党之上。“如果英格兰的绅士们明白，女王是首脑而非一个党派，一切都会很容易。”但是，说教容易实践难。除了马尔伯勒公爵，没有辞职的辉格党领袖悉数被清洗。尽管言辞中庸，哈利领导的是托利党政府——尽管其分裂反映了托利党的分裂。一头是高教会派神职人员，他们立即恢复了反对异见的运动。积极的一面是，他们资助在伦敦修建更多的教堂；消极的一面是，他们最终达成了《偶尔遵从国教法案》（Occasional Conformity Act，1711 年），该法案惩罚了那些被萨谢弗雷尔称作“毒蛇之窝”的人。哈利对圣公会高教会派没有多少同情，因为他们让温和的建议变得更加困难。他们还支持他的主要政治对手，即最终成为博林布鲁克子爵的亨利·圣约翰（Henry St John）。博林布鲁克子爵是哈利的反面：一方面聪颖、迷人和易于看穿；另一方面反复无常、偏执和不分是非。他曾担任戈多尔芬伯爵政府的战争大臣，并与马尔伯勒公爵保持着密切的关系。博林布鲁克子爵于 1708 年被辉格党清洗，在接下来的两年里独处，思考政治和他的复仇。1710 年，他重新掌权，担任国务大臣，与托利党的极端分子结盟，同哈利争夺领导权。他公开支持高教会派，并尽一切可能将哈利推向更保守的方向。

哈利政府的关键问题是欧洲的和平。尽管马尔伯勒公爵仍然相信成功入侵法国是可能的，但战争狂热在英格兰已经是明日黄花。

议会对财政违规行为的调查破坏了信心，而西班牙的军事局势继续恶化。辉格党人的政策一直是“没有西班牙就没有和平”，但是他们无法通过武器或外交手段实现和平。托利党人逐渐反对半岛战争，他们现在决心寻找一种解脱的方法。这意味着抛弃英格兰的盟友，即奥地利人、荷兰人与德意志人。1711 年，哈利与路易十四进行了秘密谈判，以实现三个目标：在相互竞争的王位要求者中分割西班牙帝国，签订新的屏障协议以保护荷兰，以及向西属美洲的英格兰商人做出让步。1709 年，在面对路易十四通过对荷兰和德意志的慷慨让步来打破奥格斯堡同盟的努力，英格兰承诺不单独讲和。现在，托利党人决心攫取大部分战利品。

这些条款否定了过去 6 年的牺牲，一如它们否定了英格兰的盟友。1705 年，若非接替利奥波德的约瑟夫皇帝（Emperor Joseph）偶然去世，以及他的兄弟查理大公（卡洛斯三世）登上皇位，甚至不可能提出这些条款。这为西班牙帝国的解体提供了一个令人信服的理由，因为现在人们有理由担心哈布斯堡家族会像波旁家族一样统治欧洲。然而，当该条约的条款广为人知时——哈利指责博林布鲁克子爵将其泄露给马尔伯勒公爵——出现了一场反对的风暴。马尔伯勒公爵被激怒了。他已经保证过不会单独讲和，他拿自己的威望打赌来阻止它。通过上议院一个不同寻常的联盟——诺丁汉伯爵出卖自己的选票以换取《偶尔遵从国教法案》的通过——一项决议以微弱优势获得通过，即没有西班牙就没有和平。但是，对军事账目的调查发现了巨大的缺口，并显著削弱了马尔伯勒公爵的地位。安妮曾试图说服他支持和平，但之后她就把他扔进了狼群，就像她对待戈多尔芬伯爵一样。乔纳森·斯威夫特在《盟军的行为》(*The Conduct of the Allies*，1711 年）对其进行了野蛮攻击，这本小册子出色地表现了英格兰人的仇外心理。12 月，马尔伯勒公爵遭到免职，而在接下来的一个月里，安妮通过授予 12 个人以贵族身份，公然让议会打包，他们都承诺投票支持《乌得勒支条约》(Treaty of Utrecht，1713 年)。该条约规定，英国将保留地中海的直布罗陀和马洪角（Cape Mahon)、加拿大的纽芬兰和西印度群岛的圣基茨（St Kitts)。英格兰商人被授予“阿西恩托”(Asiento) [①]，即对西班牙奴隶贸易 30 年的垄断权。西属尼德兰被割让给奥地利，这对法国构成了比最初的设防城镇更为有效的屏障。最终，王位觊觎者詹姆士・爱德华・斯图亚特被逐出法国边境，脱离了阴谋的漩涡。

毫无疑问，从英国的角度来看，和平与战争一样成功。它一举使英国成为世界上最大的海上强国。地中海的海军基地确保了黎凡特地区的贸易，并使英格兰商人与葡萄牙人竞争。对加拿大渔业的收购支持了北美蓬勃发展的贸易，削弱了法国在新世界的地位。将荷兰人从南美贸易的各个方面排除在外，完成了对欧洲对手的横扫。新成立的南海公司（South Sea Company）——哈利可比肩辉格党的英格兰银行托利党实体——获得了相当于印钞的许可证，因为野蛮的奴隶贸易被认为利润丰厚。虽然该条约在国外被贴上背叛的标签，但在国内广受欢迎。英国在近四分之一个世纪的战争中做出了金融牺牲；一名英国指挥官终于打破了军事僵局。英国人在贸易中之所得，欧洲人在安全上致之。荷兰、奥地利和德意志诸国再也不受法国扩张主义的摆布，每个国家都从一场它们原本很可能被征服的战争中得到了一些东西。这样做也许是对的；因此背信弃义得

① 阿西恩托，西班牙语音译，有位置、条约、稳定的意思，是一种由西班牙国王颁发的垄断经营特许证。

以合理化。

《乌得勒支条约》并未正式终结西班牙王位继承战争。皇帝及其德意志盟友们又坚持了一年，尽管没有英国和荷兰，他们的反对是徒劳的。然而，德意志人中有位乔治亲王，他乃汉诺威选帝侯，并在1711年公开表示反对托利党的和平协议。和其他所有欧洲观察家一样，一旦英国的条款被知晓，选帝侯乔治便认为这些条款是安妮去世后詹姆士·爱德华·斯图亚特复辟的前奏。哈利和后来担任国务大臣的博林布鲁克子爵，接手了谈判的管理工作，他们利用著名的詹姆士二世党人作为中间人。虽然坚定的英国詹姆士二世党人不多——不到下议院托利党人的10%——但是，作为关于世袭继承、反对辉格党原则和对外国君主制的恐惧的各种观点的集合体，詹姆士二世党是强大的。哈利和博林布鲁克子爵都与圣日耳曼的宫廷保持着间接联系，两人都知道乔治的登基将终结托利党的统治。哈利一如既往地三方下注，预期汉诺威家族或斯图亚特家族将会继任，同时探索詹姆士·爱德华·斯图亚特会像亨利四世一样改变他的宗教的可能性[①]，并得出他注定统治英国的结论。博林布鲁克子爵一如往常，在致力于同法国的结盟和詹姆士·爱德华·斯图亚特的继任同时，虚张声势得有些复杂。女王强烈否认和约条款和詹姆士二世党之间有任何联系，尽管她对大臣们的阴谋基本一无所知。随着谈判的进行，安妮的健康状况恶化了。

安妮的最后一年被继承权问题主导着。随着她越来越靠近托利党，随着托利党越来越接近詹姆士二世党人，人们不断猜测安

① 法国国王亨利四世为了巩固其国王的地位，放弃新教信仰，皈依天主教。

妮会在临终之前宣布推翻《继承法案》。1714 年，在得知最终詹姆士·爱德华·斯图亚特仍将是罗马天主教徒后，哈利坚定地向汉诺威家族做出承诺。他赢得了托利议会党一部分人的暂时支持，包括议长托马斯·汉默爵士（Sir Thomas Hanmer），他们因公开支持汉诺威而被不祥地称作“异想天开者”。但是，哈利只剩下一副躯壳，他的身体被疼痛折磨得疲惫不堪，他的注意力明显下降，他的权势随着体力的减弱而弱化。现在竭尽全力反对他的博林布鲁克子爵，公开与圣日耳曼的詹姆士二世党人宫廷进行沟通，并正与法国人就一项正式的共同防御条约进行谈判。他和哈利之间的斗争围绕着一句话展开：政府不能仅靠政党生存。哈利相信托利党人的力量，而博林布鲁克子爵并不相信。哈利不能清洗资历较浅的大臣或军事指挥官，他也不会执行政党的纪律。在博林布鲁克子爵看来，哈利削弱了托利党的利益，并确保了汉诺威将与辉格党人一起出现。这不是幻想，因为在 1714 年 5 月，选帝侯夫人索菲亚在安妮逝世前数月去世时，她的儿子乔治改变了摄政委员会，以便其能由辉格党人控制。博林布鲁克子爵唯一的希望是女王，但是安妮病入膏肓。她的最后一次正式行动是将哈利免职；不过，她的最后一次私人行动是允许马尔伯勒公爵从自愿负担的放逐中返回。选帝侯已经任命他指挥镇压叛乱所需的任何军队。然而——让所有人都松了一口气的是——王位的过渡和 1714 年 8 月 1 日在睡梦中去世的女王一样平静。

后　记

安妮女王安详地离世了，这给充斥着狂风暴雨的斯图亚特王朝画上了句点。王位传给了一位德意志君主，可以预见的是，这位君主在登基第一年后就面临着一场叛乱，就像詹姆士一世在他登基后就面临一场阴谋。

斯图亚特王朝统治的这个世纪，阐明了君主制的作用、中央国家机构的发展以及城里与乡下统治精英的位置。这个过程既非渐进的，亦非演进的。为改变王室和臣民之间的关系，两次革命是必要的，尽管这些改变都是人们无法想象的。到了斯图亚特世纪的尾声，国王和议会的相互依赖以及中央和地方的独立，巩固了统治者和被统治者之间的伙伴关系。

詹姆士一世统治时期的核心问题——宗教、金融以及与苏格兰的合并——都以意想不到的方式得到了解决。宗教一直是最有争议的，这始于天主教徒企图暗杀君主，止于只有新教徒才能戴上王冠的原则。英国圣公会一方面把自己确立为反对罗马天主教的堡垒，另一方面又充当着反对不从国教的堡垒，但这是两次不同革命的结果。在第一次革命中，激进的新教可能成为进一步改革的基础得到了充分探讨，并被人们发现存在不足之处。圣徒的统治是短暂的，也是不成功的。由于没有中央机构的有力支持，新教已经分裂成了一个各大教派和宗派的混合，这给教义和纪律带来的问题要多于解决的问题。后来将天主教纳入英国社会的尝试，却搁浅在了英国人心中根深蒂固的偏见之岩上，以致不受理性、奉承或权力的影响。当斯图亚特家族试图阐明一句格言，即虽然新教是君主的宗教，但天主教才是国王的宗教时，他们发现，新教是其治下之民的宗教。总对局势洞若观火的查理二世，对其天主教信仰秘而不宣。他那总是逆风而行的弟弟詹姆士二世，则因为自己公开了天主教信仰而饱受磨难。

困扰早期斯图亚特王朝的王室财政问题有一个更幸福的结局。国王应该自给自足的陈旧原则，被人民维持一个有偿付能力的政府的责任取而代之。由于革命时期的体验，以及认识到君主政体是反对无政府状态的堡垒，土地所有者克服了其支付个人份额的不情不愿情绪。新的税收形式取代了补贴、恩税（benevolences）和封建特权。对土地、财富和商业的征税使痛苦均匀地扩散，并激励君主让臣民更繁荣发展，以增加自己的收入。但是，王室收入的转变除了确保王室的偿付能力之外，还产生了诸多重大影响。随着税务代理人、海关检查员、税务员、审计员和财产管理人全都变成一种与财产持有人截然不同的永久利益，行政管理也随之发展起来。在下个世纪，它们将成为议会制政府的重要组成部分，成为公认的特殊利益。类似地，下议院的权力随着王室对消费税和土地税及王室费的依赖而有所增加，王室需要消费税和土地税为其政策提供资金，也需要王室费为其开支提供资金。商业部门和后来的金融部门也增强了其对议会和王室的影响力，因为，其专业知识和获得现金的渠道使其成为英国政府的后台老板。

詹姆士一世的王国联合之梦最终得以实现，尽管它仍然是未来几十年里一次悬而未决的合并。苏格兰的地理位置意味着，它总是被夹在两个更强大的国家——法国和英格兰的野心之间。在整个近代早期，与一方结盟无异于同另一方开战，而强大的本土新教的独立发展，几乎没有改变这一生活现实。即使是查理二世亲法的外交政策，也没有缓解苏格兰人在保持独立方面的困难。如果他们不是在军事上被扼杀，他们就是在经济上被榨干，正是意识到了自己的相对地位只会变得越来越弱，才导致他们的一些领导人接受了1707年实现的有结合倾向的联合（incorporative union）。无论是由于资源的注入和新生的安全感，还是由于一个失去自由的民族的最后一次战栗，苏格兰随后出现了以前或以后都从未有过的文化、知识和社会成就的繁荣。

查理一世统治时期的核心问题是英格兰的军事能力不足。无论是陆军还是海军，都没有实现现代化，王室依靠紧急财政来增兵，而贵族风气决定了指挥官的选择。查理早期的政治难题都可以追溯到他没有能力发动战争，在17世纪不确定的环境下，这意味着他没有能力保卫自己的王国，因此他作为一个国王并不胜任。从查理统治时起，战争主导着17世纪的英格兰。在三国战争、英格兰共和国与荷兰和西班牙的战争，以及查理二世统治时的英荷战争之后，他又同西班牙和法国交战。詹姆士二世在三年内面临两次叛乱，威廉三世和安妮的统治时期也都战火频燃。君主的军事能力是出于必要发展起来的。专业军官带领训练有素、装备精良的士兵。尽管在革命时期出现了反军队思想，但是，后来的斯图亚特君主都保留了常备军，并且都增加了用于军事准备的资金。战时财政不再是国会议员偶尔被召集来提供的一项非常开支，它是王室预算运作的核心，并推动了税收、信贷和金融的现代化。查理一世主持了这场发生在雷市（Rhé）的悲剧；他的孙女则主持了在布伦海姆的胜利。

人们认识到，尽管药物和疾病一样可能致命，但有时必须尝试用药，而这种认识解决了革命的中心问题，即对君主和君主制的不信任。17 世纪中叶的革命留下了两个政治传统。第一个传统——保守的、忠君的——留了对革命的记忆，这样人们就可以随时看到英国社会阴暗、动荡的底面，就像城堡主人带游客参观地牢一样。它放大了革命几十年里的社会经济错位，夸大了残酷和暴行，用单色绘就革命领袖。复辟之后，这一传统的信徒依附于教会和国王，加入保守党或吸收“国家”意识形态。1688 年革命之后，如果他们没有被詹姆士党玷污的话，那么，他们悄悄融入了支持英国圣公会的主流辉格主义，并将神职等同于王室。革命的另一个政治传统长期存在于地下——在复辟时期异见者、17 世纪 80 年代的排除主义者和 18 世纪的反对党辉格党中间。1688 年，它的信徒作为“真正的辉格党人”重见天日，但他们的试金石仍然是对君主制的不信任和对既定教会的异议。自由是他们的陈词滥调，而且他们成为 18 世纪后期伟大革命运动的火炬手——战利品属于失败者的少数例子之一。

截至 19 世纪，17 世纪的政治遗产是毋庸置疑的。暴君被驯服了，自由得到捍卫，宗教宽容得以确立，英国的君主立宪制宣告诞生。这些地标非常清晰，既不需要辨认，也不需要检查。但它们是后一个时代的里程碑。1714 年，君主潜在的理论上的权力大大削弱，实际的实践权力则大大增强。只要臣民缴纳了土地税和消费税，没有触犯近 200 条死罪，也没有太接近贪得无厌的新闻集团，那么，他在财产和人身上的自由就是不可侵犯的。宗教宽容是沙龙的幻想，是世上一个自由主义的白日梦，这个世界在经受了罗马天主教阴谋的集体歇斯底里之后，只有避免了戈登暴乱的大规模暴力才值得庆幸。天主教徒、一位论派、自然神论者和无神论者的信仰仍然被禁止，不从国教的新教仍然受到惩罚。君主立宪制在某种意义上是非常真实的。议会决定了继承顺序，使自己成为国王不可或缺的盟友。但是，他们之间的宪法关系还处于初级阶段，乔治一世和他的直接继任者都将没有相互竞争的政党这个筹码来管理他们的议会。他们会转向腐败。

斯图亚特家族又确实给他们的继任者留下了持久的遗产。大不列颠是世界军事、商业和金融中心之一。尽管负债累累，但王室仍有偿付能力，其义务得到了公共信念的支持。它在北美有繁荣的殖民地，在亚洲结交了有利可图的贸易伙伴。海军从直布罗陀和北非海岸的基地对地中海保持战略控制。西班牙入侵的威胁——16 世纪的困扰——和法国统治的威胁——17 世纪的困扰，都已经过去了。斯图亚特家族继承的是几近破产的王位、社会和经济危机，以及被邻国危及的王国。他们传递下去的是繁荣、安全和民族自豪感。最能衡量其成绩的，莫过于 18 世纪的法国人开始羡慕 17 世纪英国的成就。